F. O. VON NORDENFLYCHT

DIE SCHWEDISCHE STAATSVERFASSUNG IN IHRER GESCHICHTLICHEN ENTWICKLUNG

Elibron Classics
www.elibron.com

Elibron Classics series.

ISBN 0-543-89399-5 (paperback)
ISBN 0-543-89398-7 (hardcover)

This Elibron Classics book contains the complete text of the edition published in 1861 by Verlag der königlichen Geheimen Ober-Hofbuchdruckerei, Berlin.

EINLEITUNG
Geographisch-statistischer Ueberblick

Der Schauplatz, auf welchem die schwedische Staatsverfassung im Laufe der Jahrhunderte ihre Entwickelung erfahren, ist so umfangreich nicht, als ein erster Blick auf die Charte vermuthen lässt. Denn die Küstenstriche im Süden und Südwesten der scandinavischen Halbinsel, die Lande Schonen, Blekingen und Halland hielten sich bis in die Mitte des siebzehnten Jahrhunderts in staatlicher Gemeinschaft mit dem nach Abstammung und Sprach-Idiom der Bewohner ihnen näher stehenden dänischen Insel-Complexe, während in der Richtung nach Norden und Nordwesten bereits mit den Ufern des grossen Dal-Elf das weitgestreckte menschenleere Norrland beginnt, welches seiner polaren Lage, des rauhen Klimas und der natürlichen Unergiebigkeit des Bodens wegen, nicht mehr zu den Wohnsitzen der edlen Geschlechter gewählt ward, deren Kämpfe mit der Krone wesentlich den Entwickelungsgang des schwedischen Verfassungslebens in sich begreifen. Auch in dem noch ziemlich ausgedehnten Terrassenlande, welches das Hochplateau von Norrland und die Seebecken des Wener und des Mälar mit dem daran stossenden Tieflande vermittelt, müht sich zwar seit Jahrhunderten ein kräftiger und genügsamer Menschenschlag, dem Boden seine verborgenen Schätze, das Silber zu Sala, das Kupfer zu Fahlun, das Eisen zu Nora und Danemora, abzugewinnen. Allein die winterliche Luft und der steinige Boden gestatten doch auch hier nur noch ganz ausnahmsweise dem Grundadel dauernde Wohnstätten, und wenn zeitenweise der Faden der schwedischen inneren Geschichte bis in diese Regionen hinaufleitet, so geschieht es nur, um für die weiter südlich auszufechtenden Staats-Fragen ausserordentliche Hülfskräfte herbeizuholen, welche, nach geleisteter Hülfe, wieder in ihre rauhere Heimath zurückkehren.

So umschliesst das eigentliche Theater des schwedischen Staatslebens kaum einen grösseren Flächenraum, als etwa 2000

Geviertmeilen mit einer Bevölkerung, welche heute nicht mehr als drei Millionen Köpfe zählt, und in vergangenen Zeiten bis auf noch bescheidenere Maasse herabstieg. Diese Bevölkerung vertheilt sich auf den ihr angewiesenen Raum in verschiedener Dichtigkeit. Am stärksten bevölkert ist Südschonen, wo noch immer über 2000 Köpfe auf die Geviertmeile zu rechnen sind. Daran schliessen sich die östlichen Küstenstriche und eigentlichen Tieflande, während in den rauheren und bergigern Theilen des Binnenlandes, in den Smålanden, und fortschreitend nach Nord und Nordwest, in Westmanland und Wermland, das Maass der Bevölkerung bis auf 900, 800 und 700 Köpfe auf die Geviertmeile herabsinkt.

Auch das äussere Gepräge des Landes innerhalb dieser engeren Umrisse ist noch durchaus verschiedenartig. Gemeinsam ist der stete Wechsel kleinerer und grösserer Wasserbecken, von dem stürmischen und verrufenen Wetter-See, welcher das eigentliche Götha-Land in zwei ziemlich gleiche Hälften theilt; von dem durch seine Anmuth zauberischen Mälar, dem Mittelpunkte des eigentlichen Svea-Landes, und von dem colossalen Wasserspiegel des nahe an 100 Geviertmeilen umfassenden Wener, bis zu der zahllosen Menge der kleineren Landseen herab, welche weit und breit über den Boden versprengt, mit ihren romantischen Ufern Schweden den Hauptreiz seiner landschaftlichen Schönheit verleihen.

Zwischen diesen unzählbaren Wasserbehältern, Ueberbleibseln des ehemals Alles bedeckenden Meeres, wechselt der trockene Boden mannigfach in lieblichen Thälern, sanften Ebenen und schroffen und barocken Erhebungen. In fortlaufender Linie steigt, als weiter reichender Ausläufer des schwedisch-norwegischen Hochplateaus, durch das Vorland von Jernbära (das Eisenland), nur der eine Höhenzug nieder, welcher zwischen dem Mälar und Wener sich hindurchwindend, oberhalb der Nordspitze des Wetter sich in zwei Arme verzweigt, von denen der eine, nach der östlichen Meeresküste zulaufend, nach und nach zu einem breiten und geklüfteten Waldrücken sich erweitert, der unter dem Namen des Kolmorden Südermanland von Oestergothland scheidet, indess der andere Arm, nach Westen gerichtet, unter dem Namen des Tiwedden das Niederungsbekken von Nerike von den sanften Fruchtebenen Westergothlands trennt.

Waldgekrönte Höhen umkränzen auch weiterhin den brausenden Wetter, oft unterbrochen durch Einsenkungen, welche, wie die Thalrinne des Motala-Flusses, im Osten nach dem gesegneten Tieflande von Linköping sich verbreitern; oder wie im Westen die Sattelbiegung beim Wiken-See, der künstlichen Wasserstrasse den Durchgang gestatten, welche als Götha-Kanal den Wetter mit dem grossen Wener-See in Verbindung setzt. Weiter nach Süden zu erheben sich diese Höhen immer mehr, und schliessen endlich in der Nahe von Jönköping zu einem umfangreichen Hügellande zusammen, dem rauhen Hochplateau von Småland, das in seiner höchsten Spitze, dem Taberg, bis zu 1100 Fuss absoluter Höhe ansteigt Der Charakter dieses Hochplateaus setzt sich, obgleich vielfach zerrissen, und bald durch Landseen, bald durch Wasserrinnen, die über nackte Felsenbetten dahinrauschen, bald endlich bei unentschiedenen Niveauverhältnissen durch trübe Moorflächen unterbrochen, nach Ost und West bis zu einem vergleichsweise nur schmalen, in Calmar-Län wiesenreichen und fruchtbaren, in Halland mehr sandigen Küstenstriche fort, fällt aber nach Süden in die ausgedehnteren, reichlich korntragenden Ebenen von Schonen ab, nicht ohne hier zuvor das starre und düstere Gewand des Nadelholzes, welches Smålands Höhen bekleidet, mit den weicheren und freundlicheren Formen des Laubwaldes vertauscht zu haben.

„Schweden," sagt Ernst Moritz Arndt, „ist das Land der Wälder und Hügel; hat im Vergleich zu Norwegen das Ebnere und Breitere, also auch das Tiefere und Stillere der Erde und des Gemüthes erhalten. Es ist freilich auch ein See-Land; aber über dem Schiffer und Fischer herrscht doch der Landmann und der Bergmann. Der Schwede, Edelmann wie Bauer, ist ein schöner, stattlicher Mann mit dem Gepräge heiterer und besonnener Ruhigkeit und Festigkeit, wie denn auch Festigkeit und volltönende bestimmte Klarheit der Charakter seiner Sprache ist. Diese Ruhigkeit und Festigkeit ein gewisser eigenthümlicher Ausdruck und Abdruck seines Wesens, wo Ernst und Fröhlichkeit, Milde und Trotz in glücklicher Mischung erscheinen, bezeichnen sein eigenstes Dasein. Diese Ruhigkeit, und unter ihrem Bilde eine tiefere stillere Beschaulichkeit zeichnen den Schweden vor seinem normännischen Nachbarn aus. Diese besonnene und gehaltene Heiterkeit hat ausser dem Charakter des Bodens, auf welchem der Schwede lebt, noch einen andern Grund. Schweden ist das Land der Sonne und des Lichtes. Ueber seinen Bergen und Hügeln, die mit reizenden Seen, Flüssen und Wassergefällen durchwebt sind, strahlt im Winter und Sommer eine hellere Sonne, funkelt ein reicherer Lichtglanz, als über dem anderen Norden. Schweden hat gewiss sechszig bis achtzig helle Sonnentage mehr als Deutschland; es hat, so weit seine Grenzen sich erstrekken, unter dem Boden Metall und die metallische Kraft in allen seinen Gewächsen, den vom Licht geläuterten Metalldunst in seiner Luft und endlich die Metallkraft in den Sehnen und Muskeln seiner Menschen."

Diesen Lichtseiten im Charakter der Nation fehlen, wie natürlich, auch nicht die entsprechenden Schatten. Diese Ruhigkeit des Gemüthes artet bei dem Landmanne der Ebene (Slätt-Bo) häufig in eine, bis an Trägheit grenzende Langsamkeit im Entschliessen, und in ein bis zum Verkennen des eignen Interesses gehendes Misstrauen gegen alles Neue aus, selbst wo solches sich als eine offenbare Verbesserung kund giebt; während jener reiche Lichtglanz des Himmels in den höheren Klassen der bürgerlichen Gesellschaft eine Neigung zu äusserlichem Schimmer, äusseren Ehren und Titel erzeugt hat, zu welchem sich nicht selten ein Hang gesellt, grösseren Wohlstand zur Schau zu tragen, als die vorhandenen Mittel gestatten, und bei feinen äussern Formen, im Innern oft eine Geringschätzung Andrer, welche tiefer stehen.

Neben der landschaftlichen Schönheit, welche auf der physischen Beschaffenheit von Schweden beruht, prägt sich noch ein anderer, mehr von den gesellschaftlichen Verhältnissen herzuleitender Eindruck dem Auge ein, den man einen aristokratischen nennen kann. Nach einem überall sich wiederfindenden Naturgesetze baut sich die Gliederung der bürgerlichen Gesellschaft auf den, in einem bestimmten Lande gegebenen Elementen der Volkswirthschaft auf. In Schweden basirt der Wohlstand vornehmlich auf weitgedehnten Grundbesitzungen, reichen Heerden, grossen Forsten. Die dadurch bedingte grössere Gutswirthschaft hat sich zur Zeit fast überall noch — mit alleiniger Ausnahme vielleicht der nächsten Umgebung um die Hauptstadt, wo Parzellen-Verpachtung sich finanziell vortheilhaft erwiesen hat — in ihrem Charakter rein erhalten, und wird bewahrt bleiben, so lange die spärliche Volksmenge, und der Mangel an überschiessendem Kapital den Uebergang zu andern Wirtschaftsweisen, zu Verpachtungen im Kleinen oder Grundzersplitterungen verbietet. Aber diese vorwiegende Herrschaft des grossen Gutsbesitzes hat sich auch in Schweden wesentlich rein gehalten von den Nachtheilen, welche sonst in ältern und neuern Zeiten im Gefolge von Latifundien aufgetreten sind. In Schweden hat der grössere Grundbesitz den freien bäuerlichen Stand neben sich nicht verschlungen, und es werden die Erträge der Güter der Regel nach nicht ausserhalb Landes oder selbst nur ausserhalb der Grenzen der Provinz in üppigen Hauptstädten verzehrt. Diese letztere Erscheinung verdankt Schweden zum Theil den natürlichen Reizen, welche der Aufenthalt auf den fast durchweg malerisch gelegenen Landsitzen der Aristokratie gewährt, zum Theil dem Mangel an glänzenden Städten, welche — Stockholm allein abgerechnet — den Adel zum dauernden Verlassen seiner Gutssitze verlocken könnten. Jenes erstere Ergebniss, die Erhaltung eines selbstständigen und freien Bauernstandes schuldet Schweden aber der frühzeitig diesem Stande gewährten politischen Theilnahme an den öffentlichen Angelegenheiten, der fast ängstlich gehüteten Abwehr der Grundsätze des continentalen Lehnrechtes und endlich der Existenz eines bäuerlichen Kernes in den eisenhaltigen Thälern von Jernbära-Land, welcher, aus oben geschilderten Gründen, von aller unmittelbaren Berührung und Nachbarschaft mit Grundadel frei geblieben, in seiner eigensten Kraft sich erhalten hat.

Diesen unverfälschten Kern des schwedischen Bauern in den Dalarne schildert Strinnholm in folgender anziehenden Weise:

„Im Süden von Herjeådalen, im Westen von Gestrike und Helsingeland, im Norden von Westmanland, Nerike und Vermland, wo vom hohen Idrafjäll her einer der grössten Ströme des Landes in steilen Fällen und in Stromschnellen eine hochgelegene, vom bewaldeten Hügeln, malerischen Schluchten und Thälern, von Seen und Flüsschen mannigfach unterbrochene, in ihrem Schoosse an Erzen reiche Landschaft durchbrochene, rings umkränzt von höheren Bergrücken, welche sie wie eine Mauer umgeben; — hier in des Reiches ehemaliger Schatzkammer, der Heimath des Eisens und des Kupfers, an Hängen und auf Höhen, und dem Schirme gleichsam einer grossen, und majestätischen Natur — wohnt ein kräftiges und männliches Volk in Sitte und Tracht, in Sprache und Sinnesart noch heute dasselbe wie vor

Jahrhunderten. Gewöhnt, den spröden Fels zu brechen und das harte Erz unter seinen Händen zu biegen; gewöhnt, vom magern Acker einen nur dürftigen Unterhalt zu gewinnen; gross geworden in der gesunden Bergesluft, hoch von Wuchs und stark, gehärtet zu männlicher, kraftanstrengender Arbeit, hat der Dalekarl in treuem Herzen das Erbgut des Muthes und der Beherztheit bewahrt, welches ihm seine Väter hinterliessen, allezeit ausgezeichnet durch ihren stolzen und kecken Freiheitssinn. Einfach und ungekünstelt, offen und ehrlich in Wort und That, lenksam durch Milde, unbeugsam gegen Unrecht, völlig unbekannt mit jeglicher Art von Furcht, schnell entschlossen und standhaft hat er in seinem ganzen Wesen eine Selbstständigkeit, in seinem Charakter einen Stolz und Ernst, die ihn weit vor Andern auszeichnen. In den Dalarne (den Thälern) hat sich am reinsten die alte Sitte des Landes erhalten, und seine Bewohner überliefern von Geschlecht zu Geschlecht die Ehrfurcht vor dem Brauche und der Weise der Väter. Darum findet die Vaterlandsliebe und der Freiheitssinn auch hier ihre festeste Grundlage; und überall herrscht hier, wenn nicht Verführung durch Demagogie hinzukommt, ein edles und mannwürdiges Rechtsbewusstsein. Vielfach in Einsamkeit, aber umgeben von grossartigen Gebilden der Natur, gestalten sich die Empfindungen hier tiefer und ernster. Karg in Worten beobachtet der Dalekarl scharf, und prüft genau. Seine abgeschiedene Lebensweise giebt ihm Ruhe und Musse zum Nachdenken. Kommen sie aber herab von ihren Bergen zur Kirchweih, dann tauschen sie vertrauensvoll ihre Gedanken aus und rathschlagen über das Wohl des Einzelnen wie des Ganzen."

Gleichwohl hat der Bauernstand gerade in Dalekarlien ökonomisch mehr als in den übrigen Landschaften gelitten durch seine alte Befugniss zur unbeschränkten Zersplitterung der Höfe. Die demokratische Richtung der Staatsleitung in der sogenannten Freiheitszeit dehnte dieses gefährliche Geschenk auch auf die übrigen Landschaften aus (1747). Allein die für die ökonomische und politische Selbstständigkeit des Standes immer drohender gewordenen Folgen bewegen die Stände in neuerer Zeit (1827) den Schritt zurück zu thun, und der Zersplitterung eine feste Grenze dahin zu setzen, dass dem Hofe allezeit so viel Areal bleiben muss, als nöthig ist, um ausser dem gewöhnlichen Hausstande des Besitzers noch einiges Zug- und Nutzvieh zu erhalten. Nur die Dalekarlier haben, in Verkennung ihres eigenen ökonomischen Interesses an dem alten Privilegium festgehalten.

Gegen Adel und Bauernstand tritt das Städtewesen in Schweden auffallend zurück. Dies liegt darin, dass die Grundbedingungen und Voraussetzungen gewerblichen Emporblühens nur in beschränktem Umfange sich vorfinden. Der, auch auf bessern Feldern wegen der Magerkeit der Krume doch nur mässige Ertrag des Bodens gestattet im Ganzen auch nur in mässigem Umfange Kapitale überzusparen und den Städten zur Nutzbarmachung in industriellen Anlagen zuzuführen. Die Verbindungswege im Innern des Landes sind weitgestreckt und vielfach mühselig zu passiren, und die gewerbliche Thätigkeit in den Städten daher ohne ausreichend festen und nachhaltigen Markt. Die im Sommer leicht zu befahrende Wasserstrasse des baltischen Meeres zur Verbindung mit dem gewerblich überlegenen Auslande ist früh im Herbste geschlossen und erst spät im Frühling wieder aufgethan. Wenn die Städte Götheborg und Stockholm abgerechnet werden, welche den überseeischen Verkehr vermitteln, die Städte Malmöe und Ystadt, welche den Ueberfluss von Schonens Getreidebau nach der Hauptstadt senden, wenn abgesehen wird von der Tuchbereitung in Norrköping, der Leinwandweberei in Halland und Wenerborg's Län, einiger Segeltuchfabrikation in Götheborg und Lederbereitung in Stockholm, so findet man die übrige Bevölkerung auch in den Städten fast nur dem Landbau zugewendet. Die Gesammtheit der mit Stadtrechten versehenen Orte des ausgedehnten Reiches steigt, Norrland abgerechnet, nur auf 73 und diese Zahl vertheilt sich auf ein so umfangreiches Gebiet, dass durchschnittlich eine Stadt das gewerbliche Bedürfniss von 40 Geviertmeilen zu befriedigen berufen ist. In den Smålanden hat, innerhalb eines Zirkels, welcher die Städte Jonköping, Wexiö, Christianstadt und Halmstadt ausschliesst, ein Flächenraum von etwa 400 Geviertmeilen noch nicht das Bedürfniss zum Erstehen einer einzigen Stadt fühlbar gemacht.

Nicht minder steht das Verhältniss der Bevölkerung zurück. In 24 jener Städte erreicht die Einwohnerschaft noch nicht die Zahl von je 1000 Köpfen; in andern 22 noch nicht je 2000. Nur sechs Städte haben eine Volksmenge bis zu 3000 Köpfen, sechs andre bis zu 4000. Ueber eine Volksmenge von 10,000 erheben sich nur die vier Städte Stockholm, Götheborg, Carlskrona und Norrköping. Die Gesammtbevölkerung der Städte des

Reichs, der von Norrland eingeschlossen, wird auf 250,000 anzuschlagen sein, d. h. auf den vierzehnten Theil der Landes-Bevölkerung überhaupt. Hierunter sind noch die in den Städten wohnenden Adligen, Geistlichen, Militairs und Beamte mitgezählt. Die Stärke der durch die Abgeordneten der Städte auf den Reichstagen vertretenen eigentlichen Bürgerschaft wird auf kaum 100,000 Seelen angegeben, während für den repräsentationsfähigen Bauernstand über 2 Millionen registrirt sind.

Dieses Zurücktreten städtischen Wesens und bürgerlicher Kraft rechtfertigt in der Hauptsache die Erfolglosigkeit, mit welcher in den früheren Jahrhunderten wiederholt für die Herstellung eines monarchischen Uebergewichts über die Herrschaft des Grundadels in Schweden gekämpft worden ist. Die Könige des Festlandes fanden zu derselben Zeit ihre Hülfskräfte in den reichen und starken Städten und einem zu Bildung und Wohlstand herangereiften Bürgerstande. Gleiche Unterstützung fand sich für die Krone in Schweden nicht. Der Bauernstand vermochte zwar vorübergehend physischen Beistand zu leisten, allein Elemente zur regelmässigen Theilnahme an der Staatsleitung durfte man dort nicht suchen. Die socialen Verhältnisse in Schweden hatten hierin einige Aehnlichkeit mit denjenigen von Polen, nur mit dem für das Schicksal des Landes entscheidenden Unterschiede, dass in Polen, bei völliger Abhängigkeit eines unterdrückten Bauernthums, nur ein einziger freier Stand übrig blieb, welcher unbeengt durch eine Krone ohne Macht und ohne Mitstände zuletzt in Schrankenlosigkeit und Anarchie sich auflöste.

Erst im Gefolge der kirchlichen Reformation bildete sich in Schweden in dem Stande der verheiratheten Land-Geistlichen der Kern eines gebildeten Mittelstandes, welchem seit der Mitte des siebzehnten Jahrhunderts immer mehr die Führung der nichtadligen Stände anheimfiel, bis in neuester Zeit der Fortschritt allgemeiner Bildung auch den beiden Ständen der Bürger und Bauern einen wesentlichen Einfluss gesichert hat.

In welchem Grade dessenungeachtet noch heute der materielle Besitz einzelner edlen Familien die Bedeutung ganzer Städte überragt, mag an dem einen Beispiel erkannt werden, dass die dem Grafen de Geer gehörige Herrschaft Leufsta in Upland, mit ihren Eisenwerken, allein im Grundkataster eben so hoch angeschlagen steht, als das Grundeigenthum von dreizehn Städten zusammengenommen.

Nicht in allen Provinzen gleich ist das Besitzverhältniss des Grundadels und des Bauernstandes. In einigen überwiegt dieser, in andern jener. Zu den gesegnetsten Landstrichen gehört Südschonen, sowohl nach der natürlichen Tragbarkeit des Bodens, als durch sein von der Seeluft gemildertes Klima. Deshalb reich an Herrensitzen, welche meist durch die Schönheit ihrer Lage an natürlichen Landseen, oder von künstlichen Bassins umschlossen, unter hohen Kastanien. Eichen und Buchen versteckt, häufig auch durch den Charakter ihrer Bauart sich auszeichnen. Urspünglich fast sämmtlich nach einem gleichen Muster errichtet, zum Zweck der Vertheidigung gegen Ueberfälle, wo steile Felswände wie in Deutschland fehlen, mit Gräben und Zugbrükken zwiefach versehen; heute, ohne den ursprünglichen Charakter zu verleugnen, doch mit den Zuthaten eines reicheren und neueren Geschmackes. Solche, durch Lage und Bauart ausgezeichneten Landsitze sind u. A. Marsvinsholm des Baron Stjernblad, Loberöd des Grafen de la Gardie, Charlottenlund des Grafen Posse, Thursjö des Grafen Steenbock, Trolle-Ljungby des Grafen Wachtmeister, Näsbyholm des Baron Blixen-Finecke. Von den 7060 taxirten Hufen, welche die Provinz Schonen umfasst, gehören 3300 zu den rittermässigen und vertheilen sich auf etwa 125 Güter, welche der Adel noch jetzt besitzt. Zu den vornehmsten Geschlechtern des Letzteren gehören hier die Grafen de la Gardie auf Loberöd und Maltesholm, Steenbock auf Thursjö, Posse auf Charlottenlund, Bonde auf Trolleholm, Hamilton auf Tågerup, Owesholm, Wachtmeister auf Trolle-Ljungby, Piper auf Söfdeborg und Krageholm, Dükker auf Ellinge, de Geer auf Kulle-Gunnarstorp, Tott auf Skabersjö, Barck auf Nyborg, Beek-Friis auf Börringe-Kloster, und die Freiherren Gyllenstjerna, Wrangel, Ramel, Rålamb, Trolle, Staël-Holstein, Schwerin, Kurck, Raab, Bennet, Duben und Wrede.

Ganz anders stellt sich das Verhältniss in der Nachbar-Provinz Blekingen. Von seinen besungenen Thalschluchten, dem Djupadal und Nachtigallenthal, von seinen reizenden Wasserfällen bei Djupafors und seiner herrlichen Belaubung das schwedische Arkadien genannt, zeigt Blekingen in seiner äussern Bildung drei Abstufungen: das Waldland (Skogan-Bygd), aufsteigend nach Småland; das Mittelland (Mellan-Bygd); durchbrochen und schluchtig, und den schmalen Küstensaum (Strand-Bygd), wo allein der Boden in Gutswirthschaften gebaut wird. Darum ist der Grundadel nur schwach in Blekingen vertreten; von den 1060 taxirten Hufen der Provinz gehören ihm nur 120. Die Zahl der Rittersitze ist gering und beschränkt sich auf Johannishus des Grafen Wachtmeister, Göholm des Grafen Puke, und Spandeltorp und Wistorp der Freiherren Nordenskjöld. Aber die Anzahl der Bauern und Schiffer ist gross und die Flotte hat hier ihren besten Ersatz. Aehnlich verhält es sich mit dem westlichen Küstensaume von Halland. Von den 2900 taxirten Hufen sind zwar 1500 als Frälse, d.h.mit adligen Rechten matrikulirt, allein als grössere Gutscomplexe finden sich in dem Besitze des schwedischen Adels kaum 20 verzeichnet, worunter Marieberg des Grafen Lewenhaupt, Sperlingsholm und Margaretheberg der Grafen Hamilton, Gåsvadeholm und Dahl der Freiherren Silfverskjöld, und Stjernarp der Freiherren Stjernkrona.

Von der grossen Provinz Småland ist nur der Küstenstrich von Calmar von durchgängig gesegneter Fruchtbarkeit. Gleichwohl ist der Grundadel reichlich vorhanden, da die Provinz an landschaftlichen Schönheiten hinter andern nicht zurückbleibt, und wenn auch der Ackerbau nur mässig, so ist Viehzucht um so lohnender. Freilich stehen die Edelsitze hier nicht mehr, wie in Südschonen, umschattet von Kastanien- und Wallnussbäumen, und in den Schlossgärten finden sich nicht mehr, wie in Dübäck, Hecken von Buxbaum und Taxus; wenn hier nur Birken untermischt unter Nadelholz erscheinen, so ersetzen romantische Felsen und Seen die Schönheiten der Kultur. Von den 10,075 taxirten Hufen Smålands gehören noch immer 3200, also fast ein Drittheil, zu den adligen, welche in mehr als 200 grösseren Gutscomplexen bewirthschaftet werden. Zu den vornehmsten Geschlechtern gehören auch hier die Grafen Steenbock wegen Gårdsby, Wartorp, Bökesholm, Bonde auf Herrestad, Posse auf Björnö und Lund, Hamilton auf Forssa, Ingelstorp, Lewenhaupt auf Skye, Seth auf Bratteborg und Göthafors, Cederström auf Åryd, und die Freiherren Rappe, Taube, Sparre, Raab, Ramel, Rålamb, Adelsvärd, Armfelt, Leionhufoud, Lilienkreutz, Hermelin, Palmquist, Koskul und Fleetwood.

Zahlreich ist der Bauernstand, und von Alters her in guter Standesgenossenschaft mit dem der Dalarne, hier auch, abweichend von den Nachbar-Provinzen Göthalands, mehr in geschlossenen Dörfern vereinigt.

Die Provinz Oestergothland gehört, insbesondere in der Thalwanne von Linköping, zu den fruchtbarsten Gebieten Schwedens. Auf unterliegendem Kalkstein, vor den kalten Nordwinden durch die Südermanland scheidenden Hügelwände des Kolmorden geschützt, nährt der Boden hier eine Vegetation, welche sonst südlichern Strichen angehört.. Eichen und Buchen erscheinen hier wieder reichlicher und schliessen sich an dem durch seine Fernsicht berühmten Omberge noch einmal zu einer stattlichen Waldung zusammen. An den reizenden See-Ufern des Roxen, Rengen und Boxen, an den Meergestaden des Slätbaken und Brawiken liegen, hier zwischen weicheren Laubgehölzen, dort durch düstere Tannen schimmernd, die Landsitze der edlen Geschlechter, zahlreich wie die Villen Italiens. Vor andern das Schloss Löfstad der Grafen Piper, Husby der Grafen Schwerin, Brokind der Grafen Falkenberg, Ljung, ehemals der Grafen Fersen, nach deren Erlöschen auf die Grafen Gyldenstolpe gekommen, endlich das prächtige Finspong, ehemals der Grafen de Geer, dann durch die Erbtochter zuerst an die Grafen Wetterstedt, und nach deren Erlöschen ebenfalls an die Grafen Gyldenstolpe gelangt, nachdem es mehr als einmal Königliche Gäste in seinen fürstlichen Räumen empfangen.

Hier in Oestergothland wird auch der Boden reicher an geschichtlichen Erinnerungen. Hier, am See Roxen, Ulfåsa, das alte Stammschloss des Folkunger-Geschlechts; dort, am Gestade des stürmischen Wetter, das alte Wadstena (Waldemarshus der königlichen Folkunger); dann die Ruinen des Schlosses Brahehus, von dem Geschlechte Brahe erbaut. Auf einer Insel im Brawiken die Trümmer der alten Folkunger Königsburg von Stegeborg; ferner Sturefors, Stammsitz des edlen Geschlechtes der Bjelke; die Ruinen von Rönö, Herzogs Bengts, Jarl Birgers jüngsten Sohnes einstigem Schlosse; endlich die Ueberbleibsel des einst in seiner Herrlichkeit gepriesenen festen Bischofssitzes Munkeboda am See Roxen u. A.

Nicht ganz zur Hälfte gehört der Grund und Boden in Oestergothland dem Adel. Von den 5460 taxirten Hufen der Provinz sind, in etwa 156 Gutscomplexen, 2112 Hufen matrikulirt. Von den vornehmern Geschlechtern ragen, ausser den bereits genannten, noch die Grafen Mörner auf Walsnäs, Douglas auf Gerstorp, Posse auf Wahlstad, de la Gardie auf Westtomta und die Freiherren Funck, Adelsvärd, Lagerfelt, Raab, Banér, Ribbing, Saltza, Klingspor an Umfang des Gutsbesitzes hervor.

Dem Reisenden, welcher auf dem Rücken, des Dampfbootes, das die Wasserstrassen von Stockholm bis Götheborg durchfurcht, von Oestergothland kommend, den Wetter schneidet, lacht schon von Ferne das grüne Seegestade Westergothlands entgegen. Dieses Gestade gilt, mit seinen reichlich hingestreuten Landsitzen, welche von Wiesenmatten und aus Laubgebüsch sich erheben, für das eigentliche El-dorado (Gullkroken) des schwedischen Landmannes. Weiter landeinwärts scheidet sich die Provinz in zwei sehr ungleichartige Hälften. Im Norden eine weite waldlose, nach den Ufern des grossen Wener zu etwas geneigte Ebene, nur von ganz isolirten Kuppen, wie der des vielgefeierten Kinnekulle, unterbrochen, von zahllosen kleineren Wasserbecken und Rinnsalen durchschnitten, im Ganzen fruchtbar und wesentlich in grosse Gutscomplexe gegliedert (Mariestads-Län). Im Süden und Südwesten (Wenerborgs-Län) immer mehr der geognostische Charakter des Småländischen Hochplateaus, hügelig, steinig, von nackten Haiden und Morästen bedeckt; und bewirthschaftet meist in kleinen bäuerlichen Nahrungen, welche, durch ungemässigte Zersplitterung (Hemmans-Klyfvan) auf ein Minimum der Hofstelle zurückgebracht, in dem Hausirhandel einen dürftigen Ersatz für die unzulänglichen Früchte suchen, welche der Boden gewährt. Der Mittelpunkt dieses eigenthümlichen, übrigens alten Verkehrs ist um das Städtchen Borås, von wo der Skål-Westgothe (Knall), durch Privilegien geschützt, Schweden mit seinem Packen durchschweift, wie der Sauerländer und Eichsfelder die deutsche Erde, mit manchem Brauchbaren auch Verderbliches mit sich führend.

Von den 8945 taxirten Hufen Westergothlands sind 3240, also mehr als ein Drittheil, als Frälse verzeichnet, vorzugsweise dem nördlichen Theile angehörig. Der etwa auf 100 grössere Gutscomplexe angegebene Grundbesitz des Adels findet sich vornehmlich in den Händen folgender Familien: der Grafen Hamilton auf Hönssäter, Hjelmsäter u. A., Piper auf Mariedal und Lindholm, Posse auf Wreta und Agnesstad, Sparre auf Almenäs, Saltza auf Åsakatorp, Spens auf Beckebo, und der Freiherren Silfverskjöld auf Stora Alfhem, Essen auf Kaflås, Annefors, Oxenstjerna auf Ingelsby, Sture, Bennet, Järta, Lagerfelt, Leuhusen, Raab, Rudenskjöld, Åkerhjelm u. A.

Auch an Denkmalen alter Erinnerungen ist Westergothland nicht arm. Da liegen am Tolke-See die Ruinen des alten Brahe-Schlosses von Sundholm; auf einer Landzunge, in den Wener-See hineinragend, der alte Königs-, dann Bischofsitz von Leckö, in Ruinen: ein halbes Jahrhundert die Grafschaft der de la Gardies; das ehrwürdige Gräfsnäs, Stammsitz des Geschlechts der Leionhufvud; am Seeufer des Wetter Jarlehus, der uralte Sitz der Jarle von Westergothland, in Ruinen; an den reizenden Berghängen des Kinnekulle Husaby, in grauer Zeit Königsschloss der Ynglingar, dann das erste christliche Gotteshaus auf schwedischer Erde; Gudhem die alte Götter-Heimath, dann das erste christliche Kloster; Kongs-Lena und Arnäs, die alten Schlösser Torkel Knutsons und die Ymseborg, das berühmte Stammschloss eines Folkunger Zweiges.

Wie der Wetter der eigentliche Mittelpunkt für die Stammessitze des alten göthischen Adels, so ist der Mälar mit seinen tausend eingestreuten Inseln der Punkt, um welchen die Geschlechter des eigentlichen Schwedens (Svearne) ihre liebsten Wohnstätten aufgeschlagen. In den beiden, den See nördlich und südlich einfassenden Landschaften von Upland und Südermanland gehört auch heute noch die grössere Hälfte des Grundes und Bodens dem Adel zu. Von den 10,600 taxirten Hufen beider Provinzen sind 6600 als Frälse matrikulirt. Auch an Erinnerungen der Vergangenheit stehen beide Landschaften den übrigen voran. Wer den Landweg, von Norrköping kommend; aber den Kolmården einschlägt, erblickt schon von der Höhe von Stora-Åby malerisch auf hohem Felsgestade das uralte, sagenreiche Schloss von Hörningholm, alter Sitz der Könige, zuerst der Fylkis- und See-Könige, später der Folkunger, zur Zeit der Unionskämpfe im Besitz der Sturen, mit deren Erlöschen im Mannsstamme das Schloss zuerst durch Heirath der ältesten Erbtochter an Johann Oxenstjerna (Axels-Sohn), dann, nach deren unbeerbtem Tode, mit der jungern Erbtochter an die Familie Banér überging, von der es wiederum durch Heirath an die Grafen Bonde gelangte, welche es noch jetzt besitzen.

Weiter das Schloss Åkerö, der Stammsitz des alten Geschlechts der Natt och Dag, in der jüngern Linie, die den Namen der Sture annahm, weiter vererbt; eine Zeit lang von Christins Gyllenstjerna, des jüngern Sten Sture heldenmüthiger Wittwe, bewohnt. Sodann das alte Schloss Tynnelsö, befestigter Sitz der

Bischöfe von Strengnäs, unzugänglich auf einer Insel im Mälar; ebendort Gripsholm, errichtet vom berühmten Reichsdrosten Bo Jonsson Grip, zu König Albrechts Zeit, dann in den Besitz der Familie Wasa gelangt, und von ihr der Krone einverleibt; dann Tullgarn, das alte Folkunger Schloss, später im Besitz der Sture, heute der Krone; das alte Tarnö oder Tärna, Stammgut der Brahe, und in Ruinen das alte Sture-, dann Wasa-Gut Räfnäs.

Die vornehmsten Geschlechter des heute in Südermanland blühenden Grundadels sind die Grafen Bjelke auf ihren uralten Stammessitzen zu Thureholm und Oerboholm, Bonde auf Hörningholm und Sävestaholm, Lewenhaupt auf Stafsjö und Claestorp, Steenbock auf Sundby und Näringsberg, de Geer auf Stora-Sundby, Piper auf Sturehof, Mörner auf Usta und Halbonäs, Wachtmeister auf Näs und Sjöholm, Düben auf Fogelsta, Löwen auf Sorby, Stedingk auf Elghammar und Ullaberg, Gyllenborg auf Olivehäll, Lagerbjelke auf Elfsjö, und die Freiherren Adelsvärd Bonde, Leionhufvud, Falkenberg, Höpken, Posse, Raab, Rudbeck, Sprengtporten, Stjernstedt, Stromfelt, Wrangel und Åkerhjelm.

Im Ganzen zählt die Matrikel von Südermanland noch heute an 130 Gutscomplexe im Besitze des Adels.

In gleicher Weise hat der alte Adel in Upland seinen Grundbesitz bewahrt. Hier vor Allem wurzeln die hehren Geschlechter der Sture, Oxenstjerna, Wasa und Brahe. Da liegt zunächst, unweit Stockholm, das alte Schloss Lindholm, die Geburtsstätte Königs Gustav I. Wasa (jetzt im Besitz der Familie Cederhjelm); dann Wennegarn, ursprünglich fester Sitz der Erzbischöfe von Upsala; dann in die Familie Banér und Wasa übergegangen, heute im Besitz der Krone. Unweit Upsala das alte Wasa-Schloss Orbyhus, wo König Erich, aus dem Hause Wasa, sein unglückliches Leben beschloss, Feldmarschall. Gustav Horn aber (im Gefängniss) geboren ward, heute im Besitz der Grafen Platen. Am Meeres-Ufer das alte Sture — , später Wasa — , dann Brahe-Schloss von Rydboholm. Gustav Wasa pflanzte in seiner Jugend hier zwei Eichen, an welche die Sage eine sympathetische Verbindung mit den Schicksalen der Familie der Schlossbesitzer (jetzt der Brahes) knüpft, dass, so oft das Lebensende eines Zweiges der Familie bevorsteht, auch die Wasa-Eiche einen ihrer Zweige verliert.

Ferner, unweit Upsala, das alte Wasa-Schloss zu Sjö; das

alte Stammhaus der Bonde zu Penningeby, unweit Norrtelge; endlich am Arme des Mälar, die Krone von allen, Sko-Kloster, das alte Folkunger-Schloss, später zu Lehn an die Familie Wrangel gegeben, und herrlich ausgebaut und mit der Erbtochter der gräflichen Linie der Wrangel an das Geschlecht der Brahe gebracht, welche es noch heute besitzen.

Hier auf dem Boden von Upland reichen die Erinnerungen fast auf jedem Schritte hinauf bis in die Zeit der Sage. Hier dämmert früh das ehrwürdige Sigtuna, ältestes Handelsziel hanseatischer Seefahrer; liegt Thors-Åker, das geweihte Heiligthum des heidnischen Gottes; hier die Morawiese, die Wahlstätte der Könige, und Upsala, der heilige Heerd Odins, des Obergottes.

Zum grösseren Theil haben hier die schwedischen Geschlechter sich auf ihrem alten Grundbesitze erhalten; so die Grafen Brahe auf Rydboholm und Sko-Kloster, Oxenstjerna von Korsholm auf Wärnberg, Sparre auf Ådö und Brogård, Lewenhaupt auf Kasby, Horn von Åminne auf Adamsberg, de Geer auf Leufsta, Gyldenstolpe auf Stenninge, Piper auf Sandbro, Spens auf Hoja, Platen auf Orbyhus. Doch auch neue Namen sind hinzugekommen: wie die Grafen Barck auf Bergshammar, Björnstjerna auf Almarestäke, dem alten befestigten, aus den Unionszeiten berühmten Erzbischofs-Schlosse; Ugglas auf Forsmark, Engeström auf Nyborg und Wirsén auf Djursholm (dem alten Banérschen Stammgut).

Von den freiherrlichen. Geschlechtern trifft man die Oxenstjerna von Eka und Lindö, die Banér, Leionhufvud, Düben, de Geer, Cederström, Höpken, Raab, Rålamb, Rudbeck, Hermelin, Fleetword, Staël-Holstein und Ugglas.

Die grössern Gutscomplexe in Upland, welche noch heute im Besitze des Adels sich befinden, zählt man auf nahe an 100.

Westwärts von den Uplanden und den Umgebungen des Mälar nimmt der Umfang des rittermassigen (Frälse) Besitzes merklich ab. Es liegt dies in der zunehmenden Unwirthlichkeit des Klimas und der abnehmenden Ergiebigkeit des Bodens, welcher in den tiefer gelegenen Distrikten von Westmanland, Nerike und Wermland zwar noch Korn und vierzeilige Gerste, auch wohl auf guten Stellen Hanf und Flachs erzeugt, in den vergangenen Jahrhunderten indess weniger noch, als heute zu dauernden Wohnsitzen des Adels ausersehen ward. Doch befinden sich auch hier die Forsten und Gruben meist in des Letztern Besitze, nur dass er die Erträge nicht mehr, wo sie gewonnen werden, verzehrt, sich vielmehr nur periodisch dort einfindet, um neue Kontrakte mit den Pächtern abzuschliessen. Auch die Denkmale geschichtlicher Erinnerungen werden, wenn die Städte Oerebro und Westerås ausgenommen werden, hier seltner.

In der Provinz Westmanland besitzt der Adel noch etwa 66 grössere Gutscomplexe, welche in den Händen vornehmlich der Geschlechter der Grafen Lewenhaupt auf Hellefors, Mörner auf Stjernfors, Piper auf Engsjö, Rosen auf Dåwö, Cronstedt auf Fullerö, Cronhjelm auf Flotta und Hermanson auf Frötuna, und der Freiherren Sparre, Leionhufvud, Duwall, Liljencrantz, Nieroth, Silfverskjöld, Tersmeden u. A. sich befinden.

In der Provinz Nerike hat die Ritterschaft nur etwa 40 Güter. Es befinden sich auch hier wieder dieselben Namen, denen überall begegnet wird: der Grafen Lewenhaupt auf Säbylund, Mörner auf Espelunda, Wachtmeister auf Hasselfors und Kalling auf Myrö und Ulricsberg, sowie der Freiherren Leionhufvud, Hamilton, Cederström, Ehrencrona, Leionhjelm, Fock, Leuhusen, Åkerhjelm.

In Wermland endlich erscheinen als Besitzer der 48 der Ritterschaft gehörigen Güter vom hohen Adel die Grafen Rosen auf Höglunda und Lewenhjelm auf Lång, so wie die Freiherren Cederström und Beck-Friis.

In Bezug auf Besitzungen des Adels kommen schliesslich die Landschaften Dalekarlien, Dahlsland (an der Westseite des Wener) und Bohus nur noch ganz nebensächlich zur Sprache. Kaum 12 Complexe weist hier im Ganzen die Matrikel noch als rittermässige nach.

Der ältere hohe Adel hat seinen Grundbesitz zum grossen Theile durch Fideicommiss-Stiftungen sich bewahrt. Seltener kommt dies beim niedern vor. Auf den Reichstagen wird der Stand durch das Ritterhaus vertreten. So viel matrikulirte Geschlechter, so viel Stimmen im Ritterhause. Die Gesammtzahl beträgt gegenwärtig etwa 900, darunter 70 gräfliche und 158 freiherrliche.

Die Bauern wählen zu jedem Reichstage die Vertreter ihres Standes aus ihrer Mitte, Häradweise. Ebenso der Bürgerstand aus den Mitgliedern ihrer Stadt-Obrigkeiten oder sonst Gewerbtreibende. Ihnen ist in neuerer Zeit der Stand der nichtadligen Bergwerksbesitzer zugeordnet. Da bei den Reichstags-

Beschlüssen nur die vier Stände-Stimmen als Curien-Stimmen gezählt werden, so ist das numerische Verhältniss der Mitglieder der verschiedenen Stände zu einander ohne Bedeutung.

Da auch die Kirche in Schweden einen besondern politischen Stand bildet, so muss Einiges auch in Beziehung auf deren Organisation bemerkt werden.

Das Königreich ist in zwölf Stifter, ehemalige Bisthümer, getheilt, mit je einem Bischof an der Spitze, dem ein Consistorium zur Seite steht. Unter ihm stehen die Probsteien (Superintendenturen), dann die Pastorate. Die Bisthümer haben ihre Rangfolge unter einander nach alter Regel; zuerst Upsala, dann Linköping, Skara, Strengnäs u. s. f., und so rangiren auf den Reichstagen auch die Bischöfe; die sogenannten selbstberufenen (Sjelfskrifna) Vertreter der Geistlichkeit.

Der Erzbischof, zugleich Bischof des Stifts Upsala, wird gewählt. Sämmtliche Stifts-Consistorien, das Consistorium der Stadt Stockholm und die Pfarr-Geistlichkeit des Erzstifts Upsala treten an einem von der Krone bestimmten Tage zur Wahl in je ihren Stiften zusammen. Jeder Wähler schreibt drei Candidaten auf einen verschlossenen Zettel; die Consistorien bilden hieraus die engere Liste der drei Meistgenannten; in der Königlichen Kanzlei erfolgt die Aufstellung der engsten Liste der dem Könige zu präsentirenden drei Geistlichen. Aus diesen ernennt der König. In ähnlicher Weise erfolgt die Wahl und die Präsentation der Bischöfe, nur mit der Beschränkung des Wahlkörpers auf das vakant gewordene Stift. Das Consistorium stellt hier schon die engste Liste auf. Der König ernennt aus dieser.

In der Zusammensetzung der Consistorien zeigt sich die innige Verbindung der Schule mit der Kirche. In den beiden Universitätsstädten Upsala und Lund bilden die ordentlichen Professoren der Theologie zusammen mit dem Domprobste das Consistorium; an den Bischofs-Orten mit Gymnasien die ordinirten Lektoren. Diese Gymnasial-Lektoren sind deshalb in der Mehrheit stets ordinirte Geistliche. Die Wiederbesetzung der in den Consistorien erledigten Stellen geschieht durch Cooptation.

Sowohl die Bischöfe als die Mitglieder der Consistorien leisten den Homagial-Eid in folgender Fassung:

> „Mit Leben und Blut will ich die Königliche Machtvollkommenheit und die Rechte und Freiheiten der Stande des Reichs vertheidigen, so wie solche in der

Regierungsform von 1809 festgestellt sind."

Die Pastorate sind theils königliche, theils consistorielle, theils Privat-Pastorate, zu den beiden esteren haben die Grundbesitzer des Kirchspiels ein Wahl- und Präsentationsrecht.

Wir schliessen diese Einleitung mit einer allgemeinen Bemerkung eines neuern schwedischen Schriftstellers.

Der Schwede, sagt Ridderstad, ist ein Sohn der Natur, die ihn erzeugte. Sein Temperament wechselt eben so schnell wie die Temperatur seiner Jahreszeiten. In dem einen Augenblicke kalt wie sein Winter, brennt er in andern mit sommerlicher Hitze. In unsern Gebirgen tost der Sturm, in unsern Wäldern haust der Bär, und das Sprüchwort warnt, sie zu wecken.

Die Geschichte des schwedischen Volks giebt die gleichen Züge wieder, dieselben Widersprüche und schroffen Uebergänge, dieselbe Kraftvergeudung des Augenblicks, dieselbe Berserkerwuth. Die Ruhe, welche dann wieder eintritt, gleicht derjenigen des pausirenden Sturms, wenn die Ursache seiner Fortdauer schweigt. Grosse Kämpfe, Waffengetöse und wilde Leidenschaften haben in unserer Geschichte zu viel Verheerungen angerichtet, als dass die Erinnerung daran jemals ersterben könnte. Selbstrache lag in der Asa-Ehre, und ihr blutiger Schatten forderte im Mittleren Alter noch manches Opfer. Vieles hat seitdem sich verändert, der Sturm zerreist endlich die Segel, aber er heult noch in den Fetzen.

Einer unserer Könige sagte, der Charakter des schwedischen Volks sei voll hitziger Elemente, gerade wie der Charakter des schwedischen Nordens. Immer aber hat sich darin eine mächtige Freiheitsliebe offenbart, oft als Sturm, mitunter als Stöhnen, selten — ausgenommen gen Himmel — als Bitte, nie als knechtisches Gewinsel.

Die grossen politischen Leidenschaften haben selbstverständlich in unserm ersten Stande am heftigsten getobt. Dieser Stand ist, als ein nationales Institut, unter fortwährenden Kämpfen um seine Macht und selbst um seine Existenz inmitten der Gewalt der Krone und derjenigen der grossen Massen, vorangeschritten, indem er periodisch nur die eine oder die andere von Beiden sich unterwarf, aber sich beständig zu neuem Streite gerüstet halten musste.

Seine eigenthümliche Zusammensetzung, vermöge deren er erst Jahrhunderte lang grösste Macht und grössten Reichthum, dann auch wieder tiefe Armuth und fast gänzliche Ohnmacht in sich schloss, hat unaufhörlich Elemente genährt, welche auf einer Seite Alles zu verlieren, auf der andern Alles zu gewinnen hatten. In seiner politischen Rolle hat es daher dem Stande, aus Mangel an Einigkeit in sich, nicht selten an der Sicherheit gefehlt, aus welcher in friedlichen Zeiten Ruhe und Stärke hervorgehen, während bei Anstössen von Aussen er dem wilden Getümmel der Leidenschaften anheimfiel.

Solcher Art war das schwedische Ritterhaus in früheren Tagen, solcher Art ist es noch heute. Will man den Charakter des schwedischen Volkes studiren, bei welchem oft grosse Begierden neben kleinen Mitteln einhergehen, so besitzen wir im Ritterhause ein grosses Gemälde davon, in einen bestimmten Rahmen eingeschlossen. —

ERSTES BUCH
Aelteste Zeiten bis zur verfassungsmässigen Errichtung der Wahl-Monarchie, oder bis 1350

I. Abtheilung
Verfassungszustände in der heidnischen Zeit

Das schwedische Volk befand sich in den ältesten Zeiten im Wesentlichen in derselben gesellschaftlichen Verfassung, wie auch die übrigen Stämme der grossen germanischen Race nach den Ueberlieferungen des Tacitus. Normannen-Züge verliessen in bereits schriftgeübter Zeit die scandinavische Halbinsel, um auf Island ein neues Staatsleben zu begründen. Es ist nicht zu zweifeln, dass dies auf denselben Grundlagen geschah, welche in der Heimath geltend waren. Die hierüber vorhandenen Urkunden sind daher mit Recht für Zeugnisse auch über die Anfangs-Zustände in Scandinavien selbst gehalten worden.

Der Häuptling des Stammes, nachdem das Bord der Schiffe verlassen, umschreitet feierlich das in Besitz genommene Land und heiligt seine Grenzen durch Feuer. Dann theilt er unter die Genossen die Gemarkungsloose. Der Führer der Seefahrt bleibt der Anführer des Stammes auch in den neuen Wohnsitzen. Auch hier wird er der Hüter des Tempels (Drott), in dessen Nähe sein Loos ausgesondert wird. Hier, in der unmittelbaren Gegenwart des Gottes und unter seinem Schutze wird das Gericht (Ting) gehalten. Zwölf gute Männer (goda män) unterstützen den Häuptling dabei.

Ist der Stamm zu zahlreich für eine Tempel-Gemeinschaft so werden deren mehrere gestiftet. Diese zusammen bilden den Härad, und haben im Härads-ting die Vereinigung für die über die Grenzen der Opfer-Genossenschaft hinaus reichenden Angelegenheiten. Die Härade vereinigen sich zum All–ting oder Lands-ting, welcher die wehrhaften Männer des ganzen Stammes umfasst.

Den Vorsitz beim Härads-ting führen die Vorsteher der einzelnen Tempel-Gemeinschaften mitsammen, beim All–ting führt ihn der Lagmann, die höchste Obrigkeit der Landschaft, hervorgegangen aus der Wahl der Tempel-Vorsteher.

Nicht anders im heimathlichen Scandinavien. Das von Odin und den ihn begleitenden Asen nordwärts vom Mälar in Besitz genommene Land (Upland) war in drei Landschaften, jede Landschaft in Härade oder Hundrade getheilt d. h. in Waffen-Genossenschaften von je hundert Familienhäuptern. Die Landschaft Tiunda-Land hatte zehn Hundrade, Attunda-Land deren acht, Fjerd-hundra deren vier. Die drei Stämme (folk) jener Landschaften (der Folklande) verehrten im Ober-Drott den Hüter ihres gemeinsamen Ober-Tempels. Dieser stand zu Upsala.

Ein zweiter gleichzeitig über das Meer gekommener sprach-verwandter Stamm nahm seine Wohnsitze südlich vom Mälar, im Südermanland, ein dritter weiter westlich nannte sein Gebiet Westmanland. Das gesammte Svea, um den Mälar, schloss sich zu einem Bunde benachbarter Stämme, welche im Alshärja-ting d. h. in der Versammlung der ganzen Kriegs-Mannschaft ihre Vereinigung hatten; wie die Genossen der Landschaft im Lands-ting, des Härads im Härads–ting.

Wie der Härads-Drott den Härads-ting, der Fylkis-Drott den Lands-ting, so leitete der Upsala-Drott die Versammlung des Alshärja. Die Zwölfmänner (tolfmän) sassen ihm zur Seite.

Der Upsala-Drott stammte von Odin selbst. Nur nach dem Blute (ex nobilitate) wählte das Volk sein Oberhaupt. Erst als mit der Berührung feindseliger Nachbarstämme die friedsamere Verrichtung der Opfer und des Gerichts hinter der Führerschaft im Felde zurückzustehen begann, wandelte das Oberhaupt (der achte in der Reihenfolge nach Odin) seine Würde und seinen Namen als Drott in den jetzt mehr bedeutenden des Konung um. So ward der erste Upsala-König über Svea-Land.

In die Würde des Königs folgt immer nur Einer von den

Söhnen. Die jüngeren übernehmen die Anführerschaft in den Landschaften, aber legen sich ebenfalls den klangvolleren Namen der Fylkis-Könige bei. Sie bilden die Geschlechts-Aristokratie in den verbündeten Landschaften, und führen mit Sorgfalt ihren Stammbaum. Ihre Abkunft von Odin allein berechtigt zur Nachfolge in Upsala, genügt zu Ehre und Ansehen im Volke. Wessen Erbportion am Stammgut unausreichend geworden für eine selbstständige Existenz, sucht Ehren und neuen Reichthum entweder auf eigene Hand, in Vikingen-Fahrten, als See-König, oder in der Gefolgeschaft (Comitatus) des Upsala-Königs, oder selbst eines mächtigen Fylkis.

Aehnlich in den um den Wetter belegenen Landschaften. Hier blühte früher schon, als um den Mälar, das Reich der Göthen (Götha-rike), lange Zeit völlig getrennt von den nach Svea eingewanderten Stämmen bis die stärkere Macht des Svea-Bundes die Göthen zum Anschluss und zur Anerkennung von Upsala, als des obersten Gottes-Tempels zwingt. Dann verband der gemeinsame Name Svithiod beide Reiche.

Um das Jahr 600 nach Christi lebte, nach der Ynglinga-Sage König Ingiald-Illråda (der Böseherrschende). Er beschloss die zu übergrosser Unabhängigkeit angewachsene Macht der Fylkis-Könige zu brechen. Er verband sich deshalb mit der Klasse der kleinen freien Grundbesitzer (Odal-böndar) und dieser Verbindung gelingt der Sturz und grossentheils die Vernichtung der hohen Geschlechts-Aristokratie.

Seit Ingjald entrichten die Fylkis der Landschaften wieder den anerkennenden Skatt (Zins) als Zins-Könige. Um das Jahr 850 verschwindet auch dieser, noch immer an alte Unabhängigkeit erinnernde Namen aus dem Gebrauch. An der Spitze der Landschaften werden jetzt die Jarle (Earl, Grafen) genannt, die vom Upsala-Könige mit der Verwaltung betrauten Landeshöfdinge. Die lockere Form blos verbündeter, wenn auch von einer Obergewalt abhängigen Landschaften, war in Folge der Anstrengungen der Könige bis zu staatlicher Einheit durchgedrungen. Auch eine weitere Behörden-Abstufung ist jetzt zu erkennen, unter dem Jarl steht, betraut mit der Aufsicht über mehrere Härads der Läns–herr in jedem Härad der Läns-man; die Wahrnehmung der Regalien, der Rechte des Königs, liegt in ihren Händen.

Gesondert besteht, die Rechtspflege. In den Landschaften

übt sie, als Bezirks-Richter, der Lagmann, aus der Klasse der freien Grundbesitzer von diesen gewählt. Unter ihm fungirt der Domare, als Kreisrichter, gewählt wie jener von den freien Männern im Härad. Nur in den Götha-Reichen und den Smålanden erscheint in unterster Lokal-Instanz Rechtspflege und Verwaltung verbunden in der Person des Häradshöfding. Von ihm ging aber die Appellation in Rechtssachen an den Lagmann, in Regalien an den Landeshöfding.

Neben dem Adel der Geburt, den aus König Ingiards Tilgung übrig gebliebenen Nachkommen der Fylkis, jetzt vorzugsweise in der Gefolgeschaft des Königs und mit den hohen Aemtern im Reiche und in den Provinzen betraut, ersteht in dieser Zeit eine andere Aristokratie des grossen Grundbesitzes. Im Lagmann hat sie ihren vorzüglichsten Vertreter, wie in den Jarls oder Landeshöfdings der Geburts-Adel. Allmälig erringt der Adel des grossen Grundbesitzes zuerst Ranges-Gleichheit, dann selbst Ebenbürtigkeit.

Der Grundbesitz war in Schweden überall ein freier und blieb es. Was der schwedische Mann sein nannte, hatte er nicht,, wie die Germanen des Continents, beim Zusammenbrechen des Römischen Reiches, auf dem Schlachtfelde als Preis des Sieges sich zugeeignet. Er war deshalb nicht, wie jene, genöthigt, dasselbe mit dem Schwerte in der Hand zu bewachen. Die Bedingungen für das Erstehen eines Lehnswesens, im Sinne des Mittelalters, fehlten auf der scandinavischen Halbinsel. Die Axt und die Pflugschaar waren hier die überwindenden Waffen gewesen. Die Erde ward das Od,. Allod, des Schweden, weil er sie dem Walde mittelst der Axt entrissen, zuerst mit der Pflugschaar gefurcht hatte. Ward dieser Grundbesitz so gross, dass seine Bebauung die Kräfte der eigenen Familie überstieg, so ward er entweder gegen Zins an Andere ausgethan (Land-boar) oder durch Dienstleute (Huskarlar) bewirthschaftet, oder von Leibeigenen (Trälar), den Gefangenen aus einem glücklichen Feld- oder Seezuge, gepflügt. Alles politische Recht aber, die Stimmgebung und die Wahl auf den Tings, die Fähigkeit zum Tolfmann, dies Alles übte und besass allein der Grundherr (Jord-Drott, Landlord, gamla Karl). Er vertrat zugleich den gesammten Personenstand auf seinen Gütern.

Das Grundeigenthum ist ferner ein unveräusserliches Stammgut. Nur im Falle „grosser Noth“ wird eine Ausnahme gestattet, aber auch dann mit dem unverjährbaren Vorbehalt der Wiedereinlösung. Nur die Söhne erben in das Stammgut.

Nur aus der Zahl der durch Besitz hervorragenden Grundeigenthümer (Odal-böndar), wählte die Landschaft den Lagmann. Nur von einem solchen Grundherrn (Jord-Drott) erwartete sie die Kraft der Unabhängigkeit von der königlichen Macht, Nachdruck bei Widerstand in der Rechtsverfolgung. Niemand, der in des Königs Dienste stand, konnte Lagmann sein: es war stets ein Bonde-son, d. h. ein freier Grundbesitzer. Oft ruft die Anhänglichkeit der Landschaft den Sohn in die Nachfolge des Vaters, und dies selbst durch mehrere Generationen. Wie erblich erscheint so die Lagmannswürde von Upland in der Familie Thorgny, von Westergothland in der Familie Edsväre. Solche Familien hatten höchstes Ansehen im Lande.

Des Lagmanns Amt war, auf den jährlichen Tings den Inhalt des landschaftlichen Gewohnheitsrechts in Erinnerung zu rufen, neue Gesetze oder Gesetzes-Deklarationen in Vorschlag zu bringen, in oberster Instanz das Recht zu finden und im Alshärja das Wort für seine Landschaft zu ergreifen. Bei Thron-Erledigungen leiteten und verkündeten sämmtliche Lagmänner in Gemeinschaft die Neuwahl.

Der Lagmann von Upland hatte wegen Upsala den Vorrang. Nur nach der Mora-Wiese ward das Alshärja aufgeboten, nur dort war Königswahl. Stand hier die gesammte Nation vor ihrem Könige, so war der Lagmann von Upland der Sprecher des Volks.

Im Beginn dieser Periode (etwa 850 bis 1050 n. Chr.) findet sich das Königthum noch erblich. Allein das häufige Erlöschen der herrschenden Linie und die Mitwirkung der Geschlechts -und Grund-Aristokratie bei der Berufung der Nachfolger, wandelt das Recht zum Throne immer mehr aus einem Rechte kraft Abstammung, in ein Recht kraft Wahl. Doch geschah auch die Wahl immer nach dem Blute (ex nobilitate).

Als ein Uebergang erscheint die Einrichtung der Mitregenten, dem eigentlichen Stuhl-Könige zur Seite gestellt, mit der Zusage der Nachfolge, die Rechtscontinuität im Interesse beider, der Krone und der Nation zu wahren.

Die Einkünfte bezog der König aus Upsala-Oede; d. h, aus den zur Bestreitung ursprünglich des Tempeldienstes ausgesonderten Loosen. In allen Landschaften waren dergleichen angeschlagen, dort wechselte auch die Hofhaltung des Königs, je nach dem Umfang der Erträge. Reichten die letzteren nicht, so konnten die Jarle (Höfdinge) und Voigte, des Königs Provinzial-Beamte und Guts-Administratoren, nicht ablehnen, den König in eigenem Hause aufzunehmen. Reichten auch die Amtsrenten dazu nicht, so erging an die freien Grundbesitzer (Odal-böndar) die Auforderung zu Beihülfen. Diese Beihülfen waren gebotene, d, h. durch das Gesetz verordnete, keine ständische Bewilligungen.

Als mit der Vermehrung der Regierungsgeschäfte die Residenz des Königs stabiler ward, wurden diese Beihülfen als feste Abgaben vom Grund und Boden, Grundrenten, zur Sublevation der Königlichen Hofhaltung fortentrichtet.

Zur letzteren gehörten auch dessen Haustruppen, Hofmannen (Hirdmän oder Huskarlar), anfangs die einzig dauernd in Waffen gehaltene Schaar im Dienste des Reichs. Zu diesem Waffendienste um die Person des Königs melden sich vor Allen die jüngeren Söhne der hochgeborenen Geschlechter (Storättade) und aus der Verwandtschaft des Königs selbst. Erst bei wachsender Gefahr oder grösseren Kriegs-Unternehmungen ergeht das Aufgebot (bud-stock) in die Landschaften. Dann erscheinen des Königs Beamte, die Jarle und Höfdingar, je mit ihren besondern Haustruppen, die freien Odal-böndar aber meist unter Führung des Lagmann. So sass Olof, Schooss-König, um das Jahr 1000 n. Chr. auf der Mora-Wiese zum Alshärja, umgeben von seinen Hof- oder Hird-mannen, und nahm die eine Seite des Feldes ein. Ihm gegenüber, zur Rechten, Ragwald, der Jarl von Westergothland, zur Linken Thorgny, der Lagmann von Upland, beide zunächst umgeben von ihren eigenen Haustruppen; in weiterem Kreise dahinter die grosse Schaar der Odalböndar. Aber der Jarl hat den Vortritt vor dem Lagmann, der Dienst des Königs giebt die höhere Ehre.

Doch kommt das Wort Jarl in verschiedener Bedeutung vor. Als nach dem Untergange oder der Beseitigung der Fylkis-Könige die Verwaltung der Landschaften und festen Schlösser in die Hände verantwortlicher Beamten, Belehnter, gegeben ward, waren die Nachkommen der kleinen Könige (der Små-konungar) die zunächst Berufenen. Durch hohe Herkunft und meist grossen Grundbesitz standen sie bereits im höchsten Ansehen in der Landschaft. Auf diese Weise erhielt der Geburts-Adel auch die

Bezeichnung Jarl-geboren, d. h. zur Jarls-Würde nach Geburt zunächst befähigt. Eine Folge hiervon war, dass der blossen Befähigung zum Jarl dieser Titel beigelegt ward, und Jarle heissen aus Courtoisie alle Mitglieder dieser Geschlechter, wenigstens sofern sie Familienhäupter waren. In diesem Falle besassen sie aber nicht eigentlich die Tignar-Würde (dignitas), welche stets nur am Dienste des Königs haftete, wie denn der König selbst den höchsten Grad der Tignar-Würde innehatte. Die wirklichen Jarle kraft Amtes standen auf diese Weise in engerer Standes Genossenschaft mit dem Könige, während die Jarle schlechtweg nur allgemeine Bluts-Genossenschaft behaupteten.

Später erfuhr die Bedeutung von Jarl noch eine andere wichtige Wandelung. König Erich dem Siegreichen (segersäll) gelang es, den Thron von der unbequemen Schranke des Mitregenten zu befreien. An dessen Stelle wählte er sich, zur Mitvollziehung der höchsten Regierungs-Acte einen von ihm ernannten und nur ihm verantwortlichen obersten Geschäftmann (Embetsman). Dieser Staatsbeamte erhielt den Namen des Jarls von Schweden, Sveriges Jarl, und stand zum ganzen Reiche, wie die Landschafts-Jarle zu den Provinzen, über welche sie gesetzt waren, eine Art von Major domus oder Reichs-Canzler. Ein solcher „Jarl von Schweden“ war Birger, der berühmte Folkunge, mit dessen Söhnen das Geschlecht auf den schwedischen Thron stieg.

In dem Maasse, als über die grosse Gesammtheit der freien Männer in Schweden, an Ansehen, Macht und Reichthum die Jarl-geborenen Geschlechter und die grossen Grundherrn sich erhoben, veränderte sich der Charakter der alten Volks-Versammlungen (Alshärja). Odal-män von beschränkterem Grundbesitz vermochten überhaupt nicht mehr, den häufiger werdenden Einberufungen auf eigene Kosten und ohne Nachtheil für ihre Oekonomie Folge zu leisten. Mancher wollte auch nicht hinter dem mächtiger emporgekommenen Standesgenossen an Glanz und Gefolge zurückstehen.

Auf diese Weise nahm die schwedische Landes-Versammlung erst faktisch, dann grundgesetzlich dieselbe veränderte Gestalt an, wie in Deutschland und England. Zur Besprechung über die allgemeinen Landes-Angelegenheiten (Samtal wörtlich dasselbe wie Parljament) wurden im Verlaufe der Zeit nur noch diejenigen eingerufen, welche vom hohen Geschlechts-Adel die Jarl- und Schlosshauptmanns-Aemter verwalteten, oder aus der Klasse der freien Grundherrn die Lagmanns-Würde bekleideten.

Als nach Einführung des Christenthums (nach 1000 n. Chr.) endlich das bisher gewohnte Waffentragen im Volke beschränkt ward, neben den Jarlen und Lagmännern die Bischöfe in den Rath des Königs berufen wurden, tritt der kleine Grundbesitzer, von nun an ausschliesslich unter dem Worte bonde (Bauer) verstanden, von der regelmässigen und unmittelbaren Theilnahme an dem Landes-Regimente, und hinter die grossen Herren zurück. Nur zu Zeiten noch erinnert er durch gewaltsames Hervorbrechen an seine Existenz und an seine alte Kraft.

II. Abtheilung
Von Aufnahme des Christenthums bis zu Magnus Erichsons Landrecht (1350)

Unter Olof, dem Schoosskönige, fand das Christenthum Eingang in Schweden. Unter Edmund dem Alten, Olofs Sohn, hatte dasselbe schon solche Fortschritte gemacht, dass, als mit Edmund der Königsstamm der Oberschweden erlosch, die Westgöthen, früher der neuen Lehre ergehen, die Berufung ihres Jarls, Stenkils, eines eifrigen Christen, zum Throne von Upsala durchzusetzen vermochten.

Diese Thatsache gilt für das erste Zeichen des Uebergewichts des Christenthums über den Odin-Glauben. Zugleich erblickt man gemeiniglich darin einen Beweis, dass Schweden und Göthen über eine Alternirung beider Stämme in der Thronfolge, beim Erlöschen eines Hauses, sich geeinigt hatten.

Die starke Aktion, welche König Stenkil für die Kirche eintreten liess, rief indess noch einmal eine Reaktion des heidnischen Geistes hervor, welcher in letzter, verzweifelter Anstrengung mit dem alten Glauben der Folklande zugleich deren Vorrang im Rechte der Thronbesetzung zu retten suchte. In dieser blutigen, lange dauernden Fehde soll zugleich mit den Mitgliedern des königlichen Hauses ein grosser Theil des alten hochgebornen Adels vertilgt worden sein. Der heidnische Glaube triumphirte noch einmal. Inge, Königs Stenkil Sohn, ward zwar aus der Verbannung, um seines Geburtsrechts willen, zurückgerufen, aber er musste die Bedingung eingehen, entweder das alte Gesetz und den alten Glauben zu schützen oder dem Thronrechte zu entsagen.

Gleichwohl erhebt die überwindende Kraft der geläuterten Gotteslehre sich aus dem Drucke und erscheint, nach Strömen vergossenen Blutes unter König Erich (1150 n. Chr.), als Siegerin — dieses Mal, um nicht wieder zu verschwinden.

In der Periode dieser Kämpfe war zum Andern das Königshaus erloschen. Nunmehr steigt ein neues Geschlecht aus dem Stamme der Ostgöthen mit Sverker zum Thron. Das Missvergnügen der Westgöthen mit dieser Wahl ist so gross, dass sie erklären: Schon einmal, vor Stenkils Thronberufung, hätten die Jarle und Lagmänner ihr Land zur vollen Zufriedenheit regiert, sie könnten nöthigenfalls auch ohne König fertig werden.

In solchem Grade hatten die Kämpfe um und gegen den Thron republikanische Anschauungen geweckt.

Der Schluss dieses Zeitraums zeigt die Klasse der kleinen Grundbesitzer entvölkert und verarmt, das Ansehen und die Macht der Krone geschwächt und die Aristokratie der Geburt und des grossen Grundbesitzes im unverkennbaren Besitze der Gewalt im Reiche. Mit den weltlichen Grossen verbinden sich die Würdenträger der Kirche, und während beide Theile inselbstausgeschriebenen Versammlungen über die Geschicke des Landes in Gemeinsamkeit entscheiden, herrscht der Streit unter ihnen selbst nur noch um den Vorrang zur höchsten Gewalt.

Unter den Geschlechtern jener „Herren und Fürsten des Reiches“ (Herrarne, Principes, Magnati) — so nennen sie sich selbst — war im Beginne des dreizehnten Jahrhunderts Keines von Geburt, Besitzthum und Aemtern demjenigen der Folkungen vergleichbar. Folke, der Dicke, wird schon um das Jahr 1100 im Besitze grosser Güter und fester Schlösser in den Göthalanden genannt. Wie hoch im Ansehen er stand, beweist seine Vermählung mit Ingrid, der Tochter Königs Kanut, des Heiligen, von Dänemark. Von zwei Söhnen aus dieser Ehe erbt Bengt die Stammgüter in Westergothland und hält lange Zeit, auf Schloss Ymseborg residirend, die Lagmannswürde von Westergothland in seiner Familie: Einer seiner Söhne, Birger Brosa, ward Jarl von Schweden. Von dessen Nachkommen vermählt sich Magnus Brok — ein anderes Mal — mit einer dänischen Königstochter. Die Stammesgüter in Oestergothland, die schönen und festen Schlösser zu Bjälbo und Ulfåsa erbt der zweite Sohn Folkes, der seiner Zeit durch ritterliche Thaten berühmte Magnus Minneskjöld. Er behauptet in seiner Linie die Jarlwürde von Oestergothland. Dessen Nachkomme, Birger von Bjälbo, ward der berühmteste und letzte aller Jarls von Schweden um 1240. Alle Folkungen, melden die Chroniken, waren stolz und hochstrebend, ein ehrgeiziges und unruhiges Geschlecht.

Um jene Zeit, als Birger von Bjälbo Jarl von Schweden war, stieg mit König Erich, Erichson, in männlicher Linie der letzte Spross aus Sverkers Stamm, in die Gruft. Nun hätte, der Macht nach, Birger, der Jarl, die nächste Anwartschaft zum Throne gehabt. Er war zugleich des letzten Königs Schwestermann. Aber dem Blute nach ging ihm sein eigner Sohn voran. Denn als der Sohn der Schwester des letztverstorbenen Königs war er zugleich der Enkel des Vorverstorbenen. Diese Rücksicht überwog. Als Birger, der Jarl, gerade auf dem finnischen Feldzuge abwesend war, berief Iwar Blå von Gröneborg, der mächtige Lagmann von Upland, die Wähler zur Mora-Wiese, und auf seinen Vorschlag ward Waldemar, Birgers Sohn, Königs Erich Enkel, von dessen Tochter Ingeborg, obgleich erst vierjährig, zum Könige ausgerufen, dem Jarl aber die Vormundschaft und Regentschaft übertragen (1248).

Für das schwedische Staatsrecht knüpfen sich an das Aufsteigen des Geschlechtes der Folkunger zum Throne durchgreifendste Wandelungen. Die Macht, welche gerade dieses Geschlecht vor Andern bis dahin gegen das Uebergewicht der Krone im aristokratischen Interesse geltend gemacht hatte, wurde von jetzt ab mit ausgezeichneter Willenskraft und grosser Staatsklugheit durch den Jarl Birger während seiner Regentschaft, später durch Magnus Ladulås, seinen zweitgeborenen Sohn, gegen das Uebergewicht der Aristokratie im monarchischen Interesse gekehrt.

An der Spitze der Opposition stehen jetzt zunächst die eignen Verwandten des neuen Königshauses. An diese schliessen sich die meisten übrigen Geschlechter. Die Chroniken nennen zwar den jetzt beginnenden, durch viel vergossenes Blut ausgezeichneten Kampf Birgers und seiner Söhne den Kampf mit den Folkungen. Gleichwohl ist er nicht ein blosser Familienzwist. Die Folkungen geben hier nur den Namen für die gesammte hohe Aristokratie. Es handelt sich vielmehr um ein wohlbewusstes Ringen eines zu monarchischer Einheit emporstrebenden Willens gegen die, dieser Einheit entgegenstrebenden, um ihre Unabhängigkeit besorgten aristokratischen Elemente.

Hierbei werden dieselben Mittel zu Hülfe genommen, welche in den Monarchien des Continents sich bewährt hatten.

Zunächst erhalten die jüngeren Brüder des Königs Verwaltungen über grosse Landestheile, im Auftrage der Krone, als Herzogthümer. Diese Würde oder dieses Amt erscheint hier zum ersten Male in Schweden. Der Versuch schuf etwas so Neues, dass Birger, der als Regent diese Einrichtung traf, nothwendig fand, die Zustimmung des päbstlichen Stuhles dazu einzuholen. Die Massregel, berechnet auf eine engere Verknüpfung der Landes- und Provinzial-Verwaltung mit dem Interesse des königlichen Hauses und dadurch auf eine Stärkung der monarchischen Gewalt gegen den Unabhängigkeitssinn der Grossen, schlug in ihrem Erfolge fehl. Kaum waren, nach Waldemars eignem Regierungs-Antritt und Birgers, des Jarls, Tode, die Herzöge in ihre Amtsgewalt eingesetzt, als das Verlangen aufstieg, hierin die Erblichkeit zu erlangen. Es sei eine ungerechte Vertheilung der Nachfolge: dem Aeltesten der erbliche Thron und ihnen nur widerrufliche Amts-Belehnungen. So überkam den Nachkommen Birger's auf dem Throne, statt der Stütze, welche ihr Vater ihnen zugedacht, nur die vermehrte Aufgabe, neben der Unwillfährigkeit der hohen Geschlechter noch das Missvergnügen der eignen herzoglichen Brüder niederzuhalten. Niemals, auch nicht bei den Wiederholungen in späteren Zeiten, war die Einrichtung der herzoglichen Würde in Schweden mit glücklichem Erfolge gekrönt.

Auf einen ähnlichen Zweck zielte die Aenderung, welche der Jarl Birger im schwedischen gemeinen Erbrechte einführte. Unter Berufung auf den Ausspruch der heiligen Schrift: „Sind wir denn Kinder, so sind wir auch Erben“, gelang es ihm, auch den Töchtern, wenigstens zu gewissen Antheilen, die Succession in das Stammgut zu erringen. Das politische Motiv war, in die Macht, welche den hohen Geschlechtern das zusammengehaltene Familiengut gewährte, splitternde Keile einzutreiben. Der beabsichtigte Erfolg blieb nicht aus. Die nun folgenden Zeiten nennen die vornehmsten Besitzungen und festen Schlösser des hohen Adels in den Händen bald dieser, bald jener Familie: überall durch die Mitgiften der Töchter. Dieser Wechsel minderte die Widerstandskraft der einzelnen Familien und gestattete der Krone häufiger die Spaltung der Parteien.

Ein weiterer Schritt auf derselben Bahn war das strenge Verbot Königs Magnus, Birgers zweiten Sohnes, gegen die Fortdauer der geheimen Bündnisse und Vereine unter dem Adel. Mit schweren Geldbussen wird die Uebertretung bedroht. Um einem solchen Verbote Nachdruck zu geben, bedurfte es freilich auch materieller Macht: diese musste daher für die Krone geschaffen werden. Vorhanden waren die Elemente dazu in dem Stande der kleinen, freien Grundbesitzer. Abermals, wie zu den Zeiten Ingiards Illråda, bietet die Krone der Demokratie die Hand zum Bündniss. Doch dieses Mal in minder gewaltsamer Weise.

Ein grosser Missbrauch hatte sich im Laufe der Zeiten eingeschlichen und den Bauernstand gegen den Herrenstand erbittert. Der letztere, wenn er mit Gefolge durch das Land zog, verlangte von den Bauern Quartier und Beköstigung und erzwang sich Beides, im Falle der Weigerung. König Magnus setzte auf diesen Missbrauch die strengen Strafen der Gutsverwüstung und Landesverweisung auf ewige Zeiten. Auch rief er die Bauern, im Falle der Gewaltigung, zunächst zur Selbsthülfe auf. Seinen eignen Höfdingen, den Verwaltern und Voigten auf den Krongütern, schärfte er das gleiche Verbot ein und untersagte ihnen die hie und da wohl schon auf eigne Hand versuchte Erhebung von neuen Abgaben ohne des Bauernstandes freiwillige Zustimmung.

Diese Fürsorge für den Bauerstand knüpfte den Letzteren mit Dankbarkeit und Anhänglichkeit an König Magnus und verschaffte Letzterem den ehrenden Beinamen Ladulås, d. h Scheunenschloss, da er die Scheunen des Bauern vor den Eingriffen der Grossen zuschloss.

Während so die Demokratie durch Wohlthaten, ward die Aristokratie durch Bande des Gehorsams und der Disciplin enger an den Thron geknüpft. Hierzu gaben die Lehns-Monarchien des Continents das Vorbild.

Ueberall war dort eine Wandelung im Heerwesen durch die Leistung des Reiterdienstes im Harnisch von Seiten des Lehns-Adels erfolgt. Magnus selbst hatte in den Kämpfen mit seinem Bruder Waldemar die Ueberlegenheit einer solchen geharnischten Reiterschaar über gewöhnliches Fussvolk beim Heere der Dänen erfahren und im Felde erprobt. Die Schwierigkeit war nur, wie der Adel in Schweden zu gleicher, so viel kostbarerer Leistung zu vermögen sein werde. Denn Güter der Krone in Lehn zu geben, gestattete der Königsbalken nicht, welcher dem Nachfolger die jeder zeitige Rücknahme der Verleihung vorbehielt. Nur über die Renten der Krone schaltete der König unbeschränkt. Zu den letztern gehörten auch die von Alters her zur Bestreitung der königlichen Hofhaltung entrichteten Grundabgaben. Hieran knüpfte König Magnus seine Reform. Er sicherte Freiheit (Frälse) von jenen Abgaben allen Grundbesitzern zu, welche den Reiterdienst im Harnisch leisten würden (rust tjenst). Mit dem Unvermögen fernerer Leistung sollte der Besitzer in die Verpflichtung des früheren Skatt zurückfallen.

So ward auf einmal aller Privat-Grundbesitz in Schweden entweder Frälsejord oder Skattejord und die Unterscheidung der beiden grossen Stände geschaffen: der Frälse–män und der Skatte-böndar oder Ofrälse. Da der neue Frälse-Stand zunächst, wie sich erwarten liess, den gesammten Geschlechts-Adel aufnahm, der dauernd die Spitze und den Kern desselben bildete, so schlich sich in die Bezeichnung Frälse unvermerkt die Bedeutung des Adels ein, so dass späterhin der Frälse-Stand als Adel galt, dem die Ofrälse-Stände als die Nicht-Adligen gegenüberstanden.

Anfangs war dies jedoch noch nicht. Im neu geschaffenen Frälse-Stande unterschied sich staatsrechtlich durchaus der eigentliche Geschlechts-Adel von dem bloss nach dem Umfange ihres Gutes und gegen die Uebernahme des sogenannten Rossdienstes zugelassenen gewöhnlichen Frälseman. Jenem, dem Adel der Geburt, verblieb, wie bisher, der Vorzug der hohen Aemter und die Berufung in den Rath des Königs (goda-män). Für die Mitglieder der hohen Geschlechter, des Herrenstandes, trat die neue Auszeichnung des Ritterschlages hinzu. Da der König ihn selbst empfing, so bildete sich in der Ritterschaft im engern Sinn ein neues Band der Standes-Genossenschaft zwischen dem Könige und den Mitgliedern des hohen Adels. Das Emblem war die goldne Kette, von jetzt der Gegenstand des Ehrgeizes für den gesammten Geschlechts-Adel. Kein blosser Frälseman hatte Anspruch auf diesen Schmuck. Auf den Herrentagen, in des Königs grösserem Rathe, nahmen die Ritter den Platz unmittelbar nach den Bischöfen, welche, wie überall, den Vortritt hatten. Aber die Ritter fesselt die Pflicht der besonderen Treue und des Gehorsams an die Person des Königs. Bei der Krönung Königs Birger, Magnus Sohn, im Jahre 1298, empfingen den Ritterschlag, ausser den Herzogen, des Königs Brüdern, nur einige Wenige vom hohen Adel. Mit der goldnen Kette erhalten sie fortan das offizielle Prädikat der „Herren des Reichs".

Auch ein Akt, den hohen Staatsdienst als einen Ausfluss mehr der Gnade des Königs erscheinen zu lassen, war die Wiederbelebung der alten Hofämter des Drost und des Marschall und die Uebertragung der höchsten Staatsgeschäfte an sie. Von Birger, dem Jarl selbst, rührte der Rath an seine Söhne, nach seinem Tode die Stelle des Jarl von Schweden nicht wieder zu besetzen. Ein Mann, mit solcher Macht bekleidet, erschien zu gefährlich für die Ruhe des Königs. Nun theilten sich Drost und Marschall in die Geschäfte, jener mit den Angelegenheiten des Rechts, dieser mit denen des Krieges betraut. Im engern Rathe nahmen sie den Platz unmittelbar zu beiden Seiten des Königs; in Behinderungsfällen vertraten sie ihn zunächst, nur ihm, dem Könige verpflichtet. Nur Mitglieder des hohen Adels gelangen in diese Würde. Als die Ersten nennen die Chroniken einen Folkunge (Torkel-Knutson), einen Sparre, Wase, Blå, Grip, Bjelke.

Die zweite Klasse des Frälse-Standes nach den Rittern (riddare) bildet der übrige Geschlechts-Adel. Von der Führung gemeinsamer Familien-Wappen (Helm und Schild) haben sie den Namen Wappenträger, Svennar af vapen, väpnare, von ihrer Geburt die Bezeichnung der Välborne und Friborne.

Mit den Rittern, welche ja auch Välborne und Friborne sind, stehen sie in Geschlechts-Genossenschaft, aber ohne Gleichheit im Range. Von dem gewöhnlichen Frälseman unterscheidet sie ihr Geburts-Adel, obwohl sie mit ihnen die Standes-Genossenschaft gemein haben.

Diese ganze Organisation erhielt in den Statuten von Adelsö vom Jahre 1285 (Alsnö-stadgar) ihren staaterechtlichen Abschluss:

> „Sintemal diejenigen," heisst es, „welche dem Könige zunächst zur Seite stehen mit Rath und mit That, höherer Ehre werth sind, so sollen nicht bloss des Königs und der Herzoge Hofmannen und Voigte, so wie die

Edelmannen (svennar) im Dienste des Erzbischofs und der Bischöfe frei sein von allen Abgaben an die Krone, sondern auch sonst jeder freie Mann, welcher dem Könige den Dienst im Harnisch zu Pferde leistet."

Was den Rath des Königs betrifft, so führt sein Ursprung bis auf die ältesten Zeiten. Schon die frühesten Urkunden berichten, dass der König zu Gericht sitzt mit des Reiches „guten Männern". Die Ynglinga-Sage erwähnt der Tolfmän, als des Königs Beisitzer und Beirath. Die Zahl Zwölf war aber nicht constant. Mit Festigung der christlichen Kirche treten die Bischöfe kraft ihres Amtes hinzu: als die Schriftkundigsten, cancellarii, sind sie zur Führung der Geschäfte sogar unentbehrlich. Die Uebrigen wählt der König nach den Volksrechten aus dem Grund-Adel in jeder Landschaft. Diese behalten dann Residenz auf ihren eignen Gütern, bis der König die Landschaft bereist, wo sie dann ihn geleiten und über die Gesammtverhältnisse der Provinz Auskunft geben und Rath ertheilen.

Auch der Rath des Königs erfährt unter den Folkungern eine entscheidende Umwandlung durch die Berufung der Lagmänner. König Magnus Ladulås hatte sich (im Jahre 1283) zu Skenninge mit den Grossen des Reiches über folgende Staats-Rechtsgrundsätze vereinbart.

a) Was der König mit seinem Rathe und des Reiches Adel (goda-män) beschliesst, sowohl in allgemeinen als besondern Angelegenheiten, dasselbe wird, sobald es verkündet worden, von Jedermann geachtet und gehalten, als schwedisches Gesetz.
b) Wenn der König des Reiches Adel (goda-män) zur Berathung einruft (zum Samtal), so soll Niemand zu erscheinen wagen, als wer persönlich geladen, es sei denn, dass sonst Einer einen nothwendigen Fall zu melden habe und dann auf eigne Kosten erscheine, sintemal das gemeine Volk mit Auflagen deshalb nicht beschwert werden könne.

Hierdurch wird, was schon seit Langem als Praxis sich gebildet, zum Grundgesetz erhoben: die Theilnahme an der Berathung der allgemeinen Angelegenheiten auf den Herrenstand beschränkt.

Das Samtal, der Landtag, ist nach der Vereinbarung von Skemminge gesetzlich nichts mehr, als der verstärkte Rath des

Königs, gleich wie in England der Rath der Lords der ältere Bestandtheil des Parljaments. Für den völligen Ausschluss der übrigen Nation schien es indess eines Supplementes zu bedürfen. Dies erblickte König Magnus Ladulås in den Lagmännern. Sie hatten vorzügliche Gesetzeskunde und galten stets als die besonderen Vertreter der freien Männer in jeder Landschaft, deren Rechts-Herkommen ihnen geläufig war. Mit dem Eintritt auch der Lagmänner in den Rath des Königs konnte die gesammte Masse der Freien darin für vertreten gelten. So sah es König Magnus an und nannte seit Berufung der Lagmänner den Rath „des Reiches Rath".

Nun collidirte nur die herkömmliche Wahl der Lagmänner durch die Grundbesitzer mit dem alten Rechte des Königs, den Rath sich selbst zu wählen. Die Vermittelung ward dahin getroffen, dass den Grundbesitzern die Präsentation von drei Mitgliedern aus dem Herrenstande, goda-män — nur solche waren nach Volksrecht zum Rathe befähigt — verbleibt. Der König ernennt aus diesen Dreien einen zum Lagmann, „wie Gott ihn ihm ins Herze giebt und er im Stande ist, des gemeinen Volkes (almogen) Bestes zu befördern."

Die Wahl der Kandidaten geschieht unter Leitung des Bischofs. Es nehmen daran Theil frälsemän und ofrälsemän, welche aus sich zu gleicher Zahl zunächst je sechs Wahlmänner nach Stimmenmehrheit erwählen (sex hofmän och sex böndar), ihnen ordnet der Bischof zwei Geistliche des Stiftes bei. Diese 14 Wahlmänner stellen die dem Könige zu präsentirende Kandidatenliste auf. Damit der Lagmann seines ganzen Berufs inne bleibt, wird ihm, sobald er zum Samtal, zum Herrentage, geladen ist, eine besondere Vollmacht Namens des Almogen ausgefertigt.

Dieser Wandelung folgt auch die Aenderung, dass das Recht fortan „im Namen des Königs" gesprochen wird. Der König ist nunmehr in allen Zweigen die ächte Obrigkeit, die Quelle des Rechts. Daran schliesst sich endlich die Einsetzung auch des Kreisrichters (domare, häradshöfdinge) durch den König oder im Auftrage des Königs. Nur die Präsentation verbleibt wie beim Bezirksrichter, den Eingesessenen: unter Leitung des Lagmann.

So schien das Reich nach allen Richtungen monarchisch-aristokratisch geordnet. Die demokratischen Elemente waren von der unmittelbaren Theilnahme zurückgetreten. Nur bei dem Bedürfniss neuer Auflagen blieben, die Grundsätze der alten Freiheit unangetastet. Nicht ohne Zustimmung „derer, welche es anging“ sollten sie erhoben werden. Auch bei ausserordentlichen Angelegenheiten, bei Huldigungen und Krönungen ward die Nation in grösserer Menge berufen.

Um diese Zeit ist von einem eigentlichen Bürgerstande in Schweden noch kaum die Rede. Er war ein kaum nenneswerthes Element im Volke. Für den Handelsbetrieb bot das Innere Schwedens keine Gelegenheit und jedenfalls keinen Reiz. Den Verkehr zur See und an den Küsten hatte die Hanse in Händen. Auch die Verkehrs-Erleichterungen, welche der Jarl Birger anstrebte, indem er die völlige Freiheit der Niederlassung den Kaufleuten vom Auslande zusicherte, kam doch unmittelbar zunächst den Letzteren zu Gute. So konnte auch von dem Erstehen eines besondern Stadtrechts kaum die Rede sein. Die ältesten Orte, Sigtuna oder Birka, Kalmar, Lödöse waren nur Stapelorte (Köpstäder) zunächst für die hinterliegenden Landschaften Upland, Oester- und Vestergöthland. Im Innern schloss sich nothdürftigster Verkehr nur an die Bischofssitze, Vesterås, Strengnäs, Vexiö, Skara. Diese hiess man Upstäder, Binnestädte. Erst bei der Gründung und Befestigung Stockholms durch den Jarl Birger kommt die Verleihung besondern Stadtrechts vor, welches darin bestand, dass den ausländischen Kaufleuten, welche sich dort niederliessen, Exemtion vom Volksrechte und vom Kreisrichter zugesagt und ihnen nachgelassen ward, an lübisches Handelsrecht sich zu halten. Dies ward die Grundlage für ein erweitertes Stadtrecht, welches später auch andern Orten verliehen ward, und von der alten Stadt Birka (der befestigte Theil oder die Burg von Sigtuna) den ältern Namen des Birko oder Biärkoa-rätt (Bürger-Recht) entlehnte, oder einfach als lübisches Recht, oder Gotlands Stadtrecht, von der Hansestadt Wisby, auf andere Orte im Lande übertragen ward.

Unter den Einwohnern der Städte (Köpstads-män) zählen verschiedene Klassen, Erstens die Baumannschaft (byamän), der Stamm der ursprünglichen Grundbesitzer in der engeren Feldmark (von bo oder by, bonde oder byande, Bauern). In deutschen Städten lübischen Rechts an der Ostseeküste, in Vorpommern, hat sich die Klassenbenennung Baumannschaft bis heute erhalten, die Corporation der mit dem alten Weide-Recht und sonstigen Nutzungen in der Feldmark beliehenen Grund-Eigenthümer.

Dann die Kaufleute (köpmän), endlich die Handwerker (handwerkare; embetsfolk). Wahl- und ämterberechtigt sind nur die in die Bürgerrolle eingetragenen eigentlichen Bürger (borgare), denen die Fremden und Losen als Gästar und Schutz-Verwandte gegenüberstehen.

Voigt und Rath waren die Obrigkeiten, jener von Kronwegen, dieser der Bürgerschaft Vertreter. Vier und zwanzig Rathsherren, in höchster Zahl, bilden den Rath, vier Bürgermeister (consules) eingeschlossen. In kleinern Städten mindert sich die Anzahl. Der Rath ergänzt sich, ungewiss ob alljährlich, oder zweijährig, durch Cooptation. Dieser Act geschieht unter Vorsitz und Controlle des Voigtes. Nur gutgeborene, unbescholtene, angesessene Voll-Bürger, kein Handwerksvolk, kommen in den Rath. Der Rath hat die Befugniss zu Verordnungen in städtischen Angelegenheiten, die Polizei und Gerichtsbarkeit im Weichbilde der Stadt, letztere in zwei Instanzen. Die erste Instanz unter des Königs Voigt (advocatus) als Vorsitzendem und drei Rathmännern als Beisitzern; die zweite Instanz unter zwei Bürgermeistern und dem Voigt, nebst zwölf Rathmännern. Nur Landes- und Hochverrath gehört, auch in den Städten, unmittelbar vor des Königs Nämnd.

Vor Erlass allgemeiner Verordnungen oder Steuer-Aus schreibungen in Communalsachen wird die gesammte Bürgerschaft in sogenannten Bürger-Versammlungen gehört, bei Verteilung der Steuern auch durch besondere Beigeordnete vertreten. So insbesondere das Stadtrecht von Gotland (wisby), ganz die alte Verfassung von Lübeck, die ihrerseits die Wurzeln in Soëst und weiter rückwärts in Cöln findet.

Nach Magnus Ladulås Tode führt für den minderjährigen Birger, Magnus Sohn, der Marschall Torkel Knutson aus einem Folkunger Geschlecht (1290 bis 1298) die Zügel der Regierung mit Strenge und im monarchischen Interesse. Nach Beendigung der Regentschaft verbinden sich zunächst die Folkunger, die Herzoglichen Brüder des Königs an der Spitze, zum Sturze des verhassten Marschalls. Der König lässt sich bethören, und leiht seine Hand zur Hinrichtung seines Wohlthäters. Dann bricht der Kampf der Herzoge gegen den König aus, und führt zunächst zur Niederlage des Letztern (1313). Folgende Zugeständnisse muss der König den Herzogen, seinen Brüdern, machen:

Die Herzoge erheben in ihren Amtsbezirken sämmtliche Kronrenten für sich; dürfen in ausserordentlichen Fällen selbstständig Lasten und Auflagen ausschreiben; haben des Königs feste Schlösser im Besitz, mit der Befugniss, sie gegen jeden Andern, wer es auch sei, zu schliessen; halten eigenen Hof mit eignem Drost und Marschall, und rufen die Bischöfe und Lagmannen ihres Bezirks in ihren, der Herzoge eigenen Rath.

Die Gefahr der Entwickelung besonderer Landeshoheiten war damit gegeben. Das Reich drohte zu zersplittern. Die Erfüllung scheiterte an der blutigen Rache, welche einige Jahre später, König Birger, an seinen Brüdern zu Nyköpinghus nahm (im Jahre 1319). Für die dort im Gefängnisse umgebrachten Herzoge ergriff der Herrenstand die Waffen. In den Herzogen sah er sich selbst angetastet und bedroht. Mats (Kettilmanson) aus dem Hause Wasa erschien mit den Westgöthen, Birger (Persson) aus dem Hause Brahe mit den Upländern, Carl Elinaeson aus dem Hause Sparre mit den Småländern im Felde. Diese drei hatten überdies der Herzoge Hofämter inne. Im Felde unterlag der König, und nahm die Flucht aus dem Reiche. Der Herrenstand konnte im Reichsrathe den Thron für erledigt erklären.

Mit Magnus, des gemordeten Herzogs Erich minderjährigem Sohne, welcher zum Könige ausgerufen ward, nachdem man des geflohenen Königs zunächst berechtigten Sohn durch Hinrichtung aus dem Wege geräumt — aus Befürchtungen der Rache und: um für das Wahlrecht Präzedenzfälle zu schaffen — beginnt ein langes Regiment der Vormundschaft. Zuerst Mats Kettilmanson aus dem Hause Wase steht als Drost an der Spitze des Raths, ihm folgt in jener Würde Knut Jonsson aus dem Hause Blå. Zugleich verbinden sich fünf und dreissig Herren zu Skara im Juli des Jahres 1322 zu folgendem Beschlusse:

> Das Reich während der Minderjährigkeit des Königs so zu regieren, wie sie es vor Gott und dem zur Mündigkeit gelangten Könige dereinst würden verantworten können. Aller Streit unter ihnen selbst, aus jüngster Vergangenheit, solle abgethan und vergessen sein. Möchten aber von Neuem Misshelligkeiten entstehen, so solle der Drost mit den Uebrigen aus dem Rathe berufen sein, dieselben zu schlichten.

So ward eine rein aristokratische Regierung unter Drost und Rath auf viele Jahre eingesetzt. In solchen Zeiten erstarkte der hohe Adel so, dass die Krone kaum mehr seiner mächtig wurde. In die Periode der Vormundschaftsszeiten fiel auch die Revision der alten Volksrechte, des Uplands-lag und des Sudermanlands-lag. Das neue Staatsrecht seit der Thronbesteigung der Folkunger machte auch eine neue Redaktion des Königsbalkens nothwendig, selbstverständlich erfolgte diese auch im Geiste der jetzt herrschenden Anschauungen.

Zunächst geht das besondere Hofrecht des Königs (kungs gårdsrätt), für die Krongüter geschaffen, auf den gesammten Herrenstand (riddare und svennar) und auf deren Güter (herres gärdar) über. Der Herrenstand tritt damit sammt seinen Gütern, gleich dem Könige in die Exemtion vom gewöhnlichen Kreisrichter. Der Herrenstand bekam selbst die richterliche Gewalt auf seinen Gütern. Dies war schon ein bedeutender Fortschritt in seiner Macht. Jeder von ihnen ward jetzt, wie es hiess, auch König über seine Leute, er bezog des Königs Strafgelder für sich.

Aber entscheidender noch waren die Schranken, welche der Gewalt der Krone gezogen wurden. Es geschah dies auf zwiefache Weise. Einmal, dass die Wahl statt des Erbrechts als eigentliches Fundament für die Thronfolge hingestellt wurde; dann durch genauere Formulirung des Königs-Eides, welcher als Wahl-Capitulation behandelt, das Haupt-Staats-Grundgesetz ward.

Schon früher hatte sich der Grundsatz als Herkommen entwickelt, dass zwar das Erbrecht den nächsten Titel zum Throne verleihe, dass aber dieser Titel erst durch den Beifall oder die Zustimmung der Nation zum Rechte werde. In diesem gemischten Charakter hielt sich das Königthum bis zur Revision des Königsbalkens. Jetzt trat aber an die Spitze der neuen Redaktion der Satz:

> „Ueber ganz Schweden darf nur Einer die königliche Krone tragen oder König sein. Der König ist ein Wahl-König, kein Erb-König. Nur Inländer von Geburt sollen gewählt werden, und zunächst aus des Königs Söhnen, wenn deren vorhanden. Jede Landschaft sendet zwölf kundige und angesessene Abgeordnete zur Mora-Wiese, unter Führung des Lagmann. Die erste Stimme steht dem Lagmann und den 12 Wahlmännern von Upland zu; sodann folgen die übrigen Lagmänner jeder nach seiner Ordnung. Wer die meisten Stimmen erhält,

den rufen die Lagmänner zum Könige aus. An demselben Tage schwört der König alten Eingesessenen des Landes seinen Treu-Eid."

Dieser Treu-Eid, Königs-Eid (Ed-söret, Konunga-ed) verbindet den König zu folgenden Verpflichtungen:

a) die christliche Kirche zu schützen und schirmen, unbeschadet der Rechte der Krone und des schwedischen Volks (al mogen).

b) Recht und Wahrheit zu schützen, und Unrecht und Unwahrheit zu unterdrücken.

c) Niemand an Leib und Gliedern zu verderben, noch zu schädigen, es sei denn derselbe vor seinem zuständigen Richter des Rechtsbruchs überwiesen; Niemandes Güter einzuziehen, es sei denn nach gültigem Richterspruch.

d) Das Reich zu regieren mit eingeborenen schwedischen Männern, und keinen Ausländer in den Rath aufzunehmen.

e) Auch nicht an Ausländer den Befehl über Schlösser, Landschaften oder Upsala-Oede und solche Güter zu geben, von denen Niemand mit Gewissheit sagen kann, wann sie zur Krone gekommen.

f) Die Güter und Schlösser bei der Krone zu halten, dass nichts davon komme zum Schaden des Nachfolgers. Und hat Letzterer das Recht, selbst mit Gewalt das Abgekommene zurückzunehmen, weil sonst das Königthum leicht in ein Grafenthum oder noch Geringeres verwandelt werden könnte.

g) Zu leben von den Renten aus Upsala-Oede, so wie von den nach Landesgesetz erhobenen Beihülfen (utskylder); keine neue Auflage auf das Land zu legen; vielmehr

1. wenn es sich ereignen sollte, dass ein ausländisches Heer in sein Land einbrechen, oder Jemand innerhalb Landes wider den König aufstehen möchte, und der König auf andere Weise nicht zu wehren wüsste;
2. oder der König gekrönt wird und die Erichs-Strasse reitet (d. h. die Rundreise durch die Provinzen macht);
3. oder Eines seiner Kinder sich vermählt:
4. oder endlich er nothwendige Bauhülfe für seine Schlösser und Güter verlangt;

in allen solchen Fällen soll der Bischof und der Lagmann jeder Landschaft nebst sechs von den Hofmannen (d. h. von den zum Hof oder Rath Gezogenen, also dem Herrenstande) und sechs vom gemeinen Volke, almogen (d. h. vom Bauernstande) mit einander überlegen, welche Beihülfen das Letztere zu leisten vermag.

h) Den Kirchen und Klöstern, der Geistlichkeit, der Ritterschaft und dem Adel (riddare och väpnare) ihre Befreiungen belassen und ihre Rechte und Privilegien achten, unbeschadet der Rechte der Krone.

i) Das alte Gesetz Schwedens, wie das Volk mit gutem Willen es angenommen, und vorangegangene Könige es bestätigt; haben, zu achten und zu schirmen; zu sorgen, dass nicht Ungesetzlichkeit vor Gesetz gehe, und kein ausländisch Recht in das Reich gelassen werde, ausser mit des Volkes Zustimmung und Ja.

j) Endlich sein Volk zu schützen gegen alle Art von Zwang und Gewaltigung, insbesondere zu achten und aufrecht zu erhalten den Kirchenfrieden, den Gerichtsfrieden, den Frieden der Frauen und des Heerdes (quinno-frid och hemfrid).

Dieses war die Magna-Charta des schwedischen Volkes, dieses die politischen Freiheiten, welche die Nation dem hohen Adel verdankte. Auf dem Herrentage von Orebro (1347) ward der Königsbalken in dieser Redaktion als neues Staats-Grundgesetz angenommen.

Erst nachdem der König bei seiner Wahl diese Eidversicherung abgegeben, leisten die Räthe den ihrigen. Auch dieser Eid gehört als Grundbestandtheil zum Verfassungswerke.

Im neuen Königsbalken Königs Magnus (Erichsons) hatte er folgende bedeutsame Fassung erhalten:

„Dem Könige nach bestem Wissen und Gewissen zu rathen zu des Landes Nutzen und Wohlfahrt, und sich weder durch Gewalt, noch Verwandtschaft, Schwägerschaft oder Freundschaft davon abhalten zu lassen; den König zu erinnern an den Eid, den Er der Nation geschworen, aber auch zu wachen, dass die Letztere den ihrigen halte; endlich das geheim zu bewahren, dessen Kunde zu des Königs oder des Reiches Schaden gereichen möchte."

Nach der Vereidigung der Räthe erfolgt der Eidschwur der Lagmänner, als Huldigungs-Eid im Namen der anwesenden Bevollmächtigten des Volkes.

Erst nachdem dies Alles vorausgegangen, ist der König Herr über Schweden, Er und kein Anderer; gebietet Er über Upsala-Oede und die Kronrenten, vertheilt er die neuen Verleihungen über Landschaften und Schlösser, und handhabt die höchste Gerichtsbarkeit im Lande. Alles dies nach der Vorschrift des Königsbalkens im neuen Gesetzbuche.

Hiermit ist die innere Geschichte Schwedens in diejenige Periode eingetreten, welche die einheimischen Schriftsteller mit der Herrschaft der Grossen zu bezeichnen pflegen; thatsächlich seit der Vormundschafts-Regierung während Königs Magnus (Birgersson) Minderjährigkeit, mit der Erklärung von Skara (1322); grundgesetzlich seit der neuen Redaktion des Königsbalkens, mit der Proklamation des Königsreichs als eines Wahlreichs, mit der neuen Eid-Versicherung des Königs, mit der Annahme endlich des königlichen Hofrechts auch für die Güter des Adels (1347). Anfangs, in Königs Magnus letzten Regierungs-Jahren, noch wiederholte Versuche der Krone, die Fesseln abzuwerfen, dann und namentlich in den Zeiten der sogenannten Union völlige grundgesetzliche Ohnmacht der Krone wechselnd mit Anläufen zur Willkühr oder Gewaltherrschaft.

Es ist von Interesse zu wissen, welches denn diese Grossen im Lande sind, denen die Herrschaft nunmehr anheimfällt. Gemeinsame Familiennamen waren noch nicht üblich. Die Urkunden aus jener Zeit nennen die Mitglieder vom Herrenstande nur bei ihrem Vornamen, unter Hinzufügung des Stammschlosses. So war „Herr Nils zu Tofta" vom Geschlechte der Sparre; „Herr Olof zu Torpa" ein Stenbock, „Herr Pehr zu Finnsta" ein Brahe. Gross war die Zahl dieser Herrengeschlechter nicht. Ihre Namen kehren im Fortgange der Geschichte stets wieder, meist bis auf die neueste Zeit. Ueberall sehen wir sie einstehen für die politischen Freiheiten der Nation, sie mochten bedroht sein von oben oder von unten, oder von der Verbindung beider Gegner.

Frühzeitig hervorragend ist das Geschlecht der Bonde. Carl Bonde war bereits um 1060 Landeshöfding in Halland, ein Lehnsträger der Krone Dänemark. Dann verzweigt sich das Geschlecht in die norwegische und die schwedische Linie. Thord

Bonde, von letzterer, erscheint 1100 als Jarl in Oestergothland, Schwiegersohn des Jarl Göthe von Westergothland; dem Iwar, Thords Sohn, in der Jarlswürde folgt. Vermählt mit Cäcilia, Königs Sverkers des Alten Tochter, brachte er mit seinem Sohne Erich, nach dem Erlöschen des männlichen Stammes Sverkers, sein Geschlecht auf den Thron von Schweden. Dieser königliche Zweig der Bonde, begründet durch Erich IX, oder den Heiligen, erlischt mit Erich XI. Läsphe (1248), um dann den Folkungen den Thron zu überlassen. Der Erste Folkunge auf dem Thron war in weiblicher Linie auch ein Bonde.

Der durch den jüngeren Bruder Königs Erich des Heiligen, den Jarl und Reichsrath Isaac Bonde fortgepflanzte Zweig hält sich in der Jarlwürde von Westergöthland. Ihre Residenz halten sie hier wechselnd auf den Gütern und Schlössern von Oerbek, Linå, Hallstad und Husaby-Strand. Nach Beginn dieser Periode (nach 1350) ist der Reichsrath Thord Bonde der Alte, vermählt mit Cäcilie Wase Statthalter zu Wiborg in Finnland, dessen einer Sohn Knut zu Skällnora und Rävelstad, ist Landeshauptmann von Finnland; der andere Reichsrath Carl von Penningeby, Lagmann von Upland. Während des Letztern Sohn, Thord, als Reichs-Marschall Ruhm erlangt, steigt Knuts Sohn, Carl, auf den schwedischen Thron (um 1450). Die Linie von Penningeby, vom Lagmann Carl abstammend, theilt sich später in die Zweige von Stensholm und Näsby, von Björnö und Lajhela, von Borrö und Fituna, und von Säkestad.

Eine Schwester Königs Erich XI. Läsphe, Märta, war vermählt mit dem Reichsrath Nils (Sixtenson) zu Tofta in Småland, der im Wappen einen silbernen Sparren führte, davon der gemeinsame Familienname Sparre. Nils hatte damals die Jarlswürde in Småland; als Schwestermann von Ingeborg, welche an Birger, den Jarl von Schweden vermählt war, wurde er rechter Oheim des ersten Königs (Waldemar) aus dem Folkunger Hause. Sixten, Nils Sohn, succedirte in die Jarlswürde von Småland; dessen Sohn Ambjörn zu Schloss Salestad in Upland erhält die Jarlswürde dort (um 1290). Ambjörn wird erster Drost der Herzoge aus Folkunger Stamm; und dessen Sohn Herr Nils zu Salestad und Ensjö, um 1335 Reichsdrost. Unter seinem Reichs-Regimente übernahm sein Bruder, der Reichsrath Ulf, die neue Redaktion des schwedischen Gesetzbuchs. Um den Beginn dieser Periode (nach 1350) ist Ulfs Sohn, Carl Sparre, Reichsmarschall, und gilt für den reichsten Mann in Schweden. Ihre Schlösser lagen ausser zu Tofta, zu Berg-quara in Småland, Stora-Sundby in Südermanland, Salestad in Upland und Ensjö in Westmanland.

Frühzeitig mächtig war das Geschlecht Wase oder Wasa. Um das Jahr 1250, beim Erlöschen des Hauses Bonde auf dem Throne, hatte Ingemund Wase die Jarlwürde von Upland inne, im Besitz der Schlösser zu Lindholm, Oerbyhus, Stäke, Björnö. Später, nach der Niederlage Königs Birger aus dem Geschlechte der Folkunge (1319) erhält Mats (Matthias) Kettilmanson, bisher Drost eines der beiden herzoglichen Brüder, das Reichsdrosten-Amt. Durch ihn vornehmlich ward Magnus, Herzogs Erich Sohn, zum Throne berufen. Im Beginn dieser Periode (nach 1350) ist Cäcilie Wase mit Thord Bonde, dem Statthalter von Wiborg vermählt, deren Bruder, Christer (Nilsson), erscheint später als Reichsdrost.

Das edle Geschlecht der Oxenstjerna herrschte zu Lang–Zrun und Stjernsund (Oelsnesund) in Nerike. Um das Jahr 1300 erlosch dasselbe im Mannesstamm. Die letzte Ebin brachte dem zweiten Sohne von Ambjörn Sparre, dem späteren Reichsdrosten Nils, die Güter des Geschlechts Oxenstjerna zu; und die Söhne von Nils, welche in diese Güter succediren, nehmen den mütterlichen Namen als Familiennamen auf. In der nun folgenden Periode zeigen sich die Oxenstjernas voll Ehrgeiz und Thatkraft, in der Zeit der Union zugleich mit den Wasas die Führer der streng aristokratischen Partei Der bekannte Erzbischof Jöns, Bengtsson Oxenstjerna, der erbitterte Gegner Königs Carl aus dem Hause Bonde hatte neben seiner geistlichen Würde die Belehnung über die Schlösser von Oeland und Borgholm, und über die Härade Norunda und Oland in Upland.

Gleich mächtig und angesehen war das Geschlecht Brahe. Um das Jahr 1238 ist Herr Anders zu Mohammar, in Oestergothland, Jarl daselbst und im Rathe des Königs, aber das Geschlecht nennt sich damals und bis in das folgende Jahrhundert das Finnsta-Geschlecht, von der Hauptbesitzung Finnsta oder Finnstad in Upland. Ein Enkelssohn von Anders, der Lagmann von Upland, Israil (Birgersson) hat eine Tochter aus dem königlichen Hause der Folkunger zum Weibe (um 1330). Mit Rücksicht auf diese Blutsverwandtschaft gehörte er unter die Kandidaten zum Throne bei Königs Magnus Entsetzung (1360).

Umfangreiche Güter besass der Reichsrath Israil, und sein Geschlecht zu Eka, Wäsby und Hammerby in Upland, zu Tärna in Südermanland, zu Sundboholm in Brokholm in Westergothland. Er selbst bürgte zur Auslösung der im Jahre 1335 von Dänemark an Schweden abgetretenen Provinz Schonen, welche in lübischem Pfandbesitz war, für seine Person 450 Mark Silber. Den Namen Brahe und deren Wappen nahm das Geschlecht erst mit dem Reichsrathe Per, (Magnus Sohn) um 1450 von der Mutter Pers an, welche eine Erbtochter des dänischen Geschlechts der Brahe war.

Bei dem Geschlechte der Sture muss eine ältere und jüngere Linie unterschieden werden.

Die ältere leitet ihren Ursprung von den Folkungern her. Algot (Bryniolfsson), welcher um 1275 Lagmann von Westergöthland war, gilt für ihren Stammvater. In der nun beginnenden Periode erscheint Sven Sture als Statthalter von Norrland unter Albrecht, dann der Reichsraht Algot (Månsson) als ein Beförderer der Unions-Idee im Intereese der Königin Margaretha. Das Schicksal wollte, dass des Letztern Urenkel der bekannte Sten Sture (Gustavs Sohn) der Aeltere, die Bekämpfung der Union zu seiner Lebensaufgabe machte. Gustav (Anundson) Sture, vermählt mit Brita Bjelke, Halbschwester des Knutson Bonde, residirte auf den Gütern Räfnäs und Angsjö in Südermanland, Rydboholm in Upland. Die ältere Linie erlischt mit dem Sten Sture, welcher nach Carl Knutsons Tode lange Zeit Reichsverweser war. Aus der Ehe mit Ingeborg Tott blieb nur Helene Sture übrig, welche mit Erich (Axelsson) Tott verheirathet ward.

Die jüngere Linie Sture stammt von Sven Stüre, einem Bruder Algots (Månsson) dessen einzige Tochter, Catharina, dem Reichsrath Bo (Stensson) aus dem Hause der Natt och Dag zu Göksholm in Nerike, um 1400, die Hand reicht. Der zweite Sohn aus dieser Ehe, Nils, nimmt den mütterlichen Namen Sture auf, während der ältere, Bengt, das Geschlecht der Natt och Dag von Göksholm fortpflanzte. Svante (Nilsson) Sture aus der Ehe Nils mit Brita Bonde, des Reichs-Marschalls Thord Bonde von Penningeby Schwester, wird nach Stens des Aeltern Tode, Reichsverweser.

Vom Geschlecht der Bjelke war um 1280 Bengt (Jönsson) Reichsrath und Ritter. Das Wappen führt zwei goldene Balken (bjelkar) im blauen Schilde. Dessen Sohn, der Reichsmarschall

Kettel Bjelke erobert Carelien. Die Güter der Familie liegen in Upland und Südermanland wie Thurefors, Akerö, Stensholm, Ekholm, Oerbo und Wik. Im Beginn dieser Periode (nach 1350) hat Nils Bjelke die Reichsdrost-Würde, und gehört zu den von König Magnus verbannten Grossen, welche den Herzog Albrecht von Mecklenburg ins Land riefen. Auch zu Ridö, Fogelvik und Krakerum (in Småland) residiren Bjelkes. Die Herrschaft Fogelvik brachte später Brita Bjelke ihrem Gatten, dem Könige Carl VIII. Knutson, aus dem Hause Bonde als Mitgift zu.

Vom Geschlechte Blå war Jöns zu Gröneborg um 1200 Jarl von Upland. Dessen Enkel, der Lagmann von Upland, Iwar zu Gröneborg veranlasste die Wahl Waldemars, des Jarls Birger Sohn zum Könige (1248). Ein späterer Nachkomme, Bo (Jönsson) Blå war unter der Minderjährigkeit Königs Magnus Reichsdrost, nach Mats Kettilmansons (Wasa) Abgange (um 1325). Ein Zweig dieses Geschlechte, welcher zu Torpa in Småland residirte, führte anfänglich den Beinamen de Store. Der Reichsrath Olof (Arvidson) zu Torpa vertauschte später denselben mit demjenigen seiner Mutter, welche aus dem Holsteinischen Geschlechte der Stenbock stammte, deren Wappen er annahm.

Das Geschlecht Banér stammt aus Schonen, wo Isaac Isaacson um 1300, vermählt mit einer Gyldenstern, im Besitze der Güter Oellinge und Oellene-gård sich befindet. Aus der Zeit da Schonen vorübergehend an Schweden abgetreten ward, nach 1335, kamen die Banér nach Schweden und traten bald in den dortigen Reichsrath. Um das Jahr 1400 besitzen sie die Güter Wännegarn und Adö in Upland, geschlechtsverbunden mit den Häusern Finnsta, Oxenatjerna, Gren und Ulf. Später traten die Schlösser zu Oertomta und Ekenäs in Oestergothland, Oestanå und Djursholm in Upland hinzu.

Von dem Geschlechte der Posse nennen die Nachrichten um das Jahr 1200 Nils (Puse) den Jarl von Westergothland. Dessen Enkelssohn, der Reichsrath und Ritter Lage (Persson) schreibt seinen Namen Pusä, welcher unter den Söhnen in Posse umwandelt wird. Seine Residenz hatte das Geschlecht vornehmlich zu Säby und Hedensund in Oestergothland, zu Borrö und Hellekis in Westergöthland, und andern in Småland gelegenen Gütern.

Die Leionhufvud rechnen den Jarl Simon von Halland zu ihrem Vorfahren, welcher um 1300 lebte. Zuerst erscheinen sie als Mitglieder des dänischen Reichsrathes, und Reichsrath Christian erhält um 1400 selbst Margaretha, Königs Waldemar von Dänemark Enkelin zum Weibe. Erst während der sogenannten Unionszeit traten die Leionhufvud in Schweden auf, nahmen dann aber bald eine bedeutende Stellung im Reich. Reichsrath Erich Leionhufvud auf Ekeberge in Nerike, hätte Ebba Wase, Vatersschwester des spätern Königs Gustav Wasa zum Weibe. Ihre bekanntesten Güter waren Gräfsnäs in Westergöthland, Ekeberge und Säbyland in Nerike, Kasby in Upland, Staffsjö und Claestorp in Südermanland.

Etwas später erst, nach Abschluss der Union, also nach 1400, traten die beiden Geschlechter Tott und Gyllenstjerna unter den schwedischen Grossen auf, als Mitbewerber um die Herrschaft.

Die Tott waren von altersher in Schonen angesessen, zu Skaberssjö. Um 1400 war Axel (Persson) Tott dänischer Reichsmarschall, ein äusserst mächtiger Mann. Dessen Söhne traten, Einer nach dem Andern, demnächst nach Schweden über, und gelangten auch hier bald zu Ehren und Macht. Sten Sture, der Aeltere, hatte Ingeborg Tott (Åkes Tochter) zum Weibe; ein Bruder Akes hatte Sten Stures Schwester; ein dritter erhielt die Hand der Tochter Königs Carl Knutson. Olof (Axelsson) hatte eine Reihe von Jahren die Insel Gottland im Pfandbesitz. Der Reichsmarschall Thord Bonde zu Penningeby und Tuna Län hatte Iliane Tott zur Gattin.

Die Gyllenstjerna stammen aus Jütland, wurden aber frühzeitig in Schonen und Halland begütert. Sie gelangten in den schwedischen Reichsrath erst unter der Unionszeit, und stehen hier bald in hohen Ehren, so dass König Carl Knutson seine Tochter an den Reichsrath Erich (Erichson) Gyllenstjerna vermählt.

Die Familie Puke residirte zu Rossvik. Erich (Kettilson) ist bald nach Beginn dieser Periode um 1380 im Besitz der Reichsmarschall-Würde. Er führte den schwedischen Flügel in der Schlacht bei Falköping. In der Unionszeit halten Reichsrath Nils zu Rossvik, und dessen Sohn Erich, Schloss-Befehlshaber zu Korsholm, treu an der Fahne Engelbrechts.

Das Geschlecht der Gren zu Grensholm ist in der eigentlichen Unionszeit durch drei Generationen hindurch (Magnus Gren, Iwar (Magnus Sohn) und Magnuß (Iwars Sohn) wegen seiner Hinneigung zu den dänischen Königen fast mehr berüchtigt, als berühmt.

Das Geschlecht der Grip auf Gripsholm und Winå in Südermanland, und Gripenberg in Småland war am mächtigsten, als Bo (Jonsson) Grip unter Albrecht Reichsdrost war (1375). Er hatte, wie die Nachrichten melden, fast das ganze Krongut und die Schlösser des Königs in Pfandbesitz. Die Einlösung dieses Pfandes nach des Reichsdrosten Tode, gab die erste äussere Veranlassung zur Berufung Margarethas, und zum Abschlusse der Union.

Die Familie Roos (Tre rosor, drei Rosen) hatte seit Langem die Lagmans-Würde in Westergothland inne, besonders hervortretend wird das Geschlecht erst in der letzten Periode der Union.

Andere Geschlechter, wie die Horn und Flemming kommen erst mit Albrecht von Mecklenburg, also nach Beginn dieser Periode nach Schweden, und, obgleich früh ausgezeichnet durch Führung der Waffen und im Besitz von Aemtern, fällt ihr Glanzpunkt doch in eine spätere Zeit. Zu den Grossen des Reichs zählen sie in dieser Periode noch nicht.

Noch andere edle und eingeborene Geschlechter waren die Ribbing, Bååt, Liliehök, Gere, Forsten, Djurhufvud, Kyle, Gumsehufvud, Stengafvel, Torstenson, Trolle, Ulf; allein wenn auch von gutem Blute, doch an Besitz und Macht hinter den Obengenannten zurückstehend.

Mit der weltlichen Aristokratie ging diejenige der Kirche in der Regel im Bunde. Die Bischöfe, meistens für ihre Person edlen Geschlechtern angehörig, fügten zu der Macht über die Gewissen noch diejenige, welche der grosse Grundbesitz verleiht, mit dem der fromme Glaube des Volks, vor Allem die Liberalität und die Politik der Könige, endlich die religiöse Hingebung der Familien die Kirche im Laufe der Zeiten dotirt hatte. Dieser materielle Besitz, über welchen die hohe Geistlichkeit verfügte, war schon zur Zeit Königs Magnus Ladulås so bedeutend, dass gesetzliche Einschränkungen ergingen gegen den Umfang der Gefolgeschaft, mit welcher der Bischof durch das Land zog. Doch fügten die Königs aus Folkunger Stamm der bischöflichen Macht noch die eigene Gerichtsbarkeit über die kirchlichen Belehnungen hinzu.

ZWEITES BUCH
Die Wahl-Monarchie, oder fremde Könige in Schweden und die Union bis zum Jahre 1520

Es ist aus den gewöhnlichen Geschichtsbüchern bekannt, wie König Magnus Erichson nach dem Jahre 1350 in Zwietracht mit seinen inzwischen herangewachsenen Söhnen, den Herzogen Erich und Håkan gerieth, wie die Aristokratie die Partei der letztern nahm; wie später eine Versöhnung zwischen Vater und Söhnen eintrat, welche die Landes-Verbannung des ganzen Reichsraths zur Folge hatte, den Reichsdrosten Nils Bjelke und den Reichsmarschall Carl Sparre eingeschlossen; wie die des Reiches Verwiesenen sich an den jungen Herzog Albrecht von Mecklenburg, den Schwester-Sohn des Königs, also auch einen Folkunger in weiblicher Linie wendeten, ihm die Krone übertrugen (1363), und wie in der Schlacht bei Enköping das Glück der Waffen gegen König Magnus entschied (1365), welcher selbst gefangen wurde. Es ist ferner bekannt, dass König Magnus durch Abtretung der Provinz Schonen den König Waldemar von Dänemark zur Hülfeleistung vermocht hatte, dass der Letztere indess, nach der Gefangennehmung Königs Magnus, durch Abtretung der Insel Gottland sich zur Einstellung der Feindseligkeiten bestimmen liess (im Vertrage von Aaleholm 1366). Es ist endlich bekannt, dass Herzog Håkan, Königs Magnus zweiter Sohn (Erich war kinderlos gestorben) zum Könige von Norwegen erwählt war, zuerst in der Schlacht von Enköping eine Niederlage erlitt, dann (1371) gegen Freigebung seines Vaters aus der Gefangenschaft zur förmlichen Anerkennung Albrechts, als Königs von Schweden, und damit zum Verzicht auf seines Vaters und etwa seine eigenen Ansprüche vermocht ward, und schliesslich durch die Vermählung mit Margaretha, einzigen Tochter Königs Waldemar von Dänemark, die beiden Kronen von Norwegen und Dänemark auf seinem Haupte vereinigte.

Inzwischen war es Albrecht nicht vergönnt, die schwedische Königskrone zur Zufriedenheit des Landes und zu seinem eigenen Glücke zu tragen. Die grossen Beschränkungen, welche die Eid-Versicherung ihm auferlegten, und der Stolz der Grossen trieben ihn zu Verfassungs-Verletzungen mancher Art. Bei ziemlich verschwenderischer Hofhaltung liess er neue unbewilligte Auflagen durch seine Kron-Voigte erheben, welche er vorzugsweise aus seiner deutschen Begleitung auswählte. Hierdurch wurden die Bauern zum Aufstande gereizt. Mit der Aristokratie verdarb er es durch Verleihung der Schloss-Befehlshaberstellen (Höfvitsmän) und der Provinzial-Verwaltungen (Höfdinge) an Deutsche, die er selbst in den Rath berief. Anhänger suchte er sich ausserdem zu verschaffen, indem er Krongüter, gegen den Buchstaben des Königsbalkens, nach deutschem Lehnrechte erblich vergab. Die Bürgerschaft von Stockholm endlich verletzte er durch Einsetzung von Deutschen in die Stadtämter.

So suchte sich Albrecht überall Partei zu schaffen, aber überall fing die Nation an, die Herrschaft der Ausländer zu empfinden.

Als die Bauern von Upland, Göthaland und Småland im Jahre 1371 bewaffnet vor Stockholm erschienen, vermochte Albrecht die Gefahr, welche von allen Seiten gegen ihn heraufzog, nur durch folgende, die Krone aufs Neue demüthigende Zugeständnisse zu beschwören:

> „Dem Reichsrathe werden sämmtliche Festen und Schlösser des Reichs überantwortet; der Reichsrath schlägt die Befehlshaber darin dem Könige vor, welchem die Bestätigung verbleibt; der Reichsrath hat die ausschliessliche Befugniss, bewaffnete Mannschaft und Kriegsbeihülfen auszuschreiben; die im Reichsrathe selbst erledigten Stellen werden nur nach Vorschlag und Zustimmung der Uebrigen wiederbesetzt; der König weicht endlich in keiner sonstigen Reichsangelegenheit von dem Gutachten ab, zu welchem der Reichsrath veranlasst worden.“

So war denn der Reichsrath alleiniger Regent in Schweden; Albrecht verblieb nur der königliche Titel. Es kam hinzu, dass seine Verschwendung ihn in bedeutende Bedrängnisse gebracht und zu Darlehnen genöthigt hatten, welche meist von dem damals reichsten Manne in Schweden, dem Reichsdrosten Bo

(Jonsson) Grip vorgeschossen waren. Dafür hatte der Reichsdrost sich „die ausschliessliche Verwaltung der Krongüter (Upsala-Oede) übertragen lassen, mit der Befugniss der unbeschränkten Ein-und Absetzung der Voigte und Guts-Verwalter, und mit der Gerichtsbarkeit über Leben und Tod.“

Ausserdem waren ihm die Schlösser Stockholm, Nyköping, Calmar, Rumleborg, Oresten und Oppensten in Schweden, Åbo, Korsholm, Tavastehus und Raseborgshus in Finnland in Pfand eingeräumt. Einen mächtigeren Mann als Bo Jonsson Grip hatte es in Schweden noch nicht gegeben.

König Albrecht ertrug seine Ohnmacht bis zum Tode des Drosten, welcher in das Jahr 1386 fiel. Da versuchte er, auf die Worte des Königsbalkens sich berufend, die im Besitze Grips befindlichen Krongüter und Schlösser zurückzunehmen. Aber die Testaments-Exekutoren Grips vom Reichsrathe erwiderten, dass die Worte des Königsbalkens nicht auf Verpfändungen zu beziehen seien, die empfangenen Darlehne und Vorschüsse müssten denn vorher zurückgezahlt sein. So versuchte es denn Albrecht mit der Gewalt. Allein der Reichsrath wusste eine andere Gewalt ihm entgegenzustellen. Diese kam von der Königin Margaretha von Norwegen.

Nach den wechselvollen Erfahrungen der letzten Jahrzehnte war es Allen klar geworden, dass unter den beschränkenden Bestimmungen der Verfassung, bei den neuern Concessionen Albrechts, bei der materiellen Macht der Aristokratie, und der Gewöhnung an ihre eigene Herrschaft ein eigentliches Königthum derzeit im Lande unmöglich geworden war. Das empfand auch Albrecht, und darum suchte er die Verfassung zu brechen. Aber den Grossen im Lande war diese Verfassung zusagend. König Albrecht hatte keine Leibes-Erben, um so leichter konnte man ihn fallen lassen, da ohnedies völlig neue Wahl bevorstand. Ungern ging man vom Blute ab, auch hätte die Eifersucht schwerlich Einem der einheimischen Geschlechter den Vorzug gegönnt. In Margaretha von Norwegen war Folkunger Blut. Ihr Titel zum schwedischen Throne war dadurch nach Herkommen begründet. Nun war Håkan, ihr Gatte todt; todt auch deren einziger Sohn, also auch bei ihrem dereinstigen Ableben wiederum völlige Freiheit in der Wahl, sie selbst ein Weib, und seinen durch ihre sonstigen Kronen an der Selbst-Regierung in Schweden hinreichend gehindert.

Dies waren die Interessen der schwedischen Aristokratie. Margaretha selbst kam ihnen mit eignen Wünschen und eignem Ehrgeize entgegen. Die beiden nordischen Kronen von Dänemark und Norwegen schmückten bereits ihr Haupt; die von Schweden fügte neuen, herrlichen Glanz hinzu. Zugleich versprach ein grosser politischer Gedanke in Erfüllung zu gehen; die in Kopenhagen lange erträumte Verbindung des ganzen Scandinaviens unter einem Scepter. Dass dies Scepter am Sunde geführt werden würde, lag vor Augen. Am Sunde stiessen die drei Reiche aneinander; der Sund verschloss das baltische Meer und seine Küsten den Flotten vom Westen, am Sunde musste sich die ganze Staatskraft der neu-vereinigten Reiche entwickeln. Margaretha war eines Dänen-Königs Tochter; Dänemark, sagte ihr der Stolz, wird die Beherrscherin des Nordens.

So fanden sich die beiderseitigen Interessen und Hoffnungen zusammen. Die Schlacht bei Falköping (24. Febr. 1389) entschied die Niederlage Albrechts. Er selbst ward gefangen.

Die neue Königin in Schweden ging mit grosser Staatsklugheit und Vorsicht zu Werke. Die ersten Jahre blieb Alles im Lande unverändert, insbesondere der Besitz der Krongüter unangetastet. Da Margaretha selbst keine Leibes-Erben hatte, so war Alles daran gelegen, zunächst einen gemeinsamen Thronfolger für alle drei Reiche zu finden. Dazu mussten die Gemüther in guter Stimmung gehalten werden. Junker Erich von Pommern, des Herzogs Wratislaus Sohn, war ein Enkel von Ingeborg, der Schwester Margarethas. Also auch er hatte Folkunger Blut. Bis zum Juli 1396 war es ihr gelungen, die Wahl Erichs zum Thronfolger in allen drei nordischen Reichen durchzusetzen. Dann erst trat sie zu Nyköping, im September desselben Jahres, vor den dort versammelten Reichsräthen mit dem Begehren auf:

> sie möchten mit den Reichsräthen von Dänemark und Norwegen nach näherer Bestimmung des Zeitpunkts durch die Königin zusammentreten, um zu berathen, wie die gegenwärtige Vereinigung der drei Reiche für die Zukunft dauernd geschlossen werden könne.

Die vorbehaltene Berathung fand im Sommer des folgenden Jahres (1397) zu Calmar Statt und endigte, nach vierwöchentlichen Erörterungen, mit folgendem Protokolle:

„Dänemark, Schweden, und Norwegen, sollen von heute ab einen gemeinsamen König haben und wählen, und gleichsam (såsom) ein Reich unter einem Könige werden. Wenn König Erich, oder wer sein Nachfolger, Söhne hat, so soll von diesen Einer gewählt werden. Im andern Falle treten die Reichsräthe und der Adel (goda män) von Dänemark, Schweden und Norwegen zur Neuwahl zusammen.

Keines der drei Reiche soll sich vom andern trennen, vielmehr sollen sie in Eintracht leben, in Krieg und Gefahren einander getreulich beistehen, so jedoch, dass jedes Reich nach seinen besondern Gesetzen regiert wird.

Die Verhandlungen mit fremden Mächten soll der König Namens aller drei Reiche führen, unterstützt durch den Beirath der Reichsräthe.

Zu mehrerer Bekräftigung dieses Beschlusses sollen für jedes der so verbundenen Reiche zwei Ausfertigungen auf Pergament verfasst, und vom Könige, der Königin, den Reichsräthen, dem Adel und von Bevollmächtigten der Handelsstädte aller drei Reiche vollzogen und besiegelt werden."

Dieses Protokoll ist der ganze Unions-Act von Calmar, eine vorläufig zu Papier gebrachte, allgemein gefasste Absicht, deren förmlicher Abschluss und Ausführung niemals eintrat.

Dass das Protokoll für nichts Mehr gelten kann, dafür spricht zunächst die Form. Dasselbe ist auf simplem Papier niedergeschrieben, ein für Urkunden ganz unzulänglicher Brauch. Die Unterschriften, welche dasselbe trägt, dienen nur zur Beglaubigung eines Conceptes. Die Bischöfe, Reichsräthe, viele vom Ritterstand und Adel aller drei Reiche waren in Calmar versammelt. Das Protokoll hat aber nur 17 Unterschriften, und davon nur 10 mit Siegeln. Endlich enthielt die Schluss-Clausel den ausdrücklichen Vorbehalt förmlicher Ausfertigungen auf Pergament, als Staats-Urkunden. Dieser Vorbehalt ging niemals in Erfüllung. Dass dies nicht geschah, lag am ganzen Inhalte der Verabredung. Derselbe enthielt in vielen und wichtigsten Punkten nur blosse, allgemein ausgesprochene Andeutungen. Ehe dieselben zum förmlichen Staatsgrundgesetze erhoben werden konnten, hatte es näherer Ausführungen und bestimmterer Formulirungen bedurft. Schon die gewünschte Einigung über die Königswahl, wie bloss an allen festen Merkmalen. Ebenso das Versprechen der Eintracht der drei sonst geschiedenen Reiche, und ihrer gegenseitigen Hülfsleistung. Die ganze Vereinbarung zu Calmar war nichts, als ein Ausdruck, die Kundgebung eines allgemeinen politischen Gefühls, auch dies zum Theil nur, um dem besondern Wunsche der Königin sich gefällig zu zeigen. Das Weitere lag weder in den Absichten und Interessen der schwedischen Aristokratie, noch entsprach es der Richtung des schwedischen Volksgeistes. Ursprünglich vom gemeinsamen Stamme hatten die drei scandinavischen Völker frühe sich gesondert, und nach Sprach-Idiom und Sinnes-Art zu wirklich verschiedenen Nationalitäten sich entwickelt; Allezeit aber mit stets reger Eifersucht über ihre gegenseitige Unabhängigkeit Wache gehalten. Aus dieser Eifersucht war zuletzt jener Hass erwachsen, welcher grenzbenachbarte stammverwandte Völker oft gerade am heftigsten beseelt.

So blieb denn auch die ganze sogenannte Unions-That von Calmar dem Volskbewusstsein in allen drei Ländern völlig fremd. Ja, nach Verlauf von vierzig Jahren (1436) vermochten selbst die schwedischen „Herren“ dem Könige von Dänemark die Existenz einer Unions-Urkunde mit gutem Gewissen in Abrede zu stellen. Hiermit stimmt auch, dass die gleichzeitigen Chronisten nirgends des Aktes von Calmar auch nur mit einem Worte erwähnen. Ein frommer Wunsch war niedergeschrieben, und dabei war es verblieben.

„Margaretha“, sagt Strinnholm, „trägt den Ruhm ihres Namens vornehmlich von diesem Gedanken. Ein solcher Gedanke erscheint an sich gewiss gross und schön. Allein wenn es ihr, oder ihren Nachfolgern gelungen wäre, ihn nach der Art ihrer Auffassung zur Durchführung zu bringen, so wäre es um Schwedens nationale Freiheit ebenso geschehen gewesen, wie in Norwegen. Ebenso wäre vieles Grosse und Schöne wahrscheinlich hier nicht zur Entwickelung gelangt, ohne die Stürme, welche im Namen der Union Schweden heimgesucht, und ohne die Kämpfe, mit welchen es dagegen gestritten.“

Die schwedische Aristokratie hatte in der Hauptsache ihren Zweck erreicht. Das Wiedererstehen einer einheimischen Königsmacht war gehindert, und in Formen gehindert, welche den ungestörten Fortbesitz der aristokratischen Herrschaft im Lande zu verbürgen schienen. Die Einigung mit Dänemark über die Thron-Succession beugte jedenfalls den bürgerlichen Kämpfen vor, welche sonst in den Wahlreichen der Erledigung des Throns zu folgen pflegten.

Inzwischen wuchs die Macht des Herrenstandes auch unter der neuen Regierung. Die Bischöfe besassen in Schweden die eigene Gerichtsbarkeit über den Bereich der kirchlichen Dotationen schon seit dem Jahre 1808. Da die Bischöfe mit dem Grundbesitz der Kirche nur belehnt erschienen, so sprachen sich unter Magnus (Erichsons) Regierung (im Jahre 1338) die weltlichen Mitglieder des Reichsraths das gleiche Jurisdictions-Recht über die ihnen anvertrauten Kronbelehnungen d. h. über die, zum Unterhalt der höheren Staatsämter ausgeworfenen Güter zu. Jetzt unter Margaretha ward dieser Vorzug auf Alle ausgedehnt, welche mit Kronbelehnungen bedacht waren, d. h. auf alle Landeshöfdinge und Höfvitsmän oder Schloss-Befehlshaber, und zwar die Jurisdiction nach des Königs Hofrecht.

Zu gleicher Zeit nahm sowohl hierdurch als auch in anderer Weise die Stellung des freien Bauernstandes offenbare Rückschritte, war selbst von starken Gefahren bedroht. Seit der Vormundschaftszeit von König Magnus Erichson hatte bei unbewachtem Rechte der Krone der Missbrauch Platz gegriffen, dass Herren vom Adel bäuerliche, also kronsteuerpflichtige, Höfe ankauften, und dieselben unter Innehaltung des Skatt, mit ihren Frälse-Hufen vermischten. Dadurch erlitt nicht blos die Kronrente allmälig empfindliche Einbussen, sondern die dem Bauernstande verbleibende Kronsteuerpflicht wurde in dem Maasse drückender, als der Umfang des Grundbesitzes in seinen Händen sich minderte. Diesem Uebel wurde zwar durch den Reichsraths-Beschluss von Nyköping (1396) gesteuert, in welchem verordnet wurde, dass alle aus Skatte-Pflicht in Frälse gewandelten Hufen in ihr altes Grundsteuer-Verhältniss zur Krone zurückkehren sollten. Allein andere, dem Bauernstande nachtheilige Rechtsauffassungen blieben.

So war in König Magnus (Erichsons) Landrecht (1347) die Bestimmung aufgenommen, dass der Bauernstand (almogen) sich nicht entbrechen könne, ausser dem Skatt, der Krone auch noch in ausserordentlichen Fällen Baudienste zu leisten. Diese Baudienste, übrigens lediglich eine Landeslast, nicht eine grundherrliche, wandelten sich allmälig, durch die häufige Wiederkehr der Schloss-Befestigungen, aus einer ausserordentlichen in eine regelmässige, und wurde zuletzt so drückend, dass unter Margaretha (1403) eine Fixirung auf das billige Maas von acht Tagen im Jahre eintreten musste.

Was als Landeslast von der Krone gefordert wurde, fingen

allmälig die Grundherrn an, von ihren Pacht- oder Zinsbauern als grundherrliche Last für ihre Schlösser zu fordern, obgleich die Verpflichtungen der adligen Pacht- oder Zinsbauern sich lediglich auf ihre Contracte gründeten und das allgemeine Gesetz von Baudiensten nichts enthielt. Nur in Oestergothland war seit des Jarls Birger Frei-Erklärung der Leibeigenen (trälar, der ehemaligen Kriegsgefangenen), das provinzielle Herkommen geblieben, dass die so freierklärten Zinsbauern ihren Herren die Baudienste noch fortleisten sollten. Dies provinzielle und lediglich partikularrechtliche Herkommen verbreitete sich von Oestergothland auf die angrenzenden Provinzen und konnte um das Jahr 1400 schon als gemeinrechtlich anerkannt werden. Durch eine andere Verordnung Margarethas vom Jahre 1414 wurden die grudherrlichen Baudienste, als Frohnden oder Tagewerke fixirt. In dem Rechtsverhältniss des adligen Grundherrn zu seinen Pachtbauern war dadurch, gegen die ursprüngliche Natur desselben, eine principielle Aenderung eingetreten.

Nachtheiliger wurde dies unter der Verwaltung, welche der Regierung Margarethas folgte. Hier machte sich allmälig dänischer Einfluss, und die vom Festlande entlehnte Anschauung geltend, dass aller Grund und Boden im Eigenthum des adligen Grundherrn oder der Krone stehe, der Bauer nur ein sogenanntes Unter-Eigenthum, ein nutzbares Recht daran besitze. Diese Auffassung bedrohte vor Allen den freien Skatte-Bauer. Man glaubte dänischer Seits, da der Skatte-Bauer der Krone gesetzlich in gleicher Weise zu Baudiensten oder Frohnden verpflichtet sei, wie der Adels-Bauer seinem Grundherrn, der Grund und Boden stände bei jenem wie bei diesem im Eigenthum des Herrn. Sie übersahen, dass die Baudienste der Skatte-Bauern gleich dem Skatt, als Landeslast in das Gesetzbuch aufgenommen waren, nicht als grundherrliche Frohnde, wie diejenigen der Adels-Bauern (der sogenannten land-boar). Daraus entstanden Verordnungen, welche z.B. von dem Skatte-Bauer verlangten, er solle die etwa von überschüssigen Ländereien gezogene Pachtrente mit der Krone, als der Ober-Eigenthümerin, theilen und Aehnliches.

Kommt hinzu, dass dies Alles von dänischen Voigten und Gutsverwaltern ausging oder in Anwendung gebracht ward, welche der dänische König Erich XIII. bemüht war, überall in die schwedischen Krondomänen einzusetzen, und welche dabei meist mit brutalem Uebermuthe zu Werke gingen, so erklärt sich, wie der Widerstand zunächst von dem Bauernstande ausging. Von der Union wusste man hier wenig, aber der schwedische Nationalstolz wollte die Knechtung durch dänische Voigte nicht tragen.

Auch der schwedische Adel fühlte sich gekränkt, und empfand allmälig die Veränderung seit Margarethas Hintritt. Dänische wurden in wichtige Aemter und Schloss-Befehlshaberstellen gebracht; in Schweden vom Bauernstände Auflagen beigetrieben, welche nicht bewilligt, und deren Verwendung zu dänischen Kriegen gegen deutsche Nachbarn dem schwedischen National-Interesse völlig fremd waren; die schwedischen Kronrenten wanderten sämmtlich nach Kopenhagen. So standen die Sachen, als Engelbrecht (Engelbrechtsson) um das Jahr 1430 es unternahm, die Beschwerden, zunächst des Bauernstandes aus seiner Landschaft, vor den Thron von Kopenhagen zu bringen.

Engelbrecht, Engelbrechtsson, gehörte selbst dem Geschlechts-Adel an. Er zählte zur Klasse der Väpnare, jetzt dem kleineren Adel, da der hohe Adel oder der Herrenstand im engeren Sinne, um diese Zeit nur noch die Bischöfe, die Reichsräthe (Lagmannen und Landeshöfdinge) und die Ritter umschloss. Er stand schon in vorgerückten Lebensjahren, und genoss grosse Popularität auch unter dem Bauernstande. Dieser vertraute ihm daher gern die Mission nach Kopenhagen an. Es ist bekannt, dass dieselbe, selbst wiederholt, fruchtlos blieb. Nun griff man zu den Waffen. Von Dalekarlien, der Heimath Engelbrechts, ging der Zug aus, unter seiner Führung. Aber schon in Westmanland schloss sich Adel und Bauernschaft an, jener unter Vortritt des Reichsraths und Ritters Nils (Gustavsons) Puke vom Herrenstande, dem dessen Sohn Erich, damals Höfvitsmann oder Schlossbefehlshaber von Korsholm in Oesterbotten folgte. Dass die Bewaffnung und Unternehmung ohne alle Hülfe oder Zusage von Aussen geschehen, lässt sich kaum annehmen. Eifersüchtig auf Dänemarks, durch die Hülfe der Union wachsende Seemacht war vornehmlich die Hanse. Man scheint nicht zu irren, wenn man annimmt, dass Hülfen und Zusagen von Lübeck Engelbrecht zur Seite standen. Die Trennung der nordischen Reiche hoffte man hier von dem Gelingen des Unternehmens, einen sozialen, etwa demokratischen Charakter hatte dasselbe in seinem Ursprunge gar nicht.

Gleichwohl war dasselbe, selbst nur auf jenes Ziel hin, wohl geeignet, die Bedenken der schwedischen Aristokratie zu erregen. Trat nicht, wenn der nationale Drang zu mächtig wurde, und die Union zerriss, die alte Verlegenheit hervor, wer die einheimische Krone tragen solle, und ob sie Jemand würde tragen können?

Aus diesem Grunde hielt der Reichsrath für das Beste, zwar dem verletzten National-Geiste volle Genugthuung zu verschaffen, den weiteren Consequenzen aber zu begegnen, und deshalb die Leitung der Bewegung, soweit es thunlich, selbst in die Hand zu nehmen. Auf dem Herrentage zu Stockholm ward ein förmlicher Absagebrief an König Erich beschlossen, und von diesem Schritte auswärtigen Mächten Mittheilung gemacht. So erhielt dies bewaffnete Vorgehen zugleich einen völkerrechtlichen Charakter und man nahm ihm jeden insurrectionellen oder demokratischen Beischmack. So auch wurde es möglich, heim Glücke der Waffen, mit Erich aufs Neue über die Bedingungen der Unions-Fortsetzung völkerrechtlich zu stipuliren. Der Reichsrath übernahm hier, wozu er auch verfassungsmässig zunächst berufen war, die völkerrechtliche Vertretung des Reiches und der Nation.

Die schwedischen Waffen wurden vom Glücke begünstigt, die dänischen Voigte verjagt, deren Burgen gebrochen, das Reich faktisch von jeder Verbindung mit dem dänischen Könige gelöst. Provisorisch musste eine Reichs-Vorstandsschaft eintreten, und mit dieser ward auf dem Herrentage von Arboga Engelbrecht, in Anerkennung seiner Verdienste, betraut.

Worauf der Reichsrath gerechnet hatte, trat ein. König Erich erbot sich, auf einem Herrentage zu Stockholm persönlich über die Bedingungen der Fortdauer des Unions-Verhältnisses zu verhandeln. Folgendes waren die Zugeständnisse, zu welchen er sich hier herbeiliess:

> „Landschaften und Schlösser werden nur mit des Reichs-rathes Rath und an Eingeborene vergeben, die Festen von Stockholm, Calmar und Nyköping allein ausgenommen, welche der König Vertrauensmännern überlassen mag, sofern letztere nur dem Adel einer der drei verbündeten Reiche angehören. Die seit Jahrzehnten in Schweden vakant gelassenen Aemter des Drost und Marschalls werden, nach dem Vorschlage des

Rathes und ohne Verzug wieder mit Einheimischen besetzt. Was sonst in früheren Zeiten über die Verbindung der drei Reiche verabredet worden, darin mag keine Aenderung eintreten."

So schienen die bedroht gewesenen National-Interessen für die Zukunft gewahrt; des Reiches Selbstständigkeit wiederhergestellt, der Möglichkeit wiederkehrender Unbilden gegen den Bauernstand vorgebeugt. Die Hauptfrucht von der bewaffneten Erhebung war freilich dem Reichsrathe selbst in den Schooss gefallen; aber nicht zum Nachtheile, sondern zum Schutze des schwedischen Volks.

Die Drostwürde erhielt Christen (Nilsson) Wase, die Marschallwürde und damit den Oberbefehl über die einheimische bewaffnete Macht, Carl (Knutson) Bonde. Engelbrecht erhielt Schloss und Landschaft Oerebro in lebenslängliche Belehnung; Erich Puke in gleicher Weise den Bezirk von Rasbo. (1435).

Die Meinung, dass es dem Könige Erich mit den zu Stockholm eingegangenen Bedingungen Ernst gewesen, beruhte auf einer Täuschung. Nach Kopenhagen zurückgekehrt, liess er dem schwedischen Reichsrathe sagen, „er dächte nicht daran, ihr blosser Jaherr zu sein." Darauf neuer Absagebrief, und neue Errichtung einer Reichsvorstandschaft.

Was im verflossenen Jahre der Drang der Umstände schnell gefügt hatte, ward jetzt in gehöriger Form vorgenommen. Herrenstand, Adel, Bürger und Bauern waren zahlreich in Stockholm auf das Ausschreiben des Reichsraths erschienen. Sämmtliche Wähler einigten sich zunächst über dreissig Wahl-männer vom Herrenstande. Die letzteren wählten den Reichsvorsteher. 25 Stimmen fielen auf Carl Bonde, Engelbrecht erhielt nur drei, Erich Puke zwei. So ward der Reichs-Marschall Bonde Reichs-Vorsteher. Der Herrenstand hatte dieses Mal die Zügel behalten. Zur Beschwichtigung der Bürger und Bauern, welche sich verstimmt zeigten, ward an Engelbrecht der Oberbefehl über das gegen die wieder dänisch besetzten Schlösser in den Landschaften bestimmte Heer übertragen, während der Marschall die Feste von Stockholm belagerte. Mit Engelbrecht zogen vom Herrenstande u. A. der Ritter Erengisle Natt och Dag (i Längden), Bo Knutson Grip, der Enkel des grossen Drosts zu Albrechts Zeit, Grottschalk (Bengtson) Ulf. Mit den Schlössern von Stegeholm, Calmar und Stegeborg sank zum andern Male die Herrschaft des

Dänenkönigs in Schweden.

Nicht lange nach diesen Siegen fiel auch Engelbrecht. Zwischen ihm und dem Hause des Reichsrathes Bengt (Stensson) Natt och Dag von Göksholm bestand alte Privatfehde. Als Engelbrecht von seiner Belehnung Oerebro, auf Einladung des Reichsrathes zum Herrentage nach Stockholm sich begeben will, auf seiner Reise über den See Hjelmar setzt, und an dem Ufer von Göksholm aus dem Nachen steigt, schlägt Måns Natt och Dag, Bengts Sohn, den hochbetagten Mann mit den Worten: „Soll ich um Deinetwillen keinen Frieden haben?" — nieder.

Als die Nachricht von dieser That im Lande sich verbreitete, war die Betrübniss gross. Im Bauernstande erhob sich eine leidenschaftliche Wuth, welche Göksholm und seine Bewohner auszutilgen drohte. Der Reichsvorsteher trat vermittelnd dazwischen und schützte die Familie Natt och Dag. Dies ist später wohl so gedeutet worden, als sei dadurch die That als ein Parteistreich der Aristokratie offenbar geworden.. Allein dieser Annahme fehlt jede Begründung. Die Aristokratie war im vollen Besitze der Macht, Bonde Reichsvorsteher von Rechtswegen, und Engelbrecht ein Greis, dessen Tage ohnehin gezählt waren.

Dass Carl Knutson Bonde die Thäter nicht zur Bestrafung zog, lag in seiner eigenen unsicheren Stellung. Gewählt vom Herrenstande und mit zweifelhafter provisorischer Macht bekleidet, war er gestürzt, sobald der Herrenstand ihm seine Unterstützung entzog. Das Geschlecht Natt och Dag war Eines der mächtigeren, im Reichsrathe mehr als durch Ein Haupt vertreten, mit den übrigen herrschenden Geschlechtern auf das engste verwandt. So verboten die Umstände dem Reichsvorsteher ein energisches Einschreiten. Wie weit bei ihm das Gefühl eingewirkt haben mag, eines immerhin unbequemen Nebenbuhlers ledig geworden zu sein, darüber wird Niemand Auskunft zu ertheilen vermögen.

Carl Knutson Bonde war vom besten Adel. Seine Vorväter hatten sämmtlich im Rathe gesessen, seine Mutter Margaretha war die Tochter des Ritters Carl (Ulfson) Sparre von Tofta: in zweiter Ehe war sie mit Sten (Thursson) Bjelke vermählt. Carl Bondes erste Gattin, Brigitte, war die Tochter des Reichsraths und Lagmanns Thure, (Stensson) Bjelke; seines Vaters Mutter war Cäcilie Wase, Schwester des Reichsdrosten Christen (Nilsson) Wase. Seine Person wird folgendermassen geschildert: Mit riesigem Wuchs und männlich schönem Aeussern, verband er eine Hoheit des Betragens, welche zugleich feine Sitte und Bildung beurkundete. Sein Verhalten war von königlichem Anstande, majestätisch in Gang und Geberden, zog er, wo er erschien, alle Blicke auf sich. Seine elegante Sprechweise wurde gehoben durch den lauten Klang seiner Stimme. Seine Worte übertönten das Gemurmel von tausend Zungen. Von Natur mit hellem Kopfe begabt, hatte er in seiner Jugend mannigfache Reisen in fremde Länder gemacht, viel gesehen, viel erfahren, und viel heim gebracht. Den Wissenschaften seiner Zeit war er nicht fremd, und einen Heereszug wusste er wohl zu ordnen und auch zu führen. Einer der reichsten Männer im Lande, war er freigebig, in seinem Umgange einnehmend und voll Freundschaft, und gewann sich Vieler Ergebenheit und Liebe. Als er das Reichs-Marschall-Amt erhielt, war er erst 27 Jahre alt. Da das Glück ihm so auf allen Seiten lächelte, so ward in seiner Brust die Herrschbegierde entzündet, mehr, als er damals geneigt war, zu zeigen. Eine ungewöhnliche Pracht zeichnete ihn vor den Uebrigen aus, er umgab sich mit einem zahlreichen Gefolge von Edelleuten (svennar) und Dienern, hielt glänzende Tafel, empfing fremde Fürsten und Gesandten mit Aufwand, verehrte ihnen Geschenke und nahm sich in Allem wie ein vornehmer und mächtiger Fürst. Er arbeitete an der Auflösung des Unionsbandes, soweit die Umstände es zuliessen, indem er selbst heimliche Blicke auf die Krone warf.

Die Reichsvorstandschaft Bondes dauerte während der ganzen noch übrigen Regierungszeit Erichs (bis 1440). Wenn dem Ehrgeize Bondes die Krone vorschwebte, so zeigte er in dieser Periode, dass er die Kraft besass, seiner Autorität Geltung zu verschaffen. Ritter Broder (Svensson) Djurhufvud verlor seinen Kopf, da er sich herausgenommen, dem Reichsvorsteher über die Art der Lehns-Vergebungen (d. h. der Aemtervertheilung) öffentlich Vorwürfe zu machen; ingleichen Erich Puke, da er aus ähnlichem Anlass bei dem Bauernstande Aufwiegeleien versuchte. Selbst den Reichsdrosten Christer Wasa liess er, da er sich seiner Autorität entziehen wollte, auf seinem Schlosse zu Rävelsta aufheben, und verwies ihn, unter Rücknahme der Belehnungen, nach Finnland.

Aber diese Energie liess den künftigen Monarchen zu frühe durchblicken. Die Aristokratie war daher auf ihrer Hut. Als in

Dänemark nach König Erich, dessen Schwestersohn, Christoph von Baiern, zum König erwählt war, beeilte sich der Reichsrath, dieser Wahl auch für Schweden zuzustimmen. Es geschah dies unter denselben Bedingungen, welche dem Könige Erich auf dem Herrentage von Stockholm 1436 vorgelegt gewesen und von ihm angenommen waren:

> Nur eingeborene Schweden kommen in die hohen Reichsund Hofämter, und nur auf den Vorschlag des Reichs-raths, der die bei ihm selbst erledigten Stellen durch Cooptation, unter des Königs Zustimmung, ergänzt.

So war aufs Neue die Herrschaft der Aristokratie im Reichsrathe auf der Grundlage völliger nationaler Selbstständigkeit hergestellt. Carl Bonde, bei der Krönung (1441) nebst Mehreren zum Ritter geschlagen, erhielt für seine Vorschüsse die Insel Oeland zum Pfande, die Statthalterschaft über Finnland zur Belohnung und ward in der Reichs-Marschallwürde bestätigt. Nach Christer Wasas Tode stieg er zum Reichsdrosten auf.

In verfassungsmässiger Hinsicht ist die Regierungszeit Königs Christoph, welche bis 1448 währte, merkwürdig durch den vollständigen Abschluss des allgemeinen Landrechtes, welches unter Magnus (Erichson) nur in seinem weltlichen Theile zur Publication gelangt war. Jetzt kam auch der neue Kirchenbalken (Kyrkobalk) zum Abschluss (Mai 1442).

Darin wird der Geistlichkeit Freilassung von Kron-Abgaben aller Art, Immunität von Einquartierung und Vorspann, Exemtion von weltlicher Gerichtsbarkeit, obere Gerichtsbarkeit der Bischöfe auf den sämmtlichen Gütern der Kirche, und das Recht der Bischöfe auf die Kron-Strafgelder für Vergehen auf kirchlichem Grund und Boden theils neu gewährt, theils anerkannt.

Dem Erzbischofe war ausserdem durch Beschluss des Herrentages von Arboga (1440), eine ganz besondere Stellung im Lande verliehen. Kraft seines Amtes war er Stellvertreter des Königs in dessen Abwesenheit oder Behinderung. Er hatte dann den Vorsitz auf den Herrentagen und im engeren Rathe; er erliess die Ausschreiben zu den ersteren. So schon der geborene Reichs-Vikarius, erhielt er durch den Beschluss von Arboga noch zwei feste Schlösser eingeräumt, Almare-Stäke im Mälar unweit Upsala, und Gäddaholm in Gestrikeland. Der Erzbischof, das natürliche Haupt der Aristokratie, ward auf diese Weise verfassungsmässig zugleich mit hinreichender Vertheidigungsmacht ausgerüstet. Es war eine neue wichtige Errungenschaft der Aristokratie.

Auch Ritterschaft und Adel erhielten unter Christophs revi-dirtem Landrechte ihre Privilegien landesgesetzlich bestätigt:

Freiheit von der ordinairen Steuer gegen Leistung des Rossdienstes,
Freiheit von der Zwangsquartierungslast,
Freiheit vom Vorspann,
die Jurisdiction auf ihren eigenen Gütern nach des Königs Hofrecht, Gordsrätt,
den Bezug der Kron Strafgelder für den Umfang ihrer Besitzungen,
das ausschliessliche Recht zum Eintritt in den Rath,
Eximirtes Forum vor König und Rath bei empfangenen Beleidigungen.

Diese Vorrechte beschränkten sich aber auf den Geschlechts-Adel (riddare und väpnare); die gewöhnlichen Frälseman, — zum Gegensatz gegen die goda män, als Bezeichnung der Geburt, auch mindre män genannt — hatten daran keinen Theil; nur die Skatt-Freiheit gemessen sie, so lange sie der Rossdienst-Pflicht genügen.

Die höchste Gerichtsbarkeit im Reiche hatte von Alters her der König. Mancherlei, oft unter einander abweichende Verordnungen hatten schon früher die Art der Ausübung dieses höchsten Gerichts regeln sollen. Jetzt in Christophs Landrecht ward bestimmt, dass des Königs Gericht in jeder Landschaft auf einem sogenannten Räfste-ting (Revisions-Gericht), auch wohl Landsting genannt, alljährlich, zu bestimmten Zeiten, abgehalten werden solle, entweder von dem Könige in Person, oder in seiner Vertretung, vom Bischofe, zwei Mitgliedern des Domkapitels, dem Lagmann und zwei anderen Reichsräthen, oder sonst Männern vom Adel (goda friborna män), welche der Bischof und der Lagmann dazu in jedem Gerichtsbezirk auswählen. Diese Versammlung von Zwölf, welche so das Königs Gericht, die höchste Instanz, bilden, heisst des Königs Nämnd (d. h. die gewählte Versammlung, der ernannte Ausschuss). Dabei blieb dem Könige unbenommen, auch ausserordentliches Gericht (urtima ting), wenn er es für nothwendig befand, zu halten, wobei dann der

König für seine Person oder in seinem Auftrage der Drost, oder sonst ein hoher Beamter, allein die Entscheidung sprach. Ein solches Gericht trug den Namen Rättare-ting.

Nach den alten Landrechten war der König bei Ausübung dieses seines höchsten Gerichts nicht gebunden an die Beweise oder Eide, welche in den vorhergehenden Instanzen Platz gegriffen hatten. Er hatte Macht zu brechen jedes Urtheil, welches gegen Wahrheit und Recht stritt (ater bryta alla skroksoknar och alla ofsoknar). Doch ein unbedingtes Begnadigungs-Recht besass er nicht. Die alten Landrechte erwähnen nur, dass bei der Erichs Reise der neugewählte König dreien Männern Frieden geben könne, wenn sie nicht niederträchtiger, ehrloser Thaten wegen (nidings-werk) verurtheilt waren. Und diese Begnadigung umfasste auch nur den sogenannten Königs- und Landschaftsfrieden, d. h. Freilassung von Bussen an die Krone und den Lagmann, nicht an den Beschädigten.

König Christophs Landrecht spricht dagegen dem Könige zu allen Zeiten ein Begnadigungs-Recht von Strafurtheilen zu (freds- och lejdebref, Frieds- und Geleitsbrief). Doch war auch jetzt die strenge Innehaltung des angeordneten Instanzenzuges nicht ausdrücklich geboten. Die Folge war, dass die Bauern oft gleich Anfangs ihre Zwiste vor des Königs Gericht brachten, sei es auf dem regelmässigen Räfste-ting, oder auf einem ausserordentlichen Rättare-ting, oder an den Hof, d. h. in den Rath, oder endlich an den König persönlich, wo dann der Drost oder sonst höchste Beamte den Bescheid übernahmen.

Seit dem Auftreten Engelbrechts war zuerst der Same gefallen für den Gedanken, dass ein einheimisches Königthum den Unionszuständen vorzuziehen sei. Dieser Same hatte unter Carl Bondes Reichsvorsteherschaft Wurzel gefasst. Dann unter Christophs friedlichem Regimente hatte er nur im Stillen Nahrung gesogen. Jetzt, bei Christophs Tode (1448), zeigte es sich, dass er an Kraft bereits ausserordentlich zugenommen hatte. Jetzt zum ersten Male erscheint auf dem politischen Schauplatze mit bestimmter und wohlbewusster Forderung eine sogenannte nationale Partei. Carl Knutson Bonde steht an ihrer Spitze, der grössere Theil des kleinern Adels, meist im Gefolge Bondes, hängt ihr an; auf die Bauern und Bürger kann sie im Grossen und Ganzen rechnen. Gegen die Fortdauer der Union war die Partei, weil sie in ihr ein Hemmniss für die volle und selbstständige Entfaltung der schwedischen Nationalkraft erblickte.

Ihr gegenüber befand sich die Mehrheit des Herrenstandes, Bischöfe und Reichsräthe. Auch sie waren gegen jede Bedrükkung der nationalen Selbstständigkeit durch dänische Suprematie, das hatten sie genugsam bewiesen. Die Fortdauer der Union, für welche sie stritten, hatte für sie nur eine negativ gute Seite: die Verhütung einheimischer Kämpfe um den Besitz der Krone. Nach der Anschauung dieser Partei würde ein einheimisches Königthum, wenn es sich ja aus der Eifersucht der Geschlechter erhob, gedrängt werden, seine Machtstütze bei den niederen Ständen und in der Entfesselung demokratischer Elemente zu suchen. Dies schien mit den damaligen faktischen und natürlichen Machtverhältnissen im Lande unverträglich und drohte mit socialen Umwälzungen. An der Spitze dieser streng-aristokratischen Partei standen die Geschlechter Oxenstjerna und Wasa. Zugleich schlummerte Geschlechter-Rivalität im Hintergrunde.

Gegen beide Parteien stand, meist nur dänische Supremats-Gedanken verfolgend, der Unionskönig. Aber die schwedische Aristokratie sorgte, dass er in dieser Hinsicht nur ein Schein-könig blieb, selbst wenn sie ihm bei bedrohlich werdenden anti-aristokratischen Bewegungen oder Richtungen die Hand reichte. Der Unions-König ergriff stets gern diese Hand, um wenigstens Titel und Glanz der drei vereinigten Kronen zu retten, die beide beim Siege der nationalen Partei ganz verloren gingen. Gleichwohl erschien die Aristokratie der gefährlichere, weil mächtigere Gegner, wie denn Christian II. später den politischen Gedanken aussprach und durch das Stockholmer Blutbad zu verwirklichen suchte: durch List und Gewalt sich zuerst des schwedischen Adels zu entledigen; mit den Bauern ohne Kopf und Führer werde er leichter fertig werden.

Der Gang der Dinge bis zum Schlusse des Jahrhunderts erwies die Auffassung der aristokratischen Partei als die politisch richtige.

Die unglücklichen Schicksale Carls (Knutson) Bonde hatten den Letzteren an seinem Lebens-Ende selbst zu der Ueberzeugung gebracht, dass seine Bestrebungen verfrüht waren. Sein Rath auf dem Todtenbette an Sten Sture, den Aeltern, welchem er die Leitung der nationalen Partei hinterliess, „nicht nach der

Krone zu streben", ist bekannt. Der nationale Gedanke eines einheimischen Königthums bedurfte noch einer längeren Zeitigung zur Reife. Erst Gustav Wasa vermochte ihn zur Erfüllung zu bringen. Allein da war vorangegangen das Blutbad von Stockholm, welches die weltliche Aristokratie fast bis zum Tode getroffen hatte, und die Kirchen-Reform in Deutschland, welche zum Sturze auch der geistlichen Aristokratie in Schweden führte. Nur auf und aus deren Trümmern erbaute sich der neue Thron. —

Als die Nachricht von König Christophs Tode nach Schweden kam (1448) war gerade Herrentag zu Jönköping. Dort wurden die Zügel der Regierung einstweilen in die Hände der Gebrüder Oxenstjerna, Nils und Bengt, Stens-Söhne, von Salestad und Djursholm, gelegt. Nicht lange darauf landete auch Carl Knutson Bonde, der Reichsdrost, mit einem Gefolge von 800 Rossen in Stockholm von Finnland aus. Ein Ausschreiben musste ergehen zur Königswahl. Der Herrenstand, Viele vom Adel, der Bürgerschaft und des Bauernstandes erschienen in Waffen. Auf den Erzbischöflichen Stuhl war wenige Wochen nach des Königs Tode, Jöns Oxenstjerna, Bengts Sohn, gestiegen. Die Oxenstjernas wollten die Königswahl beanstandet wissen, bis man sich, nach Herkommen der letzten Zeiten, mit den Reichsräthen von Dänemark und Norwegen verständigt. Aber die Mehrzahl der Anwesenden verlangte einen einheimischen König. Carl Knutsons Anhänger waren weit aus die stärkeren. So ging er, mit 62 Stimmen von 70, als König Carl VIII aus der Wahl hervor.

Carl Knutson unterschätzte die Macht seiner Gegner nicht. In Dänemark war inzwischen der Graf Christian von Oldenburg zum Könige gewählt und bereitete sich, seine Ansprüche aus den Unions-Verträgen geltend zu machen. Carl Knutson dagegen gelang es, ihm im Erwerb der Krone von Norwegen zuvorzukommen.

Der Uebermacht der geistlichen Aristokratie hoffte König Carl durch eine Minderung ihres Grundbesitzes zu begegnen. Er verordnete eine Revision der sämmtlichen. Besitztitel, auf Grund deren seit hundert Jahren die Kirche ihre Güter erworben. Insbesondere sollte alles Skatt- und Kron-Eigenthum kraft des Königsbalkens zurückgefordert werden. Den weltlichen Adel suchte er sich zum Verbündeten zu machen, indem er die gleiche Zurückforderung der adligen Stammgüter, auf Grund des allgemeinen Landrechtes, zugestand.

Der Uebermacht des Reichsraths stellte er entgegen, dass er, ein eingeborener König, an keine anderen Schranken der Ausübung seiner Macht gebunden sei, als welche der Königsbalken wörtlich enthalte. Danach berufe Er in den Rath und besetze Er die Aemter. Was fremden Königen zur Wahrung des nationalen Selbstständigkeit abgenöthigt sei, billige er für jene Fälle, für Ihn, den Eingeborenen, sei es unverbindlich und nicht erforderlich.

Diesen zu gleicher Zeit erhobenen Ansprüchen und Drohungen entsprachen jedoch die Streitkräfte des neuen Königs nicht. Die nächste Folge war die engere Verbindung der Gegner unter einander. Es kam zu offenem Kampfe. Dieser endete nach Jahren wechselnden Glücks, nach seines Vetters, des Reichsmarschalls Thord Bonde Falle, im Jahre 1457 mit der Niederlage des Königs durch Jöns Oxenstjerna, den Erzbischof, Carl VIII. flüchtete über das Meer. Das einheimische Königthum hatte unterlegen; das Unions-Königthum ward hergestellt. Im Namen Christians I., hatte das Geschlecht der Oxenstjerna, an der Spitze des Reichsraths, auf längere Jahre wieder die Herrschaft in Händen. Der Erzbischof Jöns schrieb sich um diese Zeit:

> Wir Jöns, von Gottes Gnaden Erzbischof von Upsala und schwedischer Fürst, so wie des Reiches Hauptmann und Vorsteher (Rikets Höfritsman och Föreståndare).

Zwar kehrte König Carl Knutson noch einmal aus der Verbannung zurück, um noch einmal zur Flucht genöthigt zu werden. Er starb endlich, zum dritten Male berufen, als König im Jahre 1470.

Aber das Gedächtniss der Menschen hat den Spruch bewahrt, in dem der König die Klage aber sein misslungenes Streben ausgedrückt:

> So lange ich Herr war zu Fogelvik,
> Hatte ich beides Reichthum und Glück,
> Seid ich aber die Krone gewann,
> Ward ich ein armer unglücklicher Mann.

Die Darstellung der nun folgenden Kämpfe und wechselnden Siege der beiden grossen Parteien gehört der politischen

Geschichte an. Für die Verfassungsgeschichte ist wenig mehr zu melden. Die hohe Aristokratie kämpfte unter dem Schein-Panier des Unions-Königthums für die Fortdauer der Herrschaft des Reichsraths, unter wechselnder Führerschaft der Oxenstjernas, Wasas, Totts, Sparres, Trolles, Grens, Roos u.A.; die sogenannte nationale Partei, für die endliche Errichtung eines einheimischen Königthums unter Führung des Hauses Sture, durch drei Generationen, Sten Stures des Aelteren, mit Unterbrechungen von 1470 bis 1503; Svante Stures bis 1513; Sten Stures des Jüngeren bis 1520 zur Schlacht von Bogesund.

Letztere in Anlehnung hauptsächlich an den niederen Adel, dem später sich ein Theil vom Herrenstande anschloss, die Bonde, Natt och Dag, Wase, Gren und die Massen aus der Bauernschaft und den Städtern. Den Bürgerstand suchte Sten Sture der Aeltere, zu heben und sich enger zu verbinden durch das Verbot, dass ferner Ausländer (deutsche Kaufleute) in die städtischen Aemter eintreten dürfen; den Bauernstand zu stärken durch das Verbot fernerer Zersplitterung der katastrirten Skatt-Höfe.

Hierin lagen zugleich erste Anläufe zu der Combination, welcher im Fortgang der politischen Entwickelung fast überall sonst der ritterlich-priesterliche Staat erliegen sollte, der Combination nämlich des Königthums mit den popularen Elementen; wo diese Allianz völlig gelang, zunächst mit der Wirkung, dass eine absolute Monarchie erstand. Dass solcherlei Anläufe in Schweden für jetzt ohne Erfolg blieben, lag vornehmlich an dem Nichtvorhandensein eines durch Wohlstand, Macht und Bildung hinreichend zum Miteintritt in die Staatsleitung befähigten und berechtigten Mittelstandes. Die Bauern konnten den Ersatz für die auf die Seite zu drängenden Herrschafts-Elemente des bestehenden Staates nicht geben, und in sofern die Stures, insbesondere der ältere Sten, gleichwohl die Bauern gegen die Aristokratie des Landes aufregten, haben sie nicht mit Unrecht schon von ihren Zeitgenossen den Vorwurf hinnehmen müssen, dass sie Demagogie getrieben.

Zunächst noch gewann, Grösseres für sich die aristokratische Partei durch die Zugeständnisse des Unions-Königs Johann in dessen Wahl-Capitulation oder dem Rezess von Calmar vom Jahre 1483. Zu den früheren Bewilligungen kam hinzu:

„In der Verwaltung des Reichs und der Krongüter wird

— dies galt namentlich der entgegengesetzten Politik des ältern Sten Sture — kein Niedriggeborener (vanbördiga) dem Adel (goda man) vorgezogen; in Abwesenheit des Königs, welcher nicht auf längere Dauer als je ein Jahr im schwedischen Reiche sich aufhalten wird, ausser mit des Rathes Zustimmung, führen vier Reichsräthe, zwei geistliche und zwei weltliche, die Regentschaft mit königlicher Machtvollkommenheit; der Adel hat das Recht, seine Güter (herregårdar) zu befestigen und gegen Jedermann ohne Ausnahme zu verschliessen; Asyl zu gewähren Allen, welche von des Königs Zorn verfolgt werden. Kein Frälsegut darf von der Krone erworben werden, und der König wird nicht dulden, dass es im Besitz Unadliger (Ofrälse) gelangt u. s. w."

Dies war der Höhepunkt aristokratischer Unabhängigkeit im Lande.

In Strömen floss endlich durch den Treubruch Königs Christian II. das Blut der Edlen auf dem Marktplatze von Stockholm (Dezember 1520). Aus diesem Blute, das zum Himmel schrie, erwuchs eine Saat der Rache und Vergeltung. In dem Sohne des hingerichteten Reichsrathes Erich Wasa erstand dem schwedischen Volke der Befreier, welcher die Ketten der dänischen Herrschaft brach, und den ewig langen Streit der Parteien für und wieder die Union für immer schlichtete.

DRITTES BUCH
Die Erb-Monarchie im Hause Wasa bis zu Christinas Thron-Entsagung

I. Abtheilung
Bis zur Thronbesteigung Gustavs II. Adolph
(1520 — 1611)

Bevor die Veränderungen dargestellt werden, welche unter Gustav Erichson Wasa in der Verfassung des Landes eintraten, muss mit Wenigem der Mittel gedacht werden, durch welche es ihm gelang, das Band der Union zu zerreissen, und einen einheimischen Königsthron aufzurichten. Dieselben sind nicht ohne Einfluss geblieben auf die Formen, zu denen sich unter ihm der moderne Staat aus den Ueberlieferungen der mittelalterlichen Periode herausarbeitete.

Unter den Zeiten der Union wurde der gesammte Handel Scandinaviens durch Lübeck und die deutsche Hanse, insbesondere den Bund der sogenannten wendischen Küstenstädte, Hamburg, Rostock, Stralsund, Wismar und Danzig beherrscht. Diese Herrschaft gestattete weder die Concurrenz des Auslandes, noch liess sie einen Eigenhandel in den drei verbündeten Reichen aufkommen. Schon während seiner Statthalterschaft in Norwegen, vor seiner Thronbesteigung in Dänemark hatte Christian oder Christiern II., der damals unter dem Einflusse der klugen Frau Sigbrit Willems, einer Holländerin, der Mutter seiner Geliebten Dyveke stand, den Plan gefasst, dieser Herrschaft ein Ende zu machen. So lange die bisherige Weise der Unions-Regierung die beiden Reiche Dänemark und Schweden in gegenseitiger ängstlicher Eifersucht und Spannung hielt, war hierzu wenig Aussicht.

Auf diesem Zustande beruhte gerade das Uebergewicht des Hansebundes. Christiern hegte zugleich die Ueberzeugung, dass ohne Nachtheil für Scandinavien mit den Handelsverträgen der Hanseaten nur dann gebrochen werden könnte, wenn ein einheimischer Handelsstand sogleich hinlänglich stark in die Erbschaft einzutreten vermöchte. In der bestehenden aristokratischen Verfassung sowohl Dänemarks als Schwedens erblickte er hierfür ein unübersteigliches Hinderniss. Seine Politik war deshalb darauf gerichtet, die Aristokratie, die geistliche wie weltliche, in beiden Reichen zu stürzen. Dadurch schien es ihm nicht blos möglich, die Staatskräfte beider Länder in seiner Hand zu concentriren, sondern auch dem einheimischen Bürger und Bauernstande mehr Luft zur Freiheit zu verschaffen, die vermeintlich nothwendigen Voraussetzungen für das Emporkommen eines eigenen Handels- und Gewerbsstandes.

Zahlreiche Verordnungen zu Gunsten eines einheimischen Verkehrs, Verbote gegen den Klein- und Krämerhandel der Hanseaten, insbesondere auf dem platten Lande und auf den Gütern, Verlegung der Sundzoll-Station von Helsingör nach Kopenhagen, Begünstigung der Niederlassung von Kaufleuten an diesem Orte, Bevorzugung insbesondere der Holländer zeigten den Hanseaten, wessen sie sich von Christiern zu gewärtigen hatten.

Dann folgten die Unternehmungen gegen die schwedische Aristokratie. Die gleichen Pläne gegen die dänische blieben vorerst ausgesetzt. Er bedurfte der letztern noch zur Unterdrückung Schwedens. Erst wenn dies Land völlig in seine Hand gegeben war, hielt er sich stark genug, auch daheim die Aristokratie niederzuschlagen. Der lutherischen Reformation war er zugethan, weil er in ihr das Mittel sah, den geistlichen Widerstand zu brechen. Dann war ein absolutes Regiment über die drei nordischen Reiche errichtet, und Christiern konnte Lübeck angreifen. Eine grosse Zukunft stand vor seinen Blicken. Kopenhagen sollte die Metropole des künftigen Handels auf den baltischen Meeren werden. Es fällt ungefähr in die Zeit, als diese Gedanken in seinem Innern gereift waren (September des Jahres 1519), dass Gustav Erichson Wasa der Gefangenschaft sich entzog, in welche er das Jahr vorher, nebst fünf andern schwedischen Edelleuten, [Lars (Siggeson), Sparre zu Sundby und dessen Bruder Jöran, Bengt Nilsson (Oxenstjerna) von Eka, Olof Ryming von Tyresjö und Hemming Gadd] wider Recht und Treugelöbniss von Christiern geschleppt war. Es gelang ihm von Jütland aus nach Lübeck sich durchzuschleichen, und hatte sich hier mehrere Monate des Gastrechts zu erfreuen. Die Versuche von dänischer Seite diesen Mann von Zukunft ausgeliefert zu erhalten, wurden abgewiesen. Auch der Magistrat in Lübeck erkannte, welcher Vortheil durch diesen Mann für die Hause zu erlangen sein möchte. Für die letztere, deren argwöhnischen Blicken Christierns zu Tage tretende Handelspolitik nicht entging, kam Alles darauf an, diese Politik zu durchkreuzen.

So ward im Sommer des Jahres 1520, sechs Monate etwa vor dem Blutbade in Stockholm, Gustav Wasa auf einem gewöhnlichen Marktschiffe heimlich nach Schweden hinübergeschafft, wo er, wie bekannt, im Mai zu Calmar an das Land stieg.

Unzweifelhaft ist die Verabredung mit Lübeck gewesen, Gustav Wasa solle versuchen, einen Aufstand im Lande zu erregen; wenn dieser auf einen günstigen Erfolg schliessen lasse, werde Lübeck von der See her mit Kriegsschiffen, Waffen und Mannschaft ihm zu Hülfe kommen.

Die Aufgabe war keine leichte. Nach der Niederlage und Sprengung der von den Stures geführten nationalen Partei in Schweden war das ganze Land, mit Ausnahme allein der festen Schlösser von Calmar und Stockholm, in die Gewalt der Dänen gefallen. Zwei Frauen vom Adel hielten noch eine Zeitlang diese Festen, Anna (Tures Tochter) Bjelke, eine Wittwe Johanns (Mänsson) Natt och Dag, und Christina Gyllenstjerna, Wittwe Sten Stures des Jüngern. Aber Anna Bjelke wagte doch nicht, auf Gustav Wasas Vorschlag eines offenen Feldzuges einzugehen, und konnte es auch nicht. Gustav Wasa wandte sich an die Bauernschaft in Småland; zunächst auf seines Vaters Besitzungen. Vergebens. Sie antworteten ihm:

> „König Christiern ist uns ein gnädiger Herr; wir haben keine Noth, und der König hat uns zugesagt wohlfeil Salz und Heringe und sonst alles Gute, wenn wir ihm gehorsam bleiben."

Småland musste er unverrichteter Dinge verlassen. Es ist ziemlich allgemein die Meinung überkommen, als habe Gustav Wasa allein mit Hülfe des Bauernstandes das Vaterland, von den Dänen befreit. Nichts würde weniger mit der Wahrheit übereinstimmen. Wie man in Småland gesonnen war, ist eben bemerkt. Die Geschichtsbücher weisen auch mit allen Details nach, wie übel es ihm in den nördlichem Landschaften erging. Ein Preis war auf seinen Kopf gesetzt; mit grosser Mühe entging er in der Dalarne dem Verrathe. Wäre es auf die um Fahlun angesessene Familie der Svinhufvud angekommen, er wäre ausgeliefert worden. Zu Mora, dem volkreichsten Kirchspiele in der Dalarne, sprach er nach der Kirche zur versammelten Bauernschaft. Inzwischen hatte das Blutbad zu Stockholm stattgefunden.

Gustav versprach sich von dieser grausenhaften That sogleich einen seinen Absichten günstigen Eindruck. Er täuschte sich vollständig. Die Bauern hatten gehört, König Christiern habe nur dem hohen Adel die Köpfe abschlagen lassen und zeigten sich hiermit vollkommen zufrieden. Auch hatte Christiern sich wohl gehütet, den Bauernstand mit neuen Auflagen heimzusuchen. Sie glaubten sich für alle Zeiten der Kriegslasten enthoben. Sie antworteten Gustav Wasa, „sie dächten nicht daran, dem Könige die Treue zu brechen, die sie ihm angelobt. Er dagegen möge machen, dass er fortkomme."

Vollkommen richtig hatte Christiern die Verhältnisse beurtheilt, als er sagte, man nehme dem Bauer seine adligen Führer, und mit ihm selbst wird man leicht fertig werden.

So flüchtete nun der junge Held von Ort zu Ort und erreichte fast schon die Norwegische Grenze.

Nun geschah es, dass nach Gustav in Mora noch mehrere flüchtige Edelleute eintrafen, alle verscheucht durch das Blutbad, alle verfolgt. Einer ohne vom Andern zu wissen. Alle aber in der Hoffnung, in den Bergen der Dalarne Zuflucht und Schutz zu finden. Darunter auch Lars (Olofson) Björnram, ein Edelmann, der schon unter Sten Stures Fahne tapfer gekämpft hatte, und Gustav Erichson wohl kannte. Dieser theilte den Dalkarlen mit, das Blutbad von Stockholm sei keineswegs der Schluss; König Christiern habe seine Erichs-Reise angetreten; überall vor ihm seien bereits die Galgen errichtet: wehe dem, wer in seinem Herzen sich nicht gut dänisch wisse. Das wirkte. Die eigene Angst wandte jetzt die Gemüther. Dazu kam gerade ein anderer Edelmann, Jon Mikelson von Nederby, der in Wäldern eine Zeitlang sich verborgen gehalten, und schilderte als Augenzeuge die Gräuelscenen von Stockholm und wie man selbst Sten Stures Leiche nicht geschont habe.

Nun hiess es auf Vertheidigung denken. Alle wünschten Gustav Erichson zurück, der ihr Führer sein sollte. Es gelang, ihn einzuholen. Viele vom Adel fanden sich aus ihren Verstecken in Mora ein. Alle reichten Gustav die Hand, nahmen ihn zum Leiter der Unternehmung.

Aehnlich ging es in Helsingeland. Von Mora aus hatten die Verbündeten an die dortige Bauernschaft geschrieben. Die Helsinger beschlossen, sich ruhig zu verhalten und erst die Wendung der Dinge abzuwarten. Gustav ritt persönlich und mit starkem Gefolge vom Adel, sämmtlich im blanken Harnisch, zu ihnen. Die Helsinger gingen zu Rathe und antworteten, er möchte sie in Frieden lassen und sein Glück in Gestrikeland versuchen. Als Gustav sich dorthin wandte, schwuren in Gefle die dorthin geflüchteten Edelleute (hofmän) und mehrere Bürger von Stockholm, noch nicht die Bauern, zu ihm halten zu wollen.

So konnte man dem Feinde im Felde stehn. Das erste Begegnen, unter Olof Bondes Führung, den Gustav an seiner Statt in der Dalarne zurückgelassen hatte, als er nach Helsingeland zog, war für die Dalkarlier günstig; Am Brunnebäk erlitten die Dänischen eine ziemliche Niederlage. Eine zweite folgte. Die Nachricht von diesen günstigen Kämpfen bewirkte, dass nun auch aus den mehr südwärts gelegenen Landschaften der Adel mit Mannschaft aufbrach und zu Gustav stiess. Arvid. (Gustavson) Vestgöte, Lars (Person) Hård, Nils (Gustavson) Vestgöte mit Westmanländern und Südermanländern, Nils Olofson, der Lagmann in Wermland mit Wermländern. Starke Abtheilungen konnten im Frühjahr 1521 sogar nach Wester- und Oestergothland gesandt werden, um die dortigen von den Dänen besetzten festen Schlösser zu erobern. Die Hauptschaar lagerte sich unter Gustav Wasas Führung vor Stockholm. Nun fanden sich auch die von Helsingeland ein. Von den Hansestädten erschien zu Gustavs Hülfe Steffan Sasse mit Mannschaft, Pulver und Blei seewärts vor Stockholm. Der einflussreiche Bischof Brask von Linköping trat auf Gustavs Seite und bewog ihn, ohne Säumen einen Herrentag auszuschreiben. Ein solcher trat am 24. August zu Vadstena zusammen. Dreissig, bisher in Calmar unter dänischer Aufsicht gehaltene Edelleute, erschienen dort. Sie brachten die Nachricht, von Christiern sei der Befehl eingegangen, den gesammten schwedischen Adel auszurotten. Die Begeisterung riss die Versammlung hin, Gustav sogleich die Krone anzubieten. Aber mit kluger Erwägung der Lage der Dinge antwortete er, davon könne erst die Rede sein, wenn Christiern wirklich und vollständig aus dem Reiche getrieben sei. Daran fehlte damals aber noch viel. Auch wusste Gustav wohl, dass dahin die Verabredung mit Lübeck nicht gegangen war, und ohne Lübeck war an einen entscheidenden Sieg nicht zu denken.

Freilich trat nach der Zusammenkunft in Vadstena, neuer Adel auf seine Seite. Ture Jonson (Roos), der mächtigste Mann in Westergothland, Peter Hansson zu Hvalstad, ein småländischer Edelmann, wusste seine Bauern zu überreden das Domkapitel von Skara übergab das feste Bischofschloss Leckö. Die Gebrüder Fleming (Erich und Clas), Henrik Jönson zu Haga auf Åland, Avid Kurk, Bischof zu Åbo, ergriffen in Finnland für Gustav die Waffen.

Nun sandte Gustav Schreiben nach Lübeck, theilte seine Fortschritte im Felde mit und bat dringend um Pulver, Blei Geschütz und vor Allem um Kriegsschiffe, da Stockholm zur See noch frei sei, und der dänische Admiral Norrby die Ostsee beherrsche. Lübeck liess sich nicht säumig finden. Am 7. Juni 1522 ankerten vor Söderköping zehn lübische Kriegsschiffe mit Kriegsmaterial aller Art und nah an tausend Mann deutscher gewiegter Soldknechte unter der Führung deutscher Edelleute.

Im October desselben Jahres kam eine neue Flotille von acht Kriegsschiffen mit ähnlicher Zufuhr an Mannschaft und Material. Nun erst konnte die Belagerung von Stockholm und Calmar mit Nachdruck vorgenommen werden.

Die vor Stockholm vereinigte schwedisch-lübische Flotte, unter den Befehlen Erichs Fleming und Admirals Brun, griff in offener See die dänische unter Norrbys Befehl an. Doch hinderte das Manoeuvre der Lübischen die völlige Vernichtung des Feindes. Die Instruction von Lübeck lautete aus guten Gründen nicht so weit.

Im Anfange des Jahres 1523 konnte Gustav Wasa schon eine Heeres-Abtheilung unter Lars (Siggeson) Sparre und Ture (Jönsson) Roos absenden, um in Norwegen einzufallen, eine andere unter Berendt von Mehlen (der jüngst in seine Dienste getreten war) zu gleichem Zwecke nach Schonen.

Dieses Vorrücken beschleunigte die Catastrophe mit Christiern in Dänemark selbst. Mit den Planen gegen Lübeck hing zusammen, dass Christiern verlangte, der Herzog von Holstein, damals Friedrich, der Vatersbruder des Königs, solle bei der Krone Dänemark, nicht wie bisher bei dem Bischofe von Lübeck, zu Lehn gehen. Die unmittelbare Wirkung war, dass Holstein als deutsches Herzogthum mit Lübeck sich enge verband, Herzog Friedrich sogar Ansprüche auf einen Theil von Norwegen erhob, und dass eine starke lübische Kriegsflotte von Travemünde in See stach, um diesen Forderungen Nachdruck zu geben. Nun stand die Aristokratie in Dänemark selbst, geistliche wie weltliche, gegen Christiern auf und bot dem Herzoge Friedrich von Holstein die Krone an. Mit Lübeck ward ein Bündniss unter dem Erbieten gesucht und geschlossen (Februar 1523), dass alle von Christiern ausgegangenen Verordnungen gegen die alten Handels-Vorrechte der Hanseaten aufgehoben wurden, wogegen sich Lübeck verpflichtete, mit Schiffen und 2000 Mann dem Herzoge Hülfe zu leisten, auch dahin zu wirken, dass unter ihm die Union der drei scandinavischen Reiche hergestellt werde; letzteres jedoch mit dem Vorbehalt, keinerlei feindselige Schritte deshalb gegen Schweden unternehmen zu sollen.

Man sicht, Lübeck hielt noch immer die Wagschaale in seiner Hand. Am 14. April 1523 wandte König Christiern II. seinem ererbten Reiche den Rücken.

In Schweden war man nun durchaus nicht der Meinung, unter dem neuen Könige von Dänemark auch die Union herstellen zu lassen. Der allgemeine Ruf im Lande ging nach einem einheimischen, selbstständigen Könige, und Niemand als Gustav Wasa sollte es sein. Auf dem Herrentage zu Strengnås im Juni 1523 huldigten die Stände Gustav Erichson als ihrem Könige, und er leistete seinerseits den üblichen Königseid nach der (kürzeren) Formel der Gesetze.

Statt der ausführlicheren Königsversicherung, — welche bis zur feierlichen Krönung aufgespart wurde— erging ein offenes königliches Schreiben an die Nation mit dem einfachen Gelöbniss:

> „Er wolle mit Gottes Hülfe ihnen allen ein gnädiger, guter und treuer König sein, und gegen das gesammte Volk von Schweden sich in allen Punkten und Stücken so halten, wie es das alte schwedische und König Erichs des Heiligen Gesetz vorschreibe, Alle, reich und arm, mit gleicher Gerechtigkeit schützen, so dass, mit Gottes Hülfe, an ihm selbst kein Verschulden hierin solle gefunden werden."

In demselben Monate capitulirte auch Stockholm (17. Juni), Alle darin befindliche Güter und das Vermögen des Erzbischofs Gustav Trolle — des Anklägers bei dem Blutbade zu Stockholm — und seines Vaters Erich Trolle wurden dem Könige ausgeliefert; die Besatzung erhielt freien Abzug unter dem Versprechen, binnen zwei Monaten sich weder gegen Schweden noch gegen Lübeck und dessen Verbündete anwerben zu lassen. Im Juli fiel Calmar, und gegen Ende des Jahres war auch ganz Finnland in schwedischen Händen.

Dies waren die Umstände, unter welchen der neue einheimische Königsthron in Schweden sich erhob. Noch geraume Zeit sollte er die Abhängigkeit von seinen lübischen Beschützern fühlen.

Sogleich nach der Wahl zu Strengnäs hatte Gustav (10. Juni 1523) einen Handels-Vertrag mit Lübeck eingehen müssen durch welchen die ausschliesslichsten Handelsrechte in Schweden den Hanseaten eingeräumt wurden: er sich übrigens verbindlich machte, weder mit König Christiern noch sonst Jemand ohne Lübecks Wissen und Willen Frieden zu schliessen.

In Dänemark hatte man inzwischen den Unionsgedanken noch nicht aufgegeben. Bald nach dein Herrentage von Strengnäs kamen Abgesandte vom Könige Friedrich und vom dänischen Reichsrathe und erinnerten an die alten Verträge. Allein ein neuer Herrentag zu Söderköping antwortete: „Sie hätten bereits für Schweden gewählt und wünschten dabei zu verbleiben. Die ausser Landes gewichenen Schweden, Erzbischof Trolle und dessen Vater, müssten sie für Landesverräther, ihrer Würden und Güter, verlustig erklären, wenn sie sich nicht zur Versöhnung mit dem Könige einstellten.“ König Friedrich von Dänemark war unangenehm überrascht durch diese Antwort. Er bat um eine persönliche Zusammenkunft mit Gustav.

Diese fand im folgenden Jahre (1524) unter Beisein der lübischen Abgesandten zu Malmö statt. Auch wegen Besitzes der Insel Gottland, welche Admiral Norrby noch immer gehalten hatte, bedurfte es der Erörterungen. Der Rezess, der zu Malmö zu Stande kam, enthielt folgende Hauptpunkte:

> „Wegen Gottland, Blekingen, Bohus-Län wird im April 1825 zu Lübeck ein Schiedsgericht, gebildet aus den Bevollmächtigten der sechs Städte: Hamburg, Lübeck, Rostock, Vismar, Stralsund und Danzig, den Streit vor den dorthin zu sendenden Abgeordneten von

> Schweden und Dänemark definitiv entscheiden, wenn bis dahin keine Einigung zu Stande gekommen. Wer Gottland hierbei zugesprochen erhält, entschädigt Lübeck. Inzwischen halten beide Könige guten Frieden mit einander, stehen einander bei, und nehmen nicht gegenseitig politische Flüchtlinge auf. Wer in einem Punkte gegen diesen Rezess verstösst, erlegt 100,000 Gulden Busse, davon die Hälfte an die Schiedsrichter fällt."

Mit schwerem Herzen vollzog Gustav Wasa den Rezess. Er ward inne, auf wie schwachen eigenen Füssen noch sein Thron stand. Seine ganze Politik richtete sich darauf, diesen Zustand zu bessern: zuerst die unmittelbare Abhängikeit von der Hansa durch Tilgung der Schulden zu lockern, dann dem Throne im Lande selbst festere Unterlagen zu geben. Zu beiden Zwekken wandte er sein Auge auf die Reform der Kirche, wie er sie in ihren Haupt-Grundlagen schon in Lübeck kennen gelernt hatte, und über deren weitere Fortschritte und Erfolge er ununterbrochen sich unterrichtete.

Zunächst musste Geld geschafft werden. Schon auf dem Herrentage zu Vesterås (8. September 1523) gab der König eine Rechenschaft über den finanziellen Zustand des Reiches:
Darin sagt er:

> „Hundert tausend Gülden hätten ihn die lübischen Schiffe gekostet; 60,000 Gülden monatlich der Sold für die lübischen Söldner. Warum diese ins Land genommen, wisse Jedermann: denn als er damals durchs Land gezogen sei in der Absicht, mit dem gemeinen Volke der Schweden Christiern den Tyrannen zu vertreiben, (med menige mans hjelp att fördrifva den omilde Christiern), da sei ihm allgemein der Rath gegeben, lieber fremdes Kriegsvolk zu werben; sie wollten gerne dazu in Baarem beitragen. Ein grosser Theil dieser Kriegsvölker sei nun um Calmars und Finnlands wegen zurückbehalten, damit der schwedische Bauer zu Hause sitzen könne, Acker und Anger bestellen, Frau und Kinder ernähren, und nicht ferner auszuziehen brauche, um sich todtschlagen zu lassen. Nun kämen seine von ihm selbst ausgerüsteten Leute hinzu, so wie Belohnungen für Ritterschaft und Adel, welche ihm wohlge-

rüstet ins Feld gefolgt seien: so dass im Ganzen nahe an eine Million Mark Silber an Schuld aufgelaufen."

Zur Beschaffung der Tilgungsmittel warf Gustav, wie bemerkt, sein Auge auf die Kirche.

Von deren Reform versprach er sich hauptsächlich Folgendes:

Einmal eine Verbesserung seines Finanz-Etats. Der Grund-besitz der Stifter und Klöster und deren Renten waren über-mässig gross, und das Beispiel des Kontinents und Englands zeigten den Weg, diesen Ueberschuss für die Staatskasse nutzbar zu machen.

Sodann die grössere Unabhängigkeit der Nation in ihrer Gesammtverfassung. Die Einwirkung Roms auf die Besetzung der geistlichen Stellen; die Annaten, welche dafür zur päpstlichen Kasse flossen, der geistliche Gehorsam der Kirchenobern, während sie von jedem Treu-Eid gegen den einheimischen Fürsten losgebunden waren; dabei der Besitz der Immunität von gewöhnlichen Lasten, die Exemtion vom weltlichen Gerichte, die eigene Gerichtsbarkeit über ihre Landesassen, die Macht der Kirchenstrafen — Alles dies zusammen waren mächtige Beeinträchtigungen der selbstständigen nationalen Entwickelung und der Machtstellung der Krone im Lande.

Ferner die Entfernung der geistlichen Obern aus dem Reichsrathe, durch die Einziehung der grossen Kirchen-Belehnungen, und damit Beseitigung einer unmittelbaren Fessel der Krongewalt, welche, wie die Unionszeit gelehrt hatte, die bei weitem unfügsamste und unnachgiebigste war; meistens ohne durch Patriotismus getragen zu sein.

Endlich durch die Uebersetzung der Bibel in die Landessprache, durch deren Verbreitung im Volke und der davon zu verhoffenden Belehrung der Massen über die wahren Grundlagen der Kirche, den Sturz der Herrschaft des Clerus über die Gemüther, soweit dieselbe auf blos politischen Traditionen des römischen Stuhles und nicht auf den Wirkungen der geoffenbarten Religion beruhte, und dagegen die grössere Ehrfurcht vor der „von Gott gesetzten Obrigkeit" nach lutherischer Darlegung.

Schritt vor Schritt ging der König auf dieses Ziel los. Eine eigentliche Trennung von Rom lag dabei ursprünglich nicht in seinen Absichten. Doch zeigte sich bald, dass die Forderungen der Reform in jener Ausdehnung unverträglich mit den Grundsätzen der päpstlichen Gewalt waren. Die ersten Konflikte ergaben sich bei der Besetzung der erledigten Bischofs-Sitze.

Erzbischof Gustav Trolle, Bischof Beldenacke von Strengnäs, Slaghek von Skara, Creaturen von Christiern hatten das Reich verlassen und waren nach Dänemark geflüchtet; Arvid Kurk von Åbo war auf der Meerfahrt ertrunken, Otto Svinhufvud von Vesterås bei der Belagerung von Stockholm umgekommen. Schon als Reichsvorsteher wies Gustav die Domkapitel an, zur Neuwahl zu schreiten (1522), Dies geschah, und Gustav rechnete auf die Bestätigung von Rom. Allein diese blieb aus: vielmehr kam im Herbst 1523 eine Bulle, welche die Wiedereinsetzung Trolles in das Erzbisthum befahl; der Beschluss der Stände von Söderköping sollte für Nichts gelten. Auch die zuvorige Einsendung der nicht geringen Annaten für die übrigen Bischöfe wurde verlangt. Dieses Verhalten des römischen Stuhles kam dem Könige zu Statten: die Stände fühlten sich verletzt und traten auf seine Seite. Inzwischen hatten auch seit einigen Jahren die Gebrüder Olaus und Laurentius Petri das Evangelium im Geiste der Wittenberger gepredigt. In Strengnäs, wo Olaus auftrat, ward bald der Archidiakonus des Domkapitels, Lars Andersson, für die neue Lehre gewonnen, und da der letztere dem Könige den Schutz derselben empfahl, nahm Gustav ihn selbst zu seinem Kanzler.

Inzwischen waren auch die Ansprüche an das Vermögen der Stifter, Klöster und Kirchen zu Beisteuern und zur Deckung der öffentlichen Schuld erhoben. Im Jahre 1522 schoss der Klerus ein freiwilliges Geschenk zur Führung des Krieges gegen Christian zusammen.

Im Jahre 1523 (zu Vesterås) ward eine Anleihe bei den Kirchen und Klöstern beschlossen, und alles überflüssige Silber verzeichnet.

Im Jahre 1524 ward eine Beisteuer, insbesondere von den Stiftern Strengnäs und Linköping wegen des Feldzuges gegen Gottland verlangt und gegeben. Gottland gehörte selbst zum Stifte von Linköping. Im Januar 1525 ward wegen drohender Rüstung Königs Christian auf dem Herrentage zu Stockholm der Kirchenzehnte des eben abgelaufenen Jahres dem Könige überwiesen.

Dies ging nicht Alles ohne Murren und Widerspruch ab. Der Bischof von Vesterås, Peter Sunnanväder und der ehemalige

Erzbischof und Kanzler des Königs, Knut, verbanden sich, jener im Herzen dem Hause Sture zugethan, der letztere, gekränkt durch seine Amtsenthebung, die Dalekarlier gegen den König aufzuregen und Stures Andenken bei ihnen zu erwecken. Es gelang ihnen so gut, dass die Bauernschaft dem Könige eine Art von Absagebrief schickte, da er seine Eide gebrochen, die Kirche bedrücke, sie selbst mit willkürlichen Auflagen belaste und den Erzbischof Trolle in sein Amt wiedereinzusetzen beabsichtige. Der König, unterstützt durch einen Herrentag von Vesterås (Mai 1525), erliess einen offenen Brief in alle Landschaften, über die gegen ihn ausgesprengten Verleumdungen und warnte die Dalekarlier. Sunnanväder und Knut flohen nach Norwegen. Der König verlangte ihre Auslieferung und erhielt sie kraft des Malmö-Rezesses. Beide vor ein ausserordentliches gemischtes Gericht gestellt, wurden als Aufwiegler zum Tode verurtheilt und (Januar und Februar 1527) zu Upsala jener, dieser zu Stockholm hingerichtet.

Nun kam die Reihe an die eigentlichen Klostergüter und deren Besitztitel. „Da dürfen wir nicht vergessen (sagt Ranke in seiner deutschen Geschichte), dass die geistlichen Güter von allen Seiten gefährdet wurden. Zuerst fing man von der streng katholischen Seite an, Klöster aufzuheben; täglich traten diese Vergewaltigungen schroffer heraus. Luther meinte, die papistischen Junker seien in dieser Hinsicht fast lutherischer als die Lutherischen selbst. Landgraf Philipp von Hessen bemerkte, man fange an, sich um die Klostergüter zu reissen, ein Jeder strecke die Hand danach aus, auch wer sonst nicht evangelisch heissen wolle. Es war das aber nicht eine deutsche, sondern eine europäische Tendenz. In den zwei Jahren 1524 und 1525 hat Cardinal Wolsey in England mehr als zwanzig Klöster und Convente aufgehoben.

Gustav begann mit Kloster Mariafred oder Gripsholm. Seines Vaters Mutter-Bruder, Sten Sture der Aeltere hatte dasselbe von Gütern gestiftet, welche nach Erbgang seinem Vater Erich (Johannsson) Wasa hätten zufallen müssen; der letztere war aber von Sten Sture, seinem Vormunde gezwungen worden, in die Verwendung zur todten Hand zu willigen, mit dem Vorbehalte allein, dass wenn das Kloster aus andern Gründen sich auflösen möchte, die Güter an die Familie zurückfielen. Im Jahre 1526 forderte Gustav auf dem Herrentage zu Vadstena von dem

Reichsrathe diese Güter, als durch Zwang abgekommen, für sich zurück, und erhielt sie zugesprochen. Die Klosterbrüder räumten. Der Weg zu ähnlichen Ansprüchen war gebrochen. Auf demselben Herren tage bestätigte Gustav die alten Rechte und Freiheiten des Adels und der Ritterschaft, und zeigte der letzteren hierdurch, dass sie bei gleichem Vorgehen auf seine Unterstützung rechnen könnte.

Nach solchen Vorbereitungen ward endlich der entscheidende Reichstag nach Vesterås berufen (16. Juni 1627). Zahlreich war der Adel vertreten, von den Städtern erschienen 32 Abgeordnete, von den Bauern und Bergleuten 120. Von übler Vorbedeutung war es, dass bei Eröffnung der Versammlung die Bischöfe ihren Platz — zum ersten Male — nach den weltlichen Reichsräthen angewiesen erhielten.

Wäre es auf gewöhnliche Abstimmung nach Ständen und innerhalb derselben nach Köpfen angekommen, so war des Königs Plan im Voraus gesichert, Städter und Bauern waren ganz auf seiner Seite, vom Adel die Mehrzahl. Die Geistlichkeit widerstrebte begreiflicher Weise. Ihr schloss sich nun die eigentliche weltliche Aristokratie, die hohen Geschlechter, an. Das Wort Namens der Kirche führte Bischof Brask von Linköping, bisher des Königs ergebener Freund, Namens des Herrenstandes der Landhofmeister von Westergothland Landtags-Marschall Ture (Jönsson) Roos.

Allein so war damals das Ständewesen noch nicht organisirt.

Ueberhaupt war es zweifelhaft, wie weit die Stände sich befugt zu achten hätten, über das kirchliche Vermögen und die Kirchenverfassung Beschlüsse zu fassen.

Gustav fasste es von der Seite auf, dass die Krone im Bunde mit der gesammten Nation unbedenklich über jede Frage des innern Staatsrechts zu beschliessen befugt seien. Dazu gehörte aber eben die Uebereinstimmung Aller. Als diese daher Anfangs ausblieb, erklärte er, so lege er die Krone nieder.

Mehrere Tage verstrichen über der dadurch herbeigeführten Spaltung der Stände. Endlich überwog die Gefahr der dänischen Invasion, und dass für den Fall, wenn Gustav bei seiner Erklärung verblieb, neu hätte gewählt werden müssen.

Folgende Beschlüsse kamen am 24. Juni 1527 ohne ferneren offenen Widerspruch zu Stande:

1. Alle Einwohner des Reichs nehmen die Pflicht auf sich, die gegenwärtige Regierung gegen alle Feinde, einheimische wie auswärtige zu unterstützen.
2. Der Kronrente soll durch das überflüssige Stifts- und Klostervermögen wieder aufgeholfen werden. Die festen Bischofsschlösser fallen sämmtllch zur Krone zurück. Was zum Unterhalte der Geistlichkeit nöthig ist, bestimmt der König. Die eingezogenen Güter kann der König auch an den Adel wieder austhun. Aller Skatt, zur Kirche veräussert, fällt an die Krone zurück.
3. Der Adel kann diejenigen Güter, welche seit Carl Knutsons Reductions-Verordnung (1453) erweislich aus seinem Stammvermögen zur todten Hand gekommen, zurückfordern. Der Beweis wird durch Zeugniss der Standesgenossen geführt. Was vor diesem Zeitpunkt abgekommen und nicht schon in Anspruch genommen, ist für die Familie verjährt, und fällt der Krone zu.
4. Die Geistlichen verkünden fortan in den Kirchen das reine Wort Gottes und das Evangelium nach der heiligen Schrift.

In einem Anhange zum Reichstagsbeschlusse, genannt die Vesteråser Ordinanz, wird ferner bestimmt:

Kein Geistlicher wird fortan ohne des Königs Zustimmung in sein Amt eingesetzt. Der König hat das Recht, unwürdige Priester ihres Amtes zu entsetzen. In allen weltlichen Dingen steht die Geistlichkeit unter den weltlichen Gerichten. Die Strafgelder aus der bisherigen Jurisdiction der Bischöfe, fallen zur Krone.

Die Erbschaft eines Geistlichen fällt an dessen gesetzliche Erben.

Vom Johannitage 1527 wird auch in allen Schulen des Landes das reine Evangelium gelehrt, und zwar nach Anleitung des in die Landessprache übersetzten kleinen Katechismus Luthers.

Bekanntlich legte die hohe Geistlichkeit ihren Protest gegen die vorstehenden Beschlüsse in Heimlichkeit unter eine Steinplatte im Dome von Vesterås nieder, wo derselbe viele Jahre später entdeckt ward. Offen bekannte sie ihre Ergebenheit gegen den König. Der dissentirende Herrenstand, welcher im Sturz der geistlichen Aristokratie sich zur Hälfte mitgetroffen fühlte, unter Leitung damals von Ture Roos, verbarg einstweilen seinen Unmuth.

In Folge der Beschlüsse von Vesterås fielen sogleich der Krone zu die festen Bischofsschlösser

Tynnelsö von Strengnäs,
Leckö von Skara,
Gränsö von Vesterås,
Munkeboda von Linköping,

mit allem Zubehör. Des Erzbischofs Festen, Almare-Stäke und Gädda-holm, waren in den letzten Kriegen zerstört.

An gewöhnlichen Landgütern und Höfen rechnet man, dass etwa 10,000 Hemman zur Krone zurückfielen. Sie konnte wieder aufathmen.

Mit dem Verluste der grossen Kirchenlehen und der Jurisdiction hörten die Bischöfe auf, zum Herrenstande zu zählen. Ein Hauptgrund ihres Eintritts in des Königs Rath kam damit in Wegfall. Der König verlangte ihr Ausscheiden. Günstig war dabei, dass gerade mehrere Sitze erledigt waren. Bischof Brask von Linköping und Magnus (Haraldi) von Skara verliessen nach dem Reichstage von Vesterås das Land. Der Erzbischof war schon vorher ausgewandert. Die Bischöfe von Vesterås und Vexiö fügten sich stillschweigend Gustavs Wünschen; Magnus Somnar von Strengnäs liess es auf einen förmlichen Spruch des Königs ankommen.

So stürzte denn der eine der beiden Pfeiler der mittelalterlichen Aristokratie, und zwar der mächtigere. Der Grund, weshalb Gustav die feierliche Krönung bisher stets hinausschob, obwohl die Stände ihn häufig darum angingen, nämlich weil er nicht ferner die Absicht hatte, die Achtung und den Schutz der bisherigen Rechte und Freiheiten der Kirche und des Clerus in seiner Thron-Versicherung zu beschwören — war gehoben. Am 12. Januar 1528 ging der feierliche Act vor sich. Ture Jonsson trug den Reichsapfel, Lars Siggeson (Sparre) das Reichsschwert, Holger Gere das Scepter. Dreissig vom Adel erhielten den Ritterschlag.

Die Regelung der inneren Kirchenverhältnisse ward einer besonderen, kirchlichen, Versammlung vorbehalten, welche im Februar 1529 in Oerebro zusammentrat. Des Königs Meinung war, in den hergebrachten Formen des Gottesdienstes den

Volksgeist zu schonen, in die Augen springende Aenderungen nicht eintreten zu lassen. 3 Bischöfe, 15 Domherren, 11 Pfarrer und 8 andere Geistliche vereinigten sich zu Oerebro zu folgendem Beschlusse:

> Das Wort Gottes wird, in Gemässheit des Vesteråser Beschlusses, in seiner Reinheit nach der heiligen Schrift gelehrt. Täglich soll in jeder Domkirche eine Unterrichtsstunde, zur Belehrung der umwohnenden Pfarrer über den Inhalt der heiligen Schrift, in schwedischer Sprache, gehalten werden. Eben so in allen Pfarrschulen. Die katholischen Ceremonien und Gebräuche werden, so weit sie nicht zum Dogma gehören, wie die Weihung des Brotes (Eucharistie) und des Wassers, beibehalten. Die grosse Zahl der Feiertage wird eingeschränkt, die Klöster, so weit sie bestehen bleiben, unter Aufsicht der Bischöfe gestellt.

So einfach sollte es nun doch mit der Kirchenreform in Schweden nicht abgehen. Es zeigen sich von jetzt ab Symptome einer starken Reaction; zum geringeren Theile mit aristokratisch-unionistischer Tendenz; weit überwiegend und lange anhaltend von demokratischen Vorstellungen und Gelüsten getragen. Diese letztere Opposition hat ziemlich dem Könige seine ganze noch übrige Regierungszeit verbittert. Es gab einen Zeitpunkt, wo er, müde der ewigen Bauern-Aufstände und tief verstimmt über den Undank des Volkes, noch einmal seine Krone niederzulegen entschlossen war.

Der aristokratische Aufstand im Frühjahr 1529 in Westergothland unter Ture Jönssons Leitung stand in engem Zusammenhange mit den Bestrebungen des vertriebenen Königs Christiern II zur Wiedererlangung seiner nordischen Reiche. Er hatte hierbei auf die Unterstützung Kaiser Carls V., seines Schwagers, zu rechnen, welchem der kirchliche Abfall Scandinaviens in hohem Grade verhasst war, und welcher mehrfach, nach der Aufgabe seines Lebens, die kirchliche Einheit des Abendlandes herzustellen, die Hand bot, wenn es galt, die schwedische Krone Gustav Wasa wieder vom Haupte zu nehmen. Die aus Schweden gewiesenen Bischöfe, insbesondere der von Skara, stellten vor, wenn Christiern dem, mit den Vesteråser Beschlüssen missvergnügten Herrenstande von Westergothland die Hand reiche, werde es nicht schwer fallen, das Unions-Königthum unter Christiern zu erneuern.

Ture Jönsson Roos liess sich bereit finden. Noch einmal tauchte bei ihm die Hoffnung einer aristokratischen Regierung unter der Form der Union auf. Mehrere vom westergöthischen Adel, Ture Bjelke, Axel Posse, Thord Bonde, Måns Liliehök, Nils Winge, Gebrüder Kafle, standen zu ihm.

Nun kam es darauf an, auch das Landvolk für Christiern zu gewinnen. Gegen Gustav war grosse Aufregung im Lande.

In Dalekarlien war sie zuerst zum Ausbruch gekommen. Priester und Klostergeistliche hatten vornehmlich die Gemüther dort mit der Anklage verwirrt, Gustav Wasa denke an nichts, als dem Volke den Glauben seiner Väter zu rauben, um desto ungehinderter die Kirchen und Klöster plündern zu können. In dem falschen Sture, dem sogenannten Thaljunker, stellten sie ihm einen Prätendenten entgegen, von dem sie hofften, er würde es mit den Bauern halten. Schon in den ersten Monaten des Jahres 1528, bald nach seiner Krönung, rückte Gustav mit 14,000 Mann in die Dalarne und schlug den Aufruhr nieder.

Dieselben Einflüsterungen, welche in Dalekarlien Eingang gefunden, wurden bei den Bauern in Småland und Westergothland angewendet. In Småland insbesondere hatten schon Gewaltsamkeiten im Bauernvolke gegen Gustavs Voigte begonnen. Demokratischer Same, von Deutschland aus, war mit eingestreut. Dem geschickten Auftreten Holger Geres von Björkvik und Måns Natt och Dag von Bro und Säby gelang es noch, das Landvolk von Oestergothland vom Anschluss zurückzuhalten. In Upland rechnete Ture Roos auf seine beiden Söhne, die Reichsräthe Johann auf Tullgarn und Lindholm, und Lars; allein diese blieben dem Königs treu. An die übrigen Bauernschaften wurden Rundschreiben gerichtet, mit folgenden Hauptanklagen gegen Gustav:

1. Er habe die Ketzerei nach Schweden gebracht.
2. Er habe seine zu Strengnäs abgegebene (mündliche) Eidversicherung gebrochen, indem er die Kirche und die Geistlichkeit nicht geschützt, vielmehr die Bischöfe vertrieben habe.
3. Er habe sich widerrechtlich mit dem Besitzthum der Kirchen und Klöster bereichert.
4. Er habe neue und drückende Lasten, unbewilligt, dem Bauernstande auferlegt.

5. Er habe gegen Schwedens altes Gesetz verstossen, indem er Ausländer (den Grafen von Hoya, seinen Schwager, und Berndt von Mehlen, den Mann seiner Verwandtin Margarethe Wase) in den Reichsrath aufgenommen, und da er sich selbst jetzt im Auslande zu vermählen beabsichtige, würde neuer Einfluss von Ausländern hinzukommen.
6. Bei der feierlichen Krönung sei nur eine verstümmelte Eidversicherung abgegeben.

Der König hielt es doch nothwendig, auf diese Anklagen sich vor einer Ständeversammlung zu rechtfertigen, welche er nach Strengnäs berief:

> „Was in Bezug auf die Kirche geschehen, sei zuvor förmlich vom Reichstage ohne Widerspruch beschlossen.
>
> Neue Auflagen habe er allerdings dem Bauernstande auferlegt, aber die Noth des Reiches habe ihn dazu gezwungen und der Reichsrath habe sie ihm zugestanden.
>
> Auch das sei nur mit des Reichsraths Zustimmung geschehen, dass er zwei Ausländer in seinen Rath gerufen, die übrigens durch Bande der Heirath mit Inländerinnen den eigentlichen Charakter der Fremden im Sinne des schwedischen Gesetzes verloren, übrigens aber sich um Krone und Land verdient gemacht hätten.
>
> Endlich dazu habe der Reichsrath seine Einwilligung gegeben, dass er seine Gattin sich unter den Prinzessinnen des Auslandes gesucht, was übrigens an sich in den schwedischen Gesetzen nicht verboten sei.
>
> Die Eidesformel anlangend, welche er bei seiner Krönung geschworen, so sei sie nach den durch die Beschlüsse von Vesterås veränderten Verhältnissen des Reichs eingerichtet.“

Der Reichsrath hatte schon vorher den König seiner Treue, zugleich Namens der Ritterschaft und des Adels von Upland und Südermanland, versichert. Jetzt erklärten auch die Stände den König vollkommen gerechtfertigt.

Måns Brynteson Liliehök, Nils Winge und einige Andere waren beim Zusammenstoss der Waffen in des Königs Gewalt gerathen. Ein ausserordentliches Gericht, aus dem Reichsrathe,

Einigen vom Adel, den Bürgermeistern und Rathmannen von Stockholm und Upsala zusammengesetzt, erkannten auf Tod und Confiscation der Güter wegen Hochverrath. An Liliehök und Winge wurde der Spruch auch vollzogen, da sie sich selbst erboten hatten, im Falle des Beweises ihrer Conspiration, den Tod leiden zu wollen. Andere erkauften ihre Gnade mit starken Geldbussen. Gegen Ture Jönsson Roos, welcher geflohen war, ward auf Confiscation der Güter erkannt, welche Gustav jedoch in Gnaden den (treu gebliebenen) Erben überliess.

So war dieser Sturm vorerst beschworen.

Nun kehrten aber die Bauern-Aufstände wieder, in immer steigender Gefahr, mit immer deutlicher ausgesprochenem politischen Charakter.

Zuerst wiederum in Dalekarlien. Die Anmahnung Lübecks wegen der rückständigen Schuld führte 1530 auf dem Herrentage zu Upsala zu dem Beschlusse, je die nächst grösste Glocke des Kirchspiels solle hergegeben und eingeschmolzen werden. Die Ausführung des Beschlusses hatte bereits begonnen, als der Aufruhr losbrach. Den Dalkarlen folgten die Helsinger und die Bauern von Nericke. Die schon abgelieferten Glocken wurden mit Gewalt zurückgeholt. Als Bedingung des Friedens stellten die Dalkarle die Forderung, der König solle sich verpflichten, in Zukunft gewaffnet nicht anders als mit ihrer Zustimmung den Brunnebäk, das Grenzflüsschen Dalekarliens, zu überschreiten.

So verstanden sie ihre „alte Freiheit." Die Erinnerungen an Engelbrecht, an die Sturen, an die eigene, dem Könige beim Beginn der nationalen Erhebung geleistete Hülfe, hatten ihnen über ihre Unterthanen-Stellung die Begriffe verwirrt.

Der König wandte sich zuerst gegen die Helsinger. Auf einem nach Upsala ausgeschriebenen Möte mussten; sie vor der bewaffneten Macht Gustavs auf die Kniee fallen und Gnade erbitten. Die Abrechnung mit den Dalkarlen ward vorbehalten.

Nach der feierlichen Vermählung Gustavs mit der Prinzess Catharina von Sachsen-Lauenburg (22. September 1531) war die erste Bitte der neuen Königin die Begnadigung. Allein der Zeitpunkt war dazu nicht geeignet. Denn unmittelbar nach der Vermählung fällt der Einbruch Christierns II., um mit gewaffneter Hand die Wiedereroberung seiner Reiche ins Werk zu setzen; ein Versuch, zu dem Ture Jönssons erste Aufwiegelei verfrüht gewesen (October 1531). Durch einen offenen Brief warnte Gustav das Landvolk von Dalekarlien, Wermland, Nerike, Småland und Westergothland vor einer Betheiligung. Dann rückte der Adel aus diesen Provinzen gegen Christiern ins Feld. Des Letzteren Unternehmung scheiterte. Mit abgeschlagenem Kopfe ward Ture Jönsson eines Tages auf der Strasse von Kongolf gefunden. Da von den Hansestädten Hülfe zur See kam, gelang es, dem Könige Christiern den Rückweg abzuschneiden. Er ward gefangen und nach Sonderburg abgeführt, wo seiner eine langjährige Gefangenschaft wartete († 1559).

Jetzt beschloss Gustav, den aufrührerischen Geist der Dalkarle mit Ernst zu bannen. Abermals mit Heeresmacht brach er gegen sie auf. Ihre demagogischen Führer, die Bergwerkseigner Måns Nilsson und Anders Persson, wurden ergriffen und mit mehreren anderen Rädelsführern hingerichtet. Die Thalbauern, da sie Strenge sahen, fielen auf die Kniee und erhielten unter erneuter Verwarnung Gnade.

Die neue Gefahr kam von Lübeck. Es galt den Bestrebungen Königs Gustav und Friedrichs von Dänemark, durch Verbindungen mit den Niederländern die kommerzielle Unabhängigkeit Scandinaviens von den Hansestädten zu erlangen. In Lübeck war um diese Zeit die Demokratie unter Führung von Wullenweber und Mayer an das Ruder gelangt. Sie knüpften an die noch unbezahlten Rechnungen, auch aus neuester Hülfe gegen Christian II. an. Gustav wollte von neuen Verpflichtungen nichts wissen. Was sie ihm geholfen, hätten sie sich selbst geholfen. Sie antworteten: „Das sei der Dank, dass sie einen Ochsentreiber zum Könige gemacht. Aber wie sie mit 100 Mark Silbers ihm zur Herrschaft in Schweden verholfen, so würden sie 500 nicht scheuen, um ihn wieder herunterzubringen."

In diesen Zeitpunkt (1533) fiel zum Unglück der Tod Königs Friedrich von Dänemark. In Holstein trat dessen ältester Sohn Christian sogleich die Thronfolge an; allein in Dänemark musste gewählt werden. Da trat grosse Spaltung ein. Die weltliche Aristokratie war für Christian, die geistliche für dessen jüngeren Bruder Johann, weil Christian eine ausgesprochen protestantische Richtung hatte, Johann aber noch minorenn war. Bürger und Bauern wurden für den gefangenen Christian II. aufgeregt, indem man sie erinnerte, wie der den Adel verfolgt und niedergetreten habe. So erhob sich in Dänemark unter dem Anstiften und dem Beistande von Lübecks Demagogen eine grosse demokratische Bewegung, welche zunächst nichts Geringeres, als die Ausrottung des gesammten Adels, in weiterer noch unausgesprochener Ferne aber den Umsturz der Throne in Aussicht nahm.

Diese gemeinsame Gefahr verband die beiderseitigen scandinavischen Könige, und die Adel beider Reiche. Gegenseitiger Schutz und Trutz ward zugesagt, zugleich im Interesse der Aristokratie gelobt: Wenn Einer vom Adel in des einen oder des anderen Königs Ungnade fallen und im Nachbarreich sollte Hülfe suchen müssen, so sollte die Entscheidung einem Gerichte von acht Reichsräthen (4 von jeder Seite) anheimgestellt sein. Sollte Einer der beiderseitigen Könige die Bedingungen des jetzt gelobten Schutzbündnisses nicht innehalten, insbesondere ein künftiger König etwa das Nachbarreich mit Krieg überziehen wollen — (dies nahm die möglichen Eventualitäten mit Christian II. ins Auge) — so sollen Reichsrath und Adel beider Reiche zu seiner Bekämpfung sich erheben.

Der Versuch Lübecks, sich der Person des vom Hofe von Lauenburg aus in ihre Gefangenschaft gerathenen jungen Svante Sture, als eines Kron-Prätendenten gegen Gustav Wasa zu bedienen, von welchem sie hofften, sein Name werde bei den aufzurufenden Bauernschaften guten Klang haben, scheiterte an dessen loyalem Sinn. Dagegen liess der aus Schweden geflüchtete Graf von Hoja (seine Gattin, Gustav Wasas Schwester, die Wittwe Joachims Brahe, von welchem sie einen Sohn, Pehr, hatte, war gestorben) sich von Wullenweber gewinnen; ausser ihm ward der Graf Christoph, von Oldenburg als Heerführer in Dienst genommen. So begann die Unternehmung, der der Name der Grafenfehde nach ihren Führern beigelegt worden ist, anfangs mit günstigem Erfolge: Ueberall in Dänemark und Schonen sengte und mordete das Landvolk auf den Edelhöfen.

Da liess Gustav Wasa das Aufgebot seines gesammten Adels ins Feld rücken, auf Schonen zu, wo der dortige Adel zu ihm stiess. Die Führung der einzelnen Aufgebote hatten Lars Sparre, Holger Gere, Birger Grip, Per Hård von Häringe, Carl Gyllenstjerna von Vinstorp, Måns Natt och Dag von Bro, Ture Trolle von Bergquara, Gustav Olofson Stenbock von Torpa und Jacob Bagge. Der Oberbefehl ward Johann Tareson Roos anvertraut.

Die grosse Gefahr endete schliesslich mit der Niederlage

der Lübecker und der Demokratie. In Lübeck selbst stürzte die Wullenwebersche Herrschaft. Der alte Rath ward wieder eingesetzt. In Dänemark hatte die Niederlage der Volkspartei den Sturz der hohen katholischen Geistlichkeit zur Folge, welche gegen Krone und Adel Partei genommen hatte (1534).

In Schweden war nun für einige Jahre Ruhe. Der König gedachte dieselbe zur schnelleren Durchführung des Reformationswerkes zu benutzen.

Ungeachtet seit der ersten Aufnahme des reformatorischen Gedankens lutherisch gebildete Geistliche die Hauptrathgeber des Königs gewesen waren, — Lars Andersson hatte das Kanzler-Amt von 1523 bis 1531 inne, Olaus Petri von da bis 1533, — so entwickelten sich doch, nach der Beseitigung des päpstlichen Supremats, bald Conflikte mit den Rathgebern über den Antritt der Erbschaft und den eigentlichen Erben der Verlassenschaft. Es zeigte sich, dass auch die lutherischen Geistlichen nicht blos für den König hatten arbeiten wollen. Darum fühlt der König sich zur Klage bei dem Erzbischof Laurentius Petri veranlasst: „zu seinem Befremden müsse er vernehmen, dass er vielfach von dem Kanzler als der „Tyrann“ bezeichnet, und die Gemüther gegen ihn eingenommen würden. Wie sich das mit Pauli Ausspruch: Seid unterthan der Obrigkeit vertrage?“

Wahrnehmungen dieser Art gesellten sich zu dem schon oft erregten Missvergnügen über den politisch verwilderten Geist der Bauern, und bestimmten den König zur Wahl von zwei Ausländern, Conrad von Pyhy, einem Niederländer, und Georg von Norrmann, aus dem Hause Dubnitz auf der Insel Rügen, denen er die Fortsetzung des begonnenen Werkes anvertraute (538). Der Erstere war in Rechts- und Verwaltungs-Geschäften ganz vorzüglich routinirt; der Letztere als ein durchgebildeter lutherischer Geistlicher von Wittenberg empfohlen. Pyhy ward Oberst-Kanzler, Regiments-, Kriegs- und Geheimer Rath und sollte die veränderte Organisation der weltlichen Behörden leiten; Norrmann ward, als oberster Kirchen-Ordinator mit Vollmacht der höchsten Königlichen Gerichtsbarkeit in geistlichen Sachen, mit der Durchführung der Kirchen-Verfassung, nach kursächsischem Muster (Consistorial-Verfassung) betraut.

Beides ward doch zu sehr im absolutistischen und fiskalischen Sinne versucht, Die Folge war eine um so grössere Aufregung im Lande. Diesmal schlug es in den Smålanden zuerst zur

Flamme auf. Unter der Asche hatte es hier schon lange geglüht. Schon 1533 hatte das, in Folge herrschender Theurung, von Gustav erlassene Verbot der Ausfuhr von Rindvieh in Småland Unmuth erregt. Denn diese Ausfuhr nach den dänischen Provinzen war bisher eine Haupt-Nahrungsquelle für die Småländer gewesen. Dann kam die Anwendung der Grundsätze von der Regalität der hohen Jagd, der Eichen- und Buchenwälder und Aehnliches hinzu, wie es bis dahin in Schweden unbekannt gewesen. Endlich die Einziehung von Grundsteuer-Zuschlägen, zu der man, als einem Hjelp-Skatt (Hülfs-Grundsteuer), die vorherige Bewilligung sich zu verschaffen nicht nöthig erachtete und unterliess. Schon in der Grafenfehde waren deshalb vielfach Bauern aus Småland zu den Reihen der lübischen Demokraten übergelaufen und hatten Drohungen gegen das durch Småland ziehende Adelsaufgebot ausgestossen. Im Jahre 1538 ging der Bauer Jan Andersson direkt nach Lübeck, um für den bevorstehenden Aufstand Waffen zu holen und trat dort mit dem Grafen von Hoja und Berndt von Mehlen — den beiden Abenteurern — in Verbindung. In die Heimath zurükgekehrt, ward er von den königlichen Voigten verfolgt und zog sich in die Wälder zurück, wo sich der Bauer Dacke mit ihm vereinigte. Auch in Oestergothland trat der Bauer Lars Jonsson in demagogischer Weise auf; überall predigte man Tod den königlichen Voigten, die als gefrässige Raubthiere bezeichnet wurden, und Untergang dem Adel, als solidarisch verbunden mit den Absichten der Krone.

Im Jahre 1542 war der Aufstand bis zum offenen Losbrechen vorbereitet. Aus den Städten erhielten die Bauern Hülfen. Der Bürgermeister von Rönneby in Bleckingen schaffte ihnen reichlich Waffen und Munition, Der Angriff galt aller bestehenden Ordnung. Aber an den Adelsschlössern versuchte sich zuerst die Stärke der Bauern. Ueberall an die Bauerschaften des Landes erging von Nils Dacke das Aufgebot zur gleichen Erhebung, wer nicht als Herre-hycklare (Herrenkriecher) gebrandmarkt sein wolle. Auch die Dalkarle erhoben sich. Der Versuch, Svante Sture; welcher damals Höfvitsmann von Stegeborg war, für den Aufstand zu gewinnen, um wie anderswo einen vornehmen und zugleich populären Mann an der Spitze zu haben, misslang. Dacke bot ihm die Krone Schwedens, wenn er die Bauern von den Grundsteuer-Zuschlägen, den Regalien und den bureaukratischen Neuerungen in Staat und Kirche befreien wolle. Auch die auswärtigen Feinde Gustav Wasas regten sich: Kaiser Carl V., Pfalzgraf Friedrich, Königs Christian II. Schwestersohn, Herzog Albrecht von Mecklenburg. Katholischer Seite hoffte man den Sturz des protestantischen Königs.

Gustav erliess das Aufgebot an die gesammte Ritterschaft und den Adel im Reiche; diese blieben durchaus treu. Lars Sparre und Johann Roos erhielten den Befehl für Småland selbst; Abraham Leionhufvud, Svante Stare, Måns Natt och Dag, Axel (Erichson) Bjelke hielten die königliche Fahne in Oestergothland hoch; Gustav Stenbock in Westergothland, Pehr Brahe und Arvid Trolle in den Uplanden. Doch entsprachen die Erfolge lange nicht den Erwartungen. In Dacke hatte die Demokratie einen äusserst verschlagenen und listigen Führer. Sobald die Bauern im Nachtheil waren, bot er Unterhandlungen an und versprach Frieden; dann brach er an einem andern Orte unter günstigen Umständen wieder los. Einen Augenblick verzagte Gustav, den Sturm zu bewältigen. Er schrieb an Ritterschaft und Adel, sie möchten ihre beweglichen Besitzthümer in Sicherheit bringen, und zu ihm gewaffnet nach Stockholm stossen; sie wollten sehen, wie lange sie sich würden vertheidigen können. Er, für seine Person, habe die Absicht, bei so viel Undank im Volke, seine Krone niederzulegen und auszuwandern, das Reich aber und die aufrührerische Demokratie ihrem eigenen Schicksale zu überlassen.

Der Adel beschwor ihn, sich vom Kleinmuth nicht übermannen zu lassen. Er wolle den Kampf gegen die Demokratie bis zum Ende mit ihm aushalten. Die Nachwirkungen der alten Demagogie unter Engelbrecht und den Sturen müssten endlich aus dem Bauernstande mit der Wurzel getilgt werden, sollte das Reich zur Ordnung kommen.

Dacke hatte seinerseits wohlformulirte Forderungen in Bereitschaft. So wenig wie in Deutschland und England, gingen auch hier die demokratischen Bewegungen ins Unbestimmte.

In England hatte der katholische Klerus insbesondere die Bauern auf die ökonomischen Nachtheile aufmerksam zu machen gewusst, welche aus der Aufhebung der Kloster und Einziehung der Stiftsgüter und Fortführung der Kirchenschätze für den Bauernstand der Umgegend erwüchsen. Dies hatte 1536 in England den Bauern-Aufruhr unter Robert Aske zur Folge. Dann später kam das Missvergnügen über die neuen Einhegungen der dem Adel und der Krone zugefallenen Grundgüter hinzu.

In Schweden verhiess Dacke, wo er einbrach, zunächst Freiheit von der Grundsteuer und Plünderung der Adelshöfe. Der Bürgerschaft in den Städten bot er Gruss und Freundschaft. Vom Könige verlangte er Rückgabe der Waffen an den gemeinen Mann (almogen), die ihnen von den Voigten — in Consequenz der für Regal erklärten Jagd — genommen seien, und Annulirung der kirchlichen Neuerungen mit Herstellung der Klöster.

Auch der Bauer in den nicht unmittelbar infizirten Landschaften weigerte sich doch, dem Könige gegen die Standesgenossen in den übrigen in das Feld zu folgen. Sie gebrauchten den Vorwand, wie oft habe er ihnen nicht zugesagt, sie mit dem Aufgebote, um ihrer ökonomischen Lage willen, zu verschonen und deutsche Kriegsknechte in Sold zu nehmen; so möge er auch jetzt thun.

Erst im Jahre 1545 gelang es endlich, der widerspenstigen Bauern ganz Herr zu werden. Dacke ward nach Einigen, flüchtig in Wäldern und verfolgt, getödtet, nach Andern entfloh er nach Deutschland und kehrte erst viel später nach Schweden zurück.

Die Gemeinsamkeit dieser langjährigen Gefahren von der demokratischen Seite mussten das Band zwischen dem Könige und der Aristokratie um so enger knüpfen. Es kam hinzu, dass der Adel durch die Reduction der Klöster und Stiftsgüter auch an materieller Macht bedeutend gewonnen hatte, was um so sichtbarer hervortrat, als, eine Folge des Blutbades von Stockholm, die Zahl der Adelshäupter vergleichsweise sehr geschmolzen war, und um so umfangreicher der Grundbesitz, welcher sich oft in einer Hand concentrirt fand. Endlich war die nahe persönliche Verwandtschaft des Königs mit diesen Adelshäuptern nicht ohne Gewicht. Dasselbe steigerte sich vielmehr, als Gustav zur zweiten und später zum dritten Ehe schritt, da er in beiden Fällen unter den Töchtern des hohen Landes-Adels wählte.

Margaretha Leionhufvud, seine zweite Gattin, Erichs Tochter von Ekeberge, war die Schwester von Brita Stenbock zu Torpa, von Märta Sture zu Hörningholm von Anna Bjelke zu Salestadt.

Catharina Stenbock, die dritte Gemahlin, Gustavs Tochter, war Schwester von Cäcilie Stenbock, welche an Gustav Roos vermählt war, von Beate Stenbock, welche Pehr Brahe, der einzige Sohn Joachims Brahe (des Schwagers des Königs), zum

Weibe hatte. Birger Grip hatte wiederum die Schwester Pehrs, Brita Brahe, des Königs rechte Nichte. Nun stand auch der neue Thron, so lange die Erblichkeit nicht grundgesetzlich gewährt war, noch auf unsicherem Grunde, und nur vom Adel war das Zugeständniss der Erblichkeit zu verhoffen. König Gustav liess dies Ziel nicht aus den Augen, wie er denn auch die sonstigen Bedingungen der Monarchie im Sinne der neuen Zeit fast in zu strenger Schärfe erfasste.

Mit dieser Monarchie vertrug sich nach seiner Meinung wenig der Eid der Reichsräthe, nach dem Formular in König Christophs Landrecht. Die Aristokratie zeigte sich in diesem Punkte entgegenkommend. Die grossen persönlichen Verdienste Gustav Wasas um das Vaterland forderten und rechtfertigten ein besonderes Vertrauen. Der Reichsrath liess es deshalb geschehen, dass bei der Ernennung neuer Reichsräthe durch Gustav die alte Formel verlassen und statt deren folgende benutzt wurde:

> „Der Rath soll helfen, dass ein gut Regiment im Reiche ordentlich geführt werde, so wie Alles was zu des Königs Nutzen und Wohlfahrt dient oder was sein Wille und Befehl ist, nach bestem Vermögen treulich und ohne Widerstand fördern.“

Zweifelhaft ist, ob diese neue Eidesformel zuerst auf dem Herrentage von Oerebro1540 oder schon bei der Ernennung von Ture (Erichson) Bjelke und Måns Bryntesson (Liliehök) im Jahre 1528 angewendet werden. Doch blieb die Neuerung nur eine faktische; im Rechte und im Gesetze liess man darin keine Aenderung zu, und in späteren Zeiten; kam man auf das alte Recht zurück.

Schon auf dem Herrentage von Vadstena (1526) hatten sie dem Könige versichert,

> dass wenn Gott ihm Söhne schenken sollte, Einer von ihnen und zunächst der älteste auf dem Throne folgen, die übrigen aber mit Belehnungen ausgestattet werden sollten, wie sie Fürstensöhnen geziemten.

Jetzt auf dem Herrentage von Oerebro konnte der König den dort versammelten Herren die ihm inzwischen geborenen Söhne zeigen, Erich, aus der Ehe mit der Prinzessin von Lauenburg, Johann aus der Ehe mit Margaretha Leionhufvud. Die Versammlung gelobte, an der Zusage von Vadstena festzuhalten. Der verfassungsmässige Abschluss geschah indess erst; auf dem allgemeinen Ständetage von Vesterås (1544). Hier stimmten Alle auf den Vorschlag des Adels und nach dessen Vortritt für die Uebertragung der erblichen Thronfolge an das Haus Wasa nach Erstgeburt in der Linealfolge von der Mannsseite. Bis der Thronfolger zu seinen Jahren käme, sollte die Regentschaft von vier Reichsräthen unter dem Vorsitze der Königin-Wittwe geführt werden.

In Gustav Wasas Vorstellungen von dem neuen Königthum lagen mancherlei Antriebe zu einer absolutistischen Richtung.

Der Durchbruch des modernen Staats aus dem nur losen Aggregatzustande des Mittelalters beruhte überall auf dem zum Theil noch dunklen Gefühle, dass die Gesammtkraft der Nation nicht anders zur Entfaltung gelangen könne, als durch Concentration der Theile in irgend einem, jeder Zeit zur Willens-Entschliessung befähigten Mittelpunkte. Die Anstrengung, zu dieser Concentration der Kräfte im Königthum zu gelangen, liess naturgemäss und bei dem Widerstand der vorgefundenen Elemente, oft über das vernünftige Ziel hinausschiessen, und erzeugte den Geist der Centralisation an Stelle der Concentration. Der Unterschied liegt in der ausschliesslichen Richtung alles besonderen Lebens im Staate nach dem Mittelpunkte, und die Gefahr darin, dass alles selbstständige Leben in den Theilen darüber erstirbt.

Nahrung sog diese Richtung bei Gustav Wasa zum Theil aus den Grundsätzen des Lutherthums über die von Gott eingesetzte Obrigkeit, zum Theil aus juristischen Doktrinen meist des Römischen Rechts, für welche der bekannte Günstling, Johann Pyhy, der Niederländer, den König einzunehmen wusste. Man fand einen alten Beschluss aus der Zeit der Folkunger-Könige auf, angeblich auf der Heiligen-Geist-Insel in Stockholm im Jahre 1282 vereinbart (Helge-ands-holm), nach welcher, unter Anwendung lehnsrechtlicher, dem schwedischen Rechte fremder Principien, das Obereigenthum der Krone an allen bäuerlichen, nichtadligen, mit Skatt dem Könige pflichtigen Grund und Boden anerkannt, und das besondere Recht des Königs auf Bergwerke, Ströme, grosse Waldungen, Jagd, Fischereien u. s. w., im Umfange der deutschen Regalien zugesprochen worden sei. Als Consequenz machte der König geltend, dass alle sogenannten Allmenden und Oedungen innerhalb der Dorfgemarkungen ihm ausschliesslich zugehörten, da sie in keinen Privatbesitz gelangt seien, und dass das Obereigenthum auch über die Skatte-Höfe der bisher für frei gehaltenen Bauern ihm das Recht verleihe, deren gute Bewirthschaftung zu überwachen. Blieben sie irgendwo mehrere Jahre unbestellt, so fielen sie an die Krone zurück.

Die ungeheure Vermehrung des Kronguts durch die Säkularisation der Stifts- und Klostergüter hatte den Begehr mehr gereizt als befriedigt. Wider den Sinn der Verheissungen von Vesterås (1527) wurde — mit den Bischöfen waren inmittelst auch deren Namen aus der schwedischen Kirche verschwunden und Ordinarien verwalteten die verkleinerten Sprengel in der Stellung von General-Superintendenten, welche der König einsetzte — nach dem Jahre 1540 auch die eigentliche Pfarr- und Kirchendotation angegriffen. Der König fand diese Dotation zu umfangreich für ihren Zweck und zog den Ueberschuss zur Krone. Die letztere ward dadurch abermals um mehr als 10,000 Hufen reicher. Die Krone hatte um diese Zeit mehr als ein ganzes Drittheil der schwedischen Erde.

Eine wesentliche Umwandlung ging auch mit dem Kronskatt vor. Bisher war derselbe als eine persönliche, nach jedesmaliger Einsaat umgelegte, also bewegliche Steuer von den Grundbesitzern erhoben. In dieser Form stand freilich nie ganz fest, auf wie viel die Krone schliesslich zu rechnen hatte. Gustav verwandelte deshalb die Steuer in eine feste, den Höfen und Liegenschaften als solchen ein für allemal, nach einem Kataster (Jordebok d. h. Grundbuch) auferlegte Rente, welche von dieser Zeit an mit der Sache auch den Namen der (Jordeboks)-Ränta annahm und seitdem unverändert geblieben ist.

Hand in Hand mit einer solchen Fiskalität entwickelte sich ein Geist der Büreaukratie, ungekannt bisher in Schweden, und übel gekennzeichnet von den einheimischen Schriftstellern und im Volke als das „Regiment der Secretaire“. Allgemeine und besondere Umstände begünstigten auch diese Erscheinung. In letzterer Hinsicht das so sehr vermehrte Kronvermögen und der grössere Verwaltungs-Apparat, um dasselbe nutzbar zu machen, die Nothwendigkeit der Anstellung besonderer Kammer-Behörden. In ersterer Hinsicht das überall im modernen Staate mehr und mehr hervortretende Erforderniss, die Führung der schriftlichen Verwaltungs-Geschäfte zum Gegenstande einer besonderen Berufsbildung zu machen.

Jedenfalls erschien die bisherige Gewohnheit der Reichsräthe, auf ihren Residenzen in der Provinz und ihren Landgütern zu verweilen, bis sie zur Rathsversammlung oder zum Herrentage eingerufen wurden, für die currente Erledigung der ohnehin verwickelter gewordenen Geschäfte unzureichend.

In der von Conrad v. Pyhy entworfenen, unterm 9. April 1540 emanirten Regierungs-Instruction für Westergothland erhalten wir ein Bild von der Form, wie das Behördenwesen gebildet werden sollte. Ein Collegium stand an der Spitze der Provinzial-Verwaltung, mit dem Landeshauptmann als Vorsitzenden und dem Bischofe als dessen Stellvertreter, sonst aus vier Mitgliedern, welche der König aus den Büreaus sendet, und einem Secretair. Zur Handhabung der Polizei und Exekutionen aller Art wird ein Ausreiter (Gensdarmerie-Capitain) mit 25 Mann beigegeben. Das Collegium bildet die höchste Provinzial-Instanz in Verwaltung und Justiz. Die Rättare-Tings werden aufgehoben, so wie das mündliche Verfahren dabei; Alles ward auf schriftlichen Fuss nach bestimmten Formularen gebracht. Lagmann und Häradshöfding hatten die schriftlichen Appellations-Anmeldungen nur mit ihrem Gutachten versehen einzusenden.

In Westergothland kam unter Gustav Stenbocks Leitung dieser Versuch wirklich zur Ausführung. Der König hatte auf Stenbocks Persönlichkeit, der selbst dort Lagmann war, sein besonderes Vertrauen dieserhalb gesetzt.

Allein Alles dies, verbunden mit der Auffassung von den Regalien, stritt so sehr gegen den schwedischen Volksgeist, dass nicht blos der Bauern-Aufstand in den Smålanden darauf erfolgte, sondern auch beim Adel bald ein energisches Widerstreben sich kundgab.

Die Aristokratie erkannte die Gefahren, welche aus dem Fortgange dieser büreaukratischen und der centralisirenden Richtung drohten. Die Regierungs-Instruction für Westergothland erhielt keine Ausdehnung auf die übrigen Landschaften und ward in Westergothland selbst wieder aufgehoben.

Auf dem Ständetage von Vesterås (1544) ward der Be schluss gefasst:

> „um des Königs wachsende Tagesgeschäfte tragen zu helfen, sollen fortan stets zwei Reichräthe in Funktion um die Person des Königs sein."

Später ward die gänzlichhe Entfernung Pyhys durchgesetzt. Doch machen in dem Organismus der Landesverwaltung sich einige dauernde Wandelungen bemerklich, welche das monarchische Interesse und der Geist der Staats Entwickelung erheischte. So wurden die Belehungen über ganze Provinzen, mit allen Schlössern und Renten, eingestellt; bei den übrigen mehr der Charakter verantwortlicher Amtsbesorgung u. A. durch Ertheilung von Instructionen herausgekehrt. Die Lagmanns- und Höfdinge-Stellen verbleiben zwar privilegirtes Vorrecht für den Adel, aber der alte Grundsatz, dass kein Richter ohne förmliches Urtheil seines Amtes entsetzt werden kann, wird durch die Praxis allmählich auch auf die übrigen Aemter ausgedehnt.

Einen Missstand führte die herkömmliche Cumulation der Lagmanns- und Reichsraths-Stellen nach sich. Denn nachdem die Reichsräthe verpflichtet worden, wechselsweise Residenz in der Hauptstadt und beim Könige zu halten, waren sie genöthigt, ihre richterlichen Funktionen für die Zwischenzeit durch Unter-Lagmanns versehen zu lassen. Die Bequemlichkeit liess dies später zu einer regelmässigen Einrichtung ausarten, und während der Reichsrath die Lagmannsrente bezog, ruhte auf dem rechtskundigen Stellvertreter die Last der Funktionen. Das Beneficium der Lagmannsrente konnte so in nachfolgender Zeit verdienten Generalen gegeben werden.

Wenig präcisirt erscheinen in dieser Zeit noch die Rechte der Stände-Versammlungen, wann und in welcher Vollständigkeit sie zu berufen sind und welches die Grenzen ihrer Competenz. Für die gewöhnliche Berathung der allgemeinen Landes-Angelegenheiten verbleibt es bei den Herrentagen. Handelt es sich dagegen um neue Grundgesetze, oder glaubt der König der Zustimmung des Herrenstandes sich nicht sicher, so pflegt er in mässiger Anzahl Bevollmächtigte aus den Städten und vom Bauernstande zu entbieten, die letzteren nach der Auswahl des Königlichen Lokalbeamten. Selbst die Erhebung neuer Steuern ist noch nicht an die Bewilligung durch die versammelten Stände gebunden. Die Grundgesetze verbieten nur die einseitige Erhebung ohne Zustimmung und Mitwirkung derer, die es angeht. Wie die Vereinbarung herbeizuführen, ist Sache des Königs. Die Bewilligung erfolgt der Regel nach durch den zum Herrentage (Möte) versammelten Reichsrath. Dann gehen Kommissarien in die Landschaften ab, um mit den Skatte–Bauern und deren Bevollmächtigten über den Umfang je ihres Antheils an der Leistung und den Vertheilungsfuss zu unterhandeln. Ist die Bewilligung aber eine allgemeine, auch den Frälse-Stand betreffende, so beschliesst landschaftsweise auch der Adel über den Umfang seines Antheils und den Fuss, oft nach zuvoriger gegenseitiger Kommunikation der Nachbarlandschaften.

Seit dem Reichstage von Vesterås blieb die Geistlichkeit eine Reihe von Jahren hindurch unvertreten auf den Herrentagen, wie auf den allgemeineren Landtagen. Zum ersten Male auf der Standeversammlung von Strengnäs (im Jahre 1547) erscheint sie wieder, jetzt vertreten durch Bevollmächtigte, welche den ofrälse (niederen) Ständen zugezählt werden.

Erst für diese, in vier gesonderten Ständen auftretende Versammlung der Vertreter der Nation kommt allmählich die Benennung der Reichstage in Gebrauch. Beschlussnahmen in Plenar-Versammlungen bleiben auch jetzt ungekannt; der König lässt seine Botschaft an jeden Stand gesondert ergehen und empfängt die Antworten nach gesonderten Standes-Beschlüssen. Nur die Berathungen werden mitunter (wie schon im Dominikanersaale zu Vesterås 1527) im Schoosse der ganzen Versammlungen gepflogen. Dabei ist der Grundsatz aber noch lange unangetastet, dass der Reichstag nur ein durch des Königs gnädige Zulassung erweiterter Herrentag ist und dass der Herrenstand und der Adel daher niemals von den Ofrälse abgestimmt werden kann. Denn Jener ist nach altem Recht selbstberufener (sjelfskrifne) Mitrather des Königs und heisst in den Öffentlichen und Staatsschriften der „Gehülfe und die Stütze der Krone", oder des „Reiches Herren" (die Lords) oder des „Reiches vornehme Stände"; der übrige Theil der Versammlung das menige folk (die Gemeinen).

Eine Maassregel, welche sich als ein politischer Fehlgriff des Königs erwies, war die aus der Vergleichung mit den älteren Lehns-Monarchien des Kontinents hergeleitete Bestimmung in seinem Testamente, dass die jüngeren Söhne erbliche Herzogthümer erhalten sollten. Die schwedischen Schriftsteller suchen die Rechtfertigung hierfür in der Herzensgüte des gealterten Königs, welche es nicht habe über sich gewinnen können, seine jüngeren Söhne zu blossen Unterthanen ihres ältesten Bruders herabgedrückt zu sehen. Schwerlich war dieses Motiv das einzige. Hatte doch der Herrenhtag von Vadstena (1526) aus freien

Stücken die Ausstattung der jüngeren Prinzen mit fürstlichen Belehnungen angeboten. Sicherlich beruhte es auf politischen Ueberzeugungen, dass die neue Erbmonarchie zu ihrem Bestande homogener Stützen bedürfe; obgleich die trauervolle Erinnerung an den gleichen Versuch unter dem Königlichen Hause der Folkunger hätte warnen können.

Das Testament des Königs, von den Ständen im Jahre 1560 gutgeheissen, besimmte die staatsrechtlichen Verhältnisse der Herzogthümer in folgender Weise:

> „Die fürstlichen Belehnungen (Finnland für Johann, Wester- und Ostergöthland und Småland für Magnus, Südermanland, Nerike, Westmanland und Wermland für Carl) sollen mit allen Regalien, Grundsteuern (Skatt), Strafgeldern und übrigen Kron-Einkünften ohne alle Einschränkung den genannten Königlichen Söhnen als deren fürstliches Erbtheil verliehen werden, und zwar erblich nach der Manneslinie auf ewige Zeiten; fallen aber beim Abgange der männlichen Descendenz an die Krone zurück.
>
> Die Inhaber der Lehne haben den König als ihren Landesherrn anzuerkennen, ihm und dem Reiche treu und gewärtig zu sein, bei jedem Thronwechsel die Erneuerung der Belehnung (investitura) nachzusuchen, übrigens aber dem Könige den Huldigungs-Eid gleich jedem sonstigen Unterthanen zu schwören und zu dessen und des Reiches Diensten so viel gerüstetes Kriegsvolk zu stellen, als er nach dem Umfang seiner Belehnung im Stande ist; dürfen die letztere aber weder veräussern noch verpfänden, noch sonst vermindern.
>
> Die Fürsten nehmen Theil „zugleich mit des Reiches vornehmsten Ständen" sowohl an den Berathungen mit dem Könige (d. h. erscheinen als hoher Adel auf den Herrentagen), als auch an den Beschlüssen über allgemeine Angelegenheiten, über Krieg und Frieden, Bündnisse und Traktate mit fremden Mächten und in anderen hochwichtigen Sachen. In allen solchen Angelegenheiten dürfen die Fürsten für sich allein und mit ihren Räthen, Dienern und Unterthanen nichts vornehmen.
>
> Sollten Zwistigkeiten unter den Söhnen des Königs vorkommen, so werden diese abgethan durch „Eini-

ge von den Vornehmsten im Reiche ", bei deren Ausspruch die Streitenden sich zu beruhigen haben. also dass von demselben keine weitere Berufung oder Appellation etwa an auswärtige Potentaten, Fürsten, Stände oder Städte eingelegt werden soll."

Diese letztere Bestimmung gab der Aristokratie wieder eine bedeutende Stellung auch in der neuen Monarchie. Wie vieles war in dem Organismus der Herzogthümer unausgesprochen, ungeregelt. An Anlässen zur Berufung auf die Austrägal-Instanz des hohen Adels konnte es nicht fehlen. Das Testament, datirt vom l. Juli 1560, ward von den zum letzten Male zu Lebzeiten Gustavs I. versammelten Ständen (Ende des Jahres 1560) als Grundgesetz angenommen. Auch hierbei wirkte noch zum letzten Male die Pietät gegen den alten König.

Mit dem neuen ward Manches anders. Zunächst das Verhältniss zum Adel. Gustav Wasa brachte sein Verdienst um die Rettung des Landes und die Gefahren, die er bestanden, auf den Thron. Bei aller Strenge und Gewaltsamkeit, mit der er später häufig durchgriff, blieb die Anerkennung jener Verdienste überwiegend, und die Vielen, die mit und unter ihm gekämpft und seine Gefahren getheilt hatten, fühlten sich durch ein gemeinsames Band gegenseitigen Vertrauens an den König geknüpft.

Bei Erich (der Reihe nach der Vierzehnte) fielen alle diese Rücksichten fort. Hier stand nur auf der einen Seite ein ererbtes Thronrecht, auf der anderen eine mächtige, stolze und um ihre Stellung und alten Rechte besorgte Aristokratie. In den Herzögen sah diese Aristokratie ihre geborenen Häupter, einmal nach der näheren Geschlechts-Verwandtschaft, dann nach der Bestimmung des Testaments. König Erich und die Herzoge, seine Brüder, waren nicht von derselben Mutter. Mit Johann, Margaretha Leionhufvuds ältestem Sohne, stand Erich, noch zu des Vaters Lebzeiten, nicht in bester Harmonie. Aber der einheimische Adel von der Verwandtschaft der Leionhufvud hielt zu Johann. Solche Keime der Eifersucht trag das neue Regiment in seinem Schoosse. Nun kam die wunderliche Gemüthsart Erichs hinzu, welche schon bei dem Prinzen zu Ausbrüchen gekommen. Diese oft schwarzsehende Gemüthsart steigerte die schlummernde Eifersucht des Königs Erich nicht selten bis zur Krankheit. Der Verdacht ward das bewegende Motiv in Königs Erich Regimente, an Stelle des Vertrauens unter seinem Vater.

Eine der ersten Früchte dieser Richtung war die Einsetzung eines ständigen obersten Gerichts. König Erichs Nämnd, welches zur Minderzahl aus Mitgliedern des Adels, der Regel nach aus 12 Personen bestand, doch in wichtigen Sachen durch Beisitzer aus allen Klassen nach des Königs Wahl verstärkt, die ganze Zeit der Regierung Königs Erich vollauf zu thun hatte. Die Anklage auf blossen Verdacht gewann in den Händen namentlich des berüchtigten Juristen Göran Persson, einer willigen Creatur Erichs, eine bis dahin in Schweden ungekannte Entwikkelung. Auch die Gesetze wurden unter diesem Gerichtshofe gebeugt. Wo es die Umstände erheischten, rief man die Bestimmungen des Königlichen Hofrechts statt des Landrechts an. So stieg in wenigen Jahren durch Anklagen vor diesem Gericht die Zahl der Todes Urtheile und Hinrichtungen bis in die Hunderte. Mit Erich stürzte demnächst auch dieses Nämnd.

Gleichzeitig mit der Einräumung der Herzogthümer an die Brüder des Königs, nach Gustavs Testamente, erfolgten 1561 bei der Krönung Standeserhöhungen und erbliche Belehnungen im Adel. Grafen und Freiherren waren bis dahin unbekannte Würden in Schweden gewesen. Jetzt ernannte König Erich seine Vettern zu Grafen und Freiherren: Svante Sture ward belehnt aus Kronmitteln mit Westerwik und Stegeholm zur erblichen Grafschaft; Peter Brahe mit Visingö (Schloss Visingborg); Gustav Roos mit Bogesund; Freiherren wurden Sten (Erichson) Leionhufvud; Gustav (Olofsson) Stenbock, mit Oeresten und Kronobäk zu erblicher Baronie; Reichs-Marschall Gabriel (Christersson) Oxenstjerna zu Mörby und Skenninge als Freiherr von Eka und Lindö; Nils (Birgersson Grip zu Winås und Tärnö Glaes Christesrsson) Horn von der Linie von Åminne (in Finnland); Claes (Erichsson) Fleming mit der Baronie Wyk; Erich (Larsson) Sparre von Stora Sundby. Die Dotation geschah unter folgenden Modalitäten:

> „Der Besitz im Lehn vererbt ausschliesslich auf die männliche Descendenz nach der Erstgeburt. Die jüngeren Söhne erhalten eine mässige Abfindung in Gelde, die Töchter einen Brautschatz.
>
> Der Lehnsbesitzer ernennt den Kreisrichter (domare oder häradshöfding) innerhalb des Lehnsgebiets, gleich den Herzögen in den ihrigen; das Lagmanns-Gericht üben sie selbst — womit ihr Eintritt in den

Rath ausgesprochen war. — Der weitere Instanzenzug geht an den König und Rath. In Kapitalssachen verbleibt dem Könige das Begnadigungsrecht, unbeschadet jedoch der Geldbussen, welche dem Lehnsbesitzer zufallen. Desgleichen erhebt der Letztere alle innerhalb der Belehnung aufkommenden Skatte, Renten und Zehnten, welche bisher zur Krone flossen, für sich.

Bei ausserordentlichen Steuern und Auflagen im Reiche tragen die Bauern in den Lehnen nur die Hälfte des sonstigen Satzes. Dagegen leistet der Lehnsbesitzer dem Könige den Rossdienst in erweitertem Umfange.

Der Besitz ist zu ewigen Zeiten, vorbehaltlich der jedesmaligen Erneuerung der Muthung bei Thronwechseln und des Verlustes bei Felonie."

So erhielt Schweden eine neue Klasse von hohem Adel nach Lehnrecht, reich an Keimen des Ruhmes wie der Zwietracht.

Die Periode, welche nun folgt, zeigt ein Jahrhundert hindurch eine Reihe glänzender Namen im Felde und im Kabinette, und bringt dem Reiche Eroberungen, welche das Baltische Meer zum schwedischen Binnensee umwandeln. Die schwedischen Schriftsteller sind darin einverstanden, dass die fideicommissarische Befestigung des grossen Grundbesitzes in den Lehnsdotationen eine Pflanzstätte geschaffen habe für hochherzige, fürstliche Gesinnung und für staatsmännische und militairische Bildung, und dass die neue Art der Standes-Erhebung einen Ehrgeiz geweckt habe, wie er in früheren und späteren Zeiten gleich edle Erscheinungen patriotischen Schwunges und patriotischer Hingebung nicht gezeitigt. Nie war Schweden geachteter und gefürchteter als nach den Siegen seiner Horn und de la Gardie, seiner Banér und Torstenson, oder unter der Staatsleitung seiner Oxenstjerna und Brahe, nie mächtiger als nach den Friedensschlüssen von Stolbowa, Brömsebro, von Osnabrück und Roskild.

Aber zugleich mit den Blüthen eines edlen Ehrgeizes und stolzer Vaterlandsliebe keimte, anfangs unterdrückt und unscheinbar, dann immer stärker hervordrängend das Unkraut des Neides, erfasste die nicht adligen Stände, wucherte dann über in die Reihen des Adels selbst, und riss hier endlich den grossen Zwiespalt, welcher, benutzt von einer nach absoluter Gewalt begierigen Krone, mit dem jähen Sturze des Hochadels endet, dann aber sehr bald den Fall aller politischen Freiheiten der Nation nach sich zieht.

In den schwedischen Geschichtsbüchern findet sich übereinstimmend die Bemerkung, König Erich habe den Grafen- und Freiherrenstand geschaffen, um die zu grosse Kluft zwischen den neuen Herzögen und dem übrigen Landesadel zu mindern. Es bleibt zweifelhaft, ob das Motiv für eine so durchgreifende Neuerung im schwedischen Staatsrechte so einfach wiederzugeben.

Zunächst liegt die Vermuthung nahe, dass der Gedanke einer Gliederung im Adel, unter Zugrundelegung des continentalen Lehnrechts, schon im Plane Gustav Wasas gelegen hat. Dass das Testament sich beschränkte, Dispositionen dieser Art nur für die Herzoge, des Thronfolgers jüngere Brüder, zu treffen, lässt die Deutung zu, dass der alte König in Betreff des Weiteren seinem Nachfolger auf dem Thron nicht vorgreifen wollte und konnte, da ja auch die Einrichtung der Herzogthümer erst nach dem Regierungswechsel ins Leben trat. Hielt Gustav Wasa nöthig, den neuen Thron in seinem Geschlechte durch Institutionen zu stützen, welche der erblichen Lehns-Monarchie angehörten, so konnte seine Absicht nicht sein, bei der Errichtung weniger Herzogthümer für die Mitglieder blos seiner eigenen Familie stehen zu bleiben. Fühlte sich denn nicht der übrige Herrenstand an Alter der Herkunft, an Umfang des Besitzes, an Erinnerungen des Ruhmes und der Ehren ebenbürtig mit dem erst jüngst so hoch gestiegenen Hause Wasa? Verdankte nicht dieses Haus die Erblichkeit seiner Krone vor Allem dem freiwilligen Entgegenkommen des in seinen Häuptern ihm ohnehin so nahe verwandten Herrenstandes, und konnte man glauben, diese hochgeborenen Geschlechter würden für den gänzlichen Verzicht auf eigne fernere Mitbewerbung um Thron und Herrschaft schon genügend sich entschädigt und befriedigt fühlen, wenn nur das Haus Wasa in allen seinen Theilen hoch gestiegen und mit höheren Ehren umkleidet erscheine? Auch Sten (Erichson) Leionhufvud auf Ekeberge umgab sich mit einem Hofe von Edelleuten, und erschien auf dem Herrentage selten mit geringerem Gefolge als zu hundert Rossen. Wenn Svante Sture, Peter Brahe, Gustav Roos und Gustav Stenbock erschienen, musste gleicherweise für mindestens 6 bis 700 Rosse Quartier gemacht werden. Solche Häupter des Herrenstandes überstrahlten den kleineren Adel mit nicht geringerem Glanze, als die Krone den Herrenstand.

Auf der anderen Seite, mit welchen neuen Mitteln der Ehre knüpfte nicht der neue Erbkönig den spröden Adel an seinen Thron! Und ist nicht nach berühmten Schriftstellern beobachtet und behauptet worden, die Ehre sei das besondere Lebensprinzip der erblichen Monarchie? Nun lag es in der Hand des Königs, aus Gnaden solche Ehren zu verleihen. Sollte er nicht hoffen, die alten Unwillfährigkeiten zu beugen, und schützte nicht die Sorge des Verlusts des Lehnes vor Untreue und Abfall?

So erschien der neue Lehns-Adel zugleich als das beste Gegengewicht gegen den gefürchteten Ehrgeiz und die Ueberhebung der Herzoge, von denen Gustav Wasa sich die hauptsächliche Hülfe der Krone zur Niederhaltung des widerspenstigen Adels versprochen hatte. Ganz leer sollte auch der übrige Geschlechts-Adel nicht ausgehen. Bei Erneuerung der allgemeinen Standes-Privilegien und der Revision des adligen Rossdienstes, welches beides durch den Rezess von Upsala August 1562 zwischen Krone und Ritterschaft zum Abschluss kam, ward jedem einfachen Edelmann (sven) der eine Hof, welchen er selbst bewohnte (das Rittergut, herresgård, Sätesgård, Säterie), von der Anrechnung der Grundrente behufs Gestellung der Reiter ganz frei gegeben; dem Freiherrn deren zwei, dem Grafen drei. Uebrigens ward die Rente, für welche Je ein gerüsteter Reiter gestellt werden musste, auf 300 Mark vom Allod, auf 200 Mark vom Lehn festgesetzt. Der gewöhnliche Frälseman, welcher zu dieser Leistung nicht mehr im Stande war, trat in den Skatte-Stand zurück. Um diese Zeit war die Zahl der dem Geschlechts-Adel nicht angehörigen blossen Frälsemän ohnehin schon sehr geschmolzen, und der Zeitpunkt ist nahe, dass Frälsejord sich überhaupt nur noch im Besitze des Adels befindet. Auf den belehnten oder titulirten Adel, kraft der Belehnung in den Rath berufen, beschränkt sich von dieser Zeit an, nebst den Uebrigen vom Rathe, der Name des Herrenstandes im engeren Sinne, oder der „Herren des Reichs".

Die gänzliche Freilassung einzelner Adelswohnsitze, Säte rien, von der Berechnung des Rossdienstes hatte vornehmlich darin ihren Grund, dass diese Säterien alle in einem gewissen Befestigungszustande gehalten wurden, daher mit Recht schon für einen Theil des allgemeinen, stehenden Landesvertheidigungswerkes galten; eine Last, welche der Adel also noch neben seinem Rossdienste trug.

Nicht glücken wollte es dem Könige mit der näheren Regelung der Herzogthümer und deren staatsrechtlichen Stellung, diesem Cegenstande seiner Sorge und seines Misstrauens. Was er dem Herrentage von Arboga (1561) zu diesem Zwecke vorschlug, war an sich billig und kam so viele Jahre später (1582 und 87) zwischen Johann und Carl auch zum Abschluss.

> „Dem Könige sollte in den Herzogthümern die Anstellung der oberen Geistlichkeit (ordinarii), der Lagmänner, die Abhaltung der Räfste- und Rättaretings, als höchster Gerichts-Instand, die Verleihung des Adels und das Aufgebot des adligen Rossdienstes verbleiben.
>
> Der Herzog sollte dagegen den Kreisrichter einsetzen, die Urtheile der Lagmannsgerichte der Revision unterwerfen und ökonomische und polizeiliche Verordnungen innerhalb der Belehnung erlassen dürfen, vorausgesetzt, dass letztere den allgemeinen schwedischen Gesetzen nicht widerstreiten.
>
> Der Adel innerhalb der Herzogthümer geniesst ungeschmälert seine Standes-Privilegien, hat gegen Verfügungen des Herzogs die Beschwerde an den König und Reichsrath frei; in Differenzen zwischen den Herzoglichen und Kronrechten sind, nach dem Testamente, des „Reiches vornehmste Stände“, d. h. die versammelten Reichsräthe, Schiedsrichter. Auf allgemeinen Ständeversammlungen erscheinen Adel und Bevollmächtigte der Gemeinen (menige folk) im Gefolge ihres Fürsten.“:

Herzog Johann weigerte die Annahme dieser Bedingungen, die der Herrentag gutgeheissen hätte. Die Spaltung stand bevor. Manches andere kam hinzu, um den Ausbruch zu beschleunigen..

Wie die schwedischen Schriftsteller mit Grund erzählen, entgingen dem Scharfblicke des Ordens der Jesuiten — welcher damals allgemein in Europa für den Katholicismus in Action trat — die Spannungen nicht, welche zwischen König Erich und seinem Bruder Johann obwalteten. Sie hätten daran Hoffnungen geknüpft, das abtrünnig gewordene schwedische Reich für Rom zurückzuerobern. Auf dem Throne Polens sass der letzte männliche Spross der Jagellonen. Wenn zwischen Herzog Johann und einer Schwester des polnischen Königs eine Heirath zu Stande zu bringen, so wäre Aussicht da, wenn nicht ihm selbst, doch seinem Sohne die Nachfolge in Polen zu verschaffen. Glückte es dann, den Zweig Johanns auch in Schweden zur Thronfolge zu bringen, so hatten die verbündeten Länder einen gemeinsamen König, welcher nur ein katholischer sein konnte. Bei Johann rechnete man auf persönlichen Erzgeiz und seine Abneigung gegen den älteren Bruder, beim schwedischen Adel auf die Geneigtheit für das Wiedererstehen einer Unions-Zeit. Diese letztere Voraussetzung täuschte insofern nicht, als das von Misstrauen und Gewaltsamkeiten erfüllte Regimient Erichs über Viele das Bedauern brachte, die Erblichkeit dem Hause Wasa zugestanden zu haben und die Erinnerungen an die glänzende Unabhängigkeit während der früheren Unionszeit lebendiger heraufbeschwor. Erich selbst war noch unvermählt; bei den Wunderlichkeiten seiner Gemüthsart blieb er es vielleicht; oder wenn es zu offenem Zwiste mit seinem Bruder Johann kam, lag eine gewaltsame Entthronung nicht ausser den Crenzen der Möglichkeit.

Die Vermählung zwischen Herzog Johann und Catharina von Polen kam im Jahre 1562 zu Stande. In Johann war der Ehrgeiz geweckt. König Erich hatte Anfangs keinen Arg. Ja er hielt durch diese Verbindung die Aufmerksamkeit und das Streben Johann's von Schweden abgelenkt und auf die polnische Thronfolge gerichtet.

Nun war in den deutschen Küstenländern der Ostsee und des finnischen Busens folgende Staatsveränderung eingetreten. Die Ordensverbrüderungen der Schwertritter, welche Esthland und Liefland inne hatten, waren dem Protestantismus zugefallen, und das Heermeisterthum säkularisirt. Der letzte Heermeister aus dem Hause Kettler, erkannte, dass zwischen den andrängenden grossen Nachbarstaaten von Russland und Polen keine Selbstständigkeit für die kleinen Adels–Republiken zu bewahren war. Die Ritterschaft von Esthland hatte sich deshalb der Oberhoheit Schwedens angeboten. Liefland dagegen wenigstens zum Theil den Anschluss an Polen gesucht. Ein Theil wollte dagegen die alte Verbindung mit Esthland nicht aufgeben und rief ebenfalls schwedischen Schutz an. König Erich befahl dem Herzoge Johann, von Finnland aus in Liefland mit Heeresmacht einzurükken, und bot den Adel im Herzogthume zur Heeresfolge auf. Dagegen lehnte sich Johann auf. Dies sei ein Eingriff in seine herzoglichen Rechte; die Vereinbarungen von Arboga habe er nicht anerkannt und werde sie nicht vollziehen. Im Hintergrunde aber lag die Abneigung, gegen Polen zu Felde zu ziehen, wo er sich den in Aussicht stehenden Thron nicht verscherzen wollte.

So klagte König Erich seinen Bruder Johann vor den zusammenberufenen Ständen des Hochverraths an, und dass er mit den Feinden des Reiches unter einer Decke spiele. Die Stände sprachen (1563) das Todes-Urtheil über Johann, empfahlen ihn aber der Gnade des Königs. Johann, der sich auf die Ladung nicht gestellt, ward in seinem Schlosse zu Åbo belagert, gefangen und von Erich in Gefängnisschaft nach Gripsholm abgeführt, wo er vier Jahre lang der Freiheit beraubt blieb. Auch die angeblichen Rathgeber Johann's, Olof (Gustavson) Stenbock 1564 und Nils (Svanteson) Sture 1566 werden angeklagt und von des Königs Nåmnd zum Tode verurtheilt. Doch zaudert Erich, den Spruch zu vollstrecken.

Während inzwischen in Liefland von Pontus de la Gardie und den Horns (Heinrich Classon und Clas) glücklich und mit Glanz gegen Russland und Polen gekämpft wird, steigen in Königs Erich beängsteter Seele immer neue Trugbilder des Argwohns, des Verraths und Verschwörung auf und verwirren sein Gemüth. Freilich hatte er durch die Gefangennehmung und Behandlung Johann's es mit dessen mütterlichen Geschlechts verwandten gründlich verdorben, und die sonst ihm treu gegen die Herzoge zur Seite gestanden, Svante Sture, Pehr Brahe, Sten Leionhufvud wurden über die traurige Richtung des Erichschen Regiments bedenklich und hielten sich fern. In dieser Situation der Angst und berathen von Biederen Creaturen fasst ihn der Argwohn, das Geschlecht der Sture sei verschworen, ihn vom Throne zu stossen. Verhaftet und unter Anklage gestellt vor ständischen Versammlungen, welche nur noch eine Fälschung dieses Namens waren, werden Svante Sture und dessen Sohn Erich, Stenbock, der Reichs-Marschall:, Gustav (Olofson) und Erich und Abraham (Gustavs Söhne), Pehr Brahe, Sten (Axelsson) Banér, Sten (Erichson) Leionhufvud, Clas (Åkeson) Tott, Thure und Högenskjöld Bjelke, Iwar Natt och Dag und Clas Fleming angeklagt und von der willigen Versammlung einer nach Svartsjö zusammengerafften Anzahl von Leuten, meist aus den Ofrälse-Ständen, im Mai 1567 wirklich als Hochverräther verurtheilt und das Urtheil an Iwar Natt och Dag und Abraham Stenbock vollzogen.

Dann stürzt König Erich, den Geist von Wahnsinn umnachtet, in die Gefängnissräume der Sture und durchbohrt mit eigener Hand Vater und Söhne.

Diese schaudervolle That riss das königliche Haus der Wasa aus seinen Fugen und brachte den neuen Thron zum Schwanken. Wahnsinn und die Furien der Angst treiben den König auf mehrere Tage hinaus in die Oede. Pehr Brahe und Sten Leionhufvud übernehmen, Namens des Raths, für diese Zeit die Zügel der Regierung, und kein Versuch einer Staats-Umwälzung geschieht.

Bald darauf erfolgt auch die Freilassung Johann's, welcher von nun an mit seinem jüngeren Brüder Carl gemeinsam handelt. Herzog Magnus hatte sich in einem Anfalle von Schwermuth zum Fenster seines Schlosses Vadstena hinausgestürzt, und sein Herzogthum war an die Krone zurückgefallen. Nicht lange, so beschliessen Johann und Carl, ihres Bruders Erich Regiment ein Ende zu machen, sei es, dass sie von der Fortdauer desselben für die Monarchie überhaupt fürchteten, oder dass Johann's Ehrgeiz nach den Früchten lüstern ward. Auf den Beistand eines Theiles des Herrenstandes konnten sie, nach den blutigen Thaten Erich's, zählen. So wird im Jahre 1568 Erich im Schlosse zu Stockholm überfallen und festgenommen. Sten Leionhufvud büsste sein Leben dabei ein, Pontus de la Gardie erhielt vom Könige einen Stoss durch den Arm. Pontus de la Gardie, ein französischer Edelmann aus der Provence, hatte nach mancherlei anderen Kriegsdiensten dem Könige von Dänemark seinen Degen angeboten. In der jüngst ausgebrochenen Fehde gegen Schweden war er in Gefangenschaft gerathen, von König Erich mit Freundlichkeit behandelt und darauf in dessen Dienste übergetreten. Später verband er sich dem königlichen Hause näher, indem er Johanns illegitime Tochter Sofia Gyllenjhelm zur Gattin nahm, Durch seinen Sohn Jacob und seinen Enkel Magnus Gabriel erlangte das Geschlecht höchsten Ruhm und Glanz.

Des Königs Haft war zuerst zu Gripsholm, dann zu Vesterås endlich zu Orbyhus, dem Wasaschen Stammschlosse im Upland. Er ward des Verstandes beraubt erklärt, seine kürzlich geschlossene Ehe mit einer niederen Person für illegitim, seine ihn schon früher geborenen Kinder für successionsunfähig. Der Sohn Erich's, Gustav, ging mit seiner Mutter später nach Russland und starb dort in dem Jahre 1607 zu Kaschin, die Tochter, Sigrid, nahm Heinrich (Classon) Tott zur Ehe. Dem Leben Erichs selbst ward, nach neunjähriger Gefangenschaft, durch Beschluss des Reichsraths ein Ende gemacht.

Nun war zwar der Thron faktisch erledigt aber die Erbvereinigung von Vesterås einseitig gebrochen. Einen Anspruch auf die Nachfolge konnte Johann nicht geltend machen, bevor der andere Paciszent des Erbvertrages nicht zustimmte. Der Herrenstand war auf diese Weise wieder Herr der Situation. Beide Theile würdigten diese Lage. Beide verhandelten aufs Neue; Johann versprach neue Belehnungen an bisher nicht berücksichtigte Geschlechter, er versprach dem gesammten Adel Erweiterung seiner Standesprivilegien, versprach die Wiederbesetzung der höchsten Reichsämter und die Ausdehnung der Mitgliederzahl des Reichsraths auf 24. Nunmehr bestimmte der Reichsrath die im Frühjahr 1569 berufenen Stände zur Anerkennung der vorläufigen Schritte der herzoglichen Brüder und zur Wahl Johanns zum Könige. Bei der Krönung erfolgte die Erfüllung der geschehenen Verheisungen. Die Söhne Sten Leionhufvuds erhielten den Grafensstand mit Raseborg in Finnland zur Belehnung. Freiherren wurden Nils Gyllenstierna mit Landholm in Småland zur Freiherrschaft, Hogenskild (Nilsson) Bjelke mit Leckö in Westergothland und Claes (Nilsson) Bjelke mit der Baronie Wik in Sudermanland, Feldmarschall Pontus de la Gardie mit Ekholm in Upland. Die allgemeinen Adelsprivilegien erhielten folgende Erweiterungen: „Kein Edelmann wird in Kapitalsachen anders, als von seines Gleichen gerichtet (Erichs ständiges Nåmnd abgeschafft) und vor gefälltem Spruch seiner Freiheit beraubt. Auch für das Amt des Kreisrichters (häradshöfding, domare) bleibt dem Adel der Vortritt, so lange im Härad Adlige angesessen sind. Nur in Norrland steht, weil dort Adel nicht mehr wohnt, dem Könige nach freier Wahl die Besetzung zu. Des Adels Bauern (Pächter) sind innerhalb des Umkreises einer Meile um die Säterie von den gewöhnlichen Kronlasten des Vorspanns, der Bauhülfen, Rekrutirung ganz frei, und zahlen an Skatt (Grundsteuer) nur die Hälfte des Satzes der freien Eigenthumsbauern.

Die Leistung des Rossdienstes wird daher ermässigt, dass erst von 400 Mark Grundrente von Allod und 300 von Lehn ein Reiter zu gestellen. Die Verpflichtung zu dessen Unterhalt beschränkt sich im Felde ausserhalb Landes auf 14 Tage, innerhalb auf 4 Monate. Wird ein Edelmann unvermögend, von seinem Grundbesitz einen gerüsteten Reiter zu stellen, so mag er denselben seiner Verwandtschaft abtreten, ohne deshalb sein adliges Recht und Wappen zu verlieren."

Die Reichsdrosten-Würde ward — lange Zeit unbesetzt — an den Grafen Pehr Brahe gegeben; die Reichskanzler-Würde an Nils Gyllenstjerna. Diesem folgte darin Erich Sparre, jetzt Vicekanzler. Die Marschalls- und Oberst-Admirals-Aemter waren auch unter Gustav I. Wasa besetzt geblieben. Die kriegerischen Zeiten erheischten dies. Lars (Siggeson) Sparre war Marschall bis 1554, ihm folgte Gustav (Olofson) Stenbock, diesem Gabriel (Christerson) Oxenstjerna, später Claes Fleming. Oberst- Admiral war bis 1562 Bagge, dann Claes (Christerson) Horn, dann Clas Fleming.

Aus der Katastrophe von 1568 — 69 gingen beide Thteile, Krone und Herrenstand, mit Machtvermehrung hervor; jene durch Einverleibung zweier Herzogthümer, Finnlands und der Gothalande — nur Carl stand noch mit dem seinigen gegenüber —; dieser durch die Vermehrung der Belehnungen, Erweiterung seiner Privilegien, Verstärkung des Reichsraths, Wenn es zur Union der polnischen und schwedischen Krone kam, so öffneten sich für die Aristokratie glänzende Aussichten.

König Jöhann that alle Schritte, um die Möglichkeit der Union für seinen Sohn Siegismund offen zu erhalten. Darauf war sein ganzes Verhalten zur römischen Kirche berechnet. Sollte auch der polnische Adel für eine Union mit Schweden gewonnen worden, so musste man die Schroffheit der kirchlichen Gegensätze mildern. Auf ein Weiteres dachte auch der Herrenstand nicht, darum liess er den König gewähren.

Eine Kirchenordnung von 1571 stellte die alte Einrichtung und den Umfang der Stifter (Bisthümer) her, desgleichen die Domkapitel und deren Verfassung, soweit das lutherische Bekenntniss nicht entgegenstand. Statt der Ordinarien (Superintendenten) traten wieder Bischöfe an die Spitze der Sprengel (die Würde und Benennung des Erzbischofs war niemals aufgegeben, das äussere Ritual des Gottesdienstes nach Beschluss der Versammlung von 1528 wesentlich beibehalten). An die Spitze des Capitels tritt der Domprobst, an diejenige der Dekanate der Contracts-Probst. Der Bischof hat wieder das Recht, Synoden innerhalb seiner Provinz zu berufen; der Erzbischof die Landes-Synode, letztere jedoch nicht ohne des Königs vorherige Genehmigung. Die Wahl des Bischofs, welche unter Gustav Wasa als ein Recht des Capitels unterbrochen war, ward dem letzteren und den Pfarrern des Stifts zurückgegeben, jedoch so, dass der Gewählte dem Könige zur Confirmation präsentirt werden muss. Bei den Pfarreien verbleibt es bei den Patronatsrechten, die der Krone in grossem Umfange zustanden.

Grössere Schwierigkeiten fand die neue Liturgie Johanns, das sogenannte rothe Buch, unter jesuitischer Mitwirkung verfasst und die Bedeutung des Abendmahls wieder als Opfer in der Messe darstellend. Reiz- und Drohmittel vermochten die Kirchenversammlung von Upsala (1577) zur Annahme, und auch so weigerten viele Pfarrer. In Herzogs Carl Herzogthum ward die Liturgie gar nicht eingeführt; dorthin wandten sich die Augen der Missvergnügten unter den Geistlichen; Viele begaben sich ganz unter den Schutz des Herzogs. Auch der Gebrauch von Luthers Katechismus in den Schulen ward abgestellt.

Doch der Eifer erkaltete merklich bei Johann nach dem Tode von Catharina, seiner Gattin, und auch der Römische Stuhl brach die Beziehungen ab, als er inne ward, dass es dem Könige um die Kirche und das Bekenntniss nicht eigentlich zu thun und kein wahrer Ernst war. Vollends nachdem Johann zur zweiten Ehe schritt (1585) und Gunilla, des Reichsraths Johann (Axelsson) Bjelke Tochter wählte, trat der Einfluss des Reichsraths und die Sorge für das Einheimische wieder mehr in den Vordergrund. Die Aussicht auf eine Union der Kronen für Siegmund, Johanns Sohn, schwebte zwar noch immer vor Augen, aber bei den Geschlechts-Verwandten der neuen Königin eher als eine Möglichkeit, die Krone in Schweden bei Conflikten für den Sohn Gunillas zu retten, bei Niemandem aber mit der Meinung, die Verbindung mit Polen etwa durch Concessionen an den Katholicismus zu erkaufen.

Im Jahre 1586 war König Stephan Bathory von Polen gestorben, und damit der Erledigungsfall eingetreten, auf welchen das ganze Streben Königs Johann für seinen Sohn Siegmund seit Jahrzehnden gerichtet gewesen war. Erich Sparre übernahm die

Bearbeitung des polnischen Adels. Zu Gunsten der katholischen Kirche war Nichts mehr in Aussicht zu stellen. Dagegen erschien die Verbindung beider Reiche gegen Russisches Vordringen wichtig, und der Besitz von Liefland war noch immer ein Gegenstand des Streites und beiderseitiger Hoffnungen. Sparre stellte vor, dieser Punkt werde um so leichter zu schlichten sein, wenn Siegmund beide Kronen erwerbe, da es wenig verschlagen werde, ob Siegmund Liefland in seiner Eigenschaft als König von Polen oder als König von Schweden beherrschen werde. Der polnische Adel fand darin eine Zusicherung der Abtretung von Liefland, was Erich Sparre später in Schweden in Abrede stellte. Darauf erfolgte die Wahl und Siegmund ward 1587 König von Polen.

Vor der Abreise Siegmunds zur Königswahl hatte der schwedische Herrenstand durch Erich Sparre die Bedingungen formuliren lassen, an welche man schwedischer Seits den Eintritt des neuen Unions-Regiments knüpfen zu müssen glaubte. In Calmar vollzogen am 7. September 1587 König Johann und sein Sohn diese Bedingungen nach folgendem Inhalt:

1. Während der Abwesenheit des Unions-Königs wird die Regierung in Schweden von Eingeborenen geführt.
2. Diese Regierung besteht aus sieben Mitgliedern, welche alle zwei Jahre wechseln, sechs davon ernennt der König, eines Herzog Carl, welcher den Sitzungen beiwohnt. Im Uebrigen verbleibt es hinsichtlich der Rechte des Letztern in seinem Herzogthume bei den Vereinbarungen von 1582.
3. Die fünf alten Hof- oder Reichsämter werden sämmtlich hergestellt (Drost, Marschall, Kanzler, Admiral, Schatzmeister), und auf den Vorschlag des Reichsraths vom Könige besetzt, in gleicher Weise die Landeshauptmanns- und Schlossbefehlshaberstellen.
4. Bei Beschlüssen über Krieg, Frieden und Bündnisse verbleibt es bei dem schwedischen Gesetze, dass die Stände gehört werden. Neue Steuern werden in Abwesenheit des Königs überhaupt nicht eingeführt.
5. 5.Die Standesrechte des Adels und die Lehen werden bestätigt.
6. Hinsichtlich der äussern Form des Gottesdienstes mag es einstweilen und bis zu neuen Beschlüssen einer dem-

nächst zu berufenden Kirchenversammlung, bei der Liturgie Johanns verbleiben.

7. Beim Tode Johanns succedirt Siegmund in Schweden und wird in Upsala nach lutherischem Ritus gekrönt.

Die Vereinbarung über die fernere Succession bleibt noch vorbehalten.

Als Herzog Carl Kenntniss von diesen Bedingungen erhielt, machte er den König auf die Gefahren aufmerksam, welche daraus leichtlich für den Besitz der Krone im Hause Wasa erwachsen könnten. Der Versuch Johanns, durch eine Zusammenkunft mit Siegmund, nach dessen Wahl in Polen, die Bedingungen von Calmar rückgängig zu machen, scheiterten an dem Widerstand und den Gegenvorstellungen der dort mit anwesenden Reichsräthe und des Heerbefehls.

Abermals weiss Herzog Carl — welcher von der Widerkehr einer Union ernstlich für die Erbkrone besorgte — den König mit Verdacht zu erfüllen. Dem Reichsrathe sei es um Nichts zu thun, als Herstellung seiner früheren Macht, dann Schwächung der Krone, dann gänzliche Abstellung der Monarchie. So lange die letztere im Hause Wasa ruhe, habe sie nicht aufgehört Gegenstand des Neides und der Eifersucht der übrigen Geschlechter au sein. Jetzt habe man selbst Liefland, das mit theuerm Blute erst erworben, wieder geopfert, um nur den künftigen König erst ausser Landes zu wissen.

Die Begleiter des Königs in Reval, die Reichsräthe Erich Sparre, Gebrüder Bjelke, Gustav Banér, Clas Tott und Axel Lewenhaupt werden ihrer Rathsstellen enthoben, ihrer Titel und Belehnungen entkleidet und wegen Missbrauch ihres Rathes zu des Königs und des Reiches Nachtheil vor den Ständen angeklagt (1590). Als Hauptdokument dient ein Brief Erich Sparres an seinen Schwiegervater, den alten Drosten, in welchem an die neuen Calmar-Statuten die Hoffnung auf Herstellung des früheren Wahlreichs geknüpft sein sollte.

Es war das erste Mal, dass den Standes die Cognition über die Art zugewiesen ward, wie Reichsräthe ihren Rath ertheilt hätten. Immer mehr verfiel man der Richtung, die popularen Elemente in den ständischen Versammlungen zu Werkzeugen gegen die Aristokratie auszunutzen. Eine gesetzliche Form lag in dem Verfahren überall nicht. Auch schlug das Mittel dieses Mal fehl, so lange der erste Stand noch zu zahlreich vertreten war.

Später wusste man diesem Uebelstande abzuhelfen, indem man nur die popularen Elemente zur Versammlung berief oder zum Worte liess.

Die Ständeversammlung von 1790 erklärte: „In ihrer Gesammtheit gehe ihr die erforderliche Einsicht in den Fall ab. Gleichwie es ein Vorrecht der Krone sei, aus Vertrauen in den Rath zu berufen, so müsse ihr überlassen bleiben, bei missbrauchtem oder verlorenem Vertrauen, aus demselben zu entheben; es sei denn, dass ein bestimmter Gesetzesbruch vorliege." So blieben die Angeklagten unverurtheilt, aber in Haft.

Dazu verstanden sich indess die Stände, dem Könige Sigmund auch die Thronfolge in Schweden, ohne die Calmar-Bedingungen zuzusichern, ihm und seiner männlichen Descendenz; dann eventuell dem Herzoge Johann, des Königs Sohn aus zweiter Ehe; nach diesem dem Herzoge Carl und dessen Descendenz, im Mangel aller männlichen Descendenz selbst den Töchtern.

Die Garantien der nationalen Selbstständigkeit wurden dahin gefasst:

„Der Umfang des schwedischen Reiches dürfte in keiner Weise verringert werden (dies ging auf Liefland), an dem lutherischen Bekenntnisse nichts geändert,
kein Pole in des Reiches Aemter gebracht,
keine fremden Truppen in des Reiches Grenzen geführt,
keine schwedische Mannschaft im Interesse Polens verwendet, oder von fremdländischen Führern befehligt,
und von den schwedischen Kronrenten nichts ausser Landes gebracht werden,
dies Alles bei Aufkündigung des Gehorsams im Falle des Gegentheils."

So war die neue Union bekräftigt durch die schwedischen Stände. Die Bedingungen lagen keineswegs im Gegensatz zu denen von Calmar. Die Führung der Zügel in des Königs Abwesenheit, das war der anstössige Punkt in den Statuten von Calmar, und dieser Punkt war jetzt ganz umgangen. Als König Johann (1592) starb, trat daher die Verlegenheit und der Zwiespalt von Neuem auf.

Jeder der beiden Theile suchte dem andern in der Besitz-Ergreifung zuvorzukommen. Im Namen Siegmunds und des Unions-Königthums, liess das Fleming in Finnland sogleich huldigen; bemächtigte sich Johann Sparre Calmars, und versuchte Axel Lewenhaupt das Gleiche mit Elfsborg und Gullberg, um so die Göthalande zu halten. Dies letztere misslang durch Herzog Carls grössere Schnelligkeit. Lewenhaupt wurde seiner Würden und Lehne durch Carl entsetzt, musste flüchten und suchte Schutz bei Siegmund.

Carls Verlangen war die Reichsverweserschaft für seine Person, nur mit des Rathes Rathe. Hierin lag etwas Berechtigtes aus der allgemeinen Richtung der Zeit, verfassungsmässig war es nicht. Seine Hülfsmittel bestanden in dem Aufgebote der allzeit dem Adel feindlichen Bauern von Dalekarlien und Norrland, und der aus seinem eigenen Herzogthume ausgehobenen Mannschaft. In der Ständeversammlung hatte er ausserdem auf die niedere Geistlichkeit in der Mehrheit zu zählen. Es kam nur darauf an, was hierin demokratischer Hass gegen die Grossen war, mit dem gleissenderen nationalen Mantel zu umhängen.

Noch ehe Siegmund Zeit hatte, seinen Bund mit der Aristokratie zu erneuern, musste Carl der Stände sich versichern. Er berief sie, unter Bezugnahme auf die von Johann und Siegmund zu Calmar schon zugesagte Versammlung zur Regelung der kirchlichen Verhältnisse, und nachdem er des Reichsraths Contrasignatur zur Einberufungs-Order durch Wieder-Einsetzung der von Johann entsetzten Reichsräthe und anderes Entgegenkommen, zu erlangen gewusst, auf den Februar 1593 nach Upsala. Die hier gefassten, die Kirche betreffenden Beschlüsse sind dauernde Grundlagen des kirchlichen Rechtes in Schweden geblieben. Das Mittel war gut gewählt, die nationale Kirche in Schweden bedroht zu zeigen — was sie in dem Maasse nicht war — und sich als den Retter. Die Beschlüsse waren:

1. Die heilige Schrift, lediglich aus sich selbst erklärt, bleibt die Grundlage der Lehre.
2. Die Artikel der Augsburger Confession bilden die Grundlage der kirchlichen Gemeinschaft.
3. Alles was hierin unter der vorigen Regierung geändert ist, wird aufgehoben.
4. Der Katechismus Luthers bildet wieder die alleinige Grundlage des Religions-Unterrichts in den Schulen.

Ein starker Eingriff in des Königs Prärogative war es, wenn die Versammlung sich anmaasste, den erledigten erzbischöflichen Stuhl zu besetzen. Die Wahl der Person, des Pfarrers Angermannus, war zugleich eine deutliche Demonstration.

König Siegmund stieg im Herbst des Jahres 1593 in Stockholm an das Land. Zum Februar des folgenden Jahres ward nach Upsala die Huldigung und Krönung ausgeschrieben. Dass der König in Begleitung des Jesuiten Malaspina erschien, war freilich ein übles Vorzeichen und lieh der nationalen Partei neue Waffen.

Die Aristokratie des Reichsraths war in der Zwischenzeit nicht unthätig. Unter dem Namen der Postulata Nobilium ward dem Könige eine von Erich Sparre verfasste Denkschrift überreicht, welche die Grundlage für die Bestätigung und Erneuerung der Adels–Privilegien bilden sollte. Reichsräthe und Ritterschaft sollten danach, wie sichs gebührte, mit Land und Lehnen ausgestattet, die Rossdienstleistung abermals ermässigt, von den fiskalischen Grundsätzen des sogenannten Helge-ands-holms Beschlusses, wegen der Regalität, soll ausdrücklich Abstand genommen werden; hinsichtlich des Vortritts zu den Aemtern verbleibt es bei dem Bisherigen. Des Königs Hoffnung stand auf den Adel, deshalb neue Standes-Erhebungen und Belehnungen, und die Bestimmung, dass die Einwohner in den Graf- und Freiherrschaften nächst dem Könige auch ihrem Lehnsherrn Treue und Gehorsam erweisen und ihm entrichten sollen, was sonst der Krone gebührt.

Aber auch Herzog Carl zeigte, dass er entschlossen war, für seine Forderungen einzutreten. Mit dreitausend Bewaffneten aus den Dalarne, Norrland und seinem Herzogthume erschien er zur Krönung, und quartierte sie auf seinen Erbgütern um Upsala ein. Zunächst handelte es sich um die Abfassung der Capitulation oder Eidversicherung. Sie zeigt, dass es zu einem vorläufigen Compromiss zwischen beiden rivalisirenden Parteien gekommen. Es ward darin u. A. aufgenommen:

Die erledigten Reichsrathsstellen werden nur nach Anhörung und auf die Zustimmung der Uebrigen besetzt.

Kein Katholik darf in Schweden ein Amt bekleiden.

Der Uebertritt zur katholischen Kirche wird mit Verlust des Schwedischen Bürgerrechts bestraft Der katholische Gottesdienst bleibt auf die Hofkapelle des Königs beschränkt, wenn Er anwesend.

Der König vollzog (11. Februar 1594). Wie das Regiment in Abwesenheitsfällen geführt werden solle, ward in Suspenso gelassen, und weiterer Vereinbarung bis nach der Krönung vorbehalten. Wie weit es dem Könige mit der Eidversicherung, die er ungern vollzog, Ernst war, mag dahin gestellt bleiben. Bei schwedischen Schriftstellern findet sich die Behauptung, ein Dispens von Rom in Bezug auf den, Protestanten geleisteten Eid, habe im Voraus sein Gewissen in diesem Punkte beruhigen sollen.

Jetzt befand er sich inmitten zweier Parteien, von denen er wünschte sie wechselseitig in der Wage halten zu können. Des Herzogs Carl Verlangen, ihm die Reichsverweserschaft allein zu übertragen, welches er auf die nothwendigen und natürlichen Grundgesetze der neuen Erb-Monarchie zurückführte, machte ihm des Letztern Ehrgeiz verdächtig. Auch unterstützte weder der Erbvertrag von Vesterås noch Gustavs Testament diese Forderung. Gegentheils war, was als Analogie dienen musste, für die Zeiten der Minderjährigkeit des Thron-Erben verordnet, dass vier Reiehsräthe mit der Königin Wittwe die Vormundschafts-Regierung führen sollten. Die Analogie aus der früheren Unionszeit sprach vollends für den Reichsrath. Die Calmar-Statuten von 1587 hatten im Grunde ganz das staatsrechtliche Herkommen auf ihrer Seite.

Der König zog sich in der Weise aus der Verlegenheit, dass er seine Abreise plötzlich vornahm, und um den weiteren Erörterungen mit seinem Herzoglichen Oheim zu entgehen, die allgemein gehaltene Vollmacht zurückliess:

> „Er möge in Gemeinschaft mit dem Reichsrathe die Reichsverwaltung in der Zwischenzeit führen, aber keine allgemeine Verordnungen erlassen und keine allgemeine Stände-Versammlungen berufen, ohne des Königs Autorisation."

Carl blieb bei seinem Widerspruch, er werde die Stände befragen. Den Reichsräthen von des Königs Partei — die Bjelkes und Banérs waren von Siegmund minder bei den neuen Belehnungen berücksichtigt, offenbar ihrer näheren Beziehungen zum Herzoge Johann, dem ersten eventuellen Thronfolger wegen — waren besondere geheime Innstruktionen hinterlassen; im Falle der Gefahr für die Krone sollten sie unabhängig vom Herzoge nur nach des Königs Interesse und unter Berufung auf dessen Order handeln. Mit solcher Instruktion hatte Reichsmarschall Clas Fleming die Statthalterschaft von Finnland, die Gebrüder Stenbock die über die Gothalande und Småland, Erich Sparre die über Dalarne und Westmanland, Erich Brahe über Norrland, Upland und das Schloss von Stockholm.

Da stand nun der Herzog Carl am Rubikon: ohne alle legale Macht, wenn er sie von den Ständen nicht erhielt, und im offenbaren Aufstande, wenn er auf eigne Hand sie berief. Er liess die Würfel fallen und berief die Stände. Von diesem Augenblikke gab es für ihn, nur noch die Wahl, die Krone für sich zu erwerben oder Untergang.

Trotz des Protestes des Reichsraths, dem der Adel sich anschloss, trotz des ausdrücklichen Verbots des Königs von Warschau aus, hielt Carl eine Stände-Versammlung zu Söderköping ab (30. September 1595) und liess sich die Regentschaft zusprechen. Dem ersten Stande ordnete er die Officiere des von ihm zusammengebrachten Heeres bei und beherrschte ihn so, der ohnehin äusserst schwach nur vertreten war; die Abgeordneten der ofrälse Stände untermischte er mit gemeinem Kriegsvolk, welches er durch seine Soldaten hatte wählen lassen. So ward zunächst die National-Vertretung gefälscht, um von nun an zum willenlosen weil widerstandsunfähigen Organ in den Händen des Gebieters herabzusinken.

Nun kam offene Komödie hinzu. Da der König von Warschau aus die Beschlüsse von Söderköping als nichtig annullirte, und den Herzog, weil er sich der von ihm geordneten Regierungsform nicht unterwerfe, der Theilnahme an der Regentschaft enthob und die letztere dem Reichsrathe allein übertrug, legte Herzog Carl die Reichsverweserschaft nieder. Abgeordnete der niederen Stände beschworen ihn indess „Namens der Nation“ die Zügel wieder zu ergreifen, und diesen Bitten gab er nach. Die Probe war gut bestanden. Auf einer zweiten Versammlung zu Arboga (Februar 1597) — auf welcher vom Adel Niemand mehr erschien, ausser der durch grosse Versprechungen gewonnene Axel Leionhufvud, liess Carl nicht blos den Beschluss von Söderköping wiederholen, sondern auch ferner beschliessen:

> „Für Schweden habe keine Verordnung des Königs Gültigkeit, wenn sie nicht zuvor vom Herzog-Reichs

> verweser gebilligt, und Jedermann werde als Reichsverräther behandelt werden, wer diesem und dem Beschlusse von Söderköping sich nicht füge. "

Clas Flemming hatte in Finnland den Beschlüssen von Söderköping offen widersprochen. Er und nach ihm Arved Stålarm, dann Axel Kurk hielten die Provinz in Treue zu Siegmund. Reichsrath Göran Posse, dem Carl den Auftrag gab, gegen Finnland mit bewaffneter Macht vorzugehen, hatte geweigert. Jetzt, nach dem Beschlusse von Arboga waren die Reichsräthe, die sich nicht unterwarfen, geächtet. Erich Sparre, Thure und Hogenskild Bjelke, Gustav und Sten Banér, Erich Leionhufvud und Göran Posse verlassen das Land, und rufen Siegmund selbst herbei.

Als der König im Juli 1798 zu Calmar, welches Johann Sparre gehalten hatte, landete, fielen ihm die, nur durch den Terrorismus Carls niedergehaltenen Landschaften und Städte der Gothalande zu. Auch das erste Gefecht bei Stegeborg war den Schaaren des Herzog nachtheilig; der König ging in seiner Weichmüthigkeit so weit, seinen herzoglichen Oheim durch geheime Warnung aus Lebensgefahr zu befreien. Bei Stångebro entschieden jedoch die Waffen gegen den König, und nun erfolgte eine schmähliche Capitulation (28. Septbr. 1598):

> Carl erkennt Siegmund als König an, behält aber allein die Reichsverweserschaft nach den Beschlüssen von Söderköping und Argoba. Von der allgemeinen Amnestie werden allein die fünf Reichsräthe ausgenommen, welche Siegmund bestimmt haben, mit fremden Truppen ins Land zu kommen.

Der Herzog hatte gedroht, würde der König ihm die Reichsräthe nicht ausliefern, so würden seine Bauern sie aus der Umgebung des Königs herauszufinden wissen.

Der König gab unter der ausdrücklichen Bedingung nach, dass ein förmliches Verfahren eingeleitet und die Schluss-Entscheidung seiner Bestätigung vorbehalten bleibe. Hierauf verliess der König das Land, um es nicht wieder zu betreten. Indem er so den Adel im Stiche liess, gab er die einzigen Vertheidiger seiner Krone Preis. Die Krone war für ihn und seine Descendenz verloren.

Was nun noch formell von Carl geschah, um die Krone auf sein Haupt zu bringen, war eitle Komödie. Eine sogenannte

Stände-Versammlung zu Jönköping (Febr. 1599) musste an König Siegmund unerfüllbare Bedingungen stellen, dabei eine Frist, nach deren Ablauf angenommen werde, er verzichte auf den schwedischen Thron. Dann förmliche Absetzung, einschliesslich seiner Descendenz.

Ehe Herzog Carl sich selbst den Königstitel zulegte, trug er Rechtsbedenken aus der erneuerten Erbvereinigung von 1590 zur Schau. Noch sei Herzog Johann, Königs Johann III. Sohn aus der Ehe mit Gunilla Bjelke, vorhanden, dem in diesem Staatsvertrage, nach Abgang der polnischen Linie, zunächst die Erbfolge zugesichert sei. Mehrere Mal musste der Letztere, damals noch minderjährig, zuvor verzichten. Wie hätte er es wagen wollen, den Thron zu besteigen bei des Herzogs Macht!

Inzwischen wurde die letztere mit Zuhülfenahme der popularen Elemente erst materiell gefestigt. Der Adel war der einzig zu fürchtende Widerstand. Die adelsfeindlichen Leidenschaften wurden deshalb in den Massen entzündet. Dass die Frucht dieser Allianz mit der Demokratie allein dem Herzoge zufiel und der vollständige Sieg auch den vollständigen Absolutismus zur Folge hatte, dafür fehlte es der Masse an Voraussicht.

Zunächst wurde gegen die Festen zu Felde gezogen, welche noch zu Siegmund hielten: Calmar im Sturme genommen; Johann Sparre mit Mehreren vom Adel hingerichtet. Das Stammgut Spanes, Bergsquara in Småland, schenkte der Herzog seinem eigenen illegitimen Sohne Gyllenhjelm. Finnland ward mit dem Schwerte unterworfen, der Adel zahlreich erschossen, darunter Johann Fleming, Clas Sohn, Olof Stenbock u. A. Die Lehngüter wurden eingezogen. Der demokratische Beistand blieb nicht unbelohnt: auch bedurfte es dessen für die ferneren Zwecke.

„Die Güter und Besitzthümer von Anwesenden und Abwesenden (schreibt Werwing) aus dem hohen Adel wurden confiscirt und fielen grossentheils den Dienstmannen des Herzogs zur Beute, wovon die Folge war, dass man Viele sah, vorher ganz arm, nunmehr plötzlich reich geworden, und die nicht ruhten, bis sie auch der Unschuldigen Güter unter sich getheilt, überall unter der Anschuldigung, sie seien als Reichsverräther ertappt." „Es waren Vorgänge", setzt Dalin hinzu, „wie zu Zeiten der römischen Proscriptionen. Der Gewalthaber spornte stets von Neuem seine Anhänger durch Aussicht auf Plünderung und

Beute."

So gelangte denn unter Carls Leitung die neue Erbmonarchie alsbald in das Stadium ihrer eigenen Karrikatur.

Was auf der Ständeversammlung von Linköping (1600) geschah ist bekannt genug. Hier sassen 44 Offiziere aus Carls Heer, 24 Personen von den Städten, 47 vom Bauernstande, darunter 23 Voigte Carls, zu Gericht über die fünf von König Siegmund ausgelieferten Reichsräthe. Die Wenigen, die vom Adel anwesend waren (vom Herzoge allmählich für den neuen Bestand der Dinge gewonnen) und die Geistlichkeit erklärten ihre Incompetenz.

Die angeklagten Reichsräthe verwarfen die Zuständigkeit des Gerichts. Nicht vor ihres Gleichen ständen sie, wie ihnen verbrieft sei; vor ihren politischen Gegnern, von denen dieselben Beschlüsse und gegen sie selbst zu Söderköping und Arboga gefasst seien, um deren willen man sie jetzt anklage. Gesetzgeber und Richter seien hier dieselben. Die Versammlungen von Söderköping und Arboga seien vor des Königs Sanktion illegal gewesen, illegal deren Beschlüsse, und ihr, der Angeklagten, Eid als Reichsräthe habe sie verpflichtet, des Königs Rechte zu wahren.

Wie natürlich, sprachen sie zu tauben Ohren. Der Herzog wünschte Todesurtheile und erhielt sie. Auf dem Markte von Linköping floss das Blut der Reichsräthe Gustav Sten Banér, Erich Sparre, Thure Bjelke durch Henkerbeil. Erb- und Lehngüter wurden confiscirt und zur Krone geschlagen.

Das Misstrauen gestattete keinen Stillstand auf der angefangenen Bahn. In den nächsten Jahren folgten Verbannungs-Urtheile gegen den grössten Theil des Herrenstandes. Gejer führt an, dass neben Clas Bjelke, Axel Leionhufvud, Erich und Gustav Brahe, fünf Stenbocks, vier Sparre, sechs Gyllenstjerna, sieben Posse, zwei Bonde, zwei Ribbing, zwei Fleming, ein Horn und ein Trostenson (Leonhards Vater) so aus der Heimath getrieben wurden. Ihre Güter, so wie derjenigen, die nach solchen Thaten freiwillig emigrirten, wurden confiscirt und der Krone einverleibt.

Auch aus der Verfassung sollten die Bollwerke der Aristokratie hinaus. Der Reichsrath als politischer Körper ward gestürzt. Auf der Ständeversammlung zu Stockholm (1602) erging folgende Resolution:

„Nachdem in vorigen Zeiten viel Unruhe und Verwirrung daraus entstanden, dass diejenigen, welche im Rathe gesessen, nicht blos haben Rath ertheilen, sondern auch mitregieren wollen, so deklariren Wir jetzt, dass deren Macht und Befugniss (myndighet) nicht weiter geht, als das Gesetzbuch Schwedens vorschreibt, nämlich dem Könige zu rahten, was sie nach Pflicht und Gewissen ihm und dem Reiche für nützlich erachten, und hierin sich weder durch Gewalt, noch Freundschaft oder Verwandtschaft abhalten lassen.

Ausserdem sollen sie den König unterstützen in allen seinen Rechtssachen und hierfür denjenigen Gehalt beziehen, welchen der König ihnen auszusetzen für gut findet."

So wandelte von nun an der Rath, um seine Meinung in politischen Sachen nicht mehr gefragt, in einen obersten Gerichtshof, „die ständige Rathskammer" , um, der sicher darum nicht mehr Garantien der Unpartheilichkeit bot, dass der König die Mitglieder dazu nach Vertrauen berief und enthob.

Uebrigens blieb auch jetzt die entgegenstehende Formel des Reichshsraths-Eides im Landesgesetzbuche (Christophs) unangetastet: also Fundament des öffentlichen Rechts.

Um der Demokratie zugleich ein besonderes Entgegenkommen zu beweisen, erbot Carl sich, zu den erledigten Stellen im Reichsrathe fortan nicht anders zu berufen, als unter zuvoriger Mittheilung an die Stände. Die Geschichtshefte zeigen indess nicht, dass diesem bei dem jetzigen Charakter der ständischen Versammlungen ohnehin illusorischen Erbieten Folge gegeben sei.

So schien denn der priesterlich-kriegerische Staat des Mittelalters in Schweden völlig beseitigt durch Gustav I., indem er mittelst der Kirchenlreform die geistliche Aristokratie stürzte, durch seinen Sohn Carl, indem er den Adel auskehrte. Der Staat der Neuzeit hatte vollkommenen Platz, sich aufzubauen und auszubreiten.

Und welche Gestalt nahm dieser Neubau an?

Rath und Herrentage, die beiden Bollwerke der alten Nationalfreiheit fielen. An Stelle des Raths trat ein Kabinet und Ministerial-Bureau mit „des Königs Secretairen"; mehrfach nobilitirt durch Patent. An Stelle der Herrentage eine Versammlung hauptsächlich von Bauern und Kron-Voigten, einigen Landpfarrern und Städtern, denen der Reichsregent Offiziere und Soldaten aus seinen stehenden Regimentern beiordnete, welche die „wahre“ Nationalkraft darstellen sollten.

An Stelle der Provinzial-Verwaltung durch des Reiches darin angesessene Magnaten, vom Könige abgesandte Kreis- und Bezirksbeamte, für den grösseren Bezirk der Voigt, für den Unterbezirk (Härad) der Länsmann, für das Kirchspiel der Fjerdingsmann (Viertelsmann), geschulte Leute, welche die Steuer-Eintreibung fiskalischer handhabten.

Die Lagmänner, nicht mehr gehindert durch des Königs Rath, wurden auf ihre Provinzialposten gewiesen, bei Verlust des Amtes die Rechtssprechung nicht Gesetzeslesern (Juristen) zu überlassen. Jährlich zweimal sollte, zu Upsala für Svea, zu Linköping für die Göthelande, des Königs Räfsteting (als Appellations-Instanz) gehalten werden durch Zusammentritt der Lagmannen und Bezirks- oder Kreisrichter; dazu seit 1602 in oberster Instanz und als Reichsgericht die ständige Rathskammer der Zwölf.

Die adlige Lehnsfolge des Rossdienstes oder die Adelsfolge war durch die Austreibung der Geschlechter vollständig lükkig geworden. In die Lücken trat ein neu geschaffenes Lehnsgefolge ein aus den fast allein noch übrigen demokratischen Elementen der Kron-Voigte, Bezirksschreiber, Ortsschulzen (Fjerdingsmän). Carl gab ihnen Höfe aus dem Krongut statt Besoldung, mit der Verpflichtung, den Dienst zu Pferde ihm davon zu leisten. Die Bedingungen für diese neue Art der Belehnungen, welche auch als Belohnung für Verdienste im Felde in Aussicht gestellt und gegeben wurden, regelte der bekannte Beschluss der Standeversammlung zu Norrköping (vom März 1604):

> „Sie werden, wie die Erblehne des Adels, nur in männlicher Descendenz vererbt, nach Linealfolge und sind bei jedem Thronwechsel zur neuen Investitur anzumelden; beim Mangel der männlichen Descendenz fallen sie zur Krone zurück. Sollte dagegen von den Erbtöchtern des Besitzers Eine eine Heirath mit einem solchen eingehen, welcher dem Regenten gefällt, so soll auch an diesen mit des Königs Zustimmung das Lehn weiter gehen können.

Gerichtsbarkeit und deren Früchte gehen mit diesen Lehnshöfen aber nicht über, sondern verbleiben der Krone."

So ward die erbliche Veräusserung von Krongut auch hierbei mit dem Buchstaben des Königsbalkens Capitel 4. in Uebereinstimmung gebracht, welcher bekanntlich lautete:

„Der König hat Upsala Oede wohl zu conserviren, so dass Nichts davon zum Nachtheile seines Nachfolgers vermindert wird, denn der Letztere hat das Recht, das Fortgegebene, wenn er will, wieder zurückzunehmen. "

Und welches war die Wirkung der neuen Staats-Ordnung?

Den populären Genossen des Königs war es ergangen, wie dem Zwerge in der Fabel. Das Bündniss mit dem Riesen hatte ihm nur Wunden und Verstümmelungen eingetragen, dem Riesen die Früchte. Die Missstimmung im Bauernstande über die despotische Behandlung machte sich Luft in offenen Aufständen gegen die Lokalbeamten des Königs, Die Städte klagten laut über den unerhörten Druck willkürlicher Auflagen und Zölle. In das Heer war durch die Werbungen, welche an Stelle des einheimischen adligen Aufgebots getreten, überall der Geist der Meuterei gedrungen. In allen Klassen der Bevölkerung wurde eine Sprache der Verwünschungen üblich, welche den König, wenige Wochen vor seinem Tode, noch zum Erlass einer Verordnung bestimmte (l. October 1611), die mit Verlust der Ohren und Brandmarkung auf der Stirn bedrohte, wer vom Könige übel spräche.

Nur der neue Adel der Bureaus und die Sekretaire, sagen die schwedischen Schriftsteller, waren zufrieden. Sie empfanden sichtliche Genugthuung, dass die Stühle der Grossen im Lande leer geworden und sie selbst sich darauf gesetzt hatten.

Was von den alten und hohen Geschlechtern unausgetrieben in der Heimath weilte, erwies sich ungebeugt in der Gesinnung. Carls Versuch, den Natural-Rossdienst in eine ständige Geldabgabe zu verwandeln, wiesen sie zurück. Da es hier um Privilegien eines einzelnen Standes sich handelte, welcher staatsrechtlich als ein singulärer Pakt zwischen Stand und Krone betrachtet wurde, konnte die Beistimmung der übrigen Stände dazu keine Hülfe leisten. Eben so abgelehnt ward die Proposition Carls, den Genuss der adligen Standesrechte an den Eintritt in den Dienst der Krone zu knüpfen. Auf der Ständeversammlung von 1609 endlich scheute der Adel nicht, die vom Könige begehrte Kriegshülfe gegen Dänemark in dem gewünschten Umfange abzuweisen.

Dieser Trotz und dazu die Verwünschungen im Lande — zähneknirschend fuhr der alte König zur Grube.

II. Abtheilung.
Von der Thronbesteigung Gustavs II. Adolph bis zur Abdankung Christinas (1611 bis 1654)

Carl IX. hatte, ungeachtet die Stände zu Norrköping (1604) ihm und seiner Descendenz die Krone zugestanden, in seinem Testamente noch einmal die Wahl zwischen Herzog Johann und seinen eigenen Söhnen anheimgestellt. Noch einmal hatten Rechtsscrupel die Oberhand bei ihm gewonnen. Mit der Wahl fiel aber die Entscheidung in den Rath und in die hohen Geschlechter. Denn mit dem Tode Carls hatten die demokratischen Elemente ihr Haupt und ihren Führer verloren. Die Wahl traf Gustav II. Adolph, König Carls Sohn. Neben dessen vielversprechenden Anlagen wirkte vielleicht auch dessen Minderjährigkeit mit. Denn daran liessen sich mit grösserer Aussicht Hoffnungen knüpfen. Doch nur in zweiter Linie, denn schon des Prinzen Gustav Adolph politische Auffassungen waren bekannt.

Gustav Adolph hatte von seinem Vater zwei Lehrer in der Staatskunst erhalten, Johannes Schroderus, geadelt Skytte, und Freiherr Axel Oxenstjerna. Beide repräsentirten vollkommene Gegensätze.

Johann Skytte, vordem Magister Schroderus, war ursprünglich nur zum Unterricht in den reinen Wissenschaften angenommen; später aber wegen seiner Brauchbarkeit mit der Feder und seiner Fertigkeit in der lateinischen Sprache, damals der diplomatischen, zunächst in des Königs Rentkammer, dann in der Kanzlei verwendet und im Jahre 1610 selbst zu diplomatischen Missionen nach England und den General-Staaten benutzt.

So hatte er den Staat Carls IX. und die bewegenden Motive praktisch kennen gelernt. Genährt an den Rechtsgrundsätzen von Hugo Grotius und an den politischen Rathschlägen Macchiavells und Philipps de Commines, glaubte er im Staate Carls IX. das Ideal zu sehen. Wie Ludwig XI. in Frankreich den Adel gebrochen, empfahl er wiederholt seinem Zögling aus Commines zu studiren. Staatsklugheit in diesem Sinne war in seinen Augen die höchste Kunst der Könige, unbeschränkte Staatsgewalt ihr einziges Ziel. Als er nach den General-Staaten abreiste, warnte er seinen Zögling dringend vor den Rathschlägen der „Herren am Hofe", er fürchtete die ganze Frucht seiner Bemühungen zu verlieren. Der reine Doktrinär des modernen Staats, war er in seinen Mitteln radikal. Wie er selbst keine Familientraditionen besass, welche ihn mit der Vergangenheit verknüpften, so bedürfte der Staat dessen auch nicht. Aus der flachen Hand war der letzte am schönsten, weil am reinsten nach der Theorie aufzubauen. Darum hatte der Adel auch keinen Platz in seinem Systeme. Da derselbe absoluter Staatsgewalt nur hinderlich war, so war sein Rath, ihn ganz zu beseitigen. Er hasste den Adel nach den Grundsätzen seiner Doktrin. Noch als Gustav Adolph schon die Krone erlangt hatte, lag er ihm an, die Reste des Feudalismus, so weit sie noch im Lande vorhanden, vollends auszufegen. Dazu sollte die Wiedereinziehung (Reduction) aller Lehngüter und die Revision der Besitztitel auch der gesammten Allodialgüter des Adels führen. Dies Mittel werde zugleich den grossen Vortheil bieten, die erschöpften Staatskassen wieder zu füllen. Die Krone werde finanziell unabhängig endlich auch von den übrigen Ständen.

Mit solcherlei Rathschlägen fuhr Johann Skytte fort, selbst nachdem ihn der König, um ihn zu beschwichtigen, mit der Freiherrnwürde bekleidet und mit der grossen Baronie Duderhoff belehnt hatte. Von jetzt an mischte sich verletzte Eitelkeit bei. Denn die alten Geschlechter wollten den emporgekommenen adelsneidischen Magister in ihren Cirkeln nicht für voll ansehen. Nun wandelte der Doktrinair in einen leidenschaftichen Parteimann um.

Der König nannte ihn stets einen Demokraten. Das war er streng genommen nicht. Die Wissenschaft hatte nur für die bis dahin bekannten Gegensätze die treffenden Bezeichnungen. Der Begriff eines adelsfeindlichen absolutistischen Büreaukraten war damals noch nicht zum allgemeineren Bewusstsein durchgedrungen. Auch die gleichzeitigen und späteren schwedischen Schriftsteller wissen sich für diese neue Erscheinung nicht anders zu helfen, als indem sie sagen, Skytte sei zwischen Absolutismus und Demokratismus hin und her geschwankt.

In Wirklichkeit war er nichts anderes, als der Prototypus für die später sich mehr und mehr entwickelnde Klasse der absolutistischen Büreaukratie. Herrschaft der Menge (eigentliche Demokratie) wollte er nimmermehr. Aber die populären Elemente im Interesse des Absolutismus verwenden und insoweit ermuntern, als es zur völligen Austilgung der Aristokratie erforderlich schien; dann aber, wenn die Demokratie mit eigenen Parteiforderungen vorzutreten wagen sollte, mit der durch ihre Hülfsleistung gestärkten Macht der absoluten Krone sie selbst niederschlagen. Seine Schule pflanzte sich zunächst in seinen Söhnen und Schwiegersöhnen fort, gewann aber weiteren Anhang insbesondere in der Klasse der geringeren Geistlichkeit, deren Söhne anfingen, durch die Vorstufe des Magister auch auf den Staatsmann zu spekuliren. Unter Carl XI. gelangt mit Hülfe dieser Doktrin der büreaukratische Absolutismus wirklich vorübergehend zur Allgewalt. Er erhob sich auf den Trümmern des Hochadels, welcher durch die Allianz der Krone mit jenen adelsfeindlichen Elementen vollständig gestürzt wurde. Der Hochadel erstand auch nicht wieder, selbst nachdem das tiefe Unglück, welches der Absolutismus, insbesondere unter Carl XII., über Schweden gebracht, den Abscheu gegen die Monarchie und die Sehnsucht nach den vergangenen Zeiten im Volke wieder wach gerufen hatte.

Johann Skytte gegenüber stand der Freiherr Axel (Gustavson) Oxenstjerna, ein Mann, damals noch in jungen Jahren, 26 Jahre alt, doch in Folge gründlicher Studien und bei hohen Anlagen schon ein gereifter Staatsmann. Vier Jahre lang hatte er sich dem Studium der Theologie und Jurisprudenz gewidmet, und war, um seiner Einsichten willen, von Carl IX. in den Rath gezogen. Auch trieb es den König in seinen letzten Jahren in verschiedentlichen Anwandlungen, dem von ihm so tief verletzten Adel einen Schritt zur Versöhnung entgegenzuthun. Axel Oxenstjerna war ganz das Gegenstück des doktrinären Magisters. Seine politische Weisheit war nicht, wie dort, auf den engen Umkreis des nüchternen Verstandes und schulgerechter Begriffe beschränkt. Im Herzen trug er das ganze Vaterland, und nicht etwa das Vaterland von gestern erst oder von heute, sondern das Schweden, wie er es von Alters her kannte und liebte. An dies Vaterland waren bis zur dunkelsten Erinnerung zurück die Geschicke seines eigenen Geschlechts geknüpft, auf das untrennbarste darin verwoben. Das Vaterland von vordem aufgeben hätte geheissen, seine ganzen eigenen Geschlechtserinnerungen aufgeben.

Die isolirte Staatsgewalt im Sinne der modernen Doktrin, losgelöst von dem gemeinsamen Pulsschlage der ganzen Nation in allen ihren und in ihren besten Theilen, war ihm etwas durchaus fremdes, unfassbares. Repräsentirten denn die hohen Geschlechter nicht das historisch Gewordene in gleicher Art wie die Krone? Und verdankte denn nicht das Wasa-Haus die seinige der Willigkeit der Geschlechter? Sein Rath war, Hand in Hand mit den letzteren das erschütterte, aus den Angeln gehobene Staatsgebäude wieder aufzurichten. Nicht vollends verwerfen sollte man das alte und gute Material, welches sich so zähe und widerstandsfähig erwiesen: die Ecksteine für den Neubau sollten daraus entnommen werden.

Fassen wir die Parallele zusammen, so haben in Johann Skytte die Zeitgenossen einen hohen Grad von politischer Klugheit anerkannt, im Freiherrn Axel Oxenstjerna eine seltene Staatsweisheit bewundert.

Zu welcher Seite der junge König nach seinem Herzen neigte, war schon durch eine bewahrt gebliebene Aeusserung gegen den Reichsrath Sten Banér bekannt:

> „Die Skyttianer, meinte Gustav Adolph, könnten doch leicht darauf verfallen, einmal ganz ohne König regieren zu wollen, während Ihr Edelleute doch wenigstens zum Scheine einen nöthig haltet. Der hohe und reiche Adel indess ist ein vermittelnder Stand, allein in der Lage, den Skyttianern die Waage zu halten, dass diese nicht den König ganz unter ihre Katzenpfoten krallen. Ihr Edelleute seid von Natur zu vornehm und zu stolz, um dem Fürsten stets heimlich in den Ohren zu flüstern. Man muss sich zwar auch vor Euch in Acht nehmen, dass Ihr nicht im Namen des Königs das Steuer selbst in die Hand nehmt. Denn die Aristokratie ist harthändig. Dagegen theile ich Oxenstjernas Ansicht,

dass die Demokraten, einmal zur Herrschaft gelangt, blutdürstig sind. Zudem grünt unter ihrem ewigen Zanken kein Siegeslorbeer. Das beweist die Regierung dieser Partei aus allen Zeiten. Zu beklagen ist der König, der sich durch ihre süsse Lockspeise bethören lässt. Weit schlimmer ist sie, als der harte Händedruck des Adels."

Nun kam aber noch Vieles hinzu. Krieg von allen Seiten. Die Russen, um Ingermanlands und Esthlands willen, im Felde und hindrängend nach dem Seegestade des baltischen Meeres; die Polen, um Siegmunds willen, dem die schwedische Krone rechtswidrig genommen sei, und mit den Wünschen auf Liefland. Der Dänen-König, bei dem offenen Zwiespalt im Wasa-Hause, mit der Spekulation auf die schwedische Krone unter der Form einer neuen scandinavischen Union; bei dem Tode Carls durch Eroberung bereits im Besitze von Calmar, des festen Schlüssels zum Reiche. Auf der andern Seite die schwedischen Staatskassen völlig erschöpft, selbst der Erlös von 10,000 Hemman Krongut, zu deren Veräusserung Carl geschritten war, dahin; das Heer geschwächt und von zweifelhafter Treue, der hohe Landesadel zum grössten Theile in der Emigration, bei Siegmund.

Dem jungen Könige konnte die Wahl nicht schwer fallen. Er reichte der Aristokratie die Hand. Die letztere dispensirte zu Nyköping am 31. Dezember 1611 der König von der Testamentsklausel, welche eine volle Vormundschaft über ihn bis zu seinem vollendeten 18ten Lebensjahre, eine Curatel bis zu seinem 24sten anordnete, und an demselben Tage vollzog der König die Eidversicherung in der Form, wie der Reichsrath sie ihm vorgelegt. Folgendes waren die neuen Garantien der politischen Freiheit:

„Ueber Krieg und Frieden, Waffenstillstände und Bündnisse beschliesst der König nur mit des Rathes und der Stände Wissenschaft und Zustimmung.

Die Reichsstände beruft der König nur nach zuvoriger Berathung im Rathe und unter dessen Zustimmung zu den Ursachen der Berufung.

Auflagen und Ausschreibungen zu Kriegszwekken werden nicht anders angeordnet oder erhoben, als mit des Rathes Wissenschaft und Rath und der Zustimmung derer, die es angeht (deras samtycke, som wederbör).

Der Adel wird in seinen Standesprivilegien geschützt und kein Gut, sei es Allod oder Lehn, eingezogen, ausser der Edelmann habe seinen Schild gegen den König erhoben.

Die fünf hohen Reichswürden, die Reichsrathsstellen, die Lagmans und Landes-Höfdinge, Hofvitsmans-Stellen, die Stellen der Håradshöfdinge werden besetzt mit Männern aus eingeborenem Adel.

Niemand, wer es auch sei, wird auf blosse Denunziation hin verhaftet und, ohne seinem Ankläger vor Gericht gegenübergestellt zu sein, verurtheilt;

Niemand, wer es auch sei, wird seines Amtes entsetzt ohne förmliche Untersuchung und Urtheil nach dem Gesetz."

Man sicht, gegen welche Uebel des abgelaufenen Regiments vornehmlich der Adel die Nation zu schützen bemüht war. Durch die Allianz Carls mit der Demokratie hatte sich eben die alte Erfahrung wiederholt, welche schon Tacitus kennzeichnet: „Ut imperium evertant, libertatem praeferunt; si perverterunt, libertatem ipsam aggrediuntur." (Ann. XVI. 22.)

Am 4. Januar 1612 legten auch die Reichräthe ihren Eid ab. Es ward die Formel des Gesetzbuchs wieder zum Grunde gelegt. Von Neuem trat der Reichsrath damit in seine alte politische Stellung, mit dem Recht und der Pflicht, „wie des Königs, so auch der Nation Rechte zu wahren und zu schützen". Ein Bollwerk für Beide.

Endlich erhielt am 12. Januar auch der Adel die Bestätigung seiner besonderen Standesrechte in folgenden Hauptpunkten:

„Der Eintritt in die hohen Aemter und Würden bleibt dem Adel (gode, wälborne mån) vorbehalten: kein Niedriggeborener (vanbördiga) soll ihm hierin vorgehen, der Krone und dem Reiche zur Unehre".

Kein Edelmann darf ohne Richterspruch verhaftet, und wenn er sein Gut verwirkt hat, darf dasselbe nicht zur Krone geschlagen, sondern muss an Andere, Wohlverdiente vom Adel wiederausgethan werden.

Auch für die sogenannten Norrköpings-

Beschluss-Güter soll die Erneuerung der Investitur beim Thronwechsel nicht versagt werden, wenn die Lehnsmuthung rechtzeitig geschehen und dem Besitzer kein Vergehen zur Last fällt, auf welches das Gesetz oder der Lehnbrief ausdrücklich den Verlust des Gutes angedroht hat.

Auch im Wege des Kaufs oder Pfands sollen adlige Erbgüter nicht an die Krone gebracht werden, damit der Adel nicht allmälig um die Mittel kommt, seine Standespflichten gegen Krone und Reich zu erfüllen.

In Sachen, die an Leib und Leben gehen, wird der Edelmann nur von seines Gleichen gerichtet: auf Confiscation seiner Erbgüter kann nicht anders erkannt werden, als in höchster Instanz vom Reichsrathe.

Gelangen Steuerhöfe (Skattehemman) durch Königliche Verleihung an den Adel, so dass der letztere an des Königs Statt die Grundrente (ränta) empfängt, so können solche Höfe dann selbst in Frälse, also grundrente-frei, verwandelt werden, wenn der Edelmann zugleich in das Besitzrecht des Bauern durch Erbgang succedirt; desgleichen, wenn der bisherige Skattebonde selbst in den adligen Stand erhoben wird."

Die Wirkung dieser letzten Stipulation wurde im Fortschritte der Kriegszeiten ziemlich bedeutungsvoll. Vielfach ward die Krone genöthigt, den Skatt ihrer Bauern zu veräussern. Ausserdem traten mannigfache Nobilitirungen für Verdienste namentlich im Felde ein. Der Umfang des Skatte-Grund und Bodens nahm daher zusehends ab, der des rittermässigen (Frälse) zu.

Mit solchen Zugeständnissen war die Reaktion gegen Carls Regierungsmaxime deutlich genug ausgesprochen. Es war eine vollständige Restauration des alten schwedischen Staatsrechts. Beides, Rechtsgefühl wie Staatsklugheit, riethen dem Könige zu dieser Umkehr. Ihr auf dem Fusse folgten die Vorbereitungen zu einer allgemeinen Amnestie. Sogleich trat sie ein für die Söhne des 1600 zu Linköping hingerichteten Gustav Banér. Sie erhielten ihre Stammgüter zurück und angemessene Stellungen im Staate. Für die in Polen weilende Emigration ward der Gnadenakt bis zur Krönung des Königs ausgesetzt. Man hoffte zugleich, bis dahin das Reich von seinen nächsten Gegnern, Dänemark und Russland, befreit zu haben.

So war denn des Königs nächste Sorge auch dem Felde zugewendet. Während er hier, an der Seite der Generale Jacob (Pontusson) de la Gardie und Horn den Grund zu der eigenen Feldherrngrösse legte, die ihm später unsterbliche Lorbeeren gewann, überliess er die inneren Angelegenheiten einstweilen seinem grossen Freunde, dem Reichskanzler Axel Oxenstjerna.

Nicht verborgen war es diesem Staatsmanne geblieben, dass die Freiheiten der Nation auf schwachen Füssen standen, so lange ihre Garantieen nur in der Formel der Königlichen Eidversicherung und des Eides der Reichsräthe beruhten. Zwar hatte auch das Herkommen in Fragen der Legislation und der Besteuerung die Theilnahme der Nation sanktionirt; allein die jüngste Erfahrung hatte gezeigt, welchem Missbrauch das ständische Wesen in der Hand eines absolutistischen Königs unterworfen war, so lange es an näheren und grundsätzlichen Normen für die Zusammensetzung der Stände, für ihre Competenz und für ihre Beschlussfassungen fehlte.

Aber auch hierin sah er nicht die ganze Summe bürgerlicher Freiheit. Der ganze Verwaltungs-Organismus sollte nach gleichen Anschauungen geregelt, überall sollten dieselben Elemente, welche das Fundament bildeten, auch zum Ausbau benutzt werden. Einheitlichkeit war Oxenstjernas Grundidee, nicht Herstellung eines Gleichgewichts durch Gegensätze.

Hier war es nun schon ein Zeichen staatsmännischen Taktes, dass mit der Organisation der Rechtspflege begonnen ward. Von Alters her bestand noch des Königs Räfste- oder Rättare-Ting, indess immer nur mit grossen Unterbrechungen in Thätigkeit. König Erichs Versuch einer ständigen Ober-Instanz (des Königs Nämnd) stürzte, aus bekannten Ursachen, mit seinem Urheber selbst.

Zu Carls IX. Zeiten hatte sich, in Folge der Cordialität mit den Bauern, das niedere Landvolk je mehr und mehr gewöhnt, statt das Erscheinen des Räfsteting in der Landschaft abzuwarten, persönlich nach Stockholm oft in hellen Haufen zu ziehen, um seine Beschwerden und Rechtsstreitigkeiten unmittelbar an den König zu bringen.

Diesen Unvollkommenheiten und Regellosigkeiten sollte nun durch eine neue Prozess-Ordnung ein Ende gemacht werden, welche Oxenstjerna den zu Stockholm (1614) versammelten

Standen zur Annahme vorlegte.

Bei der Berathung kam zugleich ein anderer sehr wichtiger staatsrechtlicher Grundsatz zur Anerkennung. Aus den niedern Ständen war nämlich der Einwand erhoben, ob denn die hier versammelten „Bevollmächtigten" nach bestehendem Rechte wohl legitimirt seien, ein solches Alle angehendes allgemeines Gesetz Namens der Nation anzunehmen oder gut zu heissen, ohne hierüber mit den einzelnen Landschaften zuvor besonders conferirt und deren Zustimmung eingeholt zu haben. Dieser Einwand ward durch den hier zum ersten Male in dieser Formel geschehenen Ausspruch beseitigt:

> „Die Mitglieder des Reichstages und die ihm beigesellten Abgeordneten der drei niedern Stände verträten und verbänden in ihrer Gemeinschaft die gesammte Nation."

Dies blieb von nun an unbezeifeltes Staatsrecht in Schweden.

Das ständische Wesen, bisher in seinem inneren Zusammenhange noch ziemlich locker, hatte sich damit zu einem festen Kerne zusammengeschlossen.

In Folge der Proposition Oxenstjernas, welche den Beifall der Stände fand, ward zunächst für Svea ein ständiges Obergericht, Sveas Hofgericht, in Stockholm eingesetzt, mit dem Reichsdrosten als Präsidenten, einem Vice-Präsidenten, vier Reichsräthen, vier Andern vom Adel und vier gelehrten Beisitzern als Mitgliedern. In der, das Jahr darauf erlassenen Prozess-Ordnung ward das, weitere sehr wichtige politische Zugeständniss gemacht (§. 12):

> „dass bei eintretender Vakanz der Gerichtshof selbst sechs Kandidaten aus derjenigen Klasse, welcher der Abgegangene angehört, dem Könige zur Wiederbesetzung vorzuschlagen habe."

Diese wichtige Bestimmung sollte den gleichmässigen Schutz aller im Staate vorhandenen Interessen verbürgen und auch auf dem Gebiete der Rechtspflege einer Wiederkehr der Herrschaft der Parteileidenschaft vorbeugen.

Was sogleich für Svea geschah, erfolgte für Finnland im Jahre 1623 durch Errichtung des Hofgerichtes zu Åbo, im Jahre 1634 für die Göthalande durch die Einsetzung des Hofgerichts zu Jönköping.

Nach der ursprünglichen Idee sollte das Hofgericht überall

die letzte Instanz bilden. In der Prozess-Ordnung von 1615 schon wurde jedoch nachgelassen, dass gegen Einzahlung einer Succumbenz-Summe von 200 Thlrn., welche unter allen Umständen der Königlichen Kasse verfiel, auch gegen Erkenntnisse der Hofgerichte die Revision an die Krone eingelegt werden dürfe. Hierüber wurde dann im versammelten Reichsrathe entschieden. So blieb der Reichsrath auch in der Rechtspflege höchste Instanz.

In ähnlicher Weise, wie der Reichsdrost an die Spitze einer ständigen Justizbehörde gesetzt ward, wurde später auch einem jeden der übrigen Reichswürdenträger ein Collegium zur Besorgung der laufenden Verwaltungsgeschäfte an die Seite gesetzt oder untergeordnet. Der Reichs-Marschall ward Präsident eines Kriegs-Collegiums, der Obrist-Adimiral — so war sein Titel damals — Präsident des Admiralitäts-Collegiums, der Reichs-Kanzler Präsident der Kanzlei, der Obrist-Schatzmeister Präsident des Kammer-Collegiums.

Ueberall bilden Reichsräthe die vornehmsten Mitglieder. Ueberall die Tendenz, Ständisches und Staatliches in eine organische Verbindung zu bringen, im Behörden-Organismus, im Organismus der Staatsgewalt die bürgerliche Gesellschaft sich selbst wiederfinden zu lassen.

Vermieden ward, im Interesse einer kurrenteren Verwaltung den Reichsrath in corpore allzuhäufig zusammentreten zu lassen. Ihm blieben die grossen politischen Fragen und die Vorbereitungen für die Reichstage vorbehalten. Die laufende Verwaltung leitete der König, als oberster Herr der sämmtlichen Behörden, zwar unter Mitwirkung von Reichsräthen, doch in der Entscheidung selbstständig. Man sieht, auch das monarchische Interesse wurde neben dem aristokratisch-ständischen ausreichend gewahrt.

Nicht in gleicher Weise glückte es mit der Organisation der Landeskirche. Durch die Kirchen-Ordnung von 1571/73 war, wie bekannt, mit dem Namen der Bischöfe und der Herstellung der Sprengel in ihrer alten Circumscription auch der grössere Theil der ehemaligen bischöflichen Machtbefugniss den Superintendenten zurückgegeben. Der Unterschied zu Gunsten der letzteren war nur, dass die alte Abhängigkeit von Rom fehlte, in dessen Stelle des Königs Oberaufsichtsrecht nur unvollkommen getreten war. Die lutherischen Bischöfe standen so in grösserer

Selbstständigkeit, als selbst ihre katholischen Vorgänger. Hierin ward auch weder durch die Kirchenversammlung von Upsala, 1593, noch durch Königs Siegmund Religions-Versicherung vom Jahre 1594 etwas geändert. Der Erzbischof zu Upsala war anerkanntes Oberhaupt des schwedischen Clerus, und die Bischöfe innerhalb ihrer Sprengel ziemlich unabhängige Oberhäupter der Stifter.

Die Folge war, dass sich im Kirchenrechte, insbesondere in der Handhabung der kirchlichen Jurisdiktion, Discrepanzen mancherlei Art je nach den verschiedenen Auslegungen in den Stiftern entwickelten, ohne dass durch eine einheitliche Oberinstanz in dieser Hinsicht für die Ausgleichung gesorgt war. Denn der Erzbischof war in der Jurisdiktion wesentlich nur Bischof des Stifts Upsala; sein Vorzug bestand mehr im Range, als in der Macht.

Diesem Uebelstande wünschte König Gustav Adolph durch die Errichtung eines General-Consistoriums abzuhelfen. Er stand dabei auf dem Boden der deutsch-lutherischen Anschauung und musste die Besetzung dieses obersten Consistoriums zur Hälfte mit Laien wünschen. Hierbei widerfuhr ihm nun, dass er auf den heftigsten Widerstand von Seiten der höheren Geistlichkeit stiess. Die Erörterungen hierüber fallen vornehmlich in das Jahr 1624, wo er mit dem polnischen Kriege noch vollauf zu thun hatte, und schon sein Augenmerk auf die grösseren Vorgänge in Deutschland gerichtet hielt. In keinem Falle war dieser Zeitpunkt geeignet, mit der Geistlichkeit im eigenen Lande Differenzen zu beginnen. Denn (wie Arkenholz berichtet) der König betrachtete allezeit die Geistlichkeit „als eine Art Tribuni plebis", welche man stets in guter Stimmung zu erhalten suchen müsse. Bei der Nothwendigkeit, für die bevorstehenden grösseren politischen Plane sich der Zustimmung nicht blos, sondern auch der vollen Hingebung der ganzen Nation versichert zu halten, zog es der König vor, diese Frage für jetzt auf sich beruhen zu lassen.

Unzweifelhaft von grösster Wichtigkeit in dem ganzen politischen Systeme Oxenstjernas war die Organisation der eigentlichen ständischen Verfassung. In dieser Beziehung war bisher fast allein das Herkommen entscheidend gewesen. Dieses Herkommen wurzelte aber in Zeiten, in welchen die verschiedenen ständischen Elemente noch ziemlich unvermittelt und unverbunden neben einander lagen. Lautes Geschrei vertrat, namentlich in letzter Zeit, auf den Versammlungen die Stelle der Berathung und Abstimmung; Jedermann nahm sich die Befugniss, Anträge zu stellen und darüber abgestimmt zu sehen; Meist ward in ungetheilten Versammlungen debattirt und durch blossen Massenruf entschieden. Nun war noch die Unsicherheit für das öffentliche Recht hereingebrochen, welche aus der immer gesteigerten Zahl der von König Carl in die Versammlungen eingerufenen Bauern, Voigte und Soldaten erwachsen. So hatte denn der ohnehin schon so verfolgte Adel wiederholt die Bitte an den König gelangen lassen, die Reichstage nicht ohne dringende Noth zu berufen. Die allzuhäufige Wiederkehr, gaben sie vor, ruinirte sie in ihren ökonomischen Verhältnissen. Denn der Adel hatte sich auf eigene Kosten zu unterhalten: die Nichtadligen wurden durch Reise- und Tagegelder entschädigt. Bei König Carl stiessen diese Wünsche auf taube Ohren. Ihre Erfüllung lag nicht in seinem Systeme.

Mit dem Regierungs-Antritte König Gustav Adolphs trat auch in dieser Hinsicht sogleich eine Aenderung zum Bessern ein. Für die gewöhnlichen Kriegshülfen wurden volle Reichstage gar nicht mehr berufen. Das Herkommen gestattete für diese Zwecke sogenannte engere Zusammenkünfte (Möte), Ausschusstage, nur von wenigen Bevollmächtigten des Adels und der beiden ersten von den niederen Ständen beschickt. Die unter Carls Protektion allzusehr politisch verwilderten Bauern blieben hiervon ganz ausgeschlossen. Was die Ausschüsse bewilligten, band an sich auch die Skatte-Pflichtigen, jedoch ward über die Art der Aufbringung ihres Antheils mit ihnen durch des Königs Commissarien verhandelt. So blieb das Grundgesetz in seinen Buchstaben beobachtet und mehr hatte dasselbe den Bauern noch niemals gewährt.

In anderen Fällen liess der König auch blosse Provinzial-Landtage zusammentreten. Deren Bewilligungen erstreckten sich selbstverständlich immer nur auf den Bereich der gerade um Hülfe angegangenen Landschaft. So wurde es die ersten Jahre gehalten.

Nun war eine vollständige Reichstags-Ordnung durch Oxenstjerna ausgearbeitet und wurde den zur Krönung nach Oerebro berufenen Ständen vorgelegt (1617).

Die Reichsversammlung zerfiel danach in vier gesonderte

Stände-Curien. In jeder wird des Königs Proposition besonders vorberathen und zur Abstimmung gebracht. Sodann wird die Frage im Plenum resumirt und zum Schluss darüber nach Ständen abgestimmt. Zur Gültigkeit eines allgemeinen schwedischen Gesetzes gehört die Uebereinstimmung sämmtlicher vier Stände-Stimmen. Bei gewöhnlichen Verordnungen in Administrations-, Polizei- und Ökonomischen Sachen bleibt dem Könige frei gestellt, demjenigen Gutachten beizupflichten, welches ihm das zweckmässigste erscheint. Aber die Initiative ward auch hier ausschliesslich der Krone vorbehalten. Nicht blos das beste Schutzmittel gegen die oft beklagte Länge der Versammlungen sollte dies sein. Oxenstjerna hielt diese Prärogative auch zur Reinerhaltung des monarchischen Charakters der schwedischen Verfassung für unentbehrlich.

Beim Eintritt des Königs in den Reichssaal bringt Einer aus der Ritterschaft im Namen des Adels und des Heerbefehls, nach diesem der Erzbischof im Namen der unadligen Stände dem Könige den ständischen Gruss entgegen.

Was von Carl als Gegengewicht gegen den Adel versucht worden war, den Offizierstand als solchen in die Versammlungen zu kommandiren, hatte sich zu Gunsten des letzteren, als ein Gewohnheitsrecht bewahrt und kam nun, nachdem der demokratisch-absolutistische Rausch verflogen war, wesentlich dem ersten Stande zu Gute, dem die Offiziere, insbesondere der höheren Grade, sämmtlich angehörten.

Bei den fortdauernden politischen Verwickelungen und den mannigfachen und umfangreichen Beziehungen der Regierung Gustav Adolphs zum Auslande machte sich das Bedürfniss geltend, in den Reichstags-Berathungen eine Form zu besitzen, welche mehr als bei den Erörterungen in vollen Ständen möglich war, die Bürgschaft auch der Geheimhaltung in sich trugen. Diese Nothwendigkeit trat niemals dringender hervor, als bei den Berathungen, was zum Schütze gegen das bedrohliche Andringen der übermächtig gewordenen Österreichischen Macht nach Wallensteins erstem Auftreten geschehen müsse. Es war zum ersten Male, auf dem Reichstage von 1627, dass der König sich hierfür einen engeren Ausschuss erbat. Indem die Stände diesem Ersuchen willfahrten und 30 Mitglieder vom Adel und Kriegsbefehl, 14 vom geistlichen und eben so viel vom Bauernstande, endlich 10 von den Städtern committirten, ertheilten sie zugleich die Vollmacht:

„was König und Reichsrath mit diesem Ausschusse beschliessen werde, solle angesehen werden, als hätten die Stände selbst es beschlossen.“

Es ist dies das erste Auftreten des secreten Ausschusses in Schweden, welcher in dem Fortgange der Verfassungs-Entwickelung eine so eingreifende und unter Umständen so verderbliche Rolle gespielt hat.

Nach Annahme der Reichstags-Ordnung (1617) fand die feierliche Krönung Gustav Adolphs statt; dann die allgemeine Amnestie. Sie gewährte nicht blos Erlaubniss zur Rückkehr unter Vergeben und Vergessen, sondern verhiess meistens auch die Rückgabe der confiscirten Güter, hier und da selbst Wiedereinsetzung in die früheren Ehren und Aemter. Der Adel kehrte fast ohne Ausnahme heim. Es war dies von der grössten Bedeutung.

Zu Knäryd (1613) hatte der König mit Dänemark auf erträgliche Bedingungen sich verständigt, zu Stolbowa (1617) mit Russland einen günstigen Frieden geschlossen. Russland verzichtete darin auf seine Ansprüche an Liefland und trat Festung und Landschaft Kexholm, Iwangorod, Jama, Coporie und Nöteborg mit Zubehör an Schweden ab. Dem Könige von Schweden ward der Titel von Ingermanland und Carelien zugestanden. „Es war nicht die geringste unter Gottes Wohlthaten gegen Schweden“, schreibt König Gustav Adolph selbst, dass der Russe, mit welchem wir von Alters her in unsicheren Verhältnissen gestanden, jetzt auf ewige Zeiten das Raubschloss fahren lassen muss, von welchem aus er uns so oft beunruhigt. Jetzt kann dieser gefährliche Nachbar nicht ohne unseren guten Willen mit einem Kahne in die Ostsee kommen. Der grosse Ladoga- und Peipus-See, der Narva-Fluss, dreissig Meilen breite Moore und starke Festungen trennen uns von ihm. Russland ist von der Ostsee fern gehalten, und ich hoffe zu Gott, dass es ihm in Zukunft schwer fallen soll, über diesen Teich zu hüpfen.“

Nun blieb nur Polen übrig.

Siegmunds III. Politik stand im engen Zusammenhange mit dem Bestreben der Römischen Kirche, die in Folge der Reformation abgefallenen Länder wieder zu gewinnen. Die dahin gerichteten Plane der katholischen Coalition erhielten einen heftigen Stoss durch die Niederlage Siegmunds bei Stångebro und den darauf folgenden Verlust der schwedischen Krone. „Die

Spanier konnten nun nicht mehr hoffen, vom Hafen von Elfsborg aus eine Unternehmung auf Grossbritannien ins Werk zu setzen. Finnland konnte nicht zum Ausgangspunkt eines Krieges gegen Russland gemacht werden, von dem sich die katholische Propaganda einen so günstigen Erfolg versprach. Hatte Siegmund nicht die Herrschaft über das Baltische Meer, so stand die Aussicht und der Plan auf eine Unterwerfung der ostpreussischen Seestädte auf schwachen Füssen: und dieses Land der Römischen Kirche wieder zu erobern, bevor Chur-Brandenburg seine Ansprüche darauf durchgesetzt hatte" (Ranke, Geschichte der Päpste). Gleichwohl wurde der Plan, das Erbreich Schweden wieder zu gewinnen, von Siegmund unausgesetzt im Auge behalten. Auch die schwedische Emigration bestärkte ihn in seinen Hoffnungen.

Als Gustav Adolph zur Regierung gekommen, war mit Polen gerade Waffenruhe. Die Thron-Erledigung in dem benachbarten Russland, der Ehrgeiz Siegmunds, entweder für sich oder für seinen Sohn Wladislaus die moskovitische Krone zu gewinnen, hatten Augen und Sinne eine Zeitlang nach dieser Richtung hin beschäftigt. Auch die Anerbietungen, welche an Gustav Adolph von Nowogorod ausgingen, und die späteren Differenzen mit Russland und dem dort neu gewählten Michael Romanow liessen für Schweden die Erneuerungen des Waffenstillstandes mit Polen eine Zeitlang ganz erwünscht erscheinen.

Inzwischen unterliess Siegmund nicht, unter der Hand um Anhänger in Schweden zu werben. An seinen Halbbruder, Herzog Johann, hatte er noch während des dänischen Krieges geschrieben. Er schmeichelte sich mit der Fernsicht, dass der unglückliche Gang dieses Krieges dem Erbieten Siegmunds zur Hülfe, im Falle man ihn als rechtmässigen König anerkennen würde, guten Eingang in die Herzen der Schweden verschaffen werde. Auch an Drohungen liess er es nicht fehlen (Brief vom 7. April 1612). Alles dies blieb indess eben so vergeblich, als die angerufene Vermittelung fremder Fürsten. Die ungünstige Wendung der russischen Unternehmungen banden auch Siegmund ziemlich die Hände und das wiederholte Angebot der Waffenstillstands-Verlängerung (1616) verrieth dies dem schwedischen Reichsrathe nur zu sehr. Es kam hinzu, dass viele Emigranten vom schwedischen und finnischen Adel, darunter Manche, welche dem Könige persönlich besonders nahe gestanden hatten

(Heinrich Nykerk, Tönnis Haraldson), aus Polen ohne Bedenken in das Lager von Jacob Pontusson de la Gardie sich begaben, der damals den Oberbefehl in Liefland führte, — ein Feldherr aus der Schule der Oranier — und ihre Hülfe anboten. Andere gaben wenigstens vom Auslande aus den dringenden Wunsch zu erkennen, auf Gnade oder Ungnade in ihr Vaterland zurückzukehren, da sie in Polen doch nichts mehr zu hoffen hätten. Knut Posse, Einer von der Emigration, gab dem Könige mancherlei Auskunft über Siegmunds Anschläge und die geringeschätzige Behandlung seiner Landsleute am Hofe zu Warschau (Mai 1617).

Unter solchen Verhältnissen war allerdings die Amnestie Gustav Adolphs von weitgreifender Bedeutung.

Eine formelle Schwierigkeit zeigte sich in Betreff der verheissenen Rückgabe der confiscirten Güter. Die Eidversicherung von 1611, welche der Reichsrath formulirt hatte, enthielt noch den alten Passus des Königsbalkens:

> „Und soll der König Upsala-Oede erhalten und vertheidigen, und sein Nachfolger das Recht haben, was davon gekommen, wenn er will, wieder einzuziehen."

Mit dieser Formel war im Grunde der Rückempfang der Güter für die Emigration nur von zweifelhaftem Werthe. Zugleich hatte eine mehrjährige Erfahrung den König belehrt, dass mit dieser Clausel auch die laufende Finanz-Verwaltung an höchst unbequemen Schwierigkeiten laborirte. Trotz der wirklich massenhaften Confiscationen unter Carls Regiment waren doch die Kassen erschöpft und das Land unfähig, die stets neu begehrten Steuern, Auflagen und Rekrutirungen zu tragen. Der Heerbefehl konnte, beim Mangel baaren Geldes, nicht anders in Laune gehalten werden, als durch Verleihungen von Grund und Boden. Carl hatte schon kein Bedenken getragen, zu Veräusserungen des Kronguts durch Verkauf und Verpfändung zu schreiten. Diese Form hielt man nicht eigentlich für einen Verstoss gegen den Königsbalken, insofern die Krone ja zu ihrem vollen Werthe gelangt war und hinsichtlich der Belohnungen an den Kriegsbefehl hatte Carl sich durch den Beschluss von Norrköping gedeckt.

Unter Gustav Adolph setzten sich die Verlegenheiten fort; J. Skyttes Rath, die Besitztitel des gesammten adligen Besitzthums zu revidiren und einzuziehen, wo sich Mängel fänden, wies der König mit der Bemerkung zurück: „Reiche Unterthanen machen den König reich, arme ihn arm.“

Als nun die Eidversicherung von 1611 bei der Krönung von 1617 wiederholt werden sollte, strich der König zuvor mit eigener Hand die Clausel wegen der Befugniss des Thron-Nachfolgers zur Rücknahme fortgegebener Krongüter. Es blieb ihm kein anderer Ausweg.

Bei der Wiederaufnahme und Fortsetzung der Feindseligkeiten mit Polen (1618) und der Kämpfe in und um Liefland kam ihm die freie Hand sehr zu statten. Die neuen Eroberungen wollten geschützt sein. Indem der Kriegsbefehl Belehnungen in Grund und Boden in den neuen Provinzen erhielt, theils statt Löhnung, theils als Belohnung, wurde dessen persönliches Interesse auf das engste mit demjenigen des Staates verknüpft. Die Lehnsnehmer wurden gleichsam die Vorposten gegen den ersten Anfall der Feinde. Axel Oxenstjerna erhielt so (1622) das Stift Wenden mit den dazu gehörigen Präbenden und den Schlössern Wolmar, Burtnik, Trikal und Moijan; Jesper (Matsson) Krus die Herrschaften Karckhus und Ruin; Herrman Wrangel und AI. v. Essen jeder ein Rittergut in Esthland; Graf Franz Bernhard v. Thurn erhielt (1625) Schloss Pernau; Admiral Carl (Carlsson) Gyllenstjelm (des Königs illegitimer Bruder, derselbe, welcher mit Jacob de la Gardie in jahrelanger Gefangenschaft bei Siegmund geschmachtet hatte und erst 1612 ausgewechselt ward) Pebal und Schwan, Åke Tott zwei Rittergüter im Bezirk Pebal, Clas Fleming Ringenhoff, Johann Banér Berson, Per Banér Salis, Svante Banér Runeborg, Smilten und Serben, Nils Brahe Sesswägen, Bengt Oxenstjerna Ruppin im Bezirk Dorpat. Auch Gustav Horn, Creutz, Torsten Stålhandske u. A. erhielten Güter oder Schlösser (s. Cronholm: Gustav II. Adolphs Regierung).

Diese Dotationen geschahen unter der Verbindlichkeit für den Empfänger, die erforderliche Besatzungs-Mannschaft der festen Schlösser auf eigene Kosten zu unterhalten, und nach Maassgabe der Rente an der Rossdienstleistung Theil zu nehmen. Die letztere ward in der ersten Zeit gegen Verstärkung der Garnison-Mannschaften erlassen.

So ward in die neuen Provinzen die schwedische Aristokratie übergesiedelt, auch Manche vom liefländischen (deutschen) Adel in das schwedische Ritterhaus aufgenommen. Der Druck unter polnischer Herrschaft und die Religions-Verfolgung trieb sie unter die Fahnen Gustav Adolphs. In dem später eroberten Polnisch-Preussen geschah das Gleiche. Ueberall nach den Regeln des Norrköping-Beschlusses wurden auch hier Güter und Herrschaften an die Ausgezeichnetern unter den Officieren fortgegeben.

Die wenig unterbrochenen Feldzüge gegen Polen, denen der König stets in eigener Person beiwohnte, schoben eine Zeitlang den weiteren Ausbau der ständischen Verfassung, wie er in Axel Oxenstjernas Plänen lag, hinaus. Doch erschien eine Organisation innerhalb des ersten Standes unabweisbar, seit durch König Erich neue Adelsgrade in Schweden eingeführt, und durch die grossen Belehnungen ein neuer Herrenstand geschaffen war, welcher wohl Anspruch hatte, auch in seinem politischen Stimmrechte der Masse des übrigen kleineren Adels voranzugehen.

Endlich im Jahre 1626 erging von Seiten des Königs das Erbieten eines besonderen Ritterhauses für den ersten Stand und mit einer besonderen Ritterhaus-Ordnung.

Schon 1617 hatte der König sich beklagt, dass Niemand mehr genau wisse, wer denn eigentlich Alles das Recht besitze im ersten Stande auf den Reichstagen zu erscheinen und eine Stimme zu führen. Die blossen Frälsemän habe Niemand zum Geschlechts-Adel gerechnet; eine Stimme im ersten Stande konnte ihnen daher nicht zustehen. Dagegen an König Erichs Rangstufen müsse festgehalten werden, denn sie seien das beste Mittel, grosses Verdienst um Krone und Reich auch dauernd und würdig zu belohnen; dem edlen Ehrgeiz sei ein edles Ziel damit gesteckt.

Danach geschah nun folgende Gliederung:

„Schwedens Ritterschaft und Adel bestehen fortan aus drei Klassen:

a) den Grafen und Freiherren (der Lehns-Adel oder Herrenstand),
b) den Nachkommen der Reichsräthe (Ritter im engern Sinne),
c) allem übrigen Geschlechts-Adel (Svennar).

Gelangt ein Mitglied dritter Klasse (Sven) durch königliche Berufung in den Reichsrath, so steigt er sogleich in die zweite Klasse auf.

Eine Matrikel wird angefertigt, und darin alle zum Ritterhause befähigte Familien verzeichnet. Alle volljährigen Mitglieder der Letzteren haben das Recht und die Pflicht, auf dem Reichstage zu erscheinen. Zur Führung der Stimme wählt jedes Geschlecht sein Caput. Die Uebrigen stellen sich um den Sitz des Letzteren. Innerhalb derselben Klasse haben alle Capita gleiches Stimmrecht.

Jede Klasse des Adels führt aber eine besondere Curiatstimme und die Mehrheit dieser Curienstimmen repräsentirt die Stimme des ganzen Standes auf dem Reichstage. Doch berathen die verschiedenen Klassen nicht in getrennten Räumen.

Die Reichsräthe nehmen, wenn sie im Ritterhause erscheinen, ihren Platz auf besonderer Bank obenan. An den Berathungen können sie sich betheiligen, Stimmrecht haben sie hier nicht. Sie vertreten hier vornehmlich das Recht der Krone.

Auch der Heerbefehl wird dem Ritterhause beigeordnet. Nach zuvoriger Berathung in besonderm Zimmer darf derselbe seine Meinung dem Ritterhause zur Kenntnissnahme und Beachtung mittheilen. An den eigentlichen Berathungen und Beschlussnahmen des letzteren hat er keinen Theil.

Der König ernennt für jeden Reichstag den Marschall des Ritterhauses, welcher dadurch zugleich Land-Marschall des Reichstages ist."

Man sieht, durch diese Gliederung war die Abstimmung im Ritterhause selbst wesentlich in die Hände der hohen Geschlechter gegeben. Denn das war vorauszusehen, dass Herrenstand und Ritter in der Regel mitsammen gehen würden.

Auf der anderen Seite hatte auf den Reichstagen der erste Stand in den Fragen der allgemeinen Legislation schon grundgesetzlich (nach der Reichstags-Ordnung von 1617) eine entscheidende Stimme, und in den übrigen Fragen brachte es wenigstens das Herkommen mit sich, dass er nicht überstimmt werden konnte. So war die Verfassung nach allen Richtungen hin streng aristokratisch geregelt, ohne übrigens weder das herkömmliche Recht der Krone zu schmälern, noch irgend einen Stand von der Theilnahme am öffentlichen Wesen und seiner eigenen freien Fortentwickelung auszuschliessen.

Denn in der innern Verfassung des Reichsraths, in der legislatorischen Initiative und in den laufenden Geschäften, was wir heute wohl mit dem Worte „Exekutive" bezeichnen, hatte der König freie Hand und freien Spielraum. Die Vorberathungen für alle wichtigen politischen Fragen und für die an die Stande bestimmten Vorlagen geschahen zwar grundgesetzlich in versammeltem Rathe, allein keine Bestimmung band hier den König an die Mehrheit der Vota.

Anders ward es freilich zu Zeiten der Vormundschafts-Regierungen. Dann brachten es die Umstände naturgemäss mit sich, dass das Monarchische in der Verfassung der hohen Aristokratie zufiel, und die Staatsleitung einen oligarchischen Charakter annahm. Zur Zeit, als nach des grossen Königs Tode, dem Hause Oxenstjerna vornehmlich diese Staatsleitung zufiel, lässt sich aber nicht behaupten, dass dem Staate ein Nachtheil daraus erwuchs. Es war dies, neben der Zeit der letzten Regierungsjahre des grossen Königs selbst, unleugbar die glänzendste Periode, welche Schweden gehabt hat.

Welches waren nun die Geschlechter, welche bei Errichtung des Ritterhauses (1626) den Herrenstand und die Klasse der Ritter bildeten?

I. *A*. Auf der Bank der Grafen erscheint obenan:

1. Das Geschlecht der Brahe von Visingborg, von der Erhebung von 1561 her, jetzt vertreten durch den Reichsdrosten Magnus, Persson und dessen Bruder Abraham. Sodann folgte.
2. Das Geschlecht der Lewenhaupt von Raseborg von der Erhebung von 1569 her, jetzt durch kein hervorragendes Mitglied vertreten. Endlich.
3. Der Feldmarschall Jacob, Pontusson, de la Gardie von Leckö, für seine glänzenden Thaten im Felde im Jahre 1616 mit der Hand Ebbas Brahe (Magnus Tochter) und der Grafschaft Leckö belohnt.

Die Geschlechter der Grafen Sture und Roos waren bereits im Mannstamme erloschen, und ihre Belehnungen standen der Krone wieder zur Verfügung.

B. Auf der Bank der Freiherren gellt allen voran:

1. Das alte und vornehme Geschlecht der Oxenstjerna, als Freiherren von Eka und Lindö, jetzt vertreten durch den Kanzler Axel und dessen Bruder Gabriel (Gustavs Söhne) und ihren Oheim Bengt, von der Erhebung von

1561.

2. Dann folgt das Geschlecht der Horn von Ånnime, gleichfalls von der Erhebung von 1561, jetzt vornehmlich vertreten durch den General Clas, des Admirals Clas (Christersons) Enkel.
3. Das Geschlecht der Gyllenstjerna von Lundholm, von der Ernennung von 1569, jetzt vertreten durch die Enkel des alten Reichsdrosten Nils (Göransson), des Reichsadmirals Göran (Nilsson) Söhne.
4. Der Freiherr Johann de la Gardie von Ekholm (Pontus Sohn), und Bruder des Grafen Jacob, von der Ernennung von 1579 her. Mit ihm erlosch 1642 der freiherrliche Zweig der de la Gardie.
5. Peter Schenk, aus dem Mansfeldischen, in Folge seiner Dienste im Felde von Gustav Adolph 1625 als schwedischer Freiherr naturalisirt und in das Ritterhaus eingeführt.
6. Das Geschlecht der Bjelke von Korpå von der Ernennung von 1608, vertreten durch die Gebrüder Svante und Nils (Tures Söhne).
7. Der Reichsadmiral Carl (Carlson) Gyllenhjelm (König Carls natürlicher Sohn, der unvermählt blieb) von der Ernennung von 1615.
8. Reichsrath Johann Skytte von Duderhoff, von der Ernennung von 1624.

Endlich war zwar der Feldmarschall Jacob Speus von Wor-meston, der ehemalige englische Gesandte bei Carl IX., dann unter Gustav Adolph in schwedische Dienste übergetreten, schon 1622 zum schwedischen Freiherrn ernannt. Er für seine Person nahm indess den Sitz im Ritterhause nicht ein; derselbe blieb vielmehr sub No. 9. seinen Söhnen reservirt, welche 1635 eingeführt wurden.

Das freiherrliche Geschlecht der Stenbock von Oeresten und Kronobäck erscheint bei Eröffnung; des Ritterhauses nicht vertreten. Entweder befand sich dasselbe noch in der Emigration oder die männlichen Sprossen waren in der Minderjährigkeit. Ein Friedrich Stenbock findet sich erst wieder unter den Officieren, welche den König nach Deutschland begleiten (Herbst 1630), wo er eine Schwadron Leib-Dragoner commandirt.

Die freiherrlichen Geschlechter der Grip und der Fleming

von Wyk waren erloschen; Johann Sparres Freiherrn-Diplom vernichtet und das Geschlecht anscheinend noch in der Emigration.

So hatte der Herrenstand bei Errichtung des Ritterhauses nicht mehr als 11 Stimmen.

Etwas stärker besetzt war

II. Die Klasse der Ritter. Diese Klasse gelangte niemals zu sonderlicher Ausdehnung, da der Reichsrath sich zunächst aus dem Herrenstande ergänzte, oder Reichsräthe von Auszeichnung bald in den Herrenstand aufgenommen wurden. Jetzt fanden sich der Reihenfolge nach folgende Geschlechter verzeichnet:

1. Liljehök von Fårdala.
2. Forsten.
3. Bååt (Axels Oxenstjerna Gattin war eine Bååt).
4. Fleming von Wilnäs (Clas, Larsson jetzt Vice-Admiral).
5. Kyle von Erstavik und Damnäs.
6. Banér von Ekenäs und Djursholm.
7. Sparre von Rossvik.
8. Bjelke von Åkerö.
9. Ulfsparre von Broxvik.
10. Soop von Hammar.
11. Bonde von Borrö,
12. Horn von Kanckas (dieser Linie gehörte Gustav Horn an).
13. Natt och Dag von Göksholm und Bro.
14. Posse von Säby.
15. Ribbing von Ulfnäs (Seved Ribbing war Carls IX. Reichs-Schatzmeister).
16. Boye von Gennäs.
17. Hård von Segerstad.
18. Ryning (Axel Ryning war Reichs-Marschall unter Carl IX.).
19. Tott (vertreten durch General Åke, Enkel Königs Erich).
20. Torstenson.
21. Lilje.
22. Krus [Feldmarschall Jesper (Matson) Krus war nach Seved Ribbings Tode Reichs-Schatzmeister † 1622].

Dies waren die Geschlechter, deren Vorfahren vornehmlich im Rathe der Könige oder im Reichsrathe gesessen hatten, eine Reihe, nicht eben zahlreich, aber meist voll ruhmreicher

Erinnerungen.

Die Familie Torstenson, deren Namen durch den Feldmarschall Lennart bald zu so grosser Berühmtheit gelangt, hatte ihr Stammgut Torstena unweit Wenersborg in Westergothland. Doch erstreckten sich ihre Besitzungen weiter. Schon unter Gustav Wasa sind zwei Mitglieder der Familie im Reichsrathe. General Lennart Torstenson, der ältere, fiel 1563 im Kriege gegen die Dänen; von seinen Söhnen aus der Ehe mit Margaretha Ekeblad, hält Anders zum Herzoge Carl, Torsten zu König Siegmund, beide standen sich bei Stångebro gegenüber. Torsten, Lennarts Vater, kehrt auf Gustav Adolphs Amnestie nach Schweden zurück.

III. Zur dritten Klasse, der Svennar, wurden bei Eröffnung des Ritterhauses nicht über 120 Geschlechter matrikulirt. Die Reihefolge bestimmte sich hier, wie in der zweiten Klasse, unter den Familien des alten Geschlechts-Adels nach dem Loose; bei dem Brief-Adel, der nachging, nach dem Tage der Nobilitirung.

Gustav Adolph vermählte sich im Jahre 1620 mit Maria Eleonore, Schwester des Churfürsten Georg Wilhelm von Brandenburg. In diesem Jahre war auch der glimmende Funke der kirchlichen Spannungen in Deutschland zur offenen Flamme aufgeschlagen. Friedrich von der Pfalz von den Böhmen zu ihrem Könige gewählt, verlor im Oktober 1620 am weissen Berge Schlacht, Krone und Land. Von Breslau aus, wohin er geflohen, schrieb er an Gustav Adolph, er möge durch einen Anfall auf Polen dazu beitragen, dass die evangelische Partei in Böhmen sich wieder erheben könne, auch sich erinnern, wie nothwendig es jetzt sei, dass sämmtliche protestantische Fürsten in ein engeres Bündniss miteinander träten.

Nun verkannte zwar Gustav Adolph niemals, dass der Krieg zwischen ihm und Sigismund Berührungspunkte mit dem grossen Kampfe hatte, welcher zwischen der katholischen und evangelischen Welt in diesem Augenblick losgebrochen. Allein bisher war der erstere doch in der Hauptsache als ein Familienstreit zwischen den beiden Linien des Wasa-Hauses um die Krone Schwedens und um den Besitz von Liefland angesehen worden. So betrachtete ihn insbesondere auch die polnische Nation, welche im Ganzen doch nur mit schwachem Eifer sich daran betheiligte. Von jetzt erhielt er indess eine allgemeine Bedeutung. Sigismund wurde von der katholischen Coalition angetrieben, den Kampf nicht zum Abschlusse zu bringen, um Gustav Adolph abzuhalten, unmittelbar in Deutschland hülfreich aufzutreten.

Eben so antwortete Gustav Adolph auf das Anrufen Friedrichs von der Pfalz ausweichend: „so lange er nicht wisse, wie er mit Polen daran sei, könne er der evangelischen Union in Deutschland keine unmittelbare Hülfe leisten. Die letztere gelobe er für den Fall, dass die Polen durch die Türken im Süden würden im Athem gehalten werden, und sich aus diesem Grunde geneigt zeigen möchten, Waffenruhe mit Schweden einzugehen.“ Das sollte nun sobald noch nicht erfolgen.

Im Jahre 1626 versetzte Gustav Adolph den Kriegesschauplatz nach Preussen, in der Hoffnung, durch eine Occupation dieses die inneren Interessen Polens näher berührenden Küstenstrichs eher den ersehnten Frieden zu erzwingen. Mit der Eroberung des Gebietes an der niederen Weichsel und Danzigs war nicht blos die dem polnischen Adel so wichtige Ausfuhr aus den polnischen Binnenländern unterbunden, sondern auch der Weg nach Masowien und Warschau geöffnet; wichtige Hülfsquellen, namentlich für Truppenaushebungen, dadurch der polnischen Krone genommen; und endlich die schwedische Kriegsmacht dem Mittelpunkte der Kämpfe näher gerückt, welche Europa damals in zwei grosse Lager theilten.

Die Unterhandlungen, welche der Prinz von Wales, der landesflüchtige Friedrich V. und Moritz von Oranien mit dem Könige eingeleitet, hatten, um ihn zum unmittelbaren Eingreifen in die deutschen Angelegenheiten zu bewegen, waren fruchtlos geblieben, so lange England den Beitrag an Subsidien und Mannschaften weigerte, welchen Gustav Adolph als Bedingung gestellt hatte. Es ist bekannt, dass es nicht ohne Eifersucht auf Schweden geschah, dass König Christian IV. von Dänemark seinerseits sich an die Spitze des protestantischen Bündnisses stellte, ohne jedoch den Umfang seiner Hülfsmittel hinreichend gewürdigt zu haben. Moritz von Oranien hatte vorgeschlagen, dass zwei Heere in Deutschland gegen das Haus Habsburg vorrücken sollten, eines unter der Führung des dänischen, das andere des schwedischen Königs. Gustav Adolph machte darauf aufmerksam, dass vier Wege zu dem Herzen des Feindes führten: der eine die Weser hinauf nach der Pfalz; der zweite die Elbe hinauf nach Böhmen; der dritte die Oder hinauf und der vierte durch Polen; die beiden letzteren mit dem Zielpunkt, auf Wien durch Schlesien. Obgleich auf die Anforderungen an Englands und Hollands Hülfe damals keine zufriedenstellende Antwort erging, setzte sich doch der König durch die Verlegung des Kriegsschauplatzes von Liefland nach Preussen in die Lage, jederzeit an die Ausführung jenes Planes zu gehen. Jedenfalls wurde in der Zwischenzeit König Siegismund gehindert, dem Wiener Hofe seine eigene Hülfe zur Verfügung zu stellen. Das war auch Oxenstjernas Auffassung, dass man schwedischer Seits zu jener Zeit besser in Polen, als in Deutschland selbst zur Herstellung der evangelischen Sache beitragen könne. Dass diese Hoffnung durch die Siege Tillys und Wallensteins vereitelt wurden, lag ausser Berechnung des schwedischen Königs. (Cronholm: Sveriges Historia.)

Der König selbst leitete den Feldzug in Preussen: Unter ihm kämpften mit Glück insbesondere die Wrangels (Hermann und Hans) und Banérs. In Liefland und Curland war die Kriegsleitung Jacob de la Gardie und Gustav Horn überlassen, bei ihnen blieb Torstenson und Åke Tott. Eine grosse Anzahl deutscher und englischer Offiziere hatten sich in des Königs Lager eingefunden: Graf Thurn, Baudis, Teuffel, Streiff, der Rheingraf, Wittenberg, Königsmark, Falkenberg, Spens, Stuart, Lessli u. A.

Der im Herbste 1629 auf sechs Jahre geschlossene Waffenstillstand zu Altmark gab endlich dem Könige freie Hand, unmittelbar auf deutscher Erde mit seinen Truppen aufzutreten.

—

Die Ergänzung der Kriegsvölker geschah damals zum grösseren Theile durch Werbung, zum geringeren durch Aushebung. Die erstere blieb meist den Regiments-Obristen überlassen, mit denen die Krone Kontrakte schloss. Die letztere wurde neben dem Rossdienst des Adels als gemeine Landeslast getragen. Für die Leistung des Rossdienstes war seit der Bestätigung der Adelsprivilegien zu Nyköping (1612) der Maassstab festgehalten, dass auf 400 schwedische Thaler Bodenrente ein Reiter zu gestellen. Die Erschöpfung des Adels durch die andauernden Kriege hatte den König im Jahre 1622 bewogen, die Gestellung des Reiters innerhalb der alten Landesgrenzen auf 500 Thaler

Grundrente zu ermässigen. Dafür ward vermehrte Kriegsleistung von den Dotationen in den eroberten Provinzen übernommen.

Bei der Aushebung des Fussvolks galt das Verhältniss, dass je 10 männliche Köpfe der Skatt- und Kron-Bauern, d. h. der Eigenthumsbauern und Kronpächter; je 20 Köpfe der Pachtbauern des Adels einen Rekruten zu gestellen hatten. Um nicht bei eintretenden Kriegsunterbrechungen und Wiederaufnahme des Kampfes stets mit neuen Rekruten ins Feld rücken zu müssen, hatte schon Carl IX. gewisse Kronhöfe, meist von confiscirten Adelsgütern, ein für alle Mal zu sogenannten Soldatenhemmans ausgeworfen. Die hierauf gelegten Soldaten mussten den Hof selbst bewirthschaften und sich davon erhalten, beim Aufgebot aber sogleich wieder zur Fahne sich einstellen. Diese Einrichtung war einem Lande von so geringer Bevölkerung, reichlichen Bodenflächen und unentwickelter Geldwirthschaft in vorzüglichem Grade anpassend. Allein die Anzahl der Soldatenhöfe erwies sich bei zunehmendem Bedürfniss unausreichend.

Einige Erleichterung gewährte, dass der Adel, dem Könige zu Liebe, im Jahre 1627 auf seinen bisherigen Vorzug verzichtete, und gestattete, aus seinen Pachtbauern nach gleichem Fusse wie aus den Eigenthumsbauern auszuheben. Mit der vermehrten Aushebung stiegen aber auch die Kosten der Unterhaltung und die Mittel der Krone gingen immer mehr auf die Neige.

Gustav Adolph liess deshalb den Landgemeinden vorschlagen, sie möchten durch alle Provinzen für den Unterhalt des Fussvolks in Friedenszeiten ebenfalls Soldaten-hemmans aussondern, wogegen die bisherigen baaren und Natural-Hebungen fortfallen sollten. So würde das Heer auch in Friedenszeiten auf dem Papiere fortbestehen, gleichwohl dem Landbau zurückgegeben sein, eine Art Landwehr-Einrichtung, welche ständige Beurlaubung gestattete, ohne im Grunde den Fahnenbestand zu mindern.

Es gelang indess nicht, diesem Gedanken schon damals Eingang zu verschaffen. Der Bauernstand fühlte sich freilich erschöpft; er hoffte von Jahr zu Jahr auf endlichen Schluss der Feldzüge. Um so weniger schien es ihm an der Zeit, als dauernde Last zu übernehmen, was bisher nur bei eintretendem Bedürfniss und nach dem Maass dieses Bedürfnisses bewilligt war. Sie antworteten dem Könige daher ausweichend, er möge nur immer fordern, so oft er es nöthig habe, sie würden ihn schon nicht, so weit ihre Kräfte reichten, im Stiche lassen. —

Auf den Kriegsschauplatz in Deutschland können wir den grossen König nicht begleiten. Für die Verfassung geschah in dieser an sich nur kurzen Zeit ohnehin nichts mehr. Aber an dem Kriegshimmel Europas glänzten noch lange die Namen schwedischer Helden als Sterne erster Grösse (Horn, Banér, Torstenson, Wrangel), nachdem mit dem Könige das Hauptgestirn in die Nacht des Todes gesunken war. —

Als die Nachricht von Gustav Adolphs Falle auf den Feldern von Lützen (November 1632) nach Schweden gelangte, war der Schmerz ausserordentlich. Manchem edlen Manne kostete sie das Leben. So dem Freiherrn Spens, welchen der Schlag traf; so dem Reichsdrosten Grafen Magnus Brahe, welcher auf das Krankenlager geworfen ward, von dem er sich nicht mehr erhob.

Für den Fall, dass dem Könige Menschliches begegnen möchte, waren übrigens im Voraus Bestimmungen auf das Papier gebracht. Das Concept rührte von der Hand Axels Oxenstjerna her, war aber „quoad realia" vom Könige selbst noch gutgeheissen. Dieses Concept ward den zum März 1633 nach Stockholm berufenen Ständen vorgelegt.

> „Wohl hätten sie gewünscht", erklären sie, „dass eine feste Verordnung über die Vormundschaftsregierung zwischen dem Könige selbst noch und den Ständen zur Vereinbarung gekommen wäre. Obgleich dies nun nicht geschehen, so hätten sie sich doch überzeugt, das der König schon zu seinen Lebzeiten Entschliessungen hierin gefasst und solche den edlen Männern vom Reichsrathe mitgetheilt habe, ja den Inhalt der von ihm befohlenen Instruction schon im Wesentlichen gebilligt habe. Desshalb möchte nunmehr der Reichsrath den Entwurf als förmliche Urkunde ausarbeiten und seiner Zeit den Ständen zur Genehmhaltung vorlegen."

Dies letztere geschah im folgenden Jahre. Der Entwurf erhielt als „Regierungsform" Gesetzeskraft. Sie enthielt im Wesentlichen geordnet zusammengefasst, was bereits zu Lebzeiten des Königs an Verfassungs- und Verwaltungs-Einrichtungen in Wirksamkeit gesetzt war, und ergänzte, wo Lücken waren, im Geiste des Urhebers. Dabei war von der Vormundschaft das Interesse der Krone um so gewissenhafter wahrgenommen, als die letztere jetzt eines selbstständigen Vertheidigers entbehrte. Die

Pietät gegen den verstorbenen König trat in vollem Maasse zum Vorschein. Selbst schon eingeräumt erhaltene Vorrechte, wie mehrere in Gustav Adolphs Eidversicherung namhaft gemachte Eventualitäten, wo das Ja und die Zustimmung des Reichsrathes (Rådets Ja och Samtycke) bei des Königs Entschliessungen zur Bedingung ihrer Gültigkeit gestellt waren, liess jetzt der Reichsrath fallen.

Bevor der Entwurf zum Plenum des Reichstages gelangte, unterlag er einer eingehenden Prüfung durch einen Ausschuss der Gesammtstände. Einige unbedeutende Emendationen abgerechnet, erfreute er sich des allgemeinen Beifalls. Kein Stand fühlte oder äusserte sich zurückgesetzt. In der That entsprach er durchaus den gegebenen Zuständen, dem Bedürfnisse der politischen Lage, den gewohnten Anschauungen der bürgerlichen Gesellschaft.

Auch ausserhalb Landes versagte man ihr nicht die gebührende Anerkennung. Johann Skytte, welcher in diplomatischer Mission in England sich befand und mehrere Exemplare dorthin mit sich genommen hatte, schrieb — obgleich für seine Person den monarchisch-aristokratischen Grundlagen keineswegs hold, auf welchen die Regierungsform beruhte — dem schwedischen Reichsrathe: „sie sei in England von allen Seiten als ein Meisterwerk angesehen worden, omnibus sicut insigue prudentiae civilis specimen ab omnibus probatum.“ (Puffendorf de reb. Svec. VII.)

Nach der neuen Regierungsform ernennt der König, als das Oberhaupt des Reiches, die Mitglieder des Reichsrathes, die hohen Befehlshaber und sonstigen Beamten nach Maassgabe der Gesetze, nach des Reiches Bedürfniss und seinem eigenen Gutdünken.

Dem Reichsrathe, dessen Mitglieder der Regel nach auf 25 beschränkt sein sollen, liegt es ob, den König an das bestehende Recht zu mahnen, ihm zu rathen, nach bestem Wissen und Gewissen zu seinem und des Landes Nutzen; die Stande und das gemeine Volk anzuhalten zur Treue und zum Gehorsam, und in allen sonstigen Dingen, welche vorkommen oder ihm anvertraut werden, sich allezeit des Königs und des Reiches Recht, Nutzen und Wohlfahrt angelegen sein zu lassen, in Gemässheit des Eides, welchen die Räthe dem Könige und dem Reiche geleistet.

Anlangend die ständische Mitwirkung, so heisst es

zunächst von den Ausschuss-Reichstagen: Kommen Fälle vor, dass man der Stände Bedenken bedarf, oder ihnen Wichtiges mitzutheilen hat, doch der Eile wegen sich dies umständlich nicht thun lässt, so sollen den Mitgliedern der obersten Reichs-Collegien und den Provinzial-Vorständen, welche zusammenzurufen, aus jedem Gerichtssprengel zwei von der Ritterschaft, die Bischöfe oder Superintendenten aus Schweden und Finnland und von den Städten Stockholm, Upsala, Götheborg, Norrköping, Åbo und Wjiborg je ein Bevollmächtigter zugesellt werden.

Sind allgemeine Reichstage unvermeidlich, wie bei der Krönung oder aus anderen wichtigen Ursachen, so sollen dazu eingerufen werden:

der versammelte Reichsrath, die Grafen, Freiherren, Ritter und Edelleute, welche ohne gesetzliche Entschuldigungsgründe nicht fortbleiben sollen;

von der Landes-Miliz (nicht von den geworbenen Truppen) die Obristen, Oberstlieutenants, Majors und je ein Rittmeister und Kapitän von jedem Regiment;

die Bischöfe oder Superintendenten mit je zwei Mitgliedern aus den Dom-Kapiteln und mit je einem Pfarrer für zwei Häraden;

von jeder Stadt ein Bürgermeister und ein Rathmann, oder sonst ein angesehener (förnäm) Bürger;

endlich aus jedem Härad ein Bauer. Niemand darf auf dem Reichstage das Wort erhalten, wer nicht innerhalb Schwedens und Finnlands alten Grenzen angesessen (bofast) ist. —

In des Königs Minderjährigkeit, Abwesenheit oder Krankheit wird die Regierung von den fünf hohen Würdenträgern geführt, doch mag während dieser Zeit thunlichst kein neues allgemeines Gesetz erlassen, keine Privilegien ertheilt, kein Adel verliehen und kein Kron- oder Steuerhof oder sonstige Rente der Krone veräussert oder fortgegeben werden. Ist ein solcher Fall unvermeidlich, so ist der König, wenn er zur Regierung gelangt, befugt, wieder einzuziehen, was so abhanden gekommen, sofern er nicht vorzieht, es bei dem, was geschehen, zu belassen.

In wichtigen Angelegenheiten hat die Regentschaft den versammelten Reichsrath zu hören, auch, wo es angemessen erscheint, das Gutachten der fünf Reichs-Collegien. Allgemeine Stände-Versammlungen sind in dieser Zeit thunlichst auszusetzen, es sei denn, dass das Schicksal des Reiches auf dem Spiele stände.

Weiter rekapitulirt die Regierungsform die Organisation der Behörden, wie sie bereits in Geltung war. Für ausserordentliche Fälle ward ein Reichsgerichtshof eingesetzt. Wenn nämlich Jemand von so hoher Stellung im Reiche ein Verbrechen beginge, oder das Verbrechen selbst von der Art wäre, dass es Krone und Reich nahe beträfe (Hoch- und Landesverrat), wie es bisher nicht anders, als vor versammelten Ständen untersucht und abgeurtheilt worden, so sollen statt dessen fortan die vier vornehmsten Hofrichter, nebst den übrigen Reichsräthen, mit den Landeshauptleuten und den Bürgermeistern der sechs vornehmsten Städte zusammentreten, und als höchster Staatsgerichtshof über den Fall entscheiden.

Drei und zwanzig Landeshauptleuten wird die Verwaltung der Provinzen anvertraut, mit testen Residenzen. Sie werden, gleich den Festungs-Commandanten, immer nur auf drei Jahre ernannt, nach deren Ablauf sie in Stockholm persönlich Rechenschaft über ihre Verwaltung abzulegen haben. Jedes andere Amt ist jährlich zur Rechenschaftslegung verpflichtet. Nur die Stellen der General-Gouverneurs der eroberten Provinzen und des Obrist-Statthalters zu Stockholm bleibt den Reichsräthen vorbehalten. Niemand kann sich, ohne gesetzliche Gründe, der Uebernahme des Amtes entziehen, zu welchem er berufen wird. Dafür erhält jedes Amt auch ein angemessenes Einkommen.

Säumige oder strafbare Beamte werden vom Reichsfiskal vor dem Königlichen Hofrathe, als dem Disciplinarhofe, angeklagt, sofern sie nicht Mitglieder der fünf hohen Reichs-Collegien sind. In letzterem Falle besteht der Disciplinarhof aus den fünf höchsten Würdenträgern und je zwei Mitgliedern der Collegien. Möchten sich die Collegien oder die hohen Würdenträger selbst etwas zu Schulden kommen lassen, so bleibt es in des Königs Discretion gestellt, ob er einen blossen Verweis ertheilen, oder förmliche Untersuchung von dem versammelten Reichsrathe geführt wissen will. Nur im Fall, das der König minderjährig, oder förmlicher Hoch- oder Landesverrath vorliegt, geht die Sache an den obengenannten Staatsgerichtshof.

Bei Gelegenheit des jährlichen Erscheinens der Provinzial-Beamten in Stockholm zum Zweck der Rechenschaftslegung wird zugleich auf einem sogenannten „Beamtentage“, unter Zugesellung von ständischen Mitgliedern, über solche Geschäfte von allgemeinem Interesse berathen und beschlossen, zu welchen die Verfassung oder das Herkommen die Zuziehung der versammelten Stände nicht vorbehalten haben. —

Durch ihren einheitlichen Charakter und durch die gegenseitige Durchdringung von Ständethum und Beamtenthum unterscheidet sich die schwedische Regierungsform vortheilhaft von den Verfassungs-Versuchen späterer Zeiten, wo Ständethum und Beamtenthum möglichst auseinandergehalten und bei der Organisation des ersteren das Streben hauptsächlich darauf gerichtet erscheint, politische Gegensätze herauszukehren, die sich wechselweise im Gleichgewichte halten sollen, während die Erfahrung erwiesen hat, dass, wo sie mit gleich starken Kräften ausgerüstet sind, sie meist das Staatsleben auf den Punkt des Stillstandes neutralisiren, wo man sie aber ungleich ausgestattet hat, die Bewältigung des schwächeren Faktors durch den stärkeren, meist auf gewaltsame Weise, zur Folge gehabt haben.

Allerdings war die Einheitlichkeit in der schwedischen Regierungsform von 1634 eine wesentlich aristokratische. Dies trat vor Allem in der Stellung heraus, welche den Mitgliedern des Reichsraths überall im Verwaltungs- und ständischen Organismus angewiesen war. Allerdings barg die Verfassung damit den Keim zu einer oligarchischen Ausartung, namentlich wenn lange Vormundschafts-Regierungen wiederkehrten. Allein welche Verfassung unterläge in Ausnahmszuständen nicht den Gefahren der Ausartung? Jedenfalls steht fest, dass, so lange die Zügel der Regierung in Oxenstjernas Hand lagen, Krone und Reich selbst während der langjährigen Vormundschaft über Christina vor dieser Ausartung bewahrt blieben. In den 1612 bestätigten Adelsprivilegien hiess es freilich:

> „Kein Niedriggeborener (Vanbördige) soll dem Adel vorgezogen werden, dem Könige und dem Reiche zur Unehre."

Dieser Passus gab den unadeligen Ständen Anstoss. Schon auf dem Reichstage von 1634 liess deshalb der Reichskanzler durch den Rath die Deklaration ergehen:

> „Unter Vanbördige werde Niemand anders verstanden, als wer gänzlich aus der Art geschlagen (vanslägstas), sich der Ehre und Tüchtigkeit nicht befleissigt, und seine Herkunft durch sein Verhalten befleckt habe. Wer aber sonst aus ächter Ehe und von achtbaren El-

tern stamme, sei er nun vom Adel, vom Priester-, Bürger- oder Bauernstande, so solle er nicht Vanbördig genannt, noch von den Stellen im Vaterlande, zu denen er sich brauchbar gemacht, ausgeschlossen sein.“

Die Einheit in der Staatsleitung erforderte ferner, dass jeder prinzipielle Zwiespalt aus der Vormundschaft fern gehalten würde. Als Gustav Adolph starb, war die Reichsschatzmeister-Würde erledigt. Nur einstweilen führte im Auftrage des Königs dessen Schwager, der Pfalzgraf Casimir von Zweibrücken, die Geschäfte. Oxenstjerna hielt den Eintritt des Pfalzgrafen, als eines ausländischen, in die schwedische Ritterschaft nicht rezipirten Edelmannes, schon nach den Reichsgrundgesetzen für unzulässig. Er befürchtete davon aber auch Einflüsse von der Königin-Mutter und sonst vom Hofe, die er zu beherrschen ausser Stande sich fühlte. Die Reichsstände traten ihm deshalb schon März 1633 darin bei, dass Pfalzgraf Casimir, als Ausländer, zum Eintritt in ein hohes Reichsamt unfähig sei. An seine Stelle ward nun, übrigens nach Benehmung mit Abgeordneten der Stände, welche zur Rathssitzung entboten wurden, Freiherr Gabriel (Bengtsson) Oxenstjerna, des Kanzlers Vetter, berufen. In das Drosten-Amt trat, nach Graf Magnus Brahes Hinscheiden, der jüngere Bruder des Kanzlers, Freiherr Gabriel (Gustavsson) Oxenstjerna. Auf diese Weise herrschte allerdings durch Stimmenmehrheit das Geschlecht Oxenstjerna in der Vormundschafts-Regierung der fünf hohen Aemter, oder vielmehr der Reichskanzler blieb der unbefehdete Lenker des Staatsschiffes, — übrigens ihm selbst zum grossen Ruhme, dem Reiche zum Vortheil und zur Ehre.

Auch aus dem Reichsrathe suchte der Kanzler die Parteiung fern zu halten. Man behauptet, dass um Differenzen in den Hauptanschauungen willen der ultraaristokratische Per Brahe (Abrahams Sohn) mit der Gouverneurs-Stelle in Finnland betraut und genöthigt ward, dort Residenz zu halten. Der durch seinen noch immer im Geheimen genährten Adelshass unbequeme und wegen seiner Intriguen mit den demokratischen Elementen beargwöhnte Johann Skytte erhielt diplomatische Missionen ins Ausland und wurde später als Präsident des Jönköping-Hofgerichts von Stockholm fern gehalten.

Nun würde man gleichwohl irren, wenn man glaubte, dass damit vollkommene Einigkeit in allen Ständen hergestellt sei.

Vielmehr keimte und wuchs unter der Decke ein bedenklicher Same der Zwietracht. Die hohe Stellung, namentlich des Oxenstjerna-Geschlechts und Anderer vom höchsten Adel, konnte kaum anders als Neid und Aerger erwecken. Dieses Gift infizirte insbesondere den Stand des kleinen Patentadels im Beamtenthum. Unter den unadeligen Ständen keimten, vornehmlich bei der Geistlichkeit, theils in Folge der grossen Unabhängigkeit, in welcher sich dieselbe nach der Kirchenverfassung befand, theils in Folge des wiedererwachten Studiums der Alten, demokratisch-republikanische Ideen. Das war nicht zu verkennen, dass sich, eine Folge der kirchlichen Reform, in dem Staude der verheiratheten Pfarrer, in Schweden inzwischen wie anderwärts, der Keim eines einheimischen, bis dahin kaum gekannten Mittelstandes entwickelt hatte, und, mit der eingetretenen Mehrung und Verbesserung der Unterrichts-Anstalten, zunehmend eine neue Pflanzschule für Gelehrte und Staatsbeamte sich bildete, welchen nunmehr vornehmlich die Führung der übrigen unadeligen Stände anheimfiel.

Allein damit fing auch an, die Zahl der Magistri sich zu mehren, welche nach dem Vorgange und dem Muster von Johann Schroderus die Staatskunst der Neuzeit vor Allem in dem Hasse gegen den Adel suchten, und die Zielpunkte des modernen Staates von dem Eintritt zunächst der demokratischen Elemente in die Staatsämter erhofften. Mit dem selbstständigen Regierungs-Antritte Christinas (1644) erhielt diese Auffassung auch von Neuem eine Begünstigung und Ermunterung vom Throne, welche das Reich in offene Parteispaltungen zerriss und schon damals an den Rand des Bürgerkrieges zu führen drohte.

Eine schwere Aufgabe für die Vormünder war es, die Mittel zur Fortsetzung und Beendigung des grossen Krieges zu beschaffen. In den ersten Jahren hatte sich der Krieg in Folge der Siege der schwedischen Waffen durch sich selbst erhalten. Dies änderte sich in Folge der Niederlage von Nördlingen. Man erwog mit einem im Jahre 1636 einberufenen Ausschuss-Landtage, ob nicht neue Steuern und Beihülfen auszuschreiben seien. Allein theils die gedrückte Lage des Bauernstandes, theils der Einwand der Inkompetenz dieser beschränkten Stände-Versammlung zur Bewilligung allgemeiner Auflagen, nöthigte, davon Abstand zu nehmen. Nun blieb nichts übrig, als die Verwendung des Kronguts; es war die einzig vorhandene Quelle. Man trug kein Bedenken, unter den obwaltenden Umständen zu Veräusserungen zu schreiten.

Einmal hatte man in Schweden, wie in anderen Ländern, die Erfahrung gemacht, dass bei der allmähligen Wandlung der Naturalwirthschaft zur Geldwirthschaft die Selbstadministration der Domainengüter immer weniger rentabel ward. Auch brach die national-ökonomische Ansicht durch, dass Grundbesitz in grossem Umfange dem Privatverkehr nicht entzogen bleiben dürfe. Auf eine Nutzbarmachung durch Verpachtungen war in jener Zeit noch nicht zu rechnen. Abgesehen von dem vergleichsweise überhaupt geringen überschüssigen baaren Kapital in Schweden, war es bei der Unsicherheit der Zeiten noch nicht üblich, dies Kapital durch Anlegung in Pachtungen zu nützen. Wer wollte auch der Gefahr sich ohne Noth unterziehen, seine Saaten zerstört und seine Heerden weggetrieben zu sehen? Das feindlich gesinnte Dänemark war noch nicht durch den Meeresarm von den schwedischen Provinzen getrennt.

Unter den Veräusserungen hatte die Verpfändung manches finanziell Unzuträgliche. Der blosse Pfandschilling ward an sich schon knapper bemessen, als wo es sich um Erwerbung des Eigenthums gehandelt; dazu kehrte das statt der Zinsen in Nutzung gegebene Gut aus den Händen des Pfandbesitzers ausgesogen und entkräftet zurück. So gewann die Form des Verkaufs die Oberhand. Hierfür hatte man auch Analogieen. In dem benachbarten Brandenburg hatte schon zu des Kurfürst Joachim I. Zeit ein Kammerdirektor (v. Arnim) den Plan vorgelegt, die Domainen insgesammt zu zerstückeln und an einzelne Familien erblich auszuthun, und in Chursachsen ward dieser Plan in ziemlichem Umfange wirklich zur Ausführung gebracht. Man vermehre dadurch nicht blos die landesherrlichen Einkünfte, sondern verbessere und erleichtere auch die Rekrutirung des Heeres. Das letztere, aus einheimischen Bauern, statt aus landläufigen Söldnern gebildet, werde zugleich für seinen eigenen Heerd kämpfen.

Sicher waren diese Anschauungen und Erfahrungen den in Deutschland weilenden schwedischen Staatsmännern nicht unbekannt geblieben. Bei adelsfeindlichen Schriftstellern begegnet man häufig die Behauptung, die schwedische Aristokratie habe die Gelegenheit der Vormundschafts-Regierungen sich zu Nutze gemacht, um auf Kosten der Krone sich zu bereichern. Nichts kann weniger begründet und zugleich gehässiger sein, als diese

Behauptung.

Schon von König Carl IX. steht fest, dass er durch blosse Donationen an seine Günstlinge (Hammarskjöld, Anders Larsson und Anders Boje), so wie durch Verkauf und Verpfändung über 1000 Hemmans (Hufen) von der Krondomaine veräussert hat, und dass er in seinem Testamente seinem Nachfolger auf dem Throne dringend an das Herz legte, diese Veräusserungen nicht zu widerrufen.

Unter Gustav Adolphs Regierung wurden zur Belohnung für Verdienste und zum Theil statt Gehaltes verschenkt und zwar meist und aus politischen Gründen in den neu eroberten Provinzen Liefland, Esthland, Ingermanland, etwa 7800 Hemmans zum Ertrage von 191,000 Rthlr.; verkauft zu Frälse, d. h. an den Adel, etwa 1100 Hemmans mit einer Jahresrente von 27,000 Rthlrn., wofür ein Kaufschilling von 875,000 Rthlrn. eingegangen war.

Dagegen ward die Krondomaine auch durch den in seine Regierungsjahre treffenden Heimfall der erblichen Herzogthümer (nach dem Tode der Herzoge Johann und Philipp) erheblich verstärkt.

Neben der Veräusserung zu Frälse, d. h. gegen volles Kaufgeld, ward auch die Austhuung zu Skatte, d. h. gegen Erlegung nur eines mässigen Erbstandsgeldes und Uebernahme der Grundsteuer, geübt. Diese letztere Form brachte man meistens bei der Veräusserung von kleineren Höfen in Anwendung, wo dann dem Kron-Pacht-Bauern der Vortritt gelassen ward, wenn er durch Erlegung der Erbstandssumme den Grund und Boden zu erblichem Rechte erwerben wollte. Die Zahl der freien bäuerlichen Grundeigenthümer wuchs hierdurch nicht unbeträchtlich. Nicht selten ward indess auch der blosse von Eigenthumsbauern zu entrichtende Kronskatt (also die Kronrente) Gegenstand des Verkaufs. Dann ward der betreffende Skatt-Bauer aus einem immediaten Unterthan ein mediater, indem er unter die Jurisdiktion des Adels kam. Doch ward durch eine den Ständen gemachte Zusicherung vom 24. Dezember des Jahres 1627 das Eigenthum selbst am Grund und Boden in diesem Falle den Bauern garantirt.

Der Umfang der Veräusserungen unter den Vormündern trat hiergegen schon zurück, obgleich die Finanznoth gewiss keine geringere war. Veräussert wurde von ihnen zu Frälse, d. h. zu adligen Rechten mit vollem Kaufpretium oder an Stelle von

Gehältern und Remunerationen für ausgezeichnete Verdienste, im Umfang einer Jahresrente von 67,000 Rthlrn.; zu Ofrälse oder gegen Skatt, im Ganzen für 135,000 Rthlr. Rente. Dabei hatte man ermittelt, dass es für die Staatskasse vortheilhafter sei, statt blos die sicheren Renten, wie zu Gustav Adolphs Regierungszeit, zu veranschlagen und die verlangte Kaufsumme mit 3 Prozent, d. h. zum $33\frac{1}{3}$ fachen Betrage, danach zu berechnen, — die oft bedeutenden unsicheren Renten mit in den Anschlag zu nehmen, wenn auch die Berechnung der verlangten Kaufsumme dann nur zu 4½ Prozent, d. h. zum 22½ fachen Betrage geschah. Auch aus dieser Differenz im Fusse der Kapitalisirung hat man den Vormündern Vorwürfe machen wollen, allein übersehen, dass die ihrem Eingange nach für die Krone unsicheren Renten dabei mit in den Kauf gegeben waren.

Dies war also der ganze Umfang der Veräusserungen vom Krongut unter der Regierung der Vormünder, und es ward ihnen leicht, hierfür bei dem Regierungs-Antritt Christinas die volle Bestätigung und rückhaltlose Gutheissung zu erlangen. Auch bei der Nachwelt muss jeder Vorwurf schwinden, wenn daran erinnert wird, dass Christina selbst in der kurzen Zeit ihres eigenwilligen Regiments vom Krongut zwar nur 5000 Hemman mit etwa 150,000 Rthlrn. Rente verkaufte und verpfändete, dagegen etwa 20,000 Hemman durch Gunst verschenkte mit einer Jahresrente von nahe an 600,000 Rthlrn, oder einem Kapitalwerthe von mehr als 12 Millionen; alles dies ausser den 5 Millionen Rthlrn. baar, welche der Westphälische Friede ihr zur Belohnung des Heeres und der Generale zur Verfügung stellte.

Je näher der Zeitpunkt heranrückte, in welchem die junge Königin die Zügel der Regierung selbst in die Hand nehmen sollte, desto lebhafter regten sich die Hoffnungen bei denen, welchen das Oxenstjernasche Uebergewicht im Staate verhasst war. Der persönliche Charakter der Königin verhiess hinreichende Unterstützung dieser Hoffnungen. Dem grossen Reichskanzler entging nicht, dass man bei Christina, insbesondere von Seiten des verletzten Pfälzgräflichen Hauses, Misstrauen und Eifersucht anzufachen schon längst bemüht war. Als im Jahre 1641 die Vormundschaft durch den Tod des Reichsdrosten Gabriel Oxenstjerna, des Kanzlers Bruder, eine Lücke erhielt, stellte er selbst der jungen Königin anheim, für die Wiederbesetzung der Stelle ihren Vorschlag oder Wunsch zu erkennen zu geben. Dieser Wunsch ward von dem Pfalzgräflichen Hause auf die Person des Grafen Peter Brahe gelenkt, von dem bekannt war, dass die Opposition gegen Axel Oxenstjerna ihn aus dem Reichsrathe gedrängt. Das Loos entschied auch wirklich für Peter Brahe. Die Erwartungen, welche die Gegenpartei an seinen Eintritt knüpfte, erfüllten sich indess nicht in dem gehofften Maasse, zumal nachdem es dem Kanzler gelungen, durch eine Geschlechts-Verbindung die beiden hohen Häuser der Oxenstjernas und Brahes einander wieder näher zu bringen.

Erst nach Christinas eigenem Regierungs-Antritt (November 1643) erhielt der Parteienzwiespalt die volle Nahrung.

Die Schriftsteller sind in der Mehrheit der Meinung, dass Selbstüberschätzung und in Folge davon Eifersucht gegen die Oxenstjernas das Hauptmotiv der Regierungshandlungen und die Quelle der Fehlgriffe Christinas gewesen. „Elle était née (sagt Thomas in seinem Eloge de Déscartes) avec une de ces ames, encore plus singulières que grandes, qui veulent étonner toujours, même lorsqu'on ne peut pas les admirer."

Die ersten Maassregeln, durch welche sich die Eifersucht gegen den Reichskanzler kund gab, waren die Verabschiedung des Landeshauptmanns von Upsala, Ture Oxenstjerna, weil er mit Carl Gyllenhjelms Voigten gerechten Streit gehabt hatte; dann die Entfernung des Reichsschatzmeisters Gabriel Oxenstjerna aus dem Rathe durch seine Ernennung zum General-Gouverneur von Liefland, und endlich Erichs (Axels Sohn) Entfernung nach Esthland. Es war um diese Zeit (1644/5), dass der junge Graf Magnus Gabriel de la Gardie (Jocobs Sohn) in die besondere Gunst der Königin eintrat. Einstweilen musste die Abneigung des 20 jährigen Mädchens gegen den gereiften Reichskanzler sich freilich noch gedulden, da der neue Krieg gegen Dänemark nach den Siegen Torstensons zu Lande und Wrangels zur See mit dem glänzenden Frieden von Brömsebroe — welcher die Inseln Osel und Gothland und den Pfandbesitz von ganz Halland eintrug — neue Lorbeern auch um das Haupt von Axel Oxenstjerna wand. Die längst verdiente Erhebung in den Grafenstand liess sich nicht länger versagen. Sie erfolgte mit Södermöre zur Dotation (November 1645). Allein von nun an tritt die Intrigue rückhaltloser hervor.

Ueberall sonderten sich jetzt die Parteien. Bei Hofe überhäufte Christina den Grafen Magnus de la Gardie mit Gunstbezeugungen aller Art. Er ward, unterstützt durch das Pfalzgräfliche Haus, dem Graf Magnus sich durch seine Vermählung mit Prinzess Marie Euphrosyne, Casimirs Tochter, noch näher verband, fortan das Haupt der dem Kanzler feindlichen, auf seine Erniedrigung bedachten Hofpartei. Im Reichsrathe bevorzugte Christina ganz die Richtung Johann Skyttes, welche sich auf dessen Sohn Bengt vererbt hatte, und dessen Anhang, in welchem Adler Salvius durch besondere Geschäfts-Gewandtheit sich brauchbar erwies. Salvius ward neben Johann Oxenstjerna (Axels Sohn) nach Osnabrück gesandt, um die Instructionen des Kanzlers durch geheime Gegen-Instructionen von Seiten der Königin selbst abzuschwächen. Dass dies bei dem Friedens-Abschlusse für das Interesse von Schweden nachtheilig wirkte, kann als bekannt angenommen werden. Allein die Königin fand doch darin für ihre persönliche Abneigung eine Befriedigung. Unter den Ständen mussten die Skyttianer, zu welchen Herrmann Fleming und Skering Rosenhane hielten, die Missgunst des Patent- und kleinen Beamten-Adels, so wie den demokratischen Hass insbesondere der niedern Geistlichkeit und des Bürger- und Bauernstandes nähren. Von dem Heerbefehl waren manche Generale, wie Douglas, Wittenberg, selbst Wrangel, aus soldatischem Selbstgefühl dem Uebergewicht des Kanzlers nicht gerade hold; auch diese wurden von der Königin bevorzugt, und durch Magnus Gabriels Einfluss selbst auf dessen alten Vater, den Reichsmarschall Jacob (Pontus Sohn), gewirkt, so wie auf den Feldmarschall Torstenson durch dessen Gattin Beate de la Gardie (Johanns Tochter).

Nach dem Jahre 1647 versuchte auch die Königin immer mehr, wichtige Regierungsgeschäfte der Berathung im versammelten Reichsrathe zu entziehen und blos nach Rücksprache mit den ihr ergebenen Personen zu ordnen.

Wenn alle diese Bestrebungen Christinas zum Ziele hatten, die hohe, von den Oxenstjernas und Brahes geführte Aristokratie dem Hasse und der Abneigung des Landes Preis zu geben, um nach deren Sturze das Willkür-Regiment einer durch Günstlinge beeinflussten Kabinets-Herrschaft zu setzen, so erweckten sie zugleich in um so stärkerem Grade das aristokratische Selbstbewusstsein des Hochadels und liessen denselben seinerseits auf Maassnahmen bedacht sein, welche eine Beschränkung der Königlichen Machtbefugniss zum Ziele hatten.

In dieser Zeit entlehnten fast alle Parteien ihre Vorbilder aus dem Studium der Alten: Die Demokratie aus den Kämpfen der römischen Plebejer gegen das Patriziat; der Hochadel aus der Haltung des römischen Senats zur Zeit der Blüthe des aristokratischen Regiments; die Absolutisten in der Umgebung der Königin aus den Zeiten der römischen Alleinherrschaft. Diese letzere lieh insbesondere das Vorbild für die Versuche einer Herstellung der durch Christinas verschwenderische und launenhafte Geld-Wirthschaft zerrütteten Finanzen. Tacitus berichtet in seinen Historien Buch l. Cap. 20., nachdem Galba (69 nach Chr.) auf den Thron der Imperatoren gehoben war:

> „Die nächste Sorge war das Geld, und während man sich aller Orts umschaute, fand man es am billigsten (justissimum), dasselbe von dort wiederzuholen, wo man die Quelle des Mangels sah. Zwei und zwanzig hundert Millionen hatte Nero in Gnadengeschenken verschleudert. Galba liess auf die Beschenkten sämmtlich losgehen, indem er ihnen die Belassung des zehnten Theils des Empfangenen zusagte. Allein es war den Beschenkten selbst kaum ein Zehnttheil noch übrig, da sie mit dem Empfangenen so gehaust hatten, wie mit dem Eigenen. Nun wurden zum Geschäft des Eintreibens dreissig Ritter bestellt, ein neues Amt, durch die damit verknüpften Intriguen und den Umfang voll von Mühen. Ueberall jetzt Zwangsverkäufe und Güterzerschlagungen, und die Hauptstadt in Unruhe durch die stetige Ankündigung von gerichtlichen Versteigerungen. Und doch wiederum ein grosses Gaudium, dass des Nero Freunde nun ebenso arm werden sollten, als diejenigen, welche er geplündert hatte.“

Von diesem aus der Zeit der abscheulichsten Gewaltherrschaft hergenommenen Beispiele kam für jetzt freilich nur der erstere Theil, nämlich das Verlangen der Zurückzahlung zur Anwendung; den zweiten Theil, die wirkliche Plünderung zur Ausführung zu bringen, blieb den Rathgebern König Carls XI. (1680 u. folg.) vorbehalten. Der Unterschied war nur der, dass in Schweden Niemand von den Vorgängern auf dem Throne geplündert worden, und dass. also Niemand berechtigt war, aus diesem Grunde eine Vergeltung zu wünschen.

Es waren die Skyttes, welche im Auftrage der Königin bei

den drei niederen Ständen die bestimmte Forderung einer Zurückgabe oder Reduktion der veräusserten Krongüter vorbereiteten. Bei den Bauern, welche bis zu Unruhen getrieben wurden, indem man ihnen vorstellte, ihre Abgaben möchte die Königin gern ermässigen, wenn sie nur vom Adel die Domainen wiedererlangen könnte; obgleich es gerade der Kanzler Oxenstjerna gewesen, welcher im Jahre 1649 auf die Einstellung der bisherigen, zum dänischen Kriege verlangten Steuern drang, während die Königin, ungeachtet der Krieg beendet war, es ablehnte, auf diese Einnahme zu verzichten.

Nun nannte Christina selbst die aufrührerischen Bauern „den hundertarmigen Briareus, welcher dem Jupiter beigestanden, die alten Götter zu stürzen."

Auf dem Krönungs-Reichstage vom Jahre 1650 kam endlich der lange und emsig genährte Zwiespalt zum offenen Ausbruche. Die Führung der drei niedern Stände in ihrem Hass gegen den Hochadel übernahm von der niedern Geistlichkeit insbesondere der Professor Terserus und von dem dritten Stande der Bürgermeister von Stockholm Nils Silenius. Die Inspiration aber kam vom Hofe. —

„Unter allen Ungleichheiten im Staate (sagt Aristoteles Politik Buch V. Cap. l.) ist im Grunde keine berechtigter, als wenn der Vorzug persönlicher und geistiger Eigenschaften auch bürgerlichen Vorrang, Aemter und Würden, für sich in Anspruch nimmt. Nun ist aber der Adel nichts Anderes, als persönlicher Vorzug in einer Familie durch mehrere Geschlechter fortgeerbt, verbunden mit einem ebenfalls erblich gesicherten Reichthume.

Gleichwohl wird eine derartige Ungleichheit meist die Veranlassung zu bürgerlichen Unruhen. Diejenigen, welche solche Unruhen erregen, nehmen immer wenigstens zum Vorwand, eine gewisse grössere Gleichheit herstellen zu wollen.

Insbesondere (ibid. Cap. 6.) kann so eine Aristokratie leicht gestürzt werden, wenn einige Mitglieder oder Geschlechter der bevorzugten Klasse die eigentliche Regierungs-Gewalt in noch weniger Hände zu bringen suchen, wenn also innerhalb der bestehenden Aristokratie eine neue, noch engere Oligarchie errichtet werden soll. Dadurch nöthigen sie meist die übrigen Mitglieder ihrer Klasse, zum Zweck der Vertheidigung oder Herstellung der bisherigen Gleichheit, die demokratischen Elemente für sich zu Hülfe zu rufen." —

Diese alten Erfahrungen sollten in der nun folgenden Zeit in Schweden, der Hauptsache nach eine Wiederholung erleiden.

Schon auf dem Huldigungs-Reichstage von 1644 hatte der niedere Adel vorgestellt:

> „damit nicht Einer alle Gewalt sich zueigne, oder Ein Geschlecht oder Ein Stand über den andern sich zu sehr erhebe, möchten die fünf hohen Reichswürden nicht anders besetzt werden, als, nach Carls IX. Verheissung, mit der Stände Bedenken. Dabei möge nie mehr als Einer aus einem Geschlechte in diese Würden eintreten. Auch wünschte man wohl, dass die Reichsräthe nach Anhörung der Stände für die Zukunft eingesetzt werden möchten.“

Dies war direkt gegen Oxenstjerna gerichtet, und es war der Königin, um ihrer Eifersucht willen, lieb, dass diese Vorstellung einkam, auf welche sie mit gnädiger Zustimmung antwortete. Sie beanstandete deshalb auch die förmliche Anerkennung der Regierungsform von 1634, bis dieselbe im Sinne der Vorstellung des niedern Adels noch einmal durchgesehen sei, erklärte indess, bis dahin dieselbe als Verfassungsform gelten zu lassen.

Auf dem Reichstage von 1647 trat sodann die niedere Geistlichkeit mit Klagen über Zurücksetzungen auf. Ihre, der Geistlichen, Söhne erhielten, auch wenn sie sich zum Staatsdienste befähigt gemacht hätten, keine Gelegenheit, dem Staate ihre Dienste zu widmen, da dem Adel alle Stellen vorbehalten seien. Der hohe Adel erschien nicht mehr beim öffentlichen Pfarrgottesdienste, weil der Bischof ihnen Haus-Prädikanten bewillige. Endlich verweigere er, wo er Skatt-Renten von der Krone gekauft, den Zehnten davon an die Pfarrgeistlichkeit. Auch sie wünschten förmlich ausgefertigte Privilegien zum Schutz ihrer Standes-Rechte.

Christina gewährte diese Privilegien zum ersten Male in förmlich gesonderter Ausfertigung (20. September 1647). Darin werden zunächst die alten Zusagen wegen der Standes und Vermögens-Rechte wiederholt, dann den Bischöfen empfohlen, nicht ohne dringende Veranlassung dem hohen Adel Haus-Prädikanten zu gewähren; — den Söhnen der Pfarrer Eintritt in den Staatsdienst und Beförderung ganz nach Talent und Verdienst zugesichert und endlich der abermals angerufene Ausdruck „Vanbördiga“ in den Privilegien des Adels, der den Pfarrern ein Dorn im Auge, nochmals auf die bereits 1634 geschehene Weise deklarirt. — Als eine durch Gesetz und Verfassung nicht vorgesehene Praxis hatte es sich gebildet, dass Beschwerden über bischöfliche Entscheidungen, für deren Aburteilung Gustav Adolph umsonst ein General-Consistorium einzusetzen bemüht gewesen, durch den auf den Reichstagen versammelten Stand, im Namen und an Stelle eines Reichs-Capitels oder Reichs-Consistoriums entschieden wurden. Die niedere Geistlichkeit war, wegen des Uebergewichts, welches der höhere Clerus in diesen Versammlungen übte, mit dieser Einrichtung nicht zufrieden. Sie klagte auch hierüber bei der Königin und diese suchte, aber ebenfalls umsonst, dieser Klage gerecht zu werden. Die Bischöfe, in ihrem Supremate durch die Demokratie der niedern Geistlichkeit bedroht, wendeten sich auf die Seite des hohen Adels. So fand der Krönungs-Reichstag von 1650 die beiden ersten Stände, vorzugsweise durch die Parteinahme der Königin, auch in sich selbst gespalten.

Noch eine Bemerkung muss hier gemacht werden. Mit dem Erwachen des demokratischen Parteihasses stellte sich, zum ersten Male in dieser Weise, der Versuch des Auslandes ein, durch Bestechungen den Zwiespalt zu nähren und daraus Vortheil zu ziehen. Der spanische Gesandte Piementel war der erste Botschafter einer fremden Macht, welcher zu diesem Zwecke baare Summen in das Land gebracht hatte, während der französische Gesandte, Chanut, sich darauf beschränkte, die Königin durch gewandte Rede in ihren absolutistischen Bestrebungen zu bestärken. Christina, durch alles Fremde mehr angezogen, als durch das Einheimische, lieh beiden ein nur zu williges Ohr.

Nun traten auf dem Reichstage von 1650 die niedern Stände mit einer förmlichen Anklageschrift gegen den Adel auf. Die Meinung ist, dass diese Schrift von dem, der Partei der Skyttianer zugethanen Professor Arnold Messenius (dem Aeltern) auf Veranlassung Christinas verfasst worden. Ausser manchen Forderungen, welche dem Herkommen und der Verfassung entgegen, auf rein demokratischer Anschauung beruhten, wie z. B. dass in den verschiedenen Landschaften jährlich Revisionsgerichte abgehalten und diese Gerichte aus allen vier Ständen beschickt oder besetzt werden sollten, war die Klage hauptsächlich dahin gerichtet, dass der Adel sich den grössten Theil des Krongutes zugewendet habe, dass die Lasten des Bauernstandes in Folge dessen nicht blos unerschwinglich geworden, sondern dass das Besitzrecht dieses Standes selbst bedroht sei, indem die Erwerber von Skatt-Renten, durch die Annahme der Bezeichnung „Herren von und zu den genannten Hemmans“ die Meinung erweckten, als seien sie Eigenthümer des Grundes und Bodens, und also die Bauern aus freien Eigenthümern blosse Pächter des Adels geworden. Die Schrift schliesst mit dem Verlangen der Rücknahme (Reduktion) der von dem Adel erworbenen oder ihm verliehenen Krongüter.

Der Aufruhr, welchen diese Schrift auf dem Reichstage erregte, war gewaltig. Als die Bischöfe in ihrem Stande zur Mässigung mahnten, sonderten sich die Pfarrer von ihnen ab und berathschlagten für sich. In ihrer demokratischen Erhitzung beschlossen sie sogar, diejenigen von der Geistlichkeit, welche nobilitirt seien, oder aus Krongut mit Belehnungen bedacht worden, dürften in dem zweiten Stande keine Stimme mehr führen. Sie erhoben ferner bei sich zum Beschluss:

> „der Reichskanzler Oxenstjerna habe sich in keiner Weise um das Land verdient gemacht, verdiene vielmehr wegen Bevorzugung des Adels den allgemeinen Hass.“

Es kam in Stockholm bis zu blutigen Auftritten. Nach einer Nacht, während der Hof in Festgelagen sich erging (soweit die Mittel reichten), fand man in den Strassen 10 Menschen todtgeschlagen. Von der Hauptstadt aus ward der Geist der Auflehnung in die Provinzen getragen. Die Bauern (der hundertarmige Briareus der Königin wurde lebendig) beschickten sich von Landschaft zu Landschaft, weigerten die regress- und gesetzmässigen Scharwerksdienste und versagten den Vorspann ihren Grundherren, umschwärmten die Landstrassen, und drohten denjenigen Geistlichen mit dem Tode, welche es mit dem Adel halten würden.

Der Bürgerkrieg stand vor der Thür. Der hohe Adel fing an, auf Selbstvertheidigung Bedacht zu nehmen. Er rüstete und liess die Königin seinen Entschluss wissen. Da schreckte Christina zurück. Die Demüthigung des hohen Adels hätte sie zwar gern gesehen, aber zur Leitung eines blutigen Bürgerkrieges fühlte sie doch weder die Kraft noch den Muth. Nun lenkte sie ein, und verbot, dass die Forderung der Wieder-Einziehung der

Krongüter auf dem Reichstage wiederholt werde. Im Reichsrathe kam es zu heftigen Auftritten. Oxenstjerna, Brahe, Jacob de la Gardie, Gustav Horn u. A. nannten das Auftreten der unadligen Stände, welche die Initiative an Stelle der Krone ergreifen wollten, verfassungswidrig und aufrührerisch. Sie verlangten Bestrafung. Die Schrift der niedern Stände ward von den Skyttianern (Bengt Skytte, Fleming und Salvius) dagegen in dem mildern Lichte einer Bittschrift angesehen, zu welcher doch auch mancher Anlas vorliege. Die Königin entzog sich der Entscheidung, konnte es sich aber nicht versagen, bei Verabschiedung des Reichstages (November 1650) die unadligen Stände wegen ihrer „patriotischen" Haltung zu loben. Das galt abermals dem Reichskanzler, und war ein letzter Act ihrer Demagogie.

Dass dieses und nichts Anderes der Charakter des Bündnisses der Königin mit den niedern Ständen war, erwies sich nach dem Schlusse des Landtages auf eine Allen offenbare Weise.

Nach den Klagen der niedern Stände über den steigenden Druck der Steuern und nach dem Bedauern der Königin über die Erschöpfung des Krongutes, hätte man glauben sollen, nun wäre dem Antrage der Aristokratie entsprechend, eine sparsamere Haushaltung begonnen, und, was noch von Krondomainen übrig war, zurückgehalten. Allein das gerade Gegentheil trat ein. Christina, von ihrer unzureichenden Kraft überzeugt, die Aristokratie mit Hülfe der niedern Stände zu demüthigen und zu stürzen, wandte sich, sei es um das Geschehene vergessen zu machen, sei es aus natürlicher Neigung zu Glanz und Verschwendung, jetzt wieder ganz dem Adel zu. Hatten bereits vor 1650 zahlreiche Nobilitirungen Statt gefunden, durch welche vorzugsweise der niedere Beamten-Adel gegen die hohe Grund-Aristokratie verstärkt, und dem Stande der Pfarrer, deren Söhne hauptsächlich mit Adels-Patenten begnadigt wurden, ein Compliment gemacht werden sollte, — so traten im Jahre 1651 die vorbehaltenen Belohnungen der Staatsmänner und Feldherren aus den Geschlechtern des hohen Adels ein. Nun erfolgten Erhöhungen in den Herrenstand, Verleihungen von Grafschaften und Baronien, und nachdem der letzte Grund und Boden der Krone auf solche Weise fortgegeben war, wenigstens noch Anwartschaften auf Heimfälle. Im März 1651 wurden 58 neue Adels-Patente ausgegeben, 18 neue Freiherren ernannt und auch mit Freiherrschaften dotirt (die umfangreichsten erhielten Paikull und v. d. Linde); die Zahl der Reichsräthe ward von 25 auf 37 erhöht und alle wurden mit Gehältern versehen, die Grafenbank um 7 neue Stimmen vermehrt. Das Geschlecht Brahe erhielt eine Freiherrschaft in Finnland nachgeschenkt, weil dasselbe im Jahre 1561 sogleich in den Grafenstand erhoben und dadurch gegen diejenigen verkürzt wäre, welche erst Freiherren und dann Grafen geworden. Der Pfalzgraf Johann Casimir ward zum Herzoge über Stegeborg-Län ernannt. Die Grafen-Privilegien wurden erheblich erweitert.

Nach solchen Widersprüchen, in welchen die Regierung Christinas hin und her geschwankt hatte, und nach der Ueberzeugung, dass sie der Staatsleitung doch nicht gewachsen sei, fing sie an Ekel und Langeweile an den Geschäften zu empfinden. Von nun an nur noch Günstlingswechsel und Zerstreuungen, aber im Lande das Missvergnügen allgemein. Den schärfsten Ausdruck fand der Hass nunmehr insbesondere der getäuschten nichtadligen Stände in der bekannten äusserst erbittert gehaltenen Schmähschrift des jungern Messenius, für welche er, zugleich mit seinem Vater, auf der Königin Befehl den Tod erlitt. Als der ältere Messenius bei der Untersuchung, welche in der Königin Zimmer dem Urtheile vorherging, auf die Folter gelegt werden sollte, um zu bekennen, welche Theilnehmer und welchen Umfang die Conspiration habe, bat er, man möchte ihn damit verschonen, leicht könnte er zu Aussagen verleitet werden, welche zu hören der Königin selbst nicht angenehm sein möchten. Bengt Skytte war des Einverständnisses mit der Messeniusschen Aufruhr-Predigt dringend verdächtig. Aber Christina fand gut, die Beweise auch hierfür zu unterdrücken. Die abermaligen Bauernaufstände, zu welchen es in Folge der heimlichen Anstiftungen in den Dalarne, in Småland und Nerike wirklich kam, wurden vom hohen Adel blutig niedergeschlagen. Der letztere stand, als Christina die Krone niederlegte (1654), mächtiger da, als zuvor. Bei dem feierlichen Acte der Entsagung ward im Thronsaale aus den Reihen des Adels das Wort gehört: Gottlob nun erhalten wir wieder einen König!

Zu den massenhaften Dotationen, welche unter Christinas verschwenderischem Haushalte, vom Krongut an den Adel gekommen waren, trat auch die Erweiterung der Privilegien des Grafenstandes hinzu, zu welcher die Königin im Jahre 1651 sich veranlasst gesehen hatte. Diese Erweiterung der Standesrechte umfasste wesentlich folgende Punkte:

1. Zu den beiden ersten Instanzen in der Jurisdiction kam auch noch das Begnadigungsrecht, mit Ausschluss jedoch der eigentlichen Capital-Verbrechen. Ueberschritt der Graf seine Befugniss und begnadigte auch bei Capital-Sachen, so hatte er nur Geldbusse zu erlegen.
2. Die Vollziehung der Erkenntnisse des königlichen Hofgerichts in der Revisions-Instanz, gegen den Lagmannsspruch des Grafen, ging von dem Landeshauptmann, der sie bis dahin übte, auf den Grafen selbst über, mit allen Vortheilen, welche die Milde und die Strenge dabei an die Hand gab.
3. Zu dem Vorrecht für den Grafen, innerhalb seines Gebietes neue Städte zu gründen, kam die Bewilligung des Marktrechts, einer zehnjährigen Grundsteuerfreiheit, und Abtretung des halben Kronzolls von Handel und Gewerbe, endlich die Ueberlassung der Anstellung der Accise-Zollbeamten.
4. Von den in den Grafschaften neu aufgethanen Bergwerken sollte ein gerüsteter Reiter immer nur von je 700 Mark Rente gestellt werden.
5. Die Strafe der gänzlichen Einziehung des Grafenlehns bei Hoch- und Landesverrath ward in Entziehung blos des Besitzrechts des Schuldigen gemildert, das Lehn der Familie belassen.

Diese so ausserordentliche Vermehrung der Vorrechte der Grafen steigerte auch die Scheidewand zwischen den beiden Klassen des Herrenstandes selbst, und trug nicht wenig dazu bei, dass bei den spätern Angriffen auf die hohe Aristokratie, auch aus dem Stande der Freiherren sich Mitglieder in die Reihen der Angreifer begaben, in der Meinung freilich, durch den Sturz des Grafenthums zunächst nur ihren eigenen Stand in die alte gleiche Höhe zu bringen. Aber die Bundesgenossen, deren sie dazu bedurften, zeigten sich mit nichten durch ein so mässiges Resultat ihrerseits zufriedengestellt. Mit den Grafen stürzte demnächst auch der ganze Herrenstand.

Auf die Grafenbank gelangten, zu den bereits vorhandenen Geschlechtern der Brahe, Lewenhaupt und de la Gardie, zunächst im Jahre 1645 unter

No. 4. der Kanzler Axel (Gustavson) Oxenstjerna mit der

Grafschaft Södermöre in Calmar Län, zur Belohnung für den so glücklich abgeschlossenen Frieden von Brömsebro; sodann unter

„ 5. der für Schweden naturalisirte Graf H. Mathias Thum von Walsassina mit Wennegarn;

„ 6. Gustav Wasaborg (Gustavsson), ein natürlicher Sohn von Gustav II. Adolph mit der Grafschaft Wasaborg;

„ 7. Lennart Torstenson mit Ortala und Lyhundra zur Grafschaft und Wirestad zur Freiherrschaft (durch Ernennung vom 5. Febr. 1647).

„ 8. Gabriel (Bengtson) Oxenstjerna (der Reichsschatzmeister) mit Korsholm und Wasa in Finnland von der Ernennung vom März 1651;

„ 9. Gustav Horn (von Kanckas) mit Björneborg;

No. 10. die Gebrüder Gabriel, Gustav, Ture, Johann (Gabriels des Reichsdrosten Söhne) Oxenstjerna mit Croneborg;

„11. Gustav Adam Banér (des Feldmarschalls Johann Sohn) mit Sordewall;

„12. die Gebrüder Friedrich, Erich und Gustav Otto Stenbock mit Bogesund (der erledigten Roosschen Grafschaft);

„13. Feldmarschall Carl Gustav Wrangel mit Salmis in Ingermanland zur Grafschaft, welche später mit Sölfvitsborg vertauscht ward;

„14. Feldmarschall Hans Christoph Königsmark mit Stegeholm und Westervik (der erledigten Stureschen Grafschaft);

„15. Feldmarschall Arvid Wittenberg;

„16. das Tott mit Carloborg oder Neu-Carleby;

„17. General Axel Lilje mit Liljeborg;

„18. Admiral Lars Kagg mit Mariestad und Sölfvitsborg, welches letztere, nach Kaggs Tode an Wrangel fiel.

„19. Feldmarschall Robert Douglas mit Själby zur Baronie und Skenninge zur Grafschaft;

„20. General Christoph Carl Schlippenbach und endlich

„21. Anton von Steinberg (Christinas persönlicher Günstling).—

Die Freiherrnbank, welche bei Errichtung des Ritterhauses mit neun Stimmen abschloss, erhielt durch folgende Geschlechter weiteren Zuwachs unter

No. 10. Paul Khewenhüller (1647 für Schweden naturalisirt);
„11. die Gebrüder Per, Ture, Johann und Lars und die Söhne Carls Sparre von Sundby (Nachkommen von Erich Sparre† 1600 zu Linköping) mit Kroneborg zur Baronie;
„12. Seved und Nils Bååt von Härlunda;
„13. Jacob und Anders Liljeköök (von Färdala) mit Nerpis;
„14. Lars Cruus von Gudhem;
„15. Admiral Erich Ryning;
„16. Jöns Kurck von Lempelä;
„17. Gebrüder Hermann, Lars und Göran Fleming mit Liebelitz;
„18. Erich Gyllenstjerna von Uleborg;
„19. Mathias Soop mit Limingö;
„20. Carl Bonde von Laijela;
„21. Gustav und Evert Horn (von Kanckas) mit Marieborg;
No. 22. Svante, Per, Axel und Carls Söhne Banér (des Feldmarschalls Bruderkinder) mit Alt-Carleby;
„23. Åke Natt och Dag;
„24. Glas Stjernskjöld;
„25. Knut Posse von Hedensund;
„26. Gustav Leionhufvud von Ekeberga;
„27. Nils Kagg von Tockmajerfvi;
„28. Clas Bjelkenstjerna von Pyhajervi;
„29. Schering, Johann und Gustav Rosenhane von Mariaeberg;
„30. Gyllenband Otto, Reinhold und Conrad Yxkull (Esthländer). Ferner Wachtmeister, Billinghusen, Ascheberg, Mörner von Tuna, Ulfsparre von Broxvik, Fleming von Lais, Ribbing von Zernava, Wrangel von Lindeburg, Wrede von Elimä, Lieven von Eksjö, Hamilton von Deserf, Creutz, Fleetword., Wrangel von Ludenhoff, Leionskjöld u. A.

Die Reihe der Freiherren schloss bei Christinas Abdankung mit No. 55. Aber die Königin nahm mit ihren Absichten noch höheren Flug. Als Graf Magnus Gabriel de la Gardie von dem Höhepunkte seiner Gunst abgestiegen war, Christina sich auch nicht entschliessen mochte, dem zum Thronfolger designirten Prinzen Carl Gustav die Hand zur Ehe zu reichen, dadurch neue Ungewissheiten wegen der künftigen Thronfolge erwuchsen, glaubte sie in dem jungen und schönen Grafen Clas Tott, welcher von seiner Grossmutter her (der Tochter Königs Erich) Wasa-Blut in seinen Adern trug, den künftigen Thronfolger, im Falle des unbeerbten Abganges von Carl Gustav, gefunden zu haben. Vorbereiten wollte sie die auf dieses Ziel zu richtenden Schritte durch die Verleihung der Herzogswürde an den Grafen Tott. Allein für einen Privatmann war dieser Titel etwas durchaus Neues in Schweden, und da die Königin sich nicht entschliessen mochte, mit Tott allein diesen Versuch zu wagen, bot sie die gleiche Rang-Erhöhung dem Reichsdrosten Grafen Per Brahe und dem Reichskanzler Grafen Axel Oxenstjerna an, welche beide sie mit dem Bedeuten ausschlugen, dies sei eine für Schweden nicht geeignete Neuerung. So blieb auch der Königin Absicht in Bezug auf Clas Tott unausgeführt. (Mit Clas erlosch übrigens im Jahre 1674 das hochadlige Geschlecht der Grafen Tott im Mannsstamm.) Dagegen hatte der Pfalzgraf Johann Casimir im Jahre 1651 von Christina den Herzogtitel erhalten mit Stegeborg zur Belehnung. Der Herzog galt indess immer nur als ein ausländischer Fürst und erhielt keinen Sitz im schwedischen Ritterhause, so dass diese Titulatur dem schwedischen Adel fremd blieb. Mit dem Tode des Sohnes, Herzogs Adolph Johann, erlosch auch der ganze Titel wieder.

Da die jetzt eintretende Periode der inneren Geschichte Schwedens durch eine Opposition und eine Eifersucht gegen das immer höher steigende Grafenthum sich auszeichnet, so mag von diesem Grafenthume an einem einzelnen Beispiele hier ein anschauliches Bild gegeben werden. Wir wählen hierzu das Haus Brahe, und folgen der Schilderung, welche Anders Fryxell davon entworfen.

„Der Reichsdrost Per Brahe besass ungewöhnlichen Reich-thum. Ausser einer grossen Anzahl von Allodial-Familiengütern gehörten ihm nach Lehnrecht die Freiherrschaften Hannebo in Westergothland, Kuopio und Idensalmi und Wiborgs Län, und Kajana in Oesterbotten. Drei Städte Kajana, Brahestad und Brahe-Grenna gehorchten ihm und Brahe-Lena war in der Gründung begriffen. Aber der Mittelpunkt der Brahe-Herrlichkeit war die Grafschaft Wisingborg, mit dem Schlosse auf der Insel Visingö im Wetter und mit ihren ausgebreiteten Gefilden an beiden Ufern (565 Hemman gehörten dazu). Besuchte der Reichsdrost von Stockholm aus seine Grafschaft, so ward zunächst in dem kleinen Schlosse Brahehus Quartier genommen, welches er auf einer Anhöhe am östlichen Ufer des Wetter, auf dem einst sogenannten Götterhügel (Gudsbacka) aufgeführt hatte, und von wo aus man, so weit das Auge reichte, auf seine Grafschaft blickte. Sodann passirte er die von ihm gegründete Stadt Grenna, am Ufer des Sees, wo die ganze Bürgerschaft in Parade den hohen Grafen und seine Gäste empfing. Sodann führten bedeckte, meist mit rothem Tuch ausgeschlagene Boote die Gesellschaft über den stürmischen See. Beim Aussteigen an der grossen, von der Insel zum Wasserspiegel niedersteigenden Treppe, schmetterten Trompeten und Fanfaren ihnen von der Zinne der Umgebungs-Mauer entgegen, und während des Ganges nach dem Schlosse selbst erdrönte die Luft von dem Feuer der Kanonen, welche ihre Grüsse von Wisingborg und Brahehus über den See hin sich entgegen donnerten. Zwei Compagnien der gräflichen Leibwache waren von beiden Seiten, in blau und weiss montirt, aufgereiht und begrüssten mit wiederholten Gewehrsalven den Eintritt in das Schloss. Dieses war nach der Sitte damaliger Zeit im Viereck aufgeführt, mit Graben und Wällen eingefasst und im Innern sehr geräumig. Ausser den für die Wohnung des Schlossherrn und seiner Gäste bestimmten Gelassen, umfasste es eine Kanzlei, eine Rüstkammer, ein astronomisches Observatorium, eine Bibliothek und ein Antiquitäten-Cabinet. Die äussere Ausschmückung, namentlich der Tafelraum, war prächtig, und während der Mahlzeiten ertönte die Musik der zahlreich besetzten Leib-Kapelle. Abends wurden von den Schülern der in Visingö vom Grafen selbst errichteten Trivialschule Theaterstücke zur Unterhaltung aufgeführt. Entliess der Graf seine Gäste, so führte nicht selten Einer ein edles Pferd aus dem reichbesetzten Marstalle oder sonst ein kostbares Geschenk mit sich fort.

In Hinsicht auf Verwaltung und Gerichtsbarkeit bildete die Grafschaft ein geschlossenes Ganze. Der Graf setzte selbst seinen Unter-Lagman ein, von dessen Urtheilen die Appellation an ihn selbst stattfand. Graf Per hatte in seinen Freibriefen die Jurisdiction in der Grafschaft Wisingborg bis über Leben und Tod bewilligt erhalten. Auf diese Weise war er in diesen seinen Besitzungen in Wirklichkeit ein regierender Herr. Er pflegte sich deshalb auch den Fürsten des deutschen Reichs gleich im Range zu achten. An den herrschaftlichen Kirchenstühlen in dem Gotteshause von Dimbo stand mit grossen Lettern eingeschnitten: Stuhl des Fürsten, Stuhl der Fürstin. Die sonst vorhandenen Embleme, Inschriften auf Visingö trugen alle das gleiche Gepräge: z. B. Petrus Brahe senior, Comes, natus 1520 rexit 30 annos.

In ähnlicher Weise hielt Graf de la Gardie seine Residenz auf Schloss Leckö, die Grafen Oxenstjerna die ihrige zu Tidö, Graf Wrangel zu Skokloster u. s. f.

VIERTES BUCH
Von Carl X. Gustav bis Carls XII. Tode oder die Regierung des Hauses Pfalz-Zweibrücken (von 1654 bis 1718)

Der Zeitraum vom Jahre 1654 bis zum Jahre 1718 zerfällt in verfassungsmässiger Hinsicht in zwei streng gesonderte Abschnitte: Der erste bis zum Jahre 1680 zeigt den Höhepunkt und dann den Fall der aristokratischen Macht; der zweite den Höhepunkt und dann das Ende der unbeschränkten Königsmacht.

Nach Aussen hin war Schweden durch den Glanz seiner Waffen, und eine grossartige Politik auf einen Standpunkt gehoben, welchen zu behaupten, bei den doch immer nur beschränkten Hülfsmitteln, schwer fallen musste. Durch den Westphälischen Frieden waren überdiess neue, durch das Meer getrennte Länderstriche erworben, welche gleich den bisherigen Küstensäumen im Osten des baltischen Meeres, dem Andrängen der hinterliegenden, stärker bevölkerten Monarchien des Continents ausgesetzt waren, und als natürliche Zielpunkte nach Ausdehnung strebender Nachbarn, Schweden nöthigten, im dauernden Zustande der Mobilmachung mindestens der Kriegsbereitschaft zu sein.

Die glänzenden und glücklichen Feldzüge Carls X. Gustav, insbesondere gegen Dänemark, vermehrten zwar auch die heimischen Kräfte, indem sie mit dem Frieden von Röskild (1658) die. bisher noch dänischem Scepter unterworfen gewesenen südlichen Küstenstriche, die Lande Schonen, Blekingen, Halland und Bohus, die theilweise seit dem Frieden von Brömsebro schon in Pfand besessen waren, dauernd mit der Krone Schwedens vereinigten, und damit den nächsten und gefährlichsten Rival, von Schwedens unmittelbarer Berührung und an seiner verwundbarsten Stelle hinweg und über das Meer wiesen.

Allein auch in dieser Abrundung schien Schweden auf die Dauer die Kraft zu gebrechen, um im grossen Europäischen Concerte noch ferner die Stimme zu führen, welche es seit Gustav Adolph, übernommen hatte und auf welche freiwillig zu verzichten immer schwer ankam. Von der Heeresmacht, welche bei der eigenen Menschenarmuth in nicht geringem Umfange aus Miethsvölkern bestand, war der grössere Theil zur Bewachung der blosgestellten neuerworbenen Provinzen (Pommern, Bremen, Verden) verwendet und hier unentbehrlich. Um Truppen ins offene Feld zu stellen, bedurfte es stets noch ganz besonderer Anstrengungen, und da die Verfassung in solchen Fällen die Rekrutirung aus den Söhnen des ohnehin erschöpften Landes und die Beschaffung baarer Geldmittel erschwerte, so blieb für die Fortsetzung der bisherigen Rolle kaum ein anderer Ausweg übrig, als Annahme von Subsidien vom Auslande.

Wenn Carl X. Gustav vor dieser, immerhin bedenklichen Politik zurückscheute, und zunächst den Versuch wagte, im Vertrauen auf eignes militairisches Genie, die Furcht vor dem schwedischen Namen durch den Erfolg der Waffen aufrecht zu erhalten, und wenn dieser Versuch, bei welchem zugleich die Aussicht und Hoffnung auf Verstärkung der königlichen Macht im Innern vorschwebte, in seiner ersten Hälfte auch vom Glücke gekrönt ward, so wurden dadurch zugleich auch die letzten Hülfsquellen der Krone erschöpft. Als der König, nachdem das Kriegsglück in der zweiten Hälfte seiner Laufbahn sich von ihm gewandte, unerwartet früh vom Schauplatz seiner irdischen Thaten abberufen ward (1660), hinterliess er sein Reich erschöpfter und in einer weit gefährdeteren Lage, als er nach Christinas Thron-Entsagung es überkommen hatte.

Wenn Schweden der Staatsklugheit und Energie der nun beginnenden Vormundschafts-Regierung, insbesondere unter dem Einfluss des Reichsdrosten Grafen Per Brahe, zu danken hat, dass es ohne weitere Verluste aus dieser Krisis hervorging, und, wie im Frieden von Kardis mit Russland, selbst die bereits verlorenen Provinzen zurückerhielt, so ist dies Alles wohl geeignet, das Verdammungs-Urtheil zu mässigen, welches man gewohnt ist; über die Kraftlosigkeit des Vormundschafts-Regimentes (von 1660 bis 1672) zu hören. Insbesondere war es einseitig und ungerecht, diesen Vorwurf wesentlich der aristokratischen Form der damaligen Regierung beizumessen, im Vergleich zu der spätern, durch Energie und strenge Consequenz allerdings ausgezeichneten monarchischen Führung Carls XI. Als nach Gustav Adolphs Tode die Leitung des Staates ebenfalls und ziemlich bis zum Frieden von Brömsebro, den Händen der hohen Aristokratie überlassen war, hatte dieselbe, unter Axel Oxenstjernas Leitung, den Beweis geliefert, dass es an sich der aristokratischen Oligarchie keineswegs weder an Energie, noch an Staatsklugheit gemangelt.

Also nicht in der aristokratischen Form des Regiments dürfen die Ursachen für die minder glänzenden Erfolge unter der Vormundschaft Carls XI. gesucht werden. Eine unparteiische Beurtheilung führt vielmehr dahin, diese Ursachen weit mehr in bereits vorangegangenen Fehlern zu suchen. Unter Garl X. Gustav erschöpften maasslose Kriegsunternehmugen das Land. Unter Christina aber war die Eiferssucht und der Hass gegen den hohen Adel künstlich gross gezogen und durch die eben aus dieser Eifersucht vorgenommene ungemässigte Vermehrung des Briefadels ein tiefer Zwiespalt im Schoosse selbst des ersten Standes geschaffen. Unter diesem innern Zwiespalte, geschickt benutzt durch die Rathgeber der Krone, brach dann endlich die ganze bisherige Macht dieses Standes, übrigens zum Nachtheil der alten Nationalfreiheiten und schliesslich aller Stände, zusammen.

Später, nachdem der hohe Adel des Landes gestürzt und an die Stelle aristokratischer Beschränkung der Krone eine absolute Gewalt getreten war, versuchte der thatendurstige Carl XII. noch einmal, Europa mit dem Glanze der schwedischen Waffen zu schrecken. Allein die unnatürlichen Anstrengungen, den kühn unternommenen Versuch auch gegen überlegene Gegner fortzusetzen, endigten mit ganz entschiedenen Niederlagen und kosteten Schweden den Besitz fast aller jener einst so theuer erworbenen transmarinen Provinzen, welche die Vorsicht der schwedischen Aristokratie in den Friedensschlüssen der Jahre 1660 und 1661; dem Reiche, trotz ähnlicher Niederlagen seines Königs, bewahrt und erhalten.

Auch in Bezug auf die Staatshaushaltung in jener Zeit, aus der so viel Vorwürfe gegen den hohen Adel hergeleitet werden, und in welcher Schriftsteller nicht selten die volle Selbstverschuldung für den darauf erfolgten Sturz der Aristokratie finden wollen, fällt eine unparteiische Parallele nicht so sehr zu Ungunsten des oligarchischen Regimentes aus. Dass unter Christinas eigenwilliger Regierung die Verschleuderung in den Finanzen ihren Höhegrad erreicht hatte, ist bereits erwähnt worden. Auch Carls X. Gustav Pläne liessen keine Schonung der Geldquellen zu. Was die beiden Vormundschafts-Regierungen betrifft, so erweisen die Quellen, dass die Vormünder Christinas in den Kriegsjahren von 1633 bis 1644 verbraucht haben:

a) an Subsidien von Frankreich für 36,000 Mann im Felde jährlich 400,000 Rthlr.,
b) an Kapital für verkaufte und verpfändete Krongüter etwa 1½ Million.

Daneben ward die Reichsschuld aber von 2 Millionen 180,000 Rthlr. auf 980,000 Rthlr, also um 1 Million und 200,000 Rthlr. vermindert.

Carls XI. Vormünder hatten, wenn man den sogenannten bremischen Scheinkrieg abrechnet, freilich 12 Friedensjahre. Allein die eigenthümliche Position des Reiches zwang doch zu dauernden kostbaren Kriegsrüstungen und Kriegsbereitschaften. So ist es nicht zu verwundern, wenn die Reichsschuld, welche Carl X. Gustav mit 10,680,000 Rthlr. hinterliess, nur bis auf 8 Millionen vermindert ward, und dass hierunter selbst noch eine halbe Million steckte, für welche Krongüter von Neuem verpfändet waren. Ausserdem hatte aber die Reduktion in dieser Zeit 1211 Kronhufen mit einer Jahresrente von 37,000 Rthlrn. an den Staatsfonds zurückgebracht und ausserdem der Krone noch des in natura zu gewährenden Viertheils aller verschenkten Krongüter als Aequivalent eine Jahresrente von 90,000 Rthlrn. erworben.

Wenn hierin vielleicht noch mehr hätte geschehen können, so ist doch in keinem Falle zu behaupten, dass das Vormundschafts-Regiment die Finanzen in üblerem Zustande an Carl XI, als er zur Selbstregierung gelangte, übergeben hätte, als dieselben von Carl X. Gustav hinterlassen Worden waren.

Vergleicht man endlich damit Carls XI. spätere eigene Finanz-Verwaltung, namentlich in den Kriegsjahren von 1673 bis 1678, so ergiebt sich, dass

a) diese Feldzüge doppelt so hohe Bewilligungen von Seiten der Stände, insbesondere von der Ritterschaft in Anspruch nahmen und verbrauchten, als früher;
b) dass Frankreich für nur 16,000 Mann im Felde jährlich

800,000 Rthlr. Subsidien zahlte; dass daneben noch
c) Krongüter von Neuem bis zum Betrage von 2 Millionen verpfändet, und endlich
d) die Reichsschuld um 2 Millionen vermehrt ward.

Diese Parallelen beweisen, wie ungerecht es wäre; nur die Aristokratie für die Zerrüttung der Finanzen und den Verlust des Ansehens verantwortlich zu machen, welches Schweden vorher genossen. Auf der andern Seite darf freilich nicht geleugnet werden, dass aus der ungewöhnlichen Anhäufung des Grundeigenthums in den Händen des Adels bei welchem, wie einst bei der Nobilität in Rom (nach Livius Zeugniss XXXIV. 4.), „ingens cupido agros continuandi" die Gemüther erfasst hatte, ernstliche Gefahren dem politischen Gleichgewichte im Staate drohten. Denn der Zuwachs an materieller Macht, welchen vornehmlich der Herrenstand dadurch erfuhr, geschah zugleich auf Kosten der Krone und des freien Bauernstandes. Durch die Verschleuderung von Krongut und Renten gerieth das verarmte Königthum in völlige Abhängigkeit von ständischen Bewilligungen. Die in Folge des Verschwindens des Kronguts gesteigerten Anforderungen an Landesbeihülfen, verbunden mit den stets wiederkehrenden Kriegsaushebungen verschuldeten zuerst den freien, skattpflichtigen Bauernstand und setzten ihn allmälig selbst ausser Besitz. War derselbe so aus einem freien Grundeigenthümer erst zum Pächter des Adels herabgedrückt, so war er auch bald aus seiner politischen Stellung im Staate geworfen.

Nun hatte das Gleichgewicht in der schwedischen Verfassung von jeher darauf beruht, dass eine Coalition der Krone mit den freien Bauern stark genug war, einem etwaigen Uebergreifen aristokratischer Macht die Waage zu halten. Waren also jene beiden Verbündeten auf gleiche Weise geschwächt, so fand die Ausartung der aristokratischen Monarchie in eine Oligarchie weniger Geschlechter schwerlich noch einen Widerstand. Denn das städtische Element war auch um diese Zeit nur schwach.

Ferner: „Ein sehr wichtiger Punkt in jeder, insbesondere in einer aristokratischen Verfassung (sagt Aristoteles Pol. lib. V. Cap. 8.) ist, solche Einrichtungen zu treffen, dass man aus der Verwaltung der Staatsämter keine ungewöhnliche Bereicherung ziehen könne. Denn bei Weitem wird der Unwille der Menge nicht so sehr dadurch erregt, dass ihr der Adel in den Regierungsgeschäften vorgeht, — (die Menge ist meist zufrieden, wenn man sie ungestört ihren Privatbeschäftigungen nachgehen lässt) —, als wenn sie argwöhnen, die Mitglieder der Obrigkeit möchten sich für ihre Person zu reichlich aus den öffentlichen Mitteln bedenken. Alsdann erst fängt sie Beides zu schmerzen an, sowohl dass sie nicht an den hohen Aemtern selbst, als auch dass sie nicht an dem daraus zu ziehenden Vermögensgewinne Theil nehmen. An Beides knüpft dann gar leicht die Demagogie an."

Unbestreitbar gab um diese Zeit auch in Schweden eine Richtung sich kund, die hohen Staatsämter zu besetzen, bei der das Familien-Interesse nicht immer dem Staats-Interesse nachgeordnet erschien. Man fing wohl an, die hohe Staatsstellung, welche man einnahm, weniger als einen Beruf zu aufopfernder Hingebung, denn als eine Quelle zugleich für glänzendes Wohlleben und äussere Pracht zu betrachten. Diese Richtung, völlig fremd der Oxenstjernaschen und Braheschen Staatsleitung, empfing ihre Keime zuerst in dem verschwenderischen und selbstsüchtigen Hofleben Christinas; trat aber gezeitigt vornehmlich in der Person von Magnus Gabriel de la Gardie, erst in dessen vorwaltender Staatslenkung, also etwa nach 1665 in offene Erscheinung. —

Seit Gustav Adolphs Tode, und insbesondere durch die Regierungsform von 1634 befand sich der Schwerpunkt der Staatsleitung im Reichsrathe. Der Reichsrath führte in Zeiten der Minderjährigkeit des Thronfolgers die Regierung in Gemeinschaft mit den fünf hohen Aemtern, den eigentlichen Vormündern, welche ihrerseits selbst wiederum erste Mitglieder des Reichsrathes waren. Die Stände hatten, nach der Reichstags-Ordnung von 1617, nur über Propositionen zu berathen, welche von der Regierung ausgingen, also zuvor im Reichsrathe gebilligt waren. Mit den Reichsräthen, die fast immer dein alten und hohen Adel angehörten, stimmten bisher in der Regel die beiden ersten Klassen im Ritterhause, der Herrenstand und die Klasse der Ritter, und damit war zugleich die Curiatstimme des Ritterhauses überhaupt gewonnen. Dass Ritterschaft und Adel zugleich die Entscheidung auf den Reichstagen; über die drei niedern Stände in Anspruch nahmen, beruhte auf dem Uebergewichte des Grundbesitzes, welcher nach übereinstimmenden Mittheilungen schwedischer Schriftsteller damals auf 5 Siebentheile der schwedischen Erde angeschlagen werden konnte, auf dem Besitz der nur bei solchem Vermögen zu erlangenden staatsmännischen Bildung und Unabhängigkeit, auf den glänzenden Leistungen und den kaum beendeten ruhmreichen Feldzügen, so wie endlich auf den umfangreichen Opfern und Bewilligungen an Geld und Mannschaft, welche vom Adel stets bereitwillig übernommen waren. Alles dessen war sich der Adel auch so vollkommen bewusst, dass, als zuerst im Jahre 1650 der Priester- und der Bürgerstand zu gemeinsamen Klagen über die umfangreichen Dotationen sich herbeiliessen, welche dem Heerbefehl und dem Adel zu Theil geworden, während doch die übrigen Stände sich nicht von minderem Patriotismus beseelt fühlten, die Antwort ertheilt werden konnte, dem Adel sei nicht erinnerlich, wo und auf welchem Schlachtfelde seit den hundertjährigen Kämpfen, in denen die Ritterschaft die grossen Provinzen jenseits des Meeres erobert habe, ein Bürgermeister oder ein Geistlicher sein Blut für das Vaterland gelassen".

Je mehr indess die Oligarchie der hohen Geschlechter sich nach unten hin abzuschliessen suchte, so dass selbst die zweite und dritte Klasse des Ritterhauses nur selten noch zur Theilnahme an der Regierungsgewalt in den fünf hohen Aemtern oder im Reichsrathe zugelassen ward, und je mehr im Herrenstande selbst wiederum eine Aussonderung des Grafenstandes zu höherer Ehre und höheren Ansprüchen angestrebt ward, desto mehr gedieh der schon von Christina ausgestreute Same der Eifersucht und des Zwiespalts innerhalb des Standes selbst zur Reife, welcher die zahlreiche dritte Klasse des nobilitirten Beamtenstandes gegen den Stolz der alten Geschlechter, und unter diesen wiederum einzelne ehrgeizige Freiherren gegen den empfindlichen Hochmuth der doch auch meist erst neu creirten Grafen in Harnisch brachte und welcher den Schwerpunkt des Staatsregiments aus der vorwiegend aristokratischen Vormundschaftsregierung und dem Reichsrathe immer mehr und mehr in die Mitte des Ritterhauses und in die Beschlussnahme einer zahlreichen, und weil meist armen auch meist demokratisch gesonnenen Adels-Versammlung herabzog.

Für alle diese Missvergnügten war die Krone der natürliche Verbündete, die selbst die Abhängigkeit in welche ihre eigne Verarmung sie versetzt hatte, nur unwillig ertrug. Deshalb war auch, als es sich um einen Feldzug gegen die übermächtig gewordene Oligarchie handelte, die Coalition der Kräfte naturgemäss geboten, und das gemeinsame Feldgeschrei in den bald beginnenden Operationen ward für die Opposition die nothwendige Verstärkung der Krone.

Diese Verstärkung wurde am natürlichsten, und weil hierbei doktrinär-politische Principien vorläufig ganz aus dem Spiele bleiben konnten, in der Herstellung der verlornen materiellen Macht gesucht. Hier war auch eine Anknüpfung an das alte Landesgesetz leicht, welches die Einkünfte der Krone ausdrücklich geschont und gewahrt wissen wollte. Ausserdem war der Reichstagsbeschluss von Norrköping von 1604 in frischem Andenken, nach welchem Krongut, bei Donationen nur noch mit Heimfallsrecht fortgegeben, und. die geschehene Belohnung bei jedem Regierungswechsel erst von Neuem zur Bestätigung vorgelegt werden sollte.

Dieser Beschluss konnte freilich gegen onerose Veräusserungen nicht geltend gemacht werden, für welche die Krone ihr Aequivalent erhalten hatte, und selbst der Königsbalken litt hierauf nur bei gewaltsamer Interpretation Anwendung. Auch hinsichtlich der Dotationen, also der Veräusserungen aus blosser Liberalität hatten die Thronsuccessoren seit Carls IX. Tode sämmtlich sich die Hände gebunden. Gustav Adolph und gleich ihm Christina hatten bei ihrem Regierungsantritt die geschehenen Alienationen ohne Vorbehalt gutgeheissen. Als es sich darum handelte, die Stände für die Wahl des Prinzen Carl Gustav von Zweibrücken, des Vetters der Königin Christina, zum Thronfolger zu gewinnen (auf dem Reichstage von 1649) war eine der ersten Bedingungen für den Kronkandidaten, dass er im Voraus die Bestätigung aller der Donationen und Alienationen verhiess, welche durch Christina theils bereits gültig vorgenommen waren, theils von ihr noch geschehen möchten. Es hat sich zwar eine von Christinas Hand herrührende Urkunde vorgefunden, welche, allein für ihren Nachfolger bestimmt, die Ansicht ausspricht, dass der Nachfolger, trotz aller dieser Versicherungen, dennoch nicht gehalten sei, das Geschehene gutzuheissen, vielmehr dasselbe „wenigstens mit des Reichsraths Wissen und der Stände Zustimmung“ wieder rückgängig machen könne.

Allein Carls X. Gustavs Rechtsbewusstsein war in diesem Punkte denn doch stärker ausgebildet. Nachdem er sein Versprechen bei seiner demnächstigen Thronbesteigung (1654) in feierlicher Weise wiederholt, fühlte er sich in Bezug auf eine etwa hierbei zu ergreifende Initiative moralisch, und juristisch durchaus gebunden.

Nicht freilich in gleicher Weise waren es die Stände. Diese waren jedenfalls befugt, falls nach ihrer Ansicht in Veräusserung der Krondomainen gegen den Königsbalken und gegen sonstige mit ihrer Zustimmung erlassene gesetzliche Vorschriften verstossen war, dagegen auf den Reichstagen Beschwerde zu erheben. Imgleichen hatten sie es in der Hand, Bewilligungen, welche von ihnen gefordert wurden, unter Hinweisung auf die ordnungswidrig geschehenen Verschleuderungen des Krongutes abzulehnen. Aber zu förmlichen und positiven Propositionen fehlte es ihnen wiederum, und zwar nach der Reichstags-Ordnung von 1617 und den Grundgesetzen von 1634, an dem Rechte der Initiative.

So war es unmöglich, auf geradem Wege den übermässig geschehenen Kronveräusserungen beizukommen. Ueberhaupt war die ganze Forderung, mit dem Maassstabe des blossen Privatrechts gemessen, unsubstanziirt. Denn man stand überall wohlerworbenem, durch den Buchstaben der Gesetze wie der Verleihungsurkunden geschütztem Besitze gegenüber, den ohne Entschädigung zurückzuverlangen mit keinem bekannten Buchstaben des Rechtes sich vertrug. Aber hier zeigte sich unter Anderm deutlich, wie einseitig es ist, im Staate Besitz und Eigenthum nur im Lichte des Privatrechts anzuschauen. Lehnt denn nicht aller Besitz, sofern er Schutz im und vom Staate verlangt, eng auch mit einer Seite an den Staat und dessen ganzen eigenthümlichen Organismus an? Und wird nicht die Sicherheit schliesslich alles Besitzes, auch des vermeintlich blos privatrechtlichen, bedingt durch die Sicherheit und das Gleichgewicht, in welchem der öffentliche Organismus ruht?

Nun liess sich diese öffentliche Seite des Besitzes am Wenigsten bei den dem Herrenstande zu Lehn gegebenen Gütern ableugnen, wenn auch hier die Fortdauer des Besitzes bei loyaler Haltung des Besitzers garantirt war. Wie die Lehne nur geschaffen und aus Kronmitteln fortgegeben waren um des politischen Interesses und der mehreren Festigkeit der erblichen Krone willen, so konnte es wohl als ein Postulat der politischen Gerechtigkeit, nicht freilich des dürren Privatrechts, gelten, wenn durch das Uebermaass der Verleihungen die Selbstständigkeit der Erbkrone bedroht erschien, die offenbare Ratio der politischen

Schöpfung der Lehne in ihr Gegentheil umzuschlagen drohte, auf dem eingeschlagenen Wege einen Schritt rückwärts zu thun.

Dies konnte formell freilich nur geschehen, indem man einen Umweg einschlug. Dieser Umweg ward von Carl X. Gustav auf dem zum Februar 1855 eingerufenen Reichstage in folgender Weise versucht:

Der Reichsrath Christer Bonde, Präsident des Commerz-Collegiums, hatte im Auftrage des Königs den Umfang der bisherigen Kronguts-Veräusserungen in detaillirter Denkschrift zusammengestellt. Daraus ging hervor, dass die Krone um die Jahresrente von 1 Million Rthlr. Silb. M. ärmer geworden, darunter waren die Donationen mit 875,000 Rthlr. Rente begriffen.

Als nun auf dem zum Februar 1655 einberufenen Reichstage aus den unadeligen Ständen der Ruf nach Reduktion erheut ward — wohl nicht ohne Vorwissen des Königs — liess Carl Gustav dem Reichsrath die Denkschrift zugehen und empfahl ihm mündlich die weitere Erwägung.

Von Polen war ein Protest gegen des Königs Thronrecht eingegangen; sollte man den Krieg wieder aufnehmen, so bedurfte man der Mittel. Der Reichsrath theilte den adeligen Mitgliedern des wegen der Kriegsfrage niedergesetzten secreten Ausschusses den Wunsch des Königs, als einer lediglich den guten Willen der Ritterschaft betreffenden Sache mit; von dort ward sie in das Plenum des Ritterhauses gebracht. Mehrere hohe Generale, wie Graf Douglas, beriefen sich auf des Königs eigene, wie seiner Vorgänger Verbriefungen. Obrist Bengt Horn dagegen wies darauf hin, dass der König vom Grundeigenthum der Krone kaum noch so viel übrig habe, um seine Pferde füttern zu können. Das Erbieten des Ritterhauses an den König ging nun dahin:

a) die noch nicht erfüllten Exspectanzen sollten zurückgenommen, und
b) alle nicht nach Norrköping-Beschluss, also nicht auf Heimfall, gemachten Dotationen danach umgewandelt werden.

Nach diesem ersten Schritt des Entgegenkommens that der König einen zweiten des Verlangens. Dieser hing mit der im secreten Ausschusse und im Rathe inzwischen zur Entscheidung gekommenen Kriegsfrage zusammen. Im Rathe wurde die Aufnahme des Krieges von den eigentlichen Reduktions-Männern, den Bengt Skytte, Herrmann Fleming, Gustav Bonde, theils aus Sparsamkeits-, theils aus Partei-Rücksichten bekämpft. Sie erwarteten für das aufkeimende büreaukratische Element im Staate kein Gedeihen von militairischen Erfolgen.

Für den Krieg sprachen theils aus Ruhmbegierde, zum Theil auch aus Partei-Rücksichten die Aristokraten Grafen Magnus de la Gardie, Clas Tott, die Generale Graf C. Gustav Wrangel, Graf Königsmark, Graf Wittenberg. Sie hofften, am besten durch neue Siege und neue Eroberungen — die Provinz Preussen hoffte man von Polen zu gewinnen — einer weitern Ausdehnung der Reduktion zuvorzukommen. Der König neigte sich auf die letztere Seite. Persönlich nach Kriegsruhm begierig, hoffte auch er von der Eroberung neuer Länder Verstärkung der Kronrente, neue Soldatenhöfe (militair-hemman) und von Beidem die Mittel zur Herstellung grösserer Thron-Gewalt.

Als die Aufnahme der Feindseligkeit feststand, trat der König (Ende April 1655) vor den Rath mit der Anfrage, ob nicht Ritterschaft und Adel zu vermögen seien, zur kräftigern Kriegsführung den vierten Theil aller Donationen in Natur oder in Baarem der Krone zurückzustellen. Abermals nun Erörterungen im Ritterhause, bei denen die Generale Grafen Douglas, Leionhufvud für die Unantastbarkeit geschehener Belohnungen, Freiherr Sten Bjelke für die Interessen der Krone sprachen, und entschiedener Widerspruch der dritten, von Clas Rålamb geführten Klasse, welche, wie sie am meisten unter der schon beschlossenen Rücknahme der Exspectanzen litt, so jetzt, bei vergleichsweise nur kleinen Donationen am empfindlichsten von der Reduktion des Viertheils betroffen ward. Gleichwohl ging, am 25. Juni, durch die Zustimmung der beiden ersten Klassen gegen die dritte — was sich später an jenen rächte — die Proposition des Königs mit der Maassgabe durch, dass nicht weiter, als bis auf den Todestag Gustav Adolphs (6. November 1632) zurückgegriffen werde,

> „da der Name des grossen Königs noch in allen schwedischen Herzen in zu lebhafter Verehrung stehe, als dass man seine Verfügungen antasten könne.“

Zunächst ward in dem Beschlusse des Ritterhauses anerkannt, dass gewisse Liegenschaften und Realien der Krone nach ihrer Natur ganz unveräusserlich sein müssten (unentbehrlich), wie die königlichen Schlösser mit allem Zubehör, alle Arten von

Amtsdotationen, der Länsmänner, Höfdinge, der Postverwaltung, die Militair-hemman, die Hemman der Flottenausrüstung, die grossen königlichen Faktoreien und Fabrikationsstätten, die Regalien von allen Bergwerken, grossen Strömen, sonstigen Zöllen und die Festungen.

Alles dergleichen unentbehrliches Krongut soll ganz herausgegeben werden, und zwar

a) geschenkweise verliehenes ohne Ersatz,

b) als Pfand, Tausch oder Kauf fortgegebenes gegen Ersatz des Pfand-, Tausch- oder Kaufschillings.

Von allem sonst veräusserten Krongut wird ein Viertheil des Geschenkten in Natur oder in Baarem zurückgegeben, das anders erworbene bleibt unangetastet; alles Besitzrecht der Donationen wird, wo die Veräusserung abweichend geschehen sein sollte, auf Norrköping-Beschluss-Recht, d. h. mit Heimfall, gewandelt.

Mit Rücksicht jedoch darauf, dass der König zum Kriege sogleich baares Geld braucht, soll von dem zur Reduktion bestimmten Viertheil sogleich die Rente entrichtet werden.

Während der König zu Felde zog, wohin ihn die hohe Aristokratie zum Theil mit selbstgerüsteten Truppen — die Grafen Hans Christ. Königsmark, Erich Oxenstjerna, (Axels Sohn), G. A. Lewenhaupt stellten eigene Regimenter — begleitete, zu neuem Ruhme und neuen Eroberungen, begann daheim die Reduktions-Kommission — die Gebrüder Fleming, G. Bonde, der Bürgermeister Thegner — ihr missliebiges Werk. Es waren durch ihre Thätigkeit schon über 2400 Hemman mit einer Rente von nahe an 70,000 Rthlr. der Krone zurückgebracht, als aus dem Quartier des Königs (Frauenburg in Preussen, September 1656) der Befehl einlief, die Sachen im Felde ständen misslich; um nicht das Mißvergnügen in der Heimath zu mehren, solle die Reduktion mit aller Schonung betrieben werden, die Dotationen der Generale Grafen Torstenson, Königsmark, Douglas, Axel Lilie, des Herzogs Adolph Johann, Freiherrn Stjernhök, selbst soweit sie an unentbehrlichen Orten belegen, einstweilen und bis zur Erörterung auf dem nächsten Reichstage, ganz unangetastet bleiben. Auch Bengt Skytte, der sonst so eifrige Reduktions-Mann, hatte für sich mit Duderhoff eine Ausnahme erwirkt.

Weiter (im Mai 1657) kam der Befehl vom Könige, unter allen Umständen ihm Geldmittel zu verschaffen, und müsste man das reduzirte Viertheil wieder verpfänden. Ungeachtet man bis 8 Procent Zinsen versprach, kamen wenig Darlehen ein; die durch das neue Staatsrecht der Reduktion erzeugte Erschütterung des Besitzes von ehemaligem Krongut wirkte schon nachtheilig auf den Kredit der Krone zurück, wo diese von Neuem Schulden mit Krongut decken wollte. So rächte sich auf der Stelle die Inconsequenz des Königs.

Inzwischen brachte die Kriegserklärung Dänemarks eine neue und günstige Wendung in die öffentlichen Angelegenheiten. Während die Vertheidigung der Landesgrenzen mit Energie von dem Reichsdrosten Grafen Per Brahe geleitet wurde, Graf Johann Oxenstjerna (Axels Sohn) die Norrländer, Graf G. O. Stenbock die Smäländer, Freiherr Lorenz Creutz die Dalkarle gegen die Dänen in das Feld rührte, Graf Douglas Gothenburg, Graf Axel Lilie Calmar hielt, flog der König mit Sturmeseile aus Polen nach Jütland, überschritt den gefrorenen Belt, schlug überall den Feind und erzwang den Frieden von Roskild, welcher Schonen mit seinen Nebenländern Halland und Blekingen dauernd dem schwedischen Reiche einverleibte. Schweden stand auf dem Höhepunkt seines Glanzes. Aber die innern Verlegenheiten hob der Friede nicht. Was sollte mit den geworbenen Truppen geschehen? Sie unterhalten, war zu kostbar, sie entlassen, hiess Schwedens gedemüthigte Feinde zur Aufnahme der Kriegsfackel reizen. Auch der persönliche Ehrgeiz des Königs hatte keine Ruhe. Alles trieb zur Wiedereröffnung des Feldzuges. Aber der Erfolg war ein anderer. Im Felde Niederlagen, in der Staatskasse vollständige Ebbe, trotz der Erwerbungen von Roskild. Zu Ende 1659 hatte der König Nichts mehr vom neuen Krongute in Pfand zu geben.

Unter so trüben Aussichten, und als bereits ständische Ausschüsse nach Götheborg berufen waren, rief der Tod den König vom irdischen Schauplatze hinweg (Februar 1660). Aus den Gefahren, in welchen Schweden zurückblieb, rettete es ausser der Eifersucht der Seemächte auf Dänemark, die kluge und energische Politik der hohen Aristokratie, unter der Leitung vornehmlich des Drosten, durch die günstigen Friedensschlüsse von Kopenhagen, von Oliva und Kardis (1660 und 1661).

Ausser der Reduktion, welche jetzt der rothe Faden blieb, an welchen die Kampfe im Innern sich anreihten, und welcher sie schliesslich alle löste, kam während der Regierung Carls X.

Gustav, und zwar schon auf dem Reichstage von 1655, noch eine andere Frage von politischer Tragweite auf das Tapet.

Von der dritten Klasse des Ritterhauses ward, anscheinend eine Repressalie gegen den Herrenstand wegen der Reduktions-Beschlüsse, der Antrag eingebracht, der erste Stand möchte, gleich den drei andern, auf den Reichstagen sich durch landschaftsweise zu wählende Bevollmächtigte vertreten lassen. Den Vorwand gaben die Kosten, welche dem ärmeren Adel ein regelmässiges Erscheinen erschwerten, während im Hintergrunde die Hoffnung lag, den durch Besitz und Privilegien bevorzugten Herrenstand bei den Landschaftswahlen durch die Menge zu überflügeln. Schon im Reichsrathe fiel indess der Antrag. In dem Verzichte auf das Recht zum persönlichen Erscheinen liege ein freiwilliges Aufgeben eines alten und werthvollen Standesrechtes, was leicht zu gefährlichen Consequenzen führe. Der Ritterschaft und des Adels besonderer Beruf sei, mit den öffentlichen Angelegenheiten und deren Führung sich vertraut zu halten. Niemandem vom Adel dürfe die Gelegenheit dazu verschränkt werden. Bevollmächtigte würden schwerlich mit der Kraft der Unabhängigkeit auftreten, welche des Adels besonderes Erbtheil sei. Welche Schwierigkeiten biete schon die Auffindung eines richtigen Wahlmodus, oder solle der beneidete Herrenstand ganz in die Discretion der unvermögenden Menge gegeben werden? und wo sei die Bürgschaft, dass er zunächst aus der Wahl hervorgehe. Sollte man Wahlen vornehmen, ohne den Adel, der doch als Corporation einmal anerkannt sei, wissen zu lassen, um welche Fragen es bei den bevorstehenden Reichstagen sich handele, und wenn man diese Mittheilung vorhergehen lasse, wolle man die Wahlversammlungen in politische verwandeln? Der Reichsdrost wollte es der dritten Klasse anheimgestellt wissen, sich unter sich selbst durch Bevollmächtigte gegen Tagegelder vertreten zu lassen; der Herrenstand werde aber auf seine politischen Rechte freiwillig niemals verzichten, und dürfe es mit Rücksicht auf das Allgemeine nicht.

Carl X. Gustav hatte durch Testament Vorsorge wegen der Vormundschafts-Regierung getroffen und Vollmachten für die fünf höchsten Aemter ausgefertigt. Das Reichs-Marschall-Amt solle sein Bruder Herzog Adolph Johann; das seit Erich Oxenstjernas zu frühem Tode (1656) unbesetzt gebliebene Kanzler-Amt Graf Magnus Gabriel de la Gardie; das durch des letztern Aufrücken erledigte Schatzmeister-Amt Freiherr Herrmann Fleming erhalten. Drost war Per Brahe, Admiral C. Gustav Wrangel. Diese fünf sollten, der Regierungsform von 1634 gemäss, unter dem Vorsitze der Königin Wittwe Hedwig Eleonore die Vormundschafts-Regierung führen.

Sowohl im Rathe als bei den zu Götheborg versammelten ständischen Ausschüssen erhoben sich Bedenken gegen das Testament. Die Einsetzung eines fremden, im Ritterhause nicht matrikulirten Fürsten wäre gegen die Grundgesetze. Schon Johann Casimir, Königs Gustav Adolph Schwager, hätte dieser Rücksicht weichen müssen. Man kam überein, das Testament einstweilen auf sich beruhen zu lassen, und den Reichsrath mit der vorläufigen Führung der Geschäfte zu betrauen. Auf dem zum Herbst 1660 nach Stockholm berufenen vollen Reichstage ward dann das Testament ausdrücklich für nichtig erklärt. Kein König, hob Freiherr Johann Gyllenstjerna hervor, habe nach Cap. 4. §. 7. des Königsbalkens das Recht, in der Regierungsform abweichende Anordnungen ohne Zustimmung des Raths und der Stände zu treffen. Des verstorbenen Königs Testament sei nur gleich einer Proposition, welche von der Krone an die Stände ergehe. Diese werde jetzt, als unthunlich und gegen schwedisches Staatsrecht verstossend, von ihnen verworfen.

Mit den Hauptpositionen des Testaments liess man auch die Einsetzungs-Dekrete für die hohen Aemter fallen. Dies stand nicht auf demselben Rechtsgrunde, und war an sich eine für das Kronrecht bedenkliche Präcedenz. Aber konnte Herzog Johann Adolph, als fremder Fürst, nicht in das Marschall-Amt eintreten, so blieb dieser Posten vakant; seine anderweite Besetzung lag daher in der Natur der Sache. Zweifelhafter stand es mit der Vollmacht des Königs für Fleming zum Schatzmeister-Amt. Der Reichsrath trat für die königliche Prärogative insoweit ein, dass er seinerseits, indem er den Feldmarschall Grafen Lars Kagg zum Reichsmarschall-Amte berief. Herrmann Fleming, mit Rücksicht auf des Königs Designation, von Neuem zum Reichsschatzmeister wählte. Der Reichsrath befand sich hierbei zugleich streng auf dem Boden des bisherigen Staatsrechts und der Regierungsform von 1634. Um so mehr hätte er fest bleiben müssen.

Aber der aristokratisch-oligarchische Geist der Regierungs-form von 1634 war es eben, auf welchen die Missgunst und die Eifersucht des Ritterhauses ihre Angriffe zu richten beschlossen. Hätten die Reichsstände, wandte man hier ein, im Falle der Thron-Erledigung das doch nicht bestrittene Recht, einen neuen König zu wählen, um wie viel mehr hätten sie bei blosser Minderjährigkeit die Vertreter der Krone zu wählen. Schon bei Berathung der Regierungsform von 1634 hätten die Stände dieses Recht sich zu Protokoll gewahrt, und Christina habe auf dem Reichstage von 1644 ausdrückliche Zusagen in dieser Beziehung gethan. Dem Reichsrathe wolle man das Vorschlagsrecht für die fünf hohen Aemter lassen, die Zustimmung gebühre den Ständen.

Der Hinweis auf die Berathungen von 1634 erwies sich als unzutreffend. Allerdings hatte das Ritterhaus damals das gleiche Verlangen zu Protokoll gegeben, aber diesem Verlangen war keine Folge gewährt; nur so viel stand fest, dass der Reichsrath Einige von den Ständen in seine Sitzung hatte berufen lassen, um sich mit ihnen über die zu den damals erledigten hohen Posten zu berufenden Personen zu benehmen. Die Zusagen Christinas waren unzweifelhaft, aber zum Grundgesetz waren sie noch nicht erhoben. Die Besetzung aller Aemter war vorbehaltenes Recht der Krone, und mit der Wahrnehmung der Kronrechte war in Behinderungsfällen des Königs, nach Herkommen unzweifelhaft nur der versammelte Reichsrath betraut. Es bedurfte deshalb nicht grosser Entschlossenheit, um dieses Recht dem Reichsrathe zu wahren.

Leider mischten sich hier fremdartige Rücksichten ein und lähmten diese Entschlossenheit. Manche im Rathe, und unter ihnen auch der Drost Graf Per und der Kanzler Graf Magnus, mochten Herrmann Fleming um seiner Reduktionsleidenschaft willen nicht zum Marschall-Amte. Als das Ritterhaus sich unruhig zeigte und die übrigen Stände in seinem Sinne bearbeitete, riethen deshalb Brahe, de la Gardie, Bengt Oxenstjerna (Gabriels Sohn), selbst G. Bonde, zur Nachgiebigkeit. Das Ritterhaus, von dem Zwiespalt im Reichsrathe unterrichtet, kam durch kecke That weitern Scrupeln zuvor. Es stimmte über die vom Rathe getroffenen Wahlen ab, bestätigte die Wahl des Grafen Kagg und verwarf die des Freiherrn Fleming. Mit dieser That, welcher beizutreten man die drei unadeligen Stände zu bewegen wusste — obgleich hier schwere Bedenken zu überwinden waren, — schlug die liberale Mehrheit des Ritterhauses jetzt die Oligarchie der hohen Geschlechter im Reichsrathe und rächte sich zugleich in der Person Flemings für die Reduktionsbeschlüsse von 1655. Der Reichsrath musste von Neuem wählen und schlug G. Bonde zum Reichsschatzmeister vor, womit das Ritterhaus, und ihm folgend die unadeligen Stände, sich einverstanden erklärten. Dies war der Anfang von mehreren Niederlagen, welche die hohe Aristokratie erlitt und für welche sie selbst die ganze Verantwortlichkeit trägt. Man fühlte, es fehlte die überragende Persönlichkeit, welche, wie einst der grosse Axel Oxenstjerna, die Spaltungen innerhalb des Reichsrathes und Hochadels, den äussern Gegnern gegenüber, zum Schweigen zu bringen verstanden.

Der zweite entscheidendere Sieg des Ritterhauses liess nach diesem ersten Erfolge nicht auf sich warten. Es galt der Revision der Regierungsform von 1684. Das Ritterhaus lehnte sich an die bekannte Weigerung Christinas, diese Regierungsform vor nochmaliger Revision als Grundgesetz ausdrücklich anzuerkennen, und bestritt deren Gültigkeit für die bevorstehende Vormundschaftszeit. Einmal auf die Bahn der Nachgiebigkeit getrieben, vermochte auch hier der Reichsrath nicht zu widerstehen, vorwiegend durch die Eifersucht auf das Grafenthum in seinem eigenen Schosse geschwächt. Von beiden Seiten wurden Revisions Entwürfe aufgestellt. Aber derjenige des Ritterhauses ward in allen Hauptpunkten durchgesetzt, und es rächte sich später bitter am Reichsrathe, das er sich für seine Niederlage von dieser Seite her an den Rechten der Krone zu erholen suchte, indem er den vom Ritterhause schlau hingeworfenen Köder aufnahm, der ihm die Zahl seiner Mitglieder auf 40 zusicherte und ihm nachliees, in Erledigungsfällen, selbst zu Zeiten der Vollmündigkeit des Königs, die Wiederbesetzung von der Reichsräthe eignen Zustimmung abhängig zu machen.

Das Ritterhaus war vorläufig zufrieden, nur für die Zeit der Vormundschafts-Regierung seinen eignen Einfluss gesichert zu haben und bewirkte dies durch folgende Bestimmungen des sogenannten Additaments zur Regierungsform von 1634, vom 3. November 1660:

> „In den fünf hohen Aemtern soll während der Minderjährigkeit des Königs nie mehr als je Ein Mitglied desselben Geschlechtes fungiren, im Reichsrathe nie mehr als je drei, und niemals gleichzeitig zwei

Brüder.

Die erledigten Stellen in der Vormundschafts-Regierung werden nur mit der Stände Bedenken wiederbesetzt.

Die Einberufung der Reichsstände muss mindestens jedes dritte Jahr erfolgen, woneben die Provinzial- und Landschafts-Möten (ein von Carl X. Gustav benutztes Auskunftsmittel, um den vollen Reichstag zu vermeiden) in Zukunft fortfallen.

In wichtigen eiligen Fällen mag die Regierung auch das Gutachten der fünf Reichs-Collegien einholen, dies darf jedoch niemals die Reichsstände in Fragen ersetzen, wo verfassungsmässig der Letztern Beschlussnahme erforderlich ist.

Bei Besetzung der Staatsämter soll auf Verdienst und Befähigung und nicht blos auf höhere und geringere Geburt geachtet, und sollen nicht mehr Aemter in einer Person cumulirt werden, als die Natur dieser Aemter mit sich bringt.

Zu General-Gouverneurs der Grenz-Provinzen sollen auch Edelleute ausser dem Rathe berufen werden.

Mit neuen Nobilitirungen und Donationen soll vorsichtig vorgegangen werden und in keinem Falle ohne des versammelten Reichsraths Zustimmung.

Was die Vormundschafts-Regierung verordnen werde, hat nur Kraft bis zur Selbstregierung des Königs; dagegen soll mit diesem Additament die Regierungsfom von 1634 als allgemeines Gesetz (Lag och laga Stadga) geachtet werden."

Der Reichsrath, wegen der Ausschliesslichkeit, mit welcher dem Herrenstande der Eintritt vorbehalten war, und um der Einkünfte willen, welche seine Mitglieder bezogen, vom niederen Adel so gehasst als beneidet, war nach dem Tode Carls X. Gustav in folgender Weise zusammengesetzt und dotirt:

Es sassen darin aus dem Grafenstande: Per Brahe (als Drost), C. G. Wrangel (als Reichs-Admiral), Magn. Gabr. de la Gardie (als Kanzler), Lars Kagg (als Marschall), die Generale G. O. Stenbock, Robert Douglas, Heinrich Königsmark, Christ. C. Schlippenbach und Nils Brahe, die Ober-Kammerherren Gabr.

Oxenstjerna und das Tott, und der Tribunals-Präsident Bengt Oxenstjerna; von dem Freiherrnstande: drei Sparre, zwei Bjelke, zwei Flemihg, zwei Rosenhane, ein Banér, Kagg, Bååt, Lilie, Skytte, v. d. Linde, Mörner, Bonde, Leionhufvud, Forbus, Horn, Bjelkenstjerria, Gyllenstjerna, Ribbing, Soop und Stake, und zwar zum Theil Generale, ein Admiral, vier Hofgerichts-Präsidenten, neun Landeshauptleute und vier Räthe der obersten Reichs-Collegien.

Ausserdem waren dem Reichsrathe junge Männer vom Herrenstande als Reichsraths-Auditeurs beigeordnet, um für die höhere Staatsleitung die Vorbildung zu gewinnen. Damals fungirten als solche die Freiherren Johann Gyllenstjerna und Anders Liljehök.

Von der grossen Zahl der Mitglieder war allezeit ein Theil in Staatsgeschäften oder Feldzügen von der Hauptstadt abwesend. Dieser Umstand rechtfertigte einigermaassen die Vermehrung der Mitgliederzahl bis auf vierzig. So waren beim Tode des Königs die Generale C. G. Wrangel, G.O. Stenbock, Christ. Schlippenbach und Admiral Bjelkenstjerna im Felde und auf der See. Magn. Gabr. de la Gardie und Bengt Oxenstjerna verhandelten in Oliva mit Polen, Sten Bjelke und Schering Rosenhane in Kopenhagen mit Dänemark, Bengt Skytte war in besonderer Mission in London.

Der Herrenstand war damals im Ganzen durch 21 Capita vom Grafenstande und 54 vom Freiherrenstande vertreten. Waren auch alle 40 Reichsrathsstellen besetzt, so blieben dem Ritterhause in der ersten Klasse, dem Herrenstande, immer noch 35 selbstständige Stimmen. Die Zahl der Mitglieder der zweiten Klasse (der eigentlichen Ritter) war sehr gering geworden und kam nicht recht in Betracht. Dagegen stand den Herren die grosse und unruhige Schaar der dritten Klasse mit ziemlich 650 Köpfen gegenüber. Dieses Missverhältniss musste in den gemeinsamen Berathungen immer mehr zum Nachtheil des Herren Standes ausschlagen.

Im Staatshaushalts-Etat, welchen G. Bonde im Jahre 1661 dem Rathe vorlegte, waren die Gehälter in folgender Weise normirt:

a) Das Reichsraths-Gehalt als solches betrug 1500 Rthlr. S. M.
b) Das Gehalt für die Mitgliedschaft in den Reichs-Colle-

gien ebenfalls 1500 Rthlr.

c) Die den Reichsräthen vorbehaltene Lagmanns-Rente, die Naturalien eingerechnet, wohl auf 2000 Rthlr. anzuschlagen.

d) Die fünf höchsten Würdenträger erhielten ausserdem

1. als Vorsitzende der Reichs-Collegien wöchentlich 100 Rthlr. zur Repräsentation für die Zeit der wirklichen Funktionen;

2. als Mitglieder der Vormundschafts-Regierung (Regenten) 7500 Rthlr. jährlich.

Endlich bezog jeder Reichsrath das Gehalt der Stelle, welche er übrigens im Heere oder in der Verwaltung bekleidete, und welches bei den Generalen auf 1600 bis 2000 Rthlr., bei den Landeshauptleuten und Vice-Präsidenten der Hofgerichte 1500 Rthlr. betrug.

Das Gesammteinkommen für jedes der Mitglieder der Regentschaft aus öffentlichen Kassen betrug also mindestens 25,000 Rthlr. S. M., eine Summe, nach dem beschränkten und gedrückten Budget von Schweden und dem damaligen Stande des Geldwerthes immerhin für Neid und Missgunst hoch genug, für die Lenker eines mächtigen europäischen Staates, wie Schweden damals war, und im Vergleich zu den Besoldungen in den übrigen Reichen, gewiss nicht zeitwidrig. Wäre nicht die beträchtliche Einnahme aus dem bei Brahe, Wrangel und de la Gardie allerdings ungewöhnlichen Privatvermögen hinzugekommen, so hätten die Vormünder mit jenen Gehältern schwerlich den fürstlichen Aufwand auch nur zum Theil bestreiten können, durch welchen sie die Würde und den Glanz des schwedischen Staates glaubten repräsentiren zu müssen; ein Aufwand, der de la Gardies fast ganzes Privatvermögen allmählich mit verschlang.

Graf Magnus Gabriel — wie der Kanzler gewöhnlich genannt ward — dessen Händen, bei vorrückendem Alter Per Brahes, immer mehr die Zügel der Regierung überlassen blieben, wird von seinem Zeitgenossen, Grafen Bonde (in dessen Denkwürdigkeiten), also geschildert:

„Sehr wohlredend und wohlthuend, besass Graf Magnus grosse Gaben, des Volkes Zuneigung zu gewinnen; gelehrt und lebhaften Geistes, kundig der Interessen der europäischen Fürsten, doch nicht ausreichend begabt mit Beharrlichkeit und Festigkeit; mit mehr Hang zur Bequemlichkeit, als fürstlichen Günstlingen gut ist, und deshalb immer nicht gar zu lange in der Gunst seiner königlichen Gebieter; er hätte sehr reich sein müssen, wenn er nicht durch verschwenderischen Glanz sein Vermögen zerrüttet; wohl im Stande, ein ganzes Königreich zu verzehren, wenn es in seiner Macht gestanden hatte; so lebte er du jour au lendemain, wenig bekümmert, woher die Mittel kamen, sofern nur das nächste Bedürfniss befriedigt ward."

Unter eines solchen Mannes Leitung konnte allerdings die rechte Sparsamkeit im Budget nicht aufkommen. Doch hing die Reduktion des Budgets, auf welche vornehmlich Gr. Bonde, der Reichsschatzmeister, drang, auch von der Heeresfrage ab, und diese von der auswärtigen Politik.

Im Frieden von Münster und Osnabrück (1648) waren für Schweden drei wichtige Punkte erreicht:

1. die Vereinigung von ganz Deutschland unter Oesterreichs Scepter gehindert,
2. zur Bürgschaft für die Zukunft selbst festen Fuss in Deutschland gefasst,
3. und endlich die evangelische Kirche in Schweden durch die Sicherstellung des evangelischen Bekennt nis ses in Deutschland geschützt zu haben.

Dies waren zugleich die Grundlagen, auf denen wesentlich das Bündniss mit Frankreich beruhte; dieselben setzten. aber ein hinlänglich grosses, stets schlagfertiges Heer voraus, zu dessen Unterhalt Schweden die Mittel nicht besass. Zwei Auswege boten sich hierfür, entweder

a) Fortsetzung der Veräusserung der noch vorhandenen Krongüter zu Pfand oder Kauf, oder
b) Annahme von Subsidien.

Zu beiden griff man. Aber Anleihen auf Pfand brachten nur ganz schlechte Baarmittel und das verpfändete Gut fiel ausgenutzt wieder heim. Wirkliche Veräusserungen sollten zwar thunlichst vermieden werden, allein der sonst so vorsichtige Schatzmeister G. Bonde musste doch selbst einräumen, dass ohne das Mittel der Belohnungen eine kriegführende Regierung nicht bestehen könne. So ward die Vormundschafts-Regierung mit Nothwendigkeit auf die Bahn der Veräusserungen und selbst der Donationen zurückgedrängt, eine Bahn, die fortgesetzt zuletzt zum kläglichen Ende führen musste.

Gleichwohl stimmten auch die Reichsstände (1660/61) dem Vorschlage der Regierung bei, die dritte Klasse des Ritterhauses unter der Bedingung, wenn die kleinen schon vergebenen Donationen unter 3 Hemman (dies traf sie selbst am meisten) von der Ausführung des Reduktions-Beschlusses von 1655 ausgenommen wurden. Auch im Priesterstande hiess es, man möge bei den neuen Donationen nur die Wittwen der Pfarrer nicht vergessen. Mit diesen Bedingungen verkaufte sich der niedere Adel wiederum der Aristokratie der Vormundschafts-Regierung und die letztere sah es nicht ungern, dass die patriotische dritte Klasse sich eine solche Blösse gab. Es war nicht die einzige. Sie kam auch bei dem Reichsrathe mit dem Antrage ein, es möge ein Grundbesitzer, wenn er nobilitirt würde, die vorher skattpflichtig besessenen Liegenschaften als Frälse weiter besitzen, d. h. der Krone die Grundrente nicht ferner davon zu entrichten brauchen: auch möge die Krone die Erhebung der Kronrenten von den Adelsbauern nicht mehr durch ihre Voigte vornehmen, sondern dem Edelmann selbst überlassen, weil der Letztere besser als der Erstere die Rücksichten, welche die Billigkeit erfordere, übersehen könne. Auch hierüber erhielt der kleine Adel im Bei-Abschiede von der Regierung beruhigende Zusagen.

So zeigte die Vormundschafts-Regierung gleich in den ersten Jahren ein bedenkliches Hin- und Herschwanken zwischen unvereinbaren Gegensätzen: thunlichst Friede mit den auswärtigen Mächten, und doch Unbehaglichkeit, sich in einen reduzirten Kriegs-Etat finden zu sollen; Versuch zur Aufstellung eines beschränkteren Budgets, und doch nicht Kraft, sich selbst den Beschränkungen in den Etats zu unterwerfen und den von allen Seiten andringenden Bitten um Berücksichtigung bei Donationen zu widerstehen; hohe Meinung von der Würde und Stellung des Reichsraths und von dem Vortritt des Herrenstandes, und doch an unrechten Orten Nachgiebigkeit gegen die bedenklichen Uebergriffe des liberalen Ritterhauses aus mangelnder Entschlossenheit: im Schoosse des Reichsraths selbst dauernde Rivalität gegen das Grafenthum und dessen Vortritt in der eigentlichen Regierung: die dem Grafenthum feindliche Partei geführt vornehmlich vom Freiherrn Sten Bjelke und verstärkt später durch

Heranziehung von Mitgliedern der zweiten und dritten Klasse, von Björnklou, Rålamb, Kurck, durch welche zugleich das nobilitirte Beamtenthum gegen die Exclusivität der alten Geschlechter vertreten ward.

Fortgesetzt wurde auch das Ritterhaus in seiner weitaus die Mehrheit bildenden dritten Klasse von kleinlichen und selbstsüchtigen Rivalitäten mehr, als von Motiven grosser und patriotischer Politik bewegt. Dies zeigte sich u. A. auf dem Reichstage von 1664 in Folgendem.

Die Ritterschaft und der Adel der neu erworbenen Schonenschen Landschaften sollte introduzirt werden. Diejenigen, deren Vorfahren im dänischen Reichsrathe gesessen, erwarteten, gleich den Nachkommen der schwedischen Reichsräthe, die Einverleibung in die Klasse der Ritter. Hiergegen empörte sich die Eifersucht der dritten Klasse und legte mit Leidenschaftlichkeit Verwahrung ein. Aber der Reichsrath entschied zu Gunsten des Adels und der Ritterschaft von Schonen, wie es billig war, was aber die Spannung gegen den Reichsrath steigerte.

Schon das Additament von 1660 hatte zugesichert, dass die Aemterbesetzung zunächst nach Verdienst und Befähigung geschehen solle. Dies befriedigte indess den Beamten-Adel der dritten Klasse nicht: Man fand es unerträglich, wie Johann Gyllenstjerna selbst hervorhob, dass einer Generalsfrau, deren Gatte nur zur dritten Adelsklasse gehöre, eine Kapitainsfrau vorgehen solle, deren Gemahl von der Grafenbank sei. Man behauptete, die Gliederungen des Adels von 1626 seien allein für die Abstimmung auf dem Reichstage bestimmt, ausserhalb des Ritterhauses hätten sie keine Bedeutung. Man verlangte für den gesammten Adel eine bestimmte speziellere Rangordnung. Der Reichsrath wich aus und begnügte sich mit folgender Entscheidung. Nach seiner Meinung schienen bei Streitigkeiten über den Vortritt der Mitglieder der Ritterschaft und des Adels unter einander diese Rücksichten ins Auge gefasst werden zu müssen. Vor allen Anderen gehe der vom Könige graduirte Adel, der Herrenstand, dann gebühre dem hohen Verdienste der Vorfahren die meiste Anerkennung — dies betraf die eigentlichen Ritter — ; demnächst komme das Alter des Geschlechts in Betracht und zuletzt erst die jeweilige Anstellung, bei gleicher Dienststellung müsse die Anciennität entscheiden. Dies sei der Natur der Dinge entsprechend und darauf auch, nicht willkürlich, die Gliederung des Ritterhauses gebaut.

Als die dritte Klasse sich hierbei nicht beruhigte und auf jedem folgenden Reichstage ihre Forderungen wiederholte, gab man endlich 1672 so weit nach, dass wenigstens die fünf hohen Reichsämter und die zunächststehenden, ohne Rücksicht auf Geburtsvorrang, den Vortritt vor allen anderen Edelleuten, auch dem Herrenstande nehmen sollten.

Versuche zu Uebergriffen der Reichsstände in die Sphäre der eigentlichen Regierungsgewalt zeigten sich auf dem Reichstage von 1664 in der Beschwerde des Ritterhauses, dass die Regierung ein Duell-Patent ohne Mitwirkung der Stände erlassen habe, obgleich es sich dabei nur um den Erlass einer die öffentliche Sicherheit und Ruhe betreffenden polizeilichen Verordnung gehandelt. Ferner in dem Verlangen des Bürgerstandes, dass sogenannte ökonomische Verordnungen, wenn sie von der Regierung aus Anlass von ständischen Bitten und Wünschen erlassen seien, nicht ohne zuvorige Anhörung der Stände geändert werden dürften. Der Reichsrath bewies indess in beiden Punkten, dass die Forderungen oder Beschwerden der Stände dem schwedischen Herkommen und Staatsrechte entgegen seien und wies dieselben, hierin fest bleibend, zurück.

Während der Reichsrath, insbesondere nachdem mit dem Tode G. Bondes der Freiherr Sten Bjelke in das Reichs-Schatzmeister-Amt und damit in die Reihe der Vormünder eingetreten war, fortfuhr, das Bild wechselnden Sieges bald der Partei des glanzsüchtigen Kanzlers, bald des zur Sparsamkeit rathenden Reichsschatzmeisters zu bieten, dem entsprechend in der auswärtigen Politik bald das Bündniss mit Frankreich, bald dasjenige mit Oesterreich überwog, rückte der Zeitpunkt heran, da der junge König Carl XI. selbstständig den Thron seiner Väter besteigen sollte. Die allgemeine Aufmerksamkeit war deshalb darauf gerichtet, wer den ersten Platz neben ihm einnehmen werde. Offenbar waren die günstigsten Aussichten für de la Gardie. Durch seine Gattin, Marie Euphrosyne, rechter Oheim des jungen Königs, vom verstorbenen Könige mit besonderen Vollmachten für die Rechte des königlichen Hauses ausgestattet, hatte Graf Magnus auch unter den vorhandenen Staatsmännern von hoher Stellung keinen gefährlichen Rival. Per Brahe lebte schon ziemlich zurückgezogen, auch C. G. Wrangel war alt; Sten Bjelke fehlte es an den persönlichen Talenten, Johann Gyllenstjerna stand damals noch zurück und hatte bis dahin noch wenig Ergebenheit für das monarchische Interesse oder die Rechte der Krone an den Tag gelegt. Zudem war er plump in seinen Manieren und trug nicht mit Unrecht den Beinamen des groben Jan (oder des Grob-Jan). Nils Brahe, des Drosten Neffe und künftiger Erbe seines Reichthums, durch die Heirath mit der einzigen Tochter C. Gr. Wrangels auch muthmasslicher Erbe von dessen Vermögen, war den politischen Parteiungen fern geblieben.

So war es natürlich, dass König Carl XI., als ihm am 18 Dezember 1672 endlich die Zügel der Regierung zur eigenen Leitung in die Hand gelegt wurden, dieselben vorerst vertrauensvoll der ferneren Führung des Grafen Magnus, seines Oheims, überliess. Die Eidversicherung des Königs war in der Formel abgefasst, wie sie seit Gustav Adolph in Brauch gekommen, und „wenn etwas zu des Reiches Vertheidigung Bedarf oder Emporkommen, an den Grundgesetzen zu verändern sei, so solle es geschehen mit des Rathes Rath und der Stande Wissenschaft und Zustimmung.“ Auch der Eid der Reichsräthe enthielt die bekannte Verpflichtung, „den König anzuhalten zu des Reiches Recht mit aller Macht, und dass er dem Volk die Eide halte, die er geschworen, so wie das Volk die seinigen.“

Sodann entlastete der König die Vormundschafts-Regierung auf deren Rechenschaftsbericht — den der Reichsrath als solcher übrigens aus einer dunklen Besorgniss späterer Mitverantwortlichkeit nicht mit vollzog — dahin:

> „dass die Reichs-Vormünder als treue und wohlrathende Diener und zu des Königs voller Zufriedenheit das Reich verwaltet hätten, dass der König ihnen hierfür danke und noch an ihnen selbst und ihren Kindern vergelten werde. Sie selbst würden hiermit, so wie ihre Kinder, Frauen oder Nachkommen auch von jeder späteren Rechenschaft und Verantwortung frei und ledig erklärt, auf ewige Zeiten.“

Die Reichsstände fügten ihrerseits hinzu:

> „dass die Reichs-Vormünder allezeit mit Fleiss, Umsicht und Treue für des Königs und des Reiches Beste gearbeitet und allesammt ihre Amtspflichten so erfüllt hätten, dass auch die Stände ihnen nur dafür dankbar sein könnten.“

Alle Veräusserungen an Krongut, so wie alle Donationen

wurden in gleicher Weise, ohne allen Vorbehalt, als „wohl geschehen“ gut geheissen, die alten und neuen Belehnungen bestätigt. So schien das Vergangene nach allen Seiten hin gesichert. Dass das Zukünftige vor den Mängeln bewahrt bleibe, welche den letzten Jahren der Vormudschafts-Regierung angehaftet hatten, liess Graf Magnus Gabriel seine erste Sorge sein. Er wollte Einheit in die Staatslenkung zurückbringen und griff zu dem, schon unter Christinas Regierung nicht mit Glück versuchten Mittel, welches unsichere Fürsten anzuwenden pflegen, um ihre persönliche Selbstständigkeit zu retten, dem Mittel des „divide et impera“. Mehr und mehr ward der Reichsrath als solcher vernachlässigt; zu wichtigen Dingen wurden einzelne Reichsräthe, nach des Kanzlers Auswahl, in des Königs Conseil oder Cabinet (Sängkammar) beschieden und dort der letzte Entschluss gefasst; der Vorwand dazu von der Reichsräthe häufiger Abwesenheit auf ihren Gütern oder auf ihren sonstigen Posten hergenommen; dem versammelten Rathe meist nur die dahin gehörigen Rechts Revisionssachen belassen, die laufenden Regierungsgeschäfte aber durch blosse Cabinets-Secretaire, nach des Kanzlers alleiniger Anweisung oder doch unter dessen alleiniger Vollziehung erledigt. Diese Cabinets-Secretaire bilden bald aber eine gewaltige Macht im Reiche. Sie hiessen damals Lindenskjöld, Gripenhjelm, Rehnskjöld, Oernstedt und Hoghusen. Dieses Cabinet der Secretaire stürzte später seinen eigenen Schöpfer, dann den Reichsrath und die gesammte Aristokratie.

Erich Lindenskjöld, der begabteste unstreitig unter dieses Büreaumännern, war der Sohn eines Schmidts, Olofs (Håkansson), ward als Theologe Privatlehrer für des verstorbenen Königs natürlichen Sohn, den jungen Grafen Gustav Carlsson, mit dem letzteren auf Reisen geschickt, nach „einer Rückkehr vom Grafen Magnus in der Kanzlei verwendet und 1669 mit dem Namen Lindenskjöld geadelt. Später stieg er zu den höchsten Würden.

Gripenhjelm hiess, als er noch Lehrer des jungen Königs war, Figrelius; ward dann auf Graf Magnus Veranlassung geadelt, in der Kanzlei benutzt und wurde im Jahre 1673 unter Erhebung in den Freiherrenstand selbst in den Reichsrath eingeführt, Johann Rehnskjöld galt nur für einen unwissenden und gesinnungslosen Menschen und als ein blindes Werkzeug in der Hand der Anderen. Graf Magnus nahm ihn in das Cabinet, um durch ihn dessen Schwiegervater, den etwas unbequemen Hofkanzler Franz Oernstedt zu gewinnen und an sich zu fesseln. Eben so gesinnungslos, aber sehr gewandt mit der Feder und deshalb zu Allem brauchbar, war der Staats-Secretair Hoghusen.

Diese Art zu regieren währte nach der Thronbesteigung etwa drei Jahre, lange genug, um reichlich Missvergnügen auf allen Seiten zu erzeugen. Zuerst im Reichsrath über des Kanzlers angemasste Alleinherrschaft. Sten Bjelke führte, wie bisher, hier die Opposition; ihm schlossen sich an: Gabriel Stenbock, obgleich des Kanzlers Schwager, und die Skyttianer, insbesondere die Gebrüder Johann und Göran Gyllenstjerna, aus persönlicher Animosität gegen den Hochmuth des „Grafen". Gegen die Secretaire erfüllte sich eine andere Coterie mit besonderem Zorn, die junge militairische Umgebung des Königs, die Gebrüder Obristen Hans und Axel Wachtmeister, Gustav und Christoph Gyllenstjerna (der Vorigen Vettern), General Heinrich Falkenberg, Admiral Clas Uggla. Dieser Coterie näherte sich Reichsrath Johann Gyllenstjerna. Sein Ehrgeiz ging dahin, zunächst an der Secretaire Stelle zu kommen, deren Einfluss seinem adelsstolzen Herzen unerträglich war. Mit dem Sturze des mächtigen Reichskanzlers würden, wie er hoffte, auch die Letzteren stürzen.

Der Krönungs-Reichstag zu Upsala, Herbst 1675, wurde zum Angriff ausersehen. Alles bot sich die Hand: die Stände wurden bearbeitet. Die Fleminge (Herrmanns Söhne) Clas und Jacob, voll Rachedurst gegen den Reichskanzler für ihres Vaters einstige Niederlage (1660), liessen es im Ritterhause an Eifer nicht fehlen; die Freiherren aus dem Reichsrathe, Rålamb und Kurck, lange auf Seiten des mächtigen Kanzlers, schlossen sich jetzt seinen Angreifern an. Den Bürgerstand leitete der demokratische Olof Thegner, die Geistlichkeit Terserus. Von den beiden letzteren Ständen ging der Anstoss aus. Sie weigerten die Mittel zur Führung des von Dänemark erklärten, Krieges, bevor nicht dem Reichstage die Gründe zur Eröffnung des ohne seine vorherige Zustimmung gegen Brandenburg und zwar so schmählich (Fehrbellin), geführten Krieges dargelegt und ehe nicht nachgewiesen werde, woher die Mittel dazu genommen und was er gekostet. Die Weigerung kam an den secreten Ausschuss, nachdem das Ritterhaus, wiewohl unter vielfachem Widerspruch, sich beifällig erwiesen, und weckte dort die weitergreifende Forderung,

dass auch für die ganze Vormundschaftszeit den

Reichsständen noch die verfassungsmässige Rechenschaft gelegt werden müsse.

Man gründete diese Forderung auf einen Reichstagsbeschluss von 1634, welcher den Vormündern zur Pflicht machte, „die Regierung so zu führen, wie sie es vor Gott, des Königs Majestät und den versammelten Reichsständen verantworten könnten".

Dieser Beschluss war in das Additament von 1660 §. 14, wörtlich aufgenommen. Gleichwohl beruhte die Folgerung des secreten Ausschusses auf täuschender Sophistik. Nach schwedischem Herkommen und Staatsrecht konnte darüber kein Zweifel sein, dass mit jenem Passus nur hatte gesagt werden sollen, dass, so lange der König nicht selbst Rechenschaft fordern könne, oder im Falle er überhaupt nicht zur Volljährigkeit gelange auch die Rücksicht auf die Reichsstände der Vormundschafts-Regierung in ihrer Handlungsweise zur Richtschnur zu dienen habe. War aber der König zur Selbstregierung gelangt und hatte die Rechenschaft selbst abgenommen, gut befunden und vollständige Decharge und Quittung ertheilt, so hiess es, das Staatsrecht der schwedischen Monarchie auf den Kopf stellen, wenn den Ständen dann; noch eine Super-Revision zugestanden wäre.

Dem Könige schien die Rechtsausführung der Stände auch nicht loyal Lange hielt er die einmal und für ewige Zeiten von ihm ertheilte Decharge entgegen. Doch die Absolutisten unter den Rathgebern wussten sein Gewissen mit jenem Rechtsscheine zu beschwichtigen; der Reichsrath liess es geschehen, weil er selbstverblendet nur den Sturz des gehassten Kanzlers vor Augen sah, und der König liess es sich zuletzt gefallen, weil man ihm einen reichen Gewinn für seine Kronrente und damit finanzielle Unabhängigkeit in Aussicht stellte.

Die Stände verlangten weiter die Niedersetzung einer ständischen Commission zur eingehenden Prüfung der vor mundschaftlichen Verwaltung: und der König willigte abermals ein. Auch dies war wider das schwedische Staatsrecht. Die Grundgesetze verbürgten Jedermann sein zuständiges Gericht und die Regierungsform von 1634 liess auch für Fälle der vorliegenden Art keine Lücke. Aber einer willkürlich gebildeten ständischen Commission mit richterlichen Befugnissen wird nirgends dort erwähnt. Diese ständischen, vom Könige eingesetzten Commissionen werden fortan blosse Werkzeuge des willkürlichsten Despotismus, ausgerüstet im Widerspruch gegen die ausdrücklichen Garantien der bürgerlichen Freiheit, mit der Macht, über Ehre, Leib und Gut der Einwohner und Familien, ohne Rücksicht auf das geschriebene Gesetz und ohne Apellation, lediglich nach eignem Ermessen und den Instructionen des Cabinets zu verfügen und endgültig zu entscheiden.

Die Commission, zur Prüfung der Vormundschafts-Verwal-tung niedergesetzt, bestand aus 6 Mitgliedern vom Bitterhause, 3 vom Priester- und 6 vom Bürgerstand, welcher letztere hierbei die Bauern mit vertrat. Schon war der Adel in der Minorität; über das endliche Urtheil konnte schon kein Zweifel mehr sein, da es gegen Mitglieder des Herrenstandes gerichtet war. Freiherr Rosenhane, selbst Mitglied dieser und späterer verhängnissvollerer Commissionen, schreibt in seinen „Denkwürdigkeiten" von der Niedersetzung dieser Commission, welche die blinde Eifersucht von de la Gardie's Neidern zugelassen, den Beginn des ganzen grossen Unglücks jener und der folgenden Zeiten her.

Die Quellen lassen annehmen, dass es vornehmlich der Staatssecretair Lindenskjöld war, welcher des Königs Sinn zu so bedenklichen Schritten überredete, zunächst nur aus persönlichem Ehrgeize und nach der Weise der Emporkömmlinge, welche durch den Sturz ihrer eignen Wohlthäter zu steigen suchen. Dieses Ziel wurde auch erreicht. Der einst so mächtige Reichskanzler sah in den Beschlüssen des Reichstages von 1675 seinen Sturz und bat selbst um seine Enthebung von den Geschäften, und der König bewilligte ihm in Gnaden, in seiner Grafschaft Leckö sich der Herstellung seiner Vermögensverhältnisse zu widmen. Als der König, nach dem Schlusse des Reichstages, — in dessen Verlauf er übrigens die Mitglieder des Reichsraths „zu dessen mehrerer Würde und Ansehen, und weil Seine Majestät zu demselben allezeit eine besonders gnädige Consideration gehegt", mit dem Purpur-Mantel beschenkt hatte, — in sein Feldlager, nach dem Süden gegen Dänemarks Grenzen, und in den Kreis seiner militairischen Freunde, Nils Bjelke, Ascheberg, Mörner u. A., zurückgekehrt; war, blieb Lindenskjöld, der ihm zur Seite war, allein mit der Leitung der Cabinets-Sachen betraut. Nun erst, scheint es, als sei der Plan zu dem grösseren Ziele gefasst worden, durch den Sturz des Reichsraths und des hohen Adels die völlig absolute Gewalt des Königs zu begründen, und dann im Cabinet für sich die Alleinherrschaft zu gewinnen. Dokumente sind vorhanden, welche erweisen, dass im Februar des Jahres 1676 Lindenskjöld mit dem französischen Gesandten Feucquières in Verbindung getreten sei und sich Raths erholt habe, wie der Plan am schicklichsten zur Ausführung zu bringen. Feucquières rieth, das; Land allmälig an eine unbeschränkte Regierung zu gewöhnen; einzelne, sonst vor dem Rathe behandelte Sachen ohne Zuziehung überhaupt von Reichsräthen zu erledigen und auf deren nachträglichen Einspruch nicht zu achten; Anfangs nur ganz unerhebliche und der Form nach zweifelhafte Sachen und dann fortschreitend immer wichtigere. Inzwischen müsse der König seinen Plan völlig geheim halten, dann aber die Stellung so zu gewinnen suchen, dass von den Ständen selbst ein Antrag auf Alleingewalt ausginge, oder auszugehen scheine. Des Reiches Finanz- und Kriegsnoth biete vielleicht einen schicklichen Vorwand, ausserordentliche Mittel und Gewalt zu erbitten oder zu rechtfertigen. Dies Alles und was ferner von Feucquières gerathen wurde ward getreulich nach Paris berichtet, und erhielt von dort Billigung und neue Aufmunterung.

Während so im Standquartiere zu Wenersborg die ersten Fäden zum Umsturz der Verfassung im Sinne des Absolutismus geschlungen wurden, hielt Johann Gyllenstjerna seinen brennenden Ehrgeiz unter der Maske angestrengter Thätigkeit in Reichsrathsgeschäften einstweilen verborgen. Doch steht es fest, dass er insgeheim schon mit Lindenskjöld angeknüpft hatte, der es seinerseits mit dem kühnen und jetzt im Reichsrathe einflussreichsten Aristokraten nicht verderben wollte, und der endlich erwirkte, dass Johann Gyllenstjerna mit einem gnädigen Handbillet, „damit Wir“, wie es dort heisst, „Eure wohlbekannte Treue, Vorsicht und Dienstbeflissenheit um so besser nutzen können“, Anfangs Juli 1676 zum Standquartier des Königs entboten wurde. Die durchgreifende Natur des neuen Cabinets-Rathes sagte dem Könige, mit dem er die Gefahren des Schlachtfeldes von Halmstad und Lund theilte, bald aueserordentlich zu, und es währte nicht lange, so war im Cabinet Johann Gyllenstjerna der alleingebietende Mann. Erich Lindenskjöld musste das Feld räumen und kehrte erst nach Gyllenstjernas Tode (1680) in des Königs Nähe und Vertrauen zurück.

In Johann Gyllenstjerna sehen alle schwedischen Schriftsteller wenn nicht den Erfinder des absolutistischen Gedankens, so doch den eigentlichen Schöpfer des speciell ausgearbeiteten Planes, mit welchem die Umwälzung demnächst ins Werk gesetzt ward.

Hierin schloss er sich an die Traditionen seines mütterlichen Grossvaters, Johanns Skytte, und obwohl stolz auf seinen alten und hohen Adel, doch voll Eifersucht auf den vorgezogenen Stand der Grafen; obwohl im Ritterhause gegen die Macht des Reichsraths und deshalb damals für republikanisch und demokratisch gehalten, doch später im Reichsrathe gegen die Macht der Cabinets-Secretaire, und deshalb hier als Aristokrat gefurchtet; endlich, selbst ins Cabinet gezogen, voll Eifer für Herstellung des Absolutismus, — Alles aus demselben Motive der Herrschsucht und des Ehrgeizes, welcher die bestehende Macht auf allen Punkten so lange bekämpft, bis er selbst an deren Stelle getreten; dann aber ohne Eigennutz. Folgendes scheint der grössere politische Gedanke Johann Gyllenstjernas für Schwedens Zukunft gewesen zu sein.

Die Stellung Schwedens zum Auslande übersteige auf die Dauer weit seine natürlichen Kräfte: Der Plan, die Ostsee zum schwedischen Binnenmeere zu machen, müsse auf gute Manier aufgegeben werden, da die überseeischen Provinzen zuletzt gegen die von allen Seiten andrängenden stärker bevölkerten Staaten des Continents sich doch nicht würden halten lassen; aus demselben Grunde müsse das Bündniss mit Frankreich gelöst werden, das Schwedens Mark aufsauge, ohne ihm Gewinn zu verheissen. Den Ersatz möge man in engerem Zusammenschluss des scandinavischen Nordens suchen, und wenn thunlich gegen Hingabe Pommerns an Dänemark Norwegen eintauschen. Eine persönliche Verbindung Carls mit dem dänischen Königshause führe vielleicht einst zu einer neuen Union. Aus dieser müsse man nur die Gefahren der Stammes-Eifersucht fern halten, und es nicht zur Frage kommen lassen, ob Kopenhagen über Stockholm, oder dieses über jenes gebieten solle. Aus den südlichen, erst jüngst erworbenen Provinzen Schonen mit seinen Dependentien liesse sich ein vom Könige mit absoluterer Gewalt zu regierendes territoriales Mittelglied bilden, in welches der Schwerpunkt der künftigen Union zu verlegen wäre, während Dänemark und das übrige Schweden jedes nach seiner bisherigen Verfassung von hier aus beherrscht würden. Hinter den

Wällen und Mauern von Carlskrona könne die gemeinsame Flotte ihren Schutz und die Königliche Gewalt ihren Anker finden.

Bei solcher Wandelung in der äussern Politik erst könne Sparsamkeit in der innern Verwaltung an die Stelle der Etats-Ueberschreitungen treten. Die mit Strenge durchzuführende Reduktion werde die Kronbedürfnisse unabhängig von Subsidien des Auslandes stellen. Um hierzu willige Organe zu finden, müsse der einheimische Hochadel eine Zeitlang fern von den Regierungsgeschäften gehalten werden und der König sich mit ergebenen Personen von liefländischen, esthländischen, pommerschen Familien umgeben, welche von der Einziehung der Lehne für sich nichts zu fürchten hätten; das Cabinet aber ferner mit willenlosen Creaturen aus den Bureaus besetzen. Da im Ritterhause schliesslich die entscheidende Schlacht wegen des grossen Grundbesitzes der Aristokratie werde geschlagen werden, müsse die Eifersucht der dritten Klasse gegen den Hochadel und insbesondere gegen das Grafenthum rege erhalten und schliesslich die durch eine schwache Anzahl vertretene erste und zweite Klasse durch ergebene Personen so vermehrt werden, dass die Stimmen-Majorität auf die Seite der Königlichen Wünsche falle. Den Reichsrath werde die gegen ihn schwebende Untersuchung wegen der Vormundschafts-Regierung im Zaume halten.

Während diese Rathschläge in den Feldlagern des Königs zu Wenersborg und Ljungby gegeben und angenommen wurden, war inzwischen zu Stockholm das erste Opfer des Grafenhasses (wie Graf Bonde in seinen Denkwürdigkeiten sich ausdrückt) gefallen. Die ausserordentliche ständische Commission, unter Sten Bjelkes Vorsitz, maasste sich im Widerspruch mit den Grundgesetzen an, unterm 8.Juli 1676 den Reichs-Admiral Grafen G. O. Stenbock wegen der verunglückten Führung der Flotte, welche im Sommer 1675 zur Unterstützung Wrangels nach Pommern bestimmt war, seines Amtes verlustig zu erklären und zum Ersatz des Schadens zu verurtheilen, welcher letztere allein, was die vergeblich geschehene Ausrüstung der Flotte betraf, auf mehr als 200,000 Rthlr. S. M. festgesetzt wurde. Der Fall begründete ein gänzlich neues Recht und zugleich eine gefährliche Präzedenz hinsichtlich des Forums für die Reichswürdenträger und den Reichsrath, aus Anlässen, die ihre Amtsverwaltung betrafen. Der König liess zwar Gnade eintreten und behielt den

Grafen Stenbock in seinem Amte; aber des Muth war gebrochen. — Die nachtheiligen Folgen zeigten sich bei den nächsten Expeditionen, die gegen Dänemark gerichtet waren. Niemand vom Heerbefehl wagte mehr die geringste Kühnheit, aus Besorgnis vor Ersatzleistung, wenn etwas missglückte: Die ganze Flottenführung war gelähmt und desorganisirt.

Auch in anderer Weise fingen die Rathschläge des Königlichen Cabinets an, zu Tage zu treten. Ungeachtet sowohl auf dem Reichstage von 1675, als später auf demjenigen von 1678 der Adel durch ganz ausserordentliche Kriegs-Bewilligungen (wobei der Bauernstand ganz freigelassen ward und die andern beiden niedern Stände auf ein Minimum sich beschränkten) seinen Patriotismus in gleicher Hingebung wie in früheren Zeiten bekundete, wurde doch das Geschrei im Lande künstlich unterhalten, es sei Unrecht, dass einzelne Familien so Vieles, ganze Kirchspiele und selbst Häraden besässen, andere aber, und selbst die Krone, in Armuth schmachteten. Während das niedere Volk irre geleitet in gutem Glauben solches nachsprach, trübten Andere absichtlich das Wasser, um für sich zu fischen. Dass hierbei mancher Schatten schon damals auf die Secretaire des Cabinets und deren Sippschaft fiel, beweist die Vorstellung, zu welcher die Reichsstände zu Halmstad (1678) sich veranlasst sahen, und welche der überall vernachlässigte Reichsrath unterstützte: „Es möchte eine Untersuchung darüber verordnet werden, ob denn alle in diesen Zeiten Namens der Krone geschlossenen Lieferungs-Contracte auch ihr selbst ausschliesslich zu Gute gekommen waren, da man jetzt vielfach Personen plötzlich zu Reichthum gelangt sähe, welche man bisher nur als arm gekannt.“ Der König konnte nicht umhin, die Niedersetzung einer Untersuchungs-Commission zu verordnen, allein deren Thätigkeit ward nach Kurzem durch einen andern von Lindenskjöld im Namen des Königs überbrachten Befehl beanstandet, da, wie es hiess, die Untersuchung wegen der Vormundschafts-Verwaltung ja noch schwebe, und die Beendigung dieser der späteren doch wohl vorangehen müsse. Der Reichsrath wandte, wiewohl vergeblich, ein, dass Schnelligkeit gerade bei den neuerdings erregten Anklagen noch von Wirkung sein könne, während die Prüfung einer weit rückliegenden Zeit eine solche nicht vorzugsweise erfordere. So ward das Maass der Erbitterungen und Spannungen zwischen Cabinet und Reichsrath täglich vermehrt.

Die Einberufung des Reichstages, auf welchem der lange gehegte und reiflich erwogene Plan endlich zur Ausführung gebracht werden sollte, geschah nicht eher, als bis durch glückliche Feldzüge, — welche dem dadurch zu grösserem Selbstgefühle erhobenen Könige auch die Ergebenheit des Heeres und Popularität unter den Massen gesichert hatten, — der Krieg mit Dänemark ehrenvoll geschlossen und bis durch die Beendigung der Vorarbeiten der grossen Untersuchungs-Commission auch der Angriff gegen den Reichsrath und die hohe Aristokratie hinreichend vorbereitet schien. Dies stand zum Herbst des Jahres 1680 in Aussicht und die Einberufung der Stände konnte zum l. October dieses Jahres geschehen.

Der König ging in den bevorstehenden Kampf mit bedeutenden Hülfsmitteln. Man hatte ihm bei seinem Regierungs-Antritte die Staatskasse erschöpft und das Heer verwahrlost übergeben. Bei der Veräusserung der Krongüter hatte man — und schon zu Christinas Zeit — selbst die zum Unterhalt der Truppen ausgeworfenen Militair-hemman des Fussvolks und die sogenannten Meierhöfe (Afvelsgårdar) der Reiterei nicht geschont. — Bei Manchen war wenigstens eine Verdunkelung des Besitzrechts eingetreten. Die gewöhnliche Aushebung, welche unter Gustav Adolph noch 8200 Mann Fussvolk geliefert hatte, war beim Regierungs-Antritte Carls XI. so geschmolzen, dass sie kaum 3000 Mann ergab. In allen Ständen, vornehmlich in den drei niederen, hatte man, per fas oder nefas, sich in Besitz von Exemtionen zu setzen gewusst, und die Zahl der hauptsächlich von den Städten gehegten Militair-Freien (försvar-karlar) überschritt weit das Maass der Pflichtigen. Gleichwohl hatte, trotz jener Erschöpfung der Staatskasse und mit diesem verwahrlosten Heerwesen, Carl das Feld gegen Dänemark behauptet. Dass dieser Erfolg, neben der persönlichen Energie des Königs, vornehmlich der Hingebung und den Opfern des hohen Adels verdankt wurde, blieb oder ward den Augen der Menge verborgen. Zu diesem Allem kam eine absoluter Königsgewalt damals günstige Staatsdoktrin. Die Erfolge in Frankreich, in dem kleinen Brandenburg, in England, vor Allem in dem benachbarten Dänemark, lagen vor Augen.

In Dänemark hatten Differenzen innerhalb der Stande über ihren verschiedentlichen Antheil am Staatsregimente die Veranlassung gegeben, dem Könige (im October 1660) die Vermittelung des Zwistes, freilich unter ausdrücklicher Wahrung der hergebrachten allgemeinen ständischen Privilegien, zu übertragen. Diese Vermittelungs-Rolle war von schlauen Rathgebern im Cabinette des Königs — (die Geschichte nennt den Cabinets-Secretair Schuhmacher als den eigentlichen Urheber) — mit seltner Treulosigkeit benutzt; um erst durch Jahre langes Hinziehen, dann durch Unterschieben blosser Administrationsverordnungen im Königs-Gesetze (Kongelov) — 1670 — das gesammte verfassungsmässige Recht der Reichsstände zu escamotiren. Sollte Aehnliches nicht auch in Schweden gelingen?

Auch die Richtung der Doktrin war, wie gesagt, günstig. Wie Filmer in England versucht hatte, die Restaurationspolitik der Stuarts auf Sätze der heiligen Schrift zurückzuführen, so hatte in ähnlicher Weise der Theologe Wandal in seinem, 1663 in Kopenhagen herausgegebenen „Jus Regium“ die absolute Königsgewalt biblisch zu begründen unternommen, und dieses Unternehmen hatte erst kürzlich noch an dem Professor Maasius, in dessen Dissertat, academ. Kop. 1675, einen bewundernden Apologeten gefunden.

Wurden auf der einen Seite Fürsten und Völker in merkwürdiger Gleichmässigkeit durch den Glanz einer Regierung bestochen, welche die Devise nahm: l'état c'est moi, und die Gemüther absoluter Königsgewalt geneigt gemacht, so hatte die Doktrin der überall hervortretenden Gleichmacher (Levellers) den Hass und die Missgunst gegen bevorzugte Stände innerhalb der bürgerlichen Gesellschaft genährt. Damals, wie zu andern Zeiten, waren die Massen bereit, die Garantien der nationalen Freiheiten hinzugeben, wenn sie dafür nur das Geschenk der bürgerlichen Gleichheit eintauschten.

Trotzdem nahm die Krone den Kampf, zu welchem sie sich rüstete, nicht auf leichte Schultern. Die Einflussreichsten im Hochadel, und von denen man Widerstand besorgte, wurden vor Zusammentritt des Reichstages unter plausibeln Vorwänden entfernt oder blieben fern gehalten.

Zugleich mit Johann Gyllenstjerna, welcher die Früchte seiner Mühen selbst nicht mehr pflücken sollte, hatte der Tod im Sommer 1680 auch den ehrwürdigen Drost Per Brahe hinweggerückt. Das Reichsmarschall-Amt war seit C. Gustav Wrangels Tode (1676) unbesetzt geblieben; der Reichs-Kanzler Graf de la Gardie wurde, als beurlaubt, gar nicht eingerufen; Reichs-

Admiral Graf Stenbock war seit dem Urtheile von 1676 mundtodt. Der Reichs-Schatzmeister Sten Bjelke hatte, nach seiner eignen früheren Opposition gegen das Grafenthum, nur noch ein gebrochen Schwert.

Reichsrath Graf Bengt Oxenstjerna von Korsholm (Gabriels Sohn), ein fähiger Staatsmann, war theils verschwägert mit den Wachtmeisters, theils rechnete er nach Gyllenstjernas Tode auf die Nachfolge in der Leitung der auswärtigen Angelegenheiten im Cabinet; Freiherr Clas Rålamb, ein scharfer Jurist und im Punkte der Nachrechnung aus der Vormundschaftszeit her für seine Person unangreifbar, wurde mit einer nichtssagenden Geschäfts-Revision in Stralsund beauftragt; ihm ward Obrist Heinrich Falkenberg, dessen Rechtlichkeitssinn für unbeugsam galt, beigegeben; Graf Otto Wilh. Königsmarck, dessen edler Freimuth gefürchtet ward, zum General-Gouverneur in Stettin ernannt; aus ähnlichem Grunde Obrist Vellingk nach Kopenhagen gesandt: der Liebling des Königs vom Felde her, Freiherr Nils Bjelke, Erbe der Gräflich Hornschen Güter (durch Verheirathung mit der einzigen Tochter Gustav Horns) ward in Paris zurückgehalten, wohin er schon früher durch Gyllenstjerna entfernt war. Im Ritterhause flössten ausserdem Olivekranz und Ehrensten Besorgnisse ein. Der Letztere ward deshalb als Tribunals Präsident nach Wismar entsandt, Olivekranz in gleicher Eigenschaft nach Reval. Er merkte indess die Absicht und blieb in Stockholm, indem er aus dem Dienste trat.

Dies waren die Lücken, welche im Voraus in die Reihen der Gegner gelegt wurden. Die eignen Hülfstruppen bestanden vornehmlich aus folgenden:

Obenan stand Lindenskjöld, in dessen Hände alle Fäden zusammenlaufen sollten und der die Person des Königs mit Rath versah; sodann

Clas Fleming (Herrmanns Sohn) von Liebelitz, dessen ererbter Hass und Geschäftskunde ihn zum Landmarschall-Amte befähigt erscheinen liessen: Erzbischof Baazius, Sprecher und Führer des zweiten Standes, ein ganzer Absolutist; Olof Thegner, der demokratische Bürgermeister von Stockholm, welcher den dritten Stand beherrschte; ferner

Hans und Axel Wachtmeister, von welchen jener, der Freiherr, die erste Klasse des Ritterhauses, dieser, als Zweiter Sohn des Reichsraths Wachtmeister, nur Ritter, die zweite durch ihr ungestümes Wesen mit sich fortreissen oder übertäuben sollte; zur Unterstützung hatte König Carl acht neue, ihm besonders ergebene Freiherren creirt.

In der dritten Klasse des Ritterhauses, welche seit 1678 durch 92 neue Capita von des Königs Erhebung verstärkt war, rechnete man vor Allen auf des Königs Stallmeister Mårten Reutercrantz, auf Per Oerneklou, einen charakterlosen Abenteurer, auf Brynte Cronskjöld und eine Anzahl von Offizieren aus dem Regiment Garde. Diese Garde, unter des esthländischen Edelmanns Hastfer Führung, ward ganz nach Stockholm gezogen und dem Ritterhause wurde eine sogenannte militairische Ehrenwache von 25 Mann, mit verdoppelten Löhnen, gegeben.

Der König besass in dem secreten Ausschusse die Handhabe, seine besonderen Wünsche bei den Ständen durchzubringen. Gustav Adolph hatte zuerst einen solchen Ausschuss sich erbeten, um mit ihm die für die Oeffentlichkeit nicht geeigneten auswärtigen Angelegenheiten zu berathen. Der König liess damals jeden Stand, mit Ausschluss der Bauern, seine Mitglieder dazu wählen. Doch bildete sich hierin keine feste Regel. Schon die Vormundschafts-Regierung von 1633 wählte sich selbst die geeigneten Mitglieder zum Ausschuss: unter der späteren Vormundschaft nach 1660 überliess man wiederum meist den Ständen die Wahl: bis auf dem Huldigungs-Reichstage von 1672 — auf Antrieb de la Gardies und im Interesse der Cabinets-Regierung — das Ritterhaus zu der Erklärung veranlasst ward, dass es dem Könige unbenommen sei, die für den secreten Ausschuss gewünschten Mitglieder selbst zu bezeichnen. Dies Zugeständniss sollte sich jetzt für die ständischen Freiheiten äusserst verderblich erweisen. Auch in Bezug auf die dem secreten Ausschusse zu überweisenden Sachen war keinerlei Vorbehalt gemacht.

So war es zwar auffallend, aber nicht mehr wider die Verfassung, dass der König sofort nach Eröffnung des Reichstages (1. October 1680) den secreten Ausschuss zusammentreten liess, obgleich kein Krieg schwebte und keine Differenzen mit auswärtigen Mächten zu berathen waren. Dass die Bezeichnung der vom Könige gewünschten Mitglieder auf die erklärtesten Anhänger des Cabinets fiel, ist unnöthig zu sagen. Die Berathung des Budgets war nur seine ostensible Aufgabe.

Kaum aber war der secrete Ausschuss constituirt, als ihm

vom Bauernstände eine Denkschrift — wie allgemein geglaubt wird, von Lindenskjöld ausgearbeitet und den Bauern in die Hände gespielt — eingereicht ward, welche die Erklärung enthielt, dass von einer Regelung der zerrütteten Finanzen durch neue Auflagen so lange nicht die Rede sein könne, als sich noch so grosse Krongüter im Besitze von Privatpersonen befänden. Damit war der Anstoss zur Aufnahme der Reduktion, über die Beschlüsse des Jahres 1655 hinaus, gegeben.

Was man sich von dem jetzt beabsichtigten Schritte für die Verbesserung der Finanzlage, welche eine Schuldenlast von 20 Millionen nachwies, zu versprechen hatte, soll gleich bemerkt werden. Unter den grossen Krongütern verstand man die Graf- und Freiherrschaften. — Nun waren von den seit Errichtung des Ritterhauses in den Grafenstand erhobenen Geschlechtern bis 1680 bereits wieder erloschen oder ausgeschieden die Grafen Thurn, Wasaborg, Horn von Björneborg, Oxenatjerna von Croneberg, Wrangel von Sölfvilsborg.Wittenberg, Kagg, Tott, Lilie, Schlippenbach und Steinberg. Von diesen waren anscheinend Einige, wie Steinberg, Schlippenbach, schon überhaupt nicht mehr mit Grafschaften dotirt worden. Anderer Lehns-Dotationen, wie Horns, Wrangels, Wasaborgs, Totts, waren bereits kraft Heimfallsrechts an die Krone zurückgelangt. Wieder Anderer Grafschaften, wie Börringe und Lindholm des Grafen Carl Carlson, Stegeholm der Königsmarcks, Ortala der Torstenson, Wittenbergs, waren in Folge und kraft des Beschlusses von 1655, unter Wiederaufhebung der von König Carl X. Gustav gestatteten Ausnahmen, seit Carls XL Regierung, — weil in verbotenen Gegenden belegen, — eingezogen worden.

So finden sich im Jahre 1680 anscheinend nur noch folgende Grafschaften im Privatbesitze:

Wisingborg der Grafen Brahe, zu einer Rente von 18,000 Rthlr. veranschlagt.

Raseborg der Grafen Lewenhaupt, zu einer Rente von 12,000 Rthlr. veranschlagt.

Leckö und Pernau der Grafen de la Gardie, zu einer Rente von 17,000 Rthlr. veranschlagt.

Södermöre der Grafen Oxenstjerna, zu einer Rente von 19,000 Rthlr. veranschlagt.

Korsholm der Grafen Oxenstjerna.

Sordewalla des Grafen Banér.

Bogesund der Grafen Stenbock, zu einer Rente von 5000 Rthlr. veranschlagt.

Skenninge der Grafen Douglas.

Westerwik der Grafen Königsmarck.

Grundbesitzungen mit einer Gesammtrevenue von etwa 100,000 Rthlr. S. M.: eine Beute, unzulänglich, um das Staatsdeficit zu decken: aber hinreichend, um die gesellschaftliche Stellung der Besitzer zu erschüttern, so wie zur Befriedigung des Neides und des Hasses. Aehnlich verhielt es sich im Freiherrnstande.

Von den 66 im Jahre 1680 im Ritterhause noch vertretenen Freiherrn-Geschlechtern waren schon 23 von der Ernennung Carls XL, ohne alle Lehns-Dotation; vielleicht eine nicht geringere Zahl hatte sich bereits unter Christina mit einer blossen Anwartschaft begnügen müssen. Neun Baronien waren, als an verbotenen Orten, auf Grund des Beschlusses von 1655 eingezogen. Jetzt, als der secrete Ausschuss die Reduktion wieder aufnahm, waren nur etwa 15 Freiherrschaften überhaupt noch im Besitze des Adels, und darunter ein Theil im Besitz der Grafen, wie Mörby der Oxenstjerna, Kajana der Brahe, Ekholm der de la Gardie, Lyhundra und Wirestad der Torstenson, Oeresten und Cronobäk der Stenbock.

Unmöglich kann die Missgunst, welche der Reichthum einflösste, allein das Motiv gewesen sein, durch welches die zweite und dritte Klasse des Ritterhauses und die Nicht-Dotirten der ersten Klasse zur Hülfeleistung bei dem an Einzelnen unter ihren Standesgenossen zu begehenden grossartigen Raube sich bewegen liessen. Auch nicht das vermeintliche positive Recht, denn die dritte Klasse hatte sich selbst die Unantastbarkeit der kleineren Donationen aus Krongut, d. h. aller, deren Rente nicht 600 Rthlr. S. M. überstieg, vom Könige versprechen lassen, hierbei also weder auf das Recht, noch auf das Bedürfniss der Staatskasse im geringsten gerücksichtigt. Unzweifelhaft lag im Hintergrunde bei dem niedern Adel die Hoffnung, nach Zerstörung des fideicommissarischen Besitzes werde der Herrenstand auch den politischen Vorzug seiner wesentlich auf jenen Besitz basirten Kurienstimmen nicht bewahren können, und es werde eintreten müssen, was im Sinne der Gleichmacher im Jahre 1720 auch wirklich eintrat, dass die Abstimmung im Ritterhause nach Köpfen geschehe. Dann hatte der zahlreiche niedere

Adel das Heft in Händen; dann herrschte die Menge.

Auch das Cabinet legte damals schwerlich den Hauptgesichtspunkt in die Finanzkrisis. Der hohe Adel war allein das Hinderniss, an welches die Herstellung einer unbeschränkten Cabinetsherrschaft sich stiess. Der hohe Adel stürzte um so sicherer, wenn er in seiner ökonomischen und seiner politischen Stellung zu gleicher Zeit angegriffen wurde. Jenes geschah durch die neue Reduktion, dieses durch die Anklage gegen den Reichsrath.

Als der Antrag auf Rückgabe der Graf- und Freiherrschaften in das Ritterhaus gebracht wurde, erhoben sich die anwesenden Vertreter des hohen Lehns-Adels — obgleich in hoffnungsloser Minorität — zu würdigem Protest durch den Mund Per Sparres, Admirals Horn, der Stenbocks, Oxenstjerna (Erichs Sohn), Ekeblad u. A. „Es könne gar nicht Gegenstand einer verfassungsmässigen Beschlussnahme im Hause sein, wozu keine Proposition vom Könige vorliege, und es heisse die Achtung vor der eidlichen Thron-Versicherung des Königs verletzen, wollte man sein Einverständniss da voraussetzen, wo einzelnen Familien ihr zum Theil mehr als hundertjähriger, von so vielen Königen bestätigter Besitz, die Belohnung so grosser Verdienste, — geraubt werden solle.“

Die Provokation auf den König rief eine Unterbrechung der Sitzung hervor; die Freunde des Gabinets stürzten nach den Thüren, um die ausdrückliche Zustimmung des Königs einzuholen; die Bedrohten von den Herrenbänken folgten. Als Hans Wachtmeister auf diese Weise die Sitze des ersten Standes geleert sah, kehrte er mit seinen Freunden um und erklärte plötzlich im Namen der ersten Klasse den Antrag angenommen; ihm folgte Namens der zweiten Klasse sein Bruder Axel und für die dritte der elende Per Oerneklou. Auf den Einwurf Seitens der Freiherren Bonde, Stålarm, Sparre, es könne von einer Annahme gar nicht die Rede sein, da nicht einmal eine Abstimmung versucht wäre, schrieen die Wachtmeisters, unter unpassenden Drohungen, man werde doch dem Könige und dem Lande in einer solchen, den Patriotismus anrufenden Sache das Schauspiel einer Zwiespältigkeit im ersten Stande nicht geben wollen. Es kam Alles auf den Landmarschall an. Aber Herrmann Fleming gehörte zu den leidenschaftlichsten Anhängern des Cabinets. Er nahm den Beschluss für gefasst und liess die zur Ausführung bestimmte Commission wählen. Vergebens war der wiederholte Protest der Zurückkehrenden vom Herrenstande, vergebens die Vorstellung selbst des Reichsraths beim Könige von der vollständigen Formlosigkeit und Ungültigkeit des Beschlusses. „Er müsse", erwiederte der König, „die geschehene Beschlussnahme voraussetzen, sonst würde ja die Commission nicht gewählt sein; die Mängel des Beschlusses zu prüfen, sei aber nicht seine Sache."

So ward der Schritt gethan, der dem hohen Adel seinen vorzüglichsten Besitz kostete. Nachdem diese erste Probe gemacht, zu welcher Hülfe die Menge des Ritterhauses bereit und zu welchem Widerstand die Aristokratie noch fähig, war im Grunde über das Schicksal des hohen Adels und damit der ganzen Verfassung entschieden. Die Kämpfe, die nun folgten, hielten zwar den völligen Sturz noch etwas hin, konnten ihn aber nicht mehr abwenden; die Coalition des Cabinets mit der Demokratie der Stände hatte sich stark genug gezeigt, jeden Widerstand zu brechen, und nachdem das Gewissen über den ersten Schritt der Illegalität und der Gewaltsamkeit sich hin weggesetzt hatte, gab es für die späteren kein Erröthen mehr.

Der Angriff auf die politische Stellung des Hochadels wurde eingeleitet mit einzelnen Klagen über den Reichsrath. Sie gingen theils vom niederen Adel im Ritterhause, theils vom secreten Ausschuss aus; letzterem suppeditirt. Jener hob hervor, wie beschwerlich es für ihn sei, sein Recht in Privatstreitigkeiten gegen Reichsräthe zu verfolgen; da nicht selten die Criminalbestimmungen, welche unziemliche Aeusserungen über des Königs Räthe mit Strafe bedrohten, auch auf die Ausdrücke in den Klageschriften oder Repliken ihrer Privatprozesse mit Reichsräthen angewendet würden. Solches stritt gegen die Gleichheit des Rechtsschutzes.

Der secrete Ausschuss wiederum klagte über die grosse Cumulation der Aemter in der Person der einzelnen Reichsräthe. Insbesondere sei das Lagmanns-Amt in ihren Händen zu einer blossen Einkommenquelle herabgekommen, während die Funktionen von Unter-Lagmanns geübt würden, die die Reichsräthe einsetzten. Auch Andere vom Adel könnten diese Aemter bekleiden, und dies sei sogar besser, da die Reichsräthe nach ihrer sonstigen Stellung zu sehr behindert seien, die Funktionen selbst zu üben.

Die Tragweite dieses Antrages ging weit über die Bedeutung der Worte hinaus. An der Lagmanns-Würde haftete von ihrem Ursprunge her die Bedeutung einer Art von potestas tribunitia, die Vertretung der Rechte der freien Grundeigenthümer gegen die Gewalt des Königs. Auf diese Vorstellung gründete sich die Meinung, dass der Reichsrath, nachdem die Lagmänner in denselben berufen, die Pflicht überkommen habe, auch ein Wächter der Nationalfreiheiten zu sein, und hieran schloss sich ferner die Fassung des im Allgemeinen Landrechte formulirten Raths-Eides. Gustav Wasa hatte versucht, im Interesse der Alleingewalt, diese Eidesformel ausser Uebung zu bringen; allein seit Gustav Adolph war sie von Neuem in anerkannte Wirksamkeit gesetzt. Trennte man die Lagmanns-Würde vom Reichsrathe, so war dieses Hinderniss für die Alleingewalt der Krone mit einem Male gehoben. Da die Stände unter der Maske der billigeren Vertheilung der Staatsämter dem Antrage des Ausschusses beifielen, so ward der Reichsrath dieses grossen und bedeutsamen Rechtes entkleidet. Damit begann der Sturz der politischen Macht des Reichsrathes, zu welchem die Stände, in gleicher Blindheit wie bei der Reduktion, so begierig die Hand reichten. Als ihnen in beiden Beziehungen später die Augen aufgingen, war es zur Rettung zu spät.

Während mit diesen wichtigen Beschlüssen die Mitte des Monats November erreicht war, hatte endlich die auf dem Reichstage von 1675 niedergesetzte Commission zur Prüfung der Vormundschafts-Verwaltung ihren Bericht erstattet, und zur Aburtelung darüber ward auf des Königs Befehl am 26. October eine neue sogenannte grosse Commission eingesetzt. Neue Mitglieder aus jedem Stande waren nach der Auswahl des Cabinets in diese Commission eingetreten, alles entschiedene Gegner des Hochadels, meist willenlose Werkzeuge für den erstrebten Absolutismus.

Als Ankläger wurden die Hofgerichts-Assessoren Håkan Fägerstjerna, Jacob Gryllenborg — dieser verhängnissvolle Name kommt hier zuerst öffentlich vor — und Daniel Tilas aufgestellt.

Håkan Fägerstjerna, ehemals Professor, war Vergehens halber unter der Vormundschafts-Regierung seines Postens entsetzt.

Jacob Gyllenborg, des Apothekers Volimhaus zu Upsala

Sohn, war erst Lehrmeister im Hause Thegners, dann dessen Schwiegersohn, und von diesem den Reduktionsmännern empfohlen. Die Erfolge Lindenskjölds brachten damals manchen Magister um seinen Schlaf.

Mit der blossen Wahl jener Commission, die wiederum gegen die ausdrücklichen Zusagen der Verfassung mit richterlicher Gewalt bekleidet und vom Buchstaben des Gesetzes und der Prozessordnung entbunden ward, und mit der Einsetzung dieser Ankläger war auch das Urtheil über die Vormünder schon gesprochen. Der Reichsrath liess sich zu feierlichen Protesten herbei:

Die Regierungsform vom Jahre 1634 habe im §. 9. und 41 jedem Einwohner seinen zuständigen Gerichtsstand zugesichert und auch für Anklagen gegen Reichsräthe oder höchste Collegien den Gerichtshof vorgesehen. Von allem dem weiche das jetzt eingeschlagene Verfahren ab, und wiederum gründe man doch das ganze Verlangen der Reichsstände nur auf den Ständebeschluss von 1634, weil dieser die Vormünder verpflichtet habe, die Vormundschaft zu führen, wie sie es vor Gott, dem Könige und den Ständen verantworten konnten. Die Constituirung der Commission zum Gerichtshofe streite ausserdem, weil Mitglieder des geistlichen Standes dazu berufen, wider Schwedens Gesetz, Kirchenrecht und Herkommen. Selbst im ausserordentlichen Gerichte von Linköping (1600) hätte der geistliche Stand sich geweigert, am Urtheil sich zu betheiligen. Auch keinerlei sonstige Präcedenz begründe jener Fall, denn damals habe Schweden gar keinen König gehabt und die Wahrnehmung der Souverainetät und der Kronrechte sei vorübergehend von dem Reichstage übernommen. Jetzt sei ein König, jetzt eine Verfassungs-Urkunde, jetzt ein für ausserordendiche Fälle vorgesehenes Gericht. Der Reichsrath der die Vormundschafts-Regierung der fünf hohen Aemter mit seinem Rathe begleitet, könne auch als solcher gar nicht Rechenschaft geben und in Anklage versetzt werden, denn er sei ein ganzer Stand, gewissermaaasen ein Mediator zwischen den Rechten der Krone und der Nation und deren Stände. Sollten aber die einzelnen Rathsherren angeklagt werden, wie viele von ihnen seien nicht inzwischen mit Tode abgegangen! Sollten etwa die Wittwen und der Nachlass haften, ohne sich vertheidigen zu können? Und die noch lebten, sollten sie aus dem allgemeinen Bericht oder der Anklage dasjenige selbst sich heraussuchen, wobei Jeder von ihnen betheiligt? Denn wie viele seien nicht abwesend gewesen in Aufträgen des Staates und in Angelegenheiten des Dienstes? und sollte ein Jeder einzeln aus den Protokollen des Rathes sich seine Rechtfertigung zusammensuchen? Welche Fristen wolle man dafür stellen und welches Labyrinth der Rechtsverwirrung und der Rechtsgefahr werde aufgeschlossen.

Diese Erklärung liess der Reichsrath ergehen, als der Reichstag nach den Beschlüssen über die Reduktion, die Trennung der Lagmannswürde von den Reichsräthen, und nach Niedersetzung der grossen Commission die Session schon für beendigt hielt, als der grössere Theil der Mitglieder bereits in die Heimath gereist war und die Redaction der Beschlüsse nur noch die Sprecher und eine Minorität der Reichstags-Mitglieder zurückhielt (Ende November).

Als die Erklärung des Reichsraths gegen die grosse Commission bekannt ward, wurden die Sprecher der Stände unter der Hand veranlasst, um eine Audienz beim Könige und um Verhaltungs Maassregeln zu bitten. Der König verlangte hier (am 7.December), bevor er sich weiter entschliesse, das Gutachten der noch anwesenden Stände darüber zu hören:

a) Ob der König, zur Selbstregierung gelangt, noch an die Regierungsform von 1634 und das Additament von 1660 gebunden sei.
b) In welchem Sinne es zu verstehen, wenn es in der Thronversicherung heisse, der König habe das Reich mit des Rathes Rath zu regieren; und
c) welche Stellung der Reichsrath als solcher in der Landes-Verfassung einnehme, und mit welchem Grunde er als ein besonderer Stand, als ein Mediator zwischen König und Ständen anzusehen sei.

Diese drei Fragen, umfassten ziemlich den Zustand des ganzen öffentlichen Rechts in Schweden. Und wie wurden sie erledigt? Am 8. December rief der Landmarschall Fleming zu den Wenigen vom Adel die Sprecher der drei niederen Stände und deren geringe Begleiter in das Ritterhaus. Die Antworten waren im Voraus im Cabinet formulirt; und wurden, ungeachtet die Bauern für gänzlich unvorbereitet und unkundig so wichtiger Fragen sich erklärten, nach wenigen Erörterungen von den Anwesenden gut befunden. Darauf Wahl eines Ausschusses zur förmlichen Abfassung der Antworten. Am 9. December war auch dies geschehen und am 10. Dezember 1680 „approbirte" der König diese Beschlüsse eines ständischen Rumpfes „als ewiges Gesetz". Innerhalb zwei Tagen waren die wichtigsten Fragen des öffentlichen Lebens aufgeworfen, debattirt und beantwortet und von wenigen meist eingeschüchterten oder vorher gewonnenen Personen Schwedens Staatsrecht bis zum Grunde verändert.

Nach solchem Erfolge konnte der König, höchst zufriedengestellt, noch am Abende des 10. December nach dem Lustschlosse zu Kungsör abreisen.

Die Gutachten der sogenannten Stände lauteten aber folgendermaassen:

ad a. Nach ihrer Meinung erfordere die Sicherheit und Stärke der königlichen Gewalt, so wie die Wohlfahrt des Reiches, die Regierungsform von 1634 und das Additament von 1660 nicht mehr als verbindlich für den König anzusehen, vielmehr stehe es dem Könige frei, nach seinem gnädigen Gutdünken sie zu verändern, wie er es für sich und seines Reiches Nutzen für erforderlich erachte, wie denn der König überhaupt nicht an dergleichen „Regierungsformen" gebunden sei, sondern allein an Schwedens Gesetz und gesetzliche Statuten.

Um diese Erklärung zu begreifen, nachdem die Reichsstände erst in corpore unterm 3. November 1660 beschlossen hatten, Regierungsform und Additament, so weit darin Bestimmungen nicht ausschliesslich nur für die Minderjährigkeit des Königs getroffen, als „Lag och laga stadga" ansehen zu wollen, ist folgendes zu erwägen, Unzweifelhaft war es Gustav Adolphs Absicht, mit der Regierungsform, welche 1634 den Ständen vorgelegt wurde, eine alle Theile des öffentlichen Rechts zusammenfassende dauernde Urkunde aufzustellen; die darin aufgenommenen jura regia und majestatis lassen keine andere Erklärung zu. Auf der anderen Seite enthielt die Urkunde, wie sie schliesslich von den Ständen acceptirt ward, manche Bestimmungen, welche unleugbar einen blos reglementaren Charakter hatten und in dieser Beziehung nach älterem schwedischen Rechte zu den selbstständigen Befugnissen der Krone gehörten. Hätten volljährige Könige nach 1634 diese Regierungsform ausdrücklich bestätigt, so wäre kein Zweifel, dass sie damit selbst in die Beschränkung jener Kronbefugnisse gewilligt und dass das ältere schwedische Grundrecht dadurch auch in diesen Punkten eine völlig gültige Modification erfahren hätte. Allein dies hatten sowohl Christina als Carl X. Gustav und Carl XI. vermieden. Aus diesem Grunde galt schon damals und selbst bei rechtsgelehrten Mitgliedern des Reichsraths, wie bei Clas Rålamb, für zweifelhaft, ob den reglementaren Dispositionen der zur Zeit der Minderjährigkeit erlassenen beiden Gesetze von 1634 und 1660, so weit sie den älteren Kronrechten präjudizirlich wären (ungeachtet des entgegenstehenden Beschlusses der Reichsstände), dauernd verbindliche Kraft beizulegen sei, obgleich die Gesetze selbst jedenfalls seit Jahrzehnden in allseitig anerkannter Uebung waren und als Solche nur auf völlig gesetzlichem Wege, wie Per Sparre hervorhob, modifizirt oder aufgehoben werden könnten.

Jene Zweifel in der Rechtsauffassung rechtfertigen einiger-maassen den Inhalt des ständischen Gutachtens, wenn auch nicht die Fehler in der Form. Jedenfalls hatte aber nach dieser Erklärung auch die ganze von den Ständen geforderte Rechenschaft der Vormünder fortfallen müssen; denn nimmt man den einen, während der Minderjährigkeit und bei Gelegenheit der Annahme der Regierungsform von 1634 gefassten, noch dazu in einem ganz anderen Sinne gemeinten oben erwähnten Ständebeschluss aus, so gab es für die Verantwortlichkeit der Reichsräthe den Ständen gegenüber im ganzen schwedischen Staatsrechte überhaupt kein Fundament mehr. Hierin lag also die Perfidie.

Mit der Regierungsform von 1634 fielen zugleich auch die fünf höchsten Reichsbeamten, sowohl in ihrer Stellung als Präsidenten der hohen Reichs-Collegien, als auch in ihrer Befugniss zur Wahrnehmung der Regierungsgeschäfte in Behinderunsfällen des Königs. Auch aus diesen Gründen war dem Könige die Beseitigung jenes Gesetzes so erwünscht.

ad b. Das Gutachten auf die zweite Frage des Königs lautete:

> „Wenn es in den Gesetzen heisst, der König soll regieren „mit des Rathes Rath“ so kann nach der Meinung der Stände dies nicht anders ausgelegt werden, als dass einem vollmündigen König in denjenigen Sachen, welche Er für angemessen halt dem Reichsrathe mitzutheilen, doch die Decision allein zukommt und Er dafür als für sein von Gott ihm verliehenes Erbreich, auch Gott allein verantwortlich ist.“

Dieser Antwort widersprach offenbar das schwedische Staatsrecht, die Fassung des Eides der Rathsherren und das Herkommen.

Nach letzteren hatte der Rath die Pflicht und das Recht, aus eigenem Antriebe den König anzurathen zu des Reiches Recht und Gesetz, und dem Könige war es mit nichten überlassen, ob er in wichtigen Sachen den Reichsrath hören wolle oder nicht. — Endlich

ad c. „Mit höchster Dankbarkeit hielten Stande in Gedächtniss, dass Schwedens Könige sowohl in älterer als neuerer Zeit stets ihre Unterthanen unmittelbar zu hören gewürdigt hätten, weshalb sie von einem „Mediator“ nichts wüssten, und sie eine solche Stellung jedenfalls, als dem schwedischen Herkommen entgegen, abgestellt wünschen müssten. Der Reichsräthe Geschäfte seien im Cap. 8. des Königsbalkens bezeichnet, wo hinzugefügt sei, sie seien des Königs „treue Männer und Unterthanen“; sie könnten schon hiernach nicht als ein fünfter Stand betrachtet werden, bildeten vielmehr nur einen Stand gemeinschaftlich mit Ritterschaft und Adel.“

Auch diese Antwort stand in unzweifelhaftem Widerspruch mit dem schwedischen öffentlichen Rechte, wie es theils in dem Landesgesetze, theils in den Formeln der Königs-Versicherung, theils in der ständischen Organisation von 1617 und 1626 vorgesehen war. Wäre der Reichsrath, im Sinne dieser Antwort, nur ein gemeinsamer Stand mit Ritterschaft und Adel gewesen, so hätte er doch auch wie dieser sein Stimmrecht im Ritterhause und auf den Reichstagen üben müssen. Dass er dieses Stimmrecht seit 1617 nicht mehr hatte, beruhte allein darin, dass Alles, was vom Könige an die Reichsstände gelangte, zuvor im versammelten Reichsräthe debattirt und festgestellt sein musste. Hier aber hatten die Reichsräthe die Rechte der Krone und der Nation auf gleiche Weise zu überwachen.

Ungeachtet der Approbation, welche der König, wie oben bemerkt, diesen Gutachten gewährte, war doch das Cabinet nicht ohne Scrupel, was eigentlich damit gewonnen war. Gesetzliche Kraft konnten dieselben nicht haben. Sie waren weder im Reichsrathe vorberathen, noch als förmliche Propositionen vor den Reichstag gebracht, noch hier in den verschiedenen Ständen diskutirt, noch waren eigentliche Ständestimmen darüber abgegeben; die Bauern hatten die ausdrückliche Reservation hinzugefügt, sie seien unvorbereitet zur Frage und verständen sie nicht. Auch verlangte das Herkommen, dass ständische Beschlüsse, wenn sie als Gesetze promulgirt werden sollten, eine Ausfertigung durch den Reichsrath erfuhren.

Aus diesen Gründen beschloss das Cabinet, dem Reichsrathe ein Exemplar der ständischen Gutachten zugehen zu lassen. Auch hier war man im Zweifel, was zu thun sei. Anfangs wollte man dieselben als blosse Aeusserungen, ohne staatsrechtliche Consequenzen, einfach zu den Acten legen. Der Reichsmarschall Graf Joh. Gabr. Stenbock machte indess darauf aufmerksam, es konnte das Schweigen, da eine Veranlassung zum Sprechen gegeben, leicht als eine stillschweigende Zustimmung gedeutet werden. Es ward deshalb ein Protest beschlossen, welchen Graf de la Gardie in folgender Weise abfasste (22. December 1680):

> „Ohne Zweifel sei der König in seinen Entschliessungen nicht an die Mehrheit der Stimmen im Rathe gebunden, aber es heisse schon „mit des Rathes Rath regieren“, wenn nur die Sachen im Rathe zum Vortrag kämen; auch dagegen könne nichts erinnert werden, dass, was für die Vormundschaftszeit reglementarisch erlassen sei, den König, sobald er selbst zur Regierung gelangt, nicht mehr binde; als einen; Mittelstand betrachte sich aber der Reichsrath nach seinem im Gesetzbuch vorgeschriebenen Eide, welcher ihm zur Pflicht mache, sowohl auf des Königs als der Stände Rechte zu halten (styrka), und in dieser Beziehung sei der Reichsrath in verschiedensten Protokollen und Reichstags-Beschlüssen als eine besondere „Societas“ (Behörde) bezeichnet worden. Anders wäre es, wenn sie von ihrem Eide entbunden würden, doch könne man nur mit Bedauern sehen, wie der König schon überall die Verbindung mit dem Reichsrathe vermeide.“

Diese Antwort, so wenig angenehm sie war, blieb einstweilen ohne Entgegnung. Das Cabinet gedachte nicht, sich in Rechts Erörterungen einzulassen. Von der inzwischen begonnenen Thätigkeit der beiden Commissionen zur Ausführung der Reduktion und zur Aburtelung über die Vormundschafts-Regierung erwartete man sicherer die Umstimmung der Gemüther.

Der Verlauf, welchen die Anklage gegen die Vormünder nahm, war folgender. Der Bericht vom 18. November 1680 zu welchem die frühere Commission fünf Jahre Zeit gebraucht hatte, enthielt nichts als allgemeine Ausstellungen. Der Staatshaushalts-Etat sei, ungeachtet des Deficits in den Einnahmen, mit neuen Stellen belastet; die Staats-Anleihen seien zu unvortheilhaften Bedingungen abgeschlossen; durch Mangel an Aufsicht über die Collegien habe die Staatskasse Einbussen erlitten; bei Veräusserung von Krongütern im Donationswege hatten sich die Vormünder und Reichsräthe selbst nicht unbedacht gelassen; auch höhere Einnahmen auf den Aerar sich angewiesen, als der Gehälter-Etat ausgeworfen.

Unterm 12. Februar 1681 brachte Lindenskjöld die Erklärung aus dem Cabinet, da die Anklage den Reichsrath conjunctim betreffe, so hätte derselbe auch in corpore die Verantwortung zu übernehmen. Am 12. April antwortete der Reichsrath zwar in corpore und in allgemeinen Ausdrücken, wiederholte aber, den Gerichtsstand könnte er nicht anerkennen. Dem Ankläger blieb nichts übrig, als einzelne bestimmte Monita und gegen bestmimte Personen zu erheben. Hiermit trat er am 16. Juni hervor, und schon hierbei ergab sich ein solches Durcheinander von Thatsachen und Personen, dass Niemand im Stande war, die Wahrheit zurecht zu legen.

Unterm 17. September 1681 erkannte zuerst die grosse Commission über den Präjudizial-Einwand des Reichsraths: die exceptio fori könnte hier nicht gelten, da König und Reichsstände mittelst eines besonderen Gesetzes für diesen ausserordentlichen Fall den ausserordentlichen Gerichtshof eingesetzt hätten.

Mit diesem Einwande war jede Garantie der persönlichen Sicherheit in Schweden verschwunden. Denn die ständische Commission, in ihren Urtheilssprüchen von dem Buchstaben des Gesetzes und der Prozessform entbunden, war nach einer im Cabinet aufgestellten Liste gewählt. Auch kam die Commission selbst nur zu oft in die Lage, nicht zu wissen, was sie thun solle. Dann erhielt sie die nähere Weisung und den Rechtsgrund aus dem Cabinet suppeditirt. So war das Cabinet erst Gesetzgeber ad hoc, um dann selbst Richter in casu zu sein, und gegen diesen Richterspruch gab es keine Instanz. Das Hauptfundament der Anklage blieb aus dem Privat-Vormundschaftsrechte hergenommen, wonach Vormünder dem Pupill sein Vermögen ungeschmälert zu überliefern oder Ersatz zu leisten hätten. Und diesen Grundsatz wandte man auf den Staatshaushalt an, bei welchem, umgekehrt wie bei Privaten, die nothwendige Ausgabe zuerst berathen wird, und für das Unvermeidliche die Dekkungsmittel zu beschaffen sind. Der von Gr. Bonde im Jahre 1662 versuchte reduzirte Etat sollte, nach der Annahme der Commission, die Grundlage der Berechnung abgehen und die Differenz des Jahres 1672 zum Ersatz gestellt werden. Wer mochte da Finanzminister sein?

Während dies in Aussicht stand, schien dem Cabinet der Zeitpunkt günstig, noch einmal (December 1681) wegen der ständischen Gutachten vom 9. Decemher 1680 anzuknüpfen. Eine Erklärung, im Cabinet entworfen, wurde den Reichsräthen zur Vollziehung vorgelegt, in welcher ihre frühere Erklärung zurückgenommen und der Deklaration der Stände beigepflichtet wurde. Bengt Oxenstjerna, in Hoffnung auf das Kanzler-Amt, übernahm zugleich mit Clas Fleming die Vermittelung. Der König, hiess es, werde sich für ein Entgegenkommen des Reichsraths in diesem Punkte seinerseits im Punkte der Vormunds-Rechenschaft entgegenkommend erweisen. So zwischen den Verzicht auf die politische Stellung und den Bettelstab gestellt, wählten Viele, wer möchte es ihnen verdenken, das erstere. Die Reichsrathswürde war nicht erblich und das Vermögen konnte wenigstens der Familie erhalten werden. Aber nach dem Verzicht folgte der Bettelstab dennoch. Gegen Einige, die im Punkte der Rechenschaft nichts zu befürchten hatten und fest bei der Weigerung blieben, brachten Hoghusen und Lindenskjöld einen bestimmten Befehl des Königs bei, worauf auch diese der Gewalt wichen.

In den solchergestalt umgewandelten Rath erfolgten nunmehr, unter Verabschiedung der älteren Mitglieder, neue Berufungen. Die Anhänger des Cabinets erhielten ihre Belohnungen. Clas Fleming, Christoph Gyllenstjerna, Hans Wachtmeister erhielten Rathspatente. Aber diese Patente lauteten nicht mehr auf den Reichsrath, sondern auf des Königs Rath. Die Trennung der Lagmannswürde und die ständische Deklaration vom 9. December 1680 liessen jene Bezeichnung überflüssig, ja unpassend erscheinen. Ueberall ward die Erinnerung an das Reich, wo nur noch der König gebot, unbequem. Aus dem Reichsdrosten ward der Präsident des Stockholmer Hofgerichts, aus dem Reichskanzler der Präsident des Kanzlei-Collegiums. Dieser Hass gegen die Bezeichnung „Reichs“ ward auf die Stände ausgedehnt, welche in des Königs Stände umgewandelt wurden, und griff selbst auf die Vergangenheit zurück, da den Schriftstellern untersagt ward, bei Darstellung früherer Zeiten z. B. den Reichs-Admiral anders als Obrist-Admiral zu nennen.

Die Thätigkeit der Rathskammer sank wieder, wie schon nach Carls IX. Absicht, auf die Beschäftigung mit den Rechtsrevisionen zurück, wobei der König nach der darüber erlassenen Geschäftsanweisung die Bestätigung oder Abänderung der ergangenen Urtheile in letzter Instanz sich selbst vorbehielt. Der Mittelpunkt der Regierungsgewalt verblieb im Cabinet. Der intime Abendzirkel des Königs, wo sich die Lindenskjöld, Thegner, Gyllenborg, Lowisin einfanden, war die Stätte, an welcher die weiteren Plane des Absolutismus reiften.

Endlich im Mai 1682 erging das erste Urtheil der grossen Commission. Es lautete auf Ersatz

a) Alles dessen, was während der Vormundschaftszeit an den etatsmässigen Staatseinnahmen, Steuern u. s. w. unerhoben geblieben war;
b) Alles dessen, was einzelne Reichsräthe dafür, dass sie keine Nebenämter bekleideten, als solche am Gehalte zugelegt erhalten hatten, und zwar hier mit Zinsen. Die Ersatzpflicht traf zuerst diejenigen, welche den Gehaltszuschuss empfangen, eventuell deren Erben, dann die am Reichsraths-Beschlusse Theil genommen hatten;
c) Alles dessen, was an Donationen in Gütern, Pensionen und Gratialen, insbesondere für Offiziere im Heere, was durch Verpfändungen veräussert war, was bei Liquidationen der Krongläubiger über die Billigkeit hinaus hatte bewilligt werden müssen.

Der Krieg wurde damals noch so geführt, dass die feindlichen Mächte sich gegenseitig ihre Führer abwarben. Ohne ausserordentliche Belohnungen war kein Heer zu halten. So zeigte der letzte dänische Krieg, nachdem Sparsamkeit in Schweden eingetreten, eine ziemliche Anzahl höherer Offiziere in den dänischen Reihen, welche ehemals der schwedischen Krone gedient hatten. Und hätte man die Hinterbliebenen der im Felde Gefallenen für die Hingebung ihrer Väter sollen Hungers sterben lassen?

Die Auffindung der Grenze für dasjenige, was hierbei die Billigkeit gestattet hatte und was über das Nothwendige hinausging, führte in ein unentwirrbares Labyrinth, und es ward zum reinen Glücksspiel, ob ein Reichsrath und wofür er verantwortlich zu machen. Gleichwohl bestätigte der König am 30. Mai in Pausch und Bogen die Sentenz und die im Herbst zusammengerufenen Stände mussten sogar den Urtheilssprechern garantiren, dass sie nicht in späteren Zeiten für dieses Urtheil verantwortlich gemacht werden sollten. So fühlte die Commission die eigene Ungerechtigkeit und suchte sich bei Zeiten ausser Gefahr vor einer gleichen Verfolgung zu bringen, als mit welcher sie selbst jetzt das Vergangene herzlos heimsuchten.

Wäre die Sentenz in ihrer ganzen Schärfe zur Ausführung gekommen, so hätten alle Reichsräthe aus der Zeit der Vormundschaft ihr gesammtes, ererbtes und erworbenes Vermögen eingebüsst. Schon davon musste man viel erlassen, was für nicht eingegangene Steuern zum Ersatz gestellt war; man erkannte, für die frühere Armuth der Steuerpflichtigen könnten die Familien der Reichsräthe unmöglich büssen. Immer doch geschah der Erlass im Wege der „Gnade".

Im Uebrigen gestattete das Cabinet Accorde.

Dem Hause Brahe gestattete man für die Erbschaft Pers den Loskauf mit 431,000 Rthlr. S. M., und das, nachdem die Grafschaft Wisingborg mit allem Zubehör und die Freiherrschaft Kajana zur Krone eingezogen; und für die Erbschaft C. G. Wrangels (Nils Brahe hatte die Erbtochter des Feldmarschalls zur Gattin) mit 256,000 Rthlr. S. M., ebenfalls nachdem man die Grafschaft Sölfvitsborg genommen. Das Haus de la Gardie verlor, nachdem die Reduktion die Grafschaften Leckö und Pernau, die Freiherrschaften Ekholm und Wännegarn eingezogen (Ekholm war einst die Erbschaft von Sofie Gyllenhjelm, der Gattin von Pontus de la Gardie, gewesen, ursprünglich von Gunilla Bjelke aus Bjelkeschen Erbgütern zur Krone gebracht; Wännegarn hatte Graf Magnus vom Grafen Thurn käuflich erworben; die Verwendungen in die Lehngüter aus eigenem Allodialvermögen schlug er auf nahe an 500,000 Rthlr. S. M. an), auch die gesammte übrige liegende und fahrende Habe. Als Graf Magnus Gabriel im Jahre 1686 starb, musste Prinzess Marie Euphrosyne, die hinterbleibende Wittwe, den König, ihren Neffen, bitten, für ein anständiges Begräbniss sorgen zu wollen, da die Mittel dazu fehlten. Das war das Ende von Graf Magnus Gabriel, dem Oheim des Königs; einst die glänzendste Erscheinung, welche nach dem Urtheil der Zeitgenossen bis dahin der Norden gekannt!

Der ehemalige Reichs-Admiral Gust. Otto Stenbock durfte die Ersatzpflicht für den missglückten Seezug von 1675 mit 100,000 Rthlr. tilgen, andere 100.000 Rthlr. wurden für die Vormundschaftszeit accordirt. Nachdem die Grafschaft Bogesund und die Freiherrschaften Oeresten und Cronobäck durch die Reduktion verloren waren, gingen auch alle Allodialgüter für die Forderungen der Krone und anderer Gläubiger hin. Der einstige Graf von Bogesund, Freiherr von Oeresten und Cronobäck, Herr zu Torpa, Hisslebyholm, Wagnör, Wageholm, Reglö, Manstorp, Morup und Ålsunda, ward genöthigt, seinen Galla-Anzug zum Leihhaus zu senden wegen der daran befindlichen goldenen Tressen. Er hinterliess seinen Erben von dem ganzen fürstlichen Besitze — Nichts. Viel später löste die Bürgerschaft von Stockholm das dort verpfändete Stenbocksche Haus ein und schenkte es dem Sohne Gustav Ottos, dem berühmten General Grafen Magnus Otto, für seinen glorreichen Sieg von Helsingborg.

Dem Hause Königsmarck wurden die Grafschaften Stegeholm und Westerwik durch die Reduktion genommen. Dann ward dem Nachlass aus der Bremenschen Verwaltung des Feldmarschalls Hans Christoph eine Nachrechnung von 500,000 Rthlr. zugestellt und später nochmals 150,000 Rthlr. Alte Güter gingen verloren. Das Geschlecht verliess mit Otto, Wilhelm Schweden.

Die Nachforderung an das Haus Bonde, von der Verwaltung des sparsamen Reichs-Schatzmeisters Gustav Bonde her, belief sich auf 236,000 Rthlr. Sten Bjelke hatte mit der Erbtochter aus dem Hause Tott die Herrschaft Ekolsund erheirathet, welche Graf Tott von de la Gardie mit einer Hypothekenschuld von 100,000 Rthlrn. belastet gekauft hatte. Diese Schuld hatte Graf Tott getilgt, als Ekolsund, einstige Schenkung Christinas an Magnus Gabriel, zur Krone eingezogen ward. Der Nachlass Stens erhielt ausserdem eine Nachrechnung von 120,000 Rthlrn. Die Erben verliessen das Reich.

So ward der schwedische hohe Adel, der Glanz und der Stolz des Reiches, von seiner politischen und seiner gesellschaftlichen Höhe herabgestürzt; derselbe Adel, von welchem noch kürzlich — zur Zeit der Minderjährigkeit — der englische Gesandte Graf Carlysle an seinen Hof berichtet hatte:

> „Ce plus grand ornement, qu'il y ait dans cette ville (Stockh.) c'est la haute noblesse, qui est, à mon avis, aussi bien faite et aussi civilisée, qu'en aucune cour de l'Europe. Et de fait, c'est ce qui nous surprit fort, de voir, que dans im pays si raboteux et désagreable, et qui semble avoir été le rebut de la nature, l'on put y trouver une cour si pleine de douceur et de politesse."

Mit dem hohen Adel war der Schlussstein und der Hauptpfeiler des ständischen Verfassungsgebäudes in Schweden gesunken. Das Uebrige bröckelte leicht nach. Es war hauptsächlich der Neid und die Eifersucht des zahlreichen kleineren Adels, dem das Cabinet diesen ersten Sieg verdankte: Lernaea hydra, civilis societatis hostis perniciosissima, pestifera reipublicae vomica, quae mox rigidioris reductionis caussa fuit (Wilde, Sueciae hist. pragm.).

Der Reduktions-Beschluss des Ritterhauses vom October 1680 hatte dem Könige die Graf- und Freiherrschaften preisgegeben: ferner alle baaren Donationen, welche etwa an deren Stelle bewilligt seien; alle nach Norrköping-Beschluss fortgegebenen Güter, soweit sie die Jahres-Rente von 600 Rthlrn. überstiegen; alle auf Lebenszeit fortgegebenen Renten an verbotenen Orten, soweit sie nicht dem Heerbefehl verliehen, in welchem letzteren Falle man auf eine gnädige Berücksichtigung beim Könige rechne: was endlich pure gekauft sei, möge unangetastet bleiben und in Zukunft alle fernere Reduktion geschlossen sein. Dagegen sollten die früheren Reichstagsbewilligungen noch einmal nachgerechnet, und was daran etwa von den Pflichtigen gekürzt, und nicht zur Staatskasse geflossen sei, nachgefordert, desgleichen alle an Stelle von unbezahlten Gehältern oder für Vorschüsse hingegebenen Krongüter eingezogen werden, soweit deren Inhaber durch die inzwischen bezogene Rente für ihre Forderungen befriedigt seien.

Für diesen Theil der die Staatsgläubiger treffenden Thätigkeit war eine besondere Liquidations-Commission aus Clas Fleming, Jacob Gyllenborg, Olivecrantz niedergesetzt, unter oberer Leitung der grösseren Reduktions-Commission, in welcher Lindenskjöld die Hauptrolle spielte: Im Auftrage der ersteren handelte eine Exekution-Gommission, welche zunächst des Vermögens der Betroffenen sich versicherte.

Die Art und Weise, wie diese beiden Commissionen rechneten, um die Kassen des Königs zu füllen, gab beim Wiederzusammentritt der Reichsstände (Herbst 1682) dem Freiherrn Anders Liliehök zu der Bemerkung Anlass: Wer denn den Commissionen Befugniss gebe, die vom Ritterhause gefassten Beschlüsse einseitig zu interpretiren und über den Wortlaut hinaus, ohne der Stände zuvorige Autorisation, auszudehnen?

Diese Aeusserung ward vom Cabinet aufgenommen. Folgende Botschaft erging an das Ritterhaus zur Beantwortung:

a) Wem steht es zu, Reglements, Statuten und Verordnungen zu erlassen, und kann über das, was der König in dieser Hinsicht verordnet, eine öffentliche Erörterung nachträglich noch Statt finden?
b) Ist der König berechtigt, allgemeine Gesetze selbstständig zu ändern und zu deklariren, oder wie weit ist hierzu der Stände Zustimmung erforderlich?

Die Erörterung und Beschlussnahme auf diese, die politischen Berechtigungen der Stände an der Wurzel antastende Botschaft geschah bereits unter dem Drucke einer anderen drohenden Gefahr.

Sogleich nach Zusammentritt der Stände, denen dieses Mal Fabian Wrede zum Land-Marschall gegeben, ward die Constituirung des secreten Ausschusses wie 1680 verlangt. Noch einmal sollte über das öffentliche Deficit berathen werden. Wie erstaunt war nicht das Ritterhaus, als von den drei unadeligen Ständen der Antrag eingebracht ward, Bewilligungen könnten von ihrer Seite zur Deckung des Deficits noch immer nicht erfolgen, so lange noch so bedeutende Krongüter — alle unter 600 Thlr. Rente — im Besitz des Adels und des Heerbefehls seien!

Die Partei-Stellung hatte seit 1680 eine Aenderung erfahren. Das Cabinet hatte die Allianz der niedern Stände mit dem niedern Adel ausgenutzt: nachdem die hohe Aristokratie im Reichsrathe gestürzt, war kein Grund mehr, den geringen Adel im Ritterhause zu schonen: der Bureaukratie des Absolutismus war Reichsrath wie Ritterhaus auf gleiche Weise unbequem. Die unadligen Stände waren vom Cabinet gewonnen.

Der Geistlichkeit war, obgleich ihr Grundbesitz sich erweislich um mehr als 2000 Tonnen Land über die von König

Johann III. fixirte Dotation und zwar auf Kosten der Krone vermehrt hatte, der ungestörte Fortgenuss zugesichert.

Der Bürgerstand hatte ausser der gleichen Versicherung wegen der in die Nutzung der Städte gelangten Königlichen Höfe (kungsgården) die Zusage erhalten, dass alle Edelleute aus den städtischen Communal- wie richterlichen Aemtern entfernt werden sollten.

Dem Bauernstand war das — so lange ständische Rechte dauern würden — wichtige Geschenk gemacht, ihre Reichstagsbevollmächtigten in Zukunft frei und ohne Designation durch den adligen Häradshöfding wählen zu dürfen.

So befand sich auf einmal das Ritterhaus durch die Dazwischehkunft des Cabinets getrennt von seinen früheren Alliirten.

Der niedere Adel versuchte die Gefahr, welche seinem Vermögensbesitze drohte, durch eine servile Antwort auf die obigen beiden Fragen abzuwenden. Der hohe Adel war nicht mehr zur Stelle: nach den trüben Erfahrungen von 1680 hatte er sich ferneren Demüthigungen durch Entfernung auf die ihm gebliebenen Güter, oder durch Meidung des Vaterlandes entzogen.

Die Antworten, zu welchen das seiner alten Kraft und seines Stolzes entkleidete Ritterhaus sich am 16. November 1682 herbeiliess, lauteten folgendermaassen:

ad a. Niemandem, als dem Könige, oder wen Er damit beauftragt, kommt es zu, Geschäfts-Instructionen und Reglements zu erlassen: und Niemand hat sie zu bemängeln, sintemal es dem Könige zukommt, zu befehlen und dem Unterthan zu gehorchen.

ad b. Stände hätten zum Könige die unterthänige Zuversicht, dass Er, nach Einholung des Gutachtens gesetzeskundiger Männer bei allgemeinen Gesetzen, in Gnaden den Ständen davon Mittheilung machen werde, doch freilich nicht in dem Sinne, als wenn Stände hierin dem Könige etwas vorzuschreiben hätten, sondern nur von Seinem gnädigen Befinden erwarteten, wie und wo er solches für nöthig erachten werde."

Das Ritterhaus irrte, wenn es gehofft, hiermit sich Frieden vom Cabinet zu erkaufen. Kaum acht Tage später musste es über den Antrag des secreten Ausschusses Rath schlagen,

welcher die Zurückgabe aller vom Reichstagsbeschlusse von 1680 noch unberührt gebliebenen Donationen aus Krongut forderte.

Die dritte Klasse war auf das Aeusserste betroffen. „Hätten sie nicht die ausdrücklichen Zusagen des Königs wegen Verschonung der kleinern Donationen, und sollte nicht jede fernere Reduktion nach den Opfern von 1680 unterbleiben?“ Aber von den vereinsamten Bänken des Herrenstandes konnten sie die Antwort lesen: „Hatten nicht die Grafen und Freiherren die gleichen eidlichen Zusicherungen, und so vieler Könige?“

Das Ritterhaus weigerte. Da erging vom Cabinet die Botschaft zur Beantwortung:

> „ob denn, nach der Meinung der Stände, noch etwas Anderes den König binde, als allein Schwedens Gesetz und ob nicht im Cap.4. des Königsbalkens geschrieben stände, dass der König jederzeit, wenn er es so wolle, fortgegebene Güter wieder einziehen könne?“

Das Ritterhaus war mit seinen eignen Waffen geschlagen.

Gleichwohl versuchte es, durch Abstimmung den Antrag abzulehnen. Der Landmarschall Fabian Wrede erklärte indess, „auf Befehl des Königs müsse er in diesem Falle namentliche Abstimmung vornehmen. Der König wünsche doch die Feinde der Krone persönlich zu kennen.“ Die Drohung schlug jeden Widerstand nieder. Man überliess sich der gnädigen Discretion des Königs. Jetzt war Mancher im Saale, welcher mit Schmerzen die Grossen des Landes zurückersehnte.

Die Approbation auf diese Beschlüsse, denen die drei niedern Stände natürlich gern beistimmten, erfolgte wie früher (am 9. December 1680). Der König erklärte:

> „Wie Wir schon bisher nach schwedischem Gesetze Befugniss hatten, Belehnungen, die aus Krongut fortgegeben waren, zurückzufordern, so haben wir auch, als vollmündiger König, in Zukunft unbeschränktes Recht, Krongüter fortzuschenken, und wenn Wir es so für gut befinden sollten, selbst zu vollem Eigenthum (till full ägo).

Nun war das Feld geöffnet zu Belohnungen für die Freunde des Cabinets. Es ging eigentlich nur um einen Tausch im Besitze. Die alten Geschlechter beraubt, und die Emporkömmlinge in deren Stelle. Schranken für die Königliche Gewalt gab es nicht mehr. Die Gesetzgebung war ausschliesslich in die Hände des Cabinets gelegt. Wohl musste die Krone wünschen, auch die künftigen Oxenstjerna, Torstenson, Banér, Stenbock belohnen zu können. Allein wenn es nur mit dem Raube der früher Beschenkten geschah, welche Dauer durften sich die Helden der Zukunft von den Anerkenntnissen ihrer Verdienste und ihrer Hingebung versprechen?

Nun trat ein, was, nach Tacitus, zu Zeiten Galba's in Rom geschah. Die Reduktions-Commissarien — auch eine neue Klasse von Rittern — sprengten in die Provinzen, überall die Verzeichnisse der Liegenschaften in Händen und nach der Vorlegung des Besitztitels verlangend. Gyllenborg nach Upland, Cronskjöld nach Westmanland, Lindhjelm nach Oestergothland, Gripenhjelm nach Westergothland, Jacob Fleming nach Nerike und Wermland, Hans Wachtmeister nach Calmar-Lån. Schrekken und Schauder durchlief das Land. Nur der besondern Ergebenheit gegen des Königs Willen gab man Aussicht auf Schonung. Kein Rechtsweg, keine Appellation. Willkürlich schalteten die Commissarien über Glück und Existenz der Familien und vergifteten die Gesinnung durch die Prämie der Heuchelei.

Endlich im Jahre 1686 liess man die Reichsstände darin willigen, dass auch die verkauften und verpfändeten Güter wieder zur Krone eingezogen würden. Das Cabinet behielt die Form der ständischen Bewilligung auch dann noch bei, als das Land schon hinlänglich wusste, dass der secrete Ausschuss nur eine Versammlung bestochener oder auf Beute lüsterner Werkzeuge war und das der natürlichen Häupter und Leiter beraubte und ökonomisch ruinirte Ritterhaus nur durch Drohungen noch geleitet wurde. Aber im Cabinet wusste man auch, dass keine Rücksicht mehr gilt, wo man unter dem Scheine und dem Titel der Freiheit und Gleichheit handelt.

Nach diesem Grundsatze verfuhr auch die Reduktions-Commission. Waren ältere und auf Allod gegebene Donationsgüter schon durch Veräusserungen aus den Händen des ersten Donatarius, so hielt man sich an den ersten Donatar und dessen Erben, und liess sie den Ersatz baar oder in eignen Gütern leisten. Die nach Norrköping-Beschluss fortgegebenen riss man an sich, wo man sie fand. Jeder Erwerber musste wissen, dass ihrem Besitztitel ein Fehler anhafte. Waren die zum Ersatz genommenen Privatgüter mit Hypotheken beschwert, so nahm die Krone das Vorzugsrecht vor den Real-Gläubigern. Gegen die Krone reiche auch keine Zeit der Verjährung.

Unter die Donationsgüter rechnete man auch diejenigen Privatgüter, welche vordem unter Carl IX. erst confiscirt, nach erlassener Amnestie aber von dessen grösserem Sohne den Familien zurückgegeben waren. Aus „übergrosser Gnade" liess das Cabinet (1693) nach, dass, wer noch jetzt besonders darum nachsuche, aus des Königs gutem Willen als revokable Donation fortbesitzen dürfe, was er bis dahin für sein altes Geschlechtsgut gehalten. Hierbei konnte nur strenge „Treue gegen den König", wie man es nannte, vor späterer Revokation bewahren, und damit man dieser Treue auch ganz sicher sei, führte man, nach dem Beispiel der Römischen Imperatoren nach des Augustus Zeit, das Majestäts-Verbrechen in bisher unbekannter Weise in das schwedische Land. Die Rathgeber des Königs zeigten auch hierin, dass sie als ehemalige Magistri in den klassischen Studien wohl bewandert waren.

Alle missbilligende Aeusserungen über die Urtheile in der Vormundschaft-Revision wurden durch eine Verordnung vom 25. Mai 1689 als Majestäts-Beleidigungen bedroht: desgleichen alle Klagen über das Regiment im Lande, und weil Alle fühlten, dass dies Regiment ein schaudervolles, wurde auch geglaubt, wenn man Personen solcher Aeusserungen beschuldigte.

Die Begnadigungen und Nachlässe, welche man aus den fortgesetzten Erkenntnissen über Majestäts-Vergehen oder der Rechenschafts-Commission bewilligte, — die wie eine Schraube ohne Ende sich zeigte, — liess man zu Protokoll mit dem Vorbehalt diktiren, dass Urtheil und Strafe sogleich wieder aufgenommen würde, falls der im Erkenntniss Verurtheilte oder seine Nachkommen sich jemals des Königs Gnade durch Wort oder That verlustig machten. Um eine Familie aus ihrer bisherigen Unabhängigkeit in diesen Gnadenzustand zu versetzen, bedurfte es nur geringer Anklagen, und es dauerte auch nicht lange, so befand sich der grössere Theil des Adels darin.

Der Ersatz des Pfandschillings bei Rücknahme verpfändeter Güter geschah nach zuvor reduzirtem Zinsfuss. Zu jener Zeit war bei mangelnden Kapitalien der Zinsfuss bis auf 8 vom Hundert gestiegen. Es sei unpatriotisch, zu so hohen Interessen der Krone zu leihen, wenn sie in Noth sei: was über 5 vom Hundert an Zinsen bezogen, müsse auf den Stock des Darlehns abgerechnet werden. So wurden die meisten Pfandgüter ohne allen Ersatz wieder eingezogen. Wo beim Verkaufe unsichere Renten unveranschlagt geblieben waren, wurden sie capitalisirt vom ersten Kaufpreise abgezogen, und nur die Differenz ersetzt. Waren beim Erbgange Miterben ausbezahlt, oder sonst überkommene Hypotheken getilgt, so war dies meist für den Besitzer verloren. Nicht selten wurde zu Pacht oder Erbpacht belassen, was die Familie lange und theuer erkauft, als ihr unveräusserliches Eigenthum geschätzt und gepflegt hatte.

Durch die Revision der Pfandbesitzungen und die Nachrechnungen der auf den verschiedenen früheren Reichstagen geschehenen, aber nicht pünktlich ausgezahlten Verwilligungen wurde vornehmlich der reichere Bürgerstand getroffen. Die Commissionen verlangten die Vorlegung sämmtlicher kaufmännischen Bücher zur Vergleichung mit den früher abgegebenen Vermögens-Deklarationen. Wo Bücher fehlten, wurde auf Verdacht erkannt; Denunzianten-Antheile wurden ausgesetzt; die freiwillige Nachlieferung, mit 8 Procent verzinst, befreite von Strafe; damit nicht mobiles Eigenthum ins Ausland geflüchtet werde, liess man die Häfen sperren.

Um diese Zeit ward des Königs Herz nur noch von einer durch die Erfolge immer mehr erhitzten Leidenschaft beherrscht, von der Geldgier. Der war immer der beste Rathgeber, der neue Wege ersann, die Kassen zu füllen. Als die Gegner alle ausgeplündert waren, kamen die ehemaligen Freunde an die Reihe; die Familien Gyllenstjerna, Skytte, Fleming, Gripenstjerna — gegen alle konnten Nachrechnungen aufgestellt werden; alle verloren in grösserem oder geringerem Umfange ihr Vermögen. Unter den Rathgebern scheinen nach Clas Flemings und Lindskjölds Tode die Lichtone, Gyllenborg, Lowisin und Piper die Meister geblieben zu sein.

Als König Carl XI. auf seinem Sterbelager mit den furchtbaren Schmerzen seiner Krankheit rang, — (er starb am Magenkrebse), — soll er verwünschend zum Oefteren den Namen Gyllenborg ausgestossen und ihn für seine Rathschläge zur Rechenschaft vor Gottes Richterstuhl gerufen haben. Als der König endlich gestorben war, 3. April 1697, und das Schloss von Stockholm von gewaltiger Feuersbrunst erfasst und verzehrt ward, brachte man die Königliche Leiche in das unversehrt gebliebene Zimmer der ehemaligen Reduktions-Commission. „In diesen Raum“, sagte man, „werde die Flamme nicht dringen; der sei in Thränen gebadet.“

Die Rathgeber hatten inzwischen ihren Lohn an Ehren für ihren Eifer, und meist reichlich, empfangen. Der bisher so verfolgte und geschmähte Grafenstand stand jetzt wieder in bestem Ansehen. Vier Linien Gyllenstjerna von Eriksberg, Stenninge, Fogelvik und Björkesund rückten nach dem Reichstage von 1686 auf zu Grafen; dergleichen Hans Wachtmeister von Johannishus, und Axel Wachtmeister von Målsåker, die Gebrüder Clas, Herrmann und Lars Fleming, Fabian Wrede, Erich Lindskjöld (vordem Lindenskjöld); Jacob Gyllenborg, Robert Lichtone, Hastfer, Nils Gyldenstolpe (des Pastors Claus Angermanns Sohn von Wexiö), Anders Leionstedt (des Apothekers Volimhaus zweiter Sohn), Jacob Wallenstedt und Carl Piper (des Bürgermeisters Piper von Wiborg Sohn). Der Bürgermeister Olof Thegner ward Freiherr und Landeshauptmann zu Upsala; desgleichen der Fiskal Erich Lovisin (des Bauern Sohn aus Südermanland).

Der grössere Theil gelangte auch in den Königlichen Rath und zu Vermögen: meist durch Dotation mit den dem alten Adel abgenommenen Gütern, viele auch durch Bestechungen vom Auslande, die, wie behauptet wird, damals in einer für Schweden neuen Ausdehnung geübt und oft, selbst unter des Königs stillschweigendem Wissen, angenommnen wurden. Diese neue Generation der Absolutisten war meist untereinander verwandt und verschwägert und hielt um den König eine fest geschlossene Kette: in oligarchischer Tendenz um Nichts der berufenen Oligarchie der alten Geschlechter nachstehend.

Das ständische Wesen war längst zu einem blossen Schattenspiele herabgesunken, und die fortdauernd zu Bewilligungen berufenen Vertreter der Nation dienten, wer überhaupt noch erschien, nur, um den schrankenlosen Absolutismus zu maskiren, welcher auf dem Lande lastete. Aus diesem Grande liess der König neue Steuern und Kriegsbedürfnisse sich immer nur auf kurze Fristen gewähren, um dem Volke die Selbsttäuschung zu lassen, dass es sich noch im Genüsse der alten ständischen Freiheiten befinde. Dass das Cabinet selbst das nur in diesem Lichte betrachtete, im Grunde aber das Besteuerungsrecht als ebenso innewohnend der erlangten Souverainetät ansah, als das Recht der übrigen Gesetzgebung, ergiebt sich aus dem neuen Formular für den Königs-Eid, welches auf Veranlassung des Cabinets in das einer allgemeinen Revision im Sinne des Zeitgeistes unterworfene Gesetzbuch aufgenommen werden sollte und vom Könige bereits gut geheissen war, als der Tod, vor Vollendung der Revision, ihn überraschte. Der Punkt des Besteuerungsrechts war darin so gefasst:

> „ Siebentens gelobe und verspreche ich, ohne dringende Noth keine neue Steuer und Auflage aufzuerlegen; sondern wenn eine solche unausweichlich ist, etwa zum Beginne eines Krieges, zur Landesvertheidigung, zu Bauten, zur Krönung, Vermählung meiner Kinder u. s. w., so will ich entweder Selbst, nach billiger Erwägung mit meinen treuen Unterthanen, verordnen was noth-wendig ist und gebraucht; wird, oder auch deren Meinung einholen, wie die Auflage am besten repartirt werden möge, doch so, dass Meines und Meines Reiches Dienst und Sicherheit ohne allen Zeitaufwand gefördert und besorgt werde.“

Als im Jahre 1693 den Ständen die Mittheilung gemacht werden konnte, des Königs Kasse sei, in Folge der strengen Finanzwirthschaft, in eine so günstige Lage versetzt, dass zu ausserordentlichen Ausgaben, wie dem neuen Schlossbau, der König der Stände Zuschuss nicht mehr bedürfe, dankten die Letztern ihm in ehrfurchtsvollen Ausdrücken für diese hohe Gnade, und baten um die Erlaubniss, sich dadurch erkenntlich zeigen zu dürfen, dass sie dem Könige Vollmacht gaben,

> „so lange der Krieg (damals gegen Russland) dauern möchte, nicht blos die früher geschehenen Bewilligungen (von 1686 und 1689) ohne Rückfragen jährlich fortzuerheben, sondern überhaupt so hohe Summen zu negociiren, als er für nothwendig erachte, da sie solche nach geschlossenem Frieden alle anerkennen und bezahlen würden.“

Alles dies genügte noch nicht, um dem Bedürfniss der Stände, von ihrer Ergebenheit Zeugniss zu geben, volle Befriedigung zu verleihen. Schon bei der Reichstags-Zusammenkunft von 1689 war auf Vorschlag des secreten Ausschusses beschlossen,

> „alle Ausdrücke, welche, im Widerspruche stehend mit den über die unbeschränkte Souverainetät des Königs 1680 und 1682 abgegebenen Erklärungen, etwa in frü-

heren Reichsraths- oder Reichstags-Protokollen, in Gutachten und Staatsschriften, in den Acten der höchsten Landes-Collegien sich finden möchten, auf dem Wege einer General-Revision als unehrerbietig und die Königliche Würde beleidigend zu cassiren."

Endlich, im Jahre 1693, bei Vorlegung des vom Cabinet aufgesetzten, für die etwa eintretende Minderjährigkeit des Thronfolgers bestimmten Testaments, das auch über andere Successionsfragen entschied, mussten die Stände ihren besonderen Dank dahin votiren,

> „dass, obwohl Gott, Natur und des Königs ererbtes Recht, so wie die gnädige Approbation zu der Stände unterthänigem Gutachten von 1680 und 1682 über des Königs absolute Gewalt — den König und dessen Leibes-Erben auf dem Throne zu einem alleinherrschenden (enwålds), Alle regierenden „souverainen" Könige geschaffen habe, der Niemandem auf Erden für seine Handlungen responsabel sei, sondern Macht und Gewalt habe, lediglich nach seinem Gutbefinden und als ein christlicher König sein Reich zu steuern und zu regieren, — dass allem diesem unerachtet Se. Majestät noch die Gnade gehabt hätten, die Stände von den so wichtigen Dingen, welche des Reiches höchste Wohlfahrt beträfen, zu unterrichten."

Dahin waren die schwedischen Reichsstände binnen wenigen Jahren nach dem Sturze des hohen Adels gelangt: das hatte der politische Neid und die Missgunst der geringeren Klassen zu Stande gebracht.

Mit kluger Umsicht nahm das Cabinet Sorge, nach allen Richtungen hin die Bedingungen der Alleingewalt zu sichern. Nichts lag deshalb mehr am Herzen, als die Umgestaltung des Heerwesens, wo der Adel durch den Rossdienst bei der Aushebung und Werbung noch mannigfachen Einfluss übte. Schon auf dem Reichstag von 1680 trat das Cabinet mit den Propositionen hervor: a) statt des Natural-Rossdienstes des Adels (rustjenst) möge das Ritterhaus darin willigen, Königliche Reiter auf die Höfe zum Unterhalt zu nehmen, und b) statt der jedesmaligen Aushebung des zehnten Mannes im Falle der Noth möchten — wie es Gustav Adolph schon versucht hatte — die einzelnen Landschaften sich zu bestimmten Contingenten ein für allemal verstehen. Beides fiel damals, jenes im Ritterhause, dieses schon im Reichsrath. An beiden Stellen misstraute man. Im Jahre 1682 erschien die Proposition in veränderter Gestalt. Der adlige Rossdienst blieb dabei unberührt: das Cabinet bedurfte noch der Geneigtheit des Ritterhauses zu seinen grösseren Wünschen: dagegen ward die Ermächtigung zur Contingentirung des Fussvolks an Stelle der Aushebung erlangt: und zwar, indem die Krone sich erbot, den Unterhalt des gesammten Heerbefehls auf feste, aus den reduzirten Krongütern ausgesonderte Offiziershöfe (Boställen) allein und ohne fernere Mitwirkung der Stände zu übernehmen, wenn dem gemeinen Soldaten von den der Conscription unterliegenden Bauerhöfen — welche zu diesem Zwecke zu je 2 bis 3 zu einer sogenannten Rote zusammengelegt werden sollten — ebenfalls feste Wohnungsstellen (torpar) mit Gartenland ausgeworfen würden. Soldaten und Bauern sollten sich gegenseitig in Erhaltung ihrer Wirthschaft Beistand leisten; die Krone wollte einen geringen Zuschuss gewähren.

Die Vortheile dieses Eintheilungswerkes (Indelning) — welches sich bis heute erhalten hat — für die Krone waren einleuchtend. Der Heerbefehl kam fast ganz in die Abhängigkeit vom Cabinet, und eine hinreichend grosse Truppenzahl stand dauernd und fest, wie ein stehendes Heer, aber ohne die finanzielle Last in Verpflichtung zur Fahne. Auch in der Reiterei schaffte das Cabinet sich wenigstens insoweit freiere Hand, als verschiedene von den reduzirten Höfen in erbliche Pacht mit der contractlichen Verpflichtung wieder ausgethan wurden, statt Pachtzinses einen gerüsteten Reiter des Königs, Mann und Ross, darauf zu erhalten (die sogenannten rusthåll).

Die Kirchen-Verfassung erhielt durch Umarbeitung des Kyrko-balken eine durchgreifende Reform im Sinne der weltlichen Alleingewalt. Allgemein verlor der Clerus seine bisherige Exemtion von der Einquartierung. Die usuelle höchste Instanz des zweiten Reichsstandes als Reichs-Consistorium ward abgeschafft und in Kirchensachen die Appellation von den Domstiftern und Bischöfen an die Hofgerichte des Königs freigegeben.

Auch der Bauernstand musste die Aenderung zum Absolutismus empfinden. Aus der Theorie Pyhys zu Gust. Wasas Zeit ward der Grundsatz wieder hervorgeholt, dass die Krone ursprünglich Ober-Eigenthümerin über den ganzen bäuerlichen Grund und Boden sei, und daran anknüpfend das Verbot erneuert, bäuerliche Höfe, ohne zuvoriges Angebot an die Krone, zu veräussern. Von der Wiedereinziehung der erweislich in nicht geringem Umfange in den Besitz der Bauern gelangten Kronhöfe nahm das Cabinet in Gnaden Abstand, wenn entweder der Besitzer sich zur Zahlung eines nachträglichen Erbstandsgeldes statt Kaufpretiums verstand, oder in den Fortbesitz als Pächter der Krone willigte.

Nichts fürchtete das Cabinet Carls XI. so sehr, als den Eintritt einer längeren Vormundschafts-Regierung und das dann mögliche Wiedererstehen der Aristokratie. Das 1693 produzirte und auch angenommene Testament bestimmte deshalb,

> „die Vormundschafts-Regierung — welche aus den Königlichen Räthen Bengt Oxenstjerna, Gyllenstjerna, Gyldenstolpe, Wrede und Wallenstadt unter dem Beistande Pipers bestehen sollte — sollte alle drei Jahre die Reichsstände berufen und ihnen Rechenschaft legen.“

Man hielt die Reichsstände in ihrer damaligen Verfassung und Erniedrigung, gleichwie unter Carls IX. Zeit, wenigstens für so demokratisirt, dass man in ihnen noch immer die beste Hülfe gegen den Hoch-Adel erblickte. Uebrigens kam es nicht zur Anwendung dieser Bestimmung. Das Cabinet hielt es nach dem Tode Carls XI. rathsamer, die Vormundschafts-Regierung auf den Zeitraum weniger Monate zusammenzuziehen. Man hatte sich überzeugt, dass die bei den niedern Ständen vorausgesetzte Stimmung, wenn auch noch immer adelsfeindlich, doch auch der Alleingewalt der Krone keineswegs freundlich war.

Anfangs hatte der Genuss die hohen Geschlechter stürzen zu sehen, den bittern Vorschmack allgemeinerer Erniedrigung versüsst. Aber fortschreitend gewann die Bitterkeit über die Einbussen, welche Alle ohne Ausnahme erlitten hatten, das Uebergewicht. Auch der Bürgerstand und die Geldmänner in den Städten waren von der Reduktion des Zinsfusses bei den Staatsschulden — der Erklärung des Staatsbanquerotts — empfindlichst getroffen.

„Reduktion und Confiscation waren“, wie ein neuerer schwedischer Schriftsteller sich ausdrückt, „gleich einem unvermeidlichen Verhängniss (inevitabile fatum) über die Köpfe von Feind und Freund hinweggeschritten, hatten den alten Reichsrath so gut erfasst, als später die Günstlinge des Königs, sowohl die grossen als die kleinen Lehnsträger, den Adel wie die niedern Stände; und die in dem neuen Königsbalken des Absolutismus niedergelegten Grundsätze konnten fortschreitend nur immer allgemeineres Missvergnügen und tieferen Groll in den Gemüthern aller derjenigen erwecken, welche noch unter dem Schutze des alten schwedischen Staatsrechts den Genuss der politischen Freiheiten gekannt und schätzen gelernt hatten."

So war schon bei Carls XI. Tode ein Umsturz der Dinge nicht undenkbar. Nicht blos die alte, so tief gekränkte Aristokratie — für welche der edle Feldmarschall Graf Nils Bjelke, ehemals, der persönliche Freund des Königs von den Schlachtfeldern her, dann der heftigste Gegner der Cabinetsherrschaft, seit Jahren den Mittelpunkt bildete — regte sich, sondern auch unter den nichtadligen Ständen traten die Symptome des inneren Missvergnügens ans Licht Der Probst Boethius wagte es, offenen Protest gegen die Gesetzlichkeit der Alleinherrschaft zu erheben. Er büsste dafür freilich mit langjährigem Gefängniss, in welches das auf Tod lautende Urtheil gemildert ward. Aber die Regierung machte auch andere und ähnliche Wahrnehmungen, welche sie veranlassten, durch einen Circularbefehl an die Geistlichkeit „alle unbedachten Aeusserungen in Bezug auf des Königs Tod und Nachfolge" unter Ueberwachung zu stellen.

Der junge König Carl XII. war unter Erich Lindskjölds, Mils Gyldenstolpes und des Magisters, spätern Grafen Polus, Leitung schon ganz in den Grundsätzen des neuen Staatsrechts erzogen und aufgewachsen. Zudem neigte seine Natur, mehr noch als diejenige seines Vaters, dahin, dieselben in ihrer ganze Strenge und Herbigkeit zur Anwendung zu bringen.

Schon das ging den Schweden, wie Zeitgenossen versichern, durch Mark und Bein, dass er bei der Krönung dem Erzbischof die Krone aus der Hand nahm, um sie selbst sich aufs Haupt zu setzen; dass er nur der Stände Huldigungs-Eid entgegennahm, statt seines eignen Königs-Eides aber blos den Erzbischof die Hoffnung eines gnädigen Regimentes aussprechen liess. Er war der erste König, der dies wagte, und blieb der letzte.

Noch immer dauerte im Cabinet die Besorgniss vor dem Wiederaufleben des alten Adels. Alle Regierungs-Maassregeln, vor dem Ausrücken ins Feld, athmen diese Sorge. Am 14. Februar 1698 ward die Verfassung der Hofgerichte, so weit darin dem Adel ein Theil der Beisitzer-Stellen zugesichert war, aufgehobene eben so am 7. August 1699 das forum exemtum des ganzen Standes vor den Hofgerichten, in denen nach deren Wandelung der Adel auch nicht mehr den in den Standes-Privilegien ihm verbrieften Gerichtsstand „vor seines Gleichen“ erkannte. Diese Standes-Privilegien wurden nun einseitig und ohne Anhörung derer, die es anging, gebrochen.

Der Feldmarschall Nils Bjelke, so lange schon Gegenstand des tiefsten Misstrauens und Hasses für das Cabinet, aber zu Carls XI. Lebzeiten gegen alle Verleumdungen durch des Königs alte Neigung für ihn gefeit, ward nunmehr vor dem Hofgerichte von Stockholm angeklagt. Das Gericht fand keinen Grund zur Verurtheilung; aber auf Befehl aus dem Cabinet musste das Gericht schuldig sprechen. Lange schmachtete der edle Greis, seines Vermögens beraubt, im Gefängnisse. Als er später begnadigt ward, war seine Lebenskraft gebrochen. Die Güter waren meist in den Besitz des königlichen Rathes Grafen Piper gekommen. Ein eigenes Spiel des Schicksals wollte, dass, nachdem Piper in russische Gefangenschaft gerathen und darin gestorben war, der Sohn von Nils Bjelke mit der Hand der Tochter des Grafen Piper seine alten Geschlechtsgüter zurückerwarb. Es war nicht das einzige Beispiel, dass der jähe Wechsel im Besitze die alten und hohen Geschlechter vermochte, sich mit dem Adel der Emporkömmlinge zu verbinden.

Aehnliche Cabinets-Justiz wurde gegen den gefangenen chursächsischen General Paykull geübt. Weil er in Liefland geboren, erklärte Carl XII. seinen Eintritt in sächsischen Dienst für Hochverrat. Das Gericht sprach frei, da er schon in seiner Kindheit von dort verzogen, niemals erwachsen den Treueid geleistet. Aber der König zwang das Gericht, das Todesurtheil auszusprechen, das dann auch vollzogen ward (1707). Niemals berief Carl XII. während seiner 21jährigen Regierung die Stände. Steuern wurden ausgeschrieben, Rekruten ausgehoben, das ganze Steuersystem geändert, ohne die Nation zu hören; man glaubte vom Jahre 1693 her die volle Ermächtigung dazu von den Ständen erhalten zu haben. Der königliche Rath ward nie gefragt; kaum für das Wort der wenigen Günstlinge, unter denen Piper und Rehnskjöld obenan standen, war des Königs Ohr offen.

Anfangs wurden laute Aeusserungen des Missvergnügens und der Klage durch die überraschenden Erfolge im Felde zurückgehalten. Die Besorgniss griff erst dann selbst in die Kreise der Anhänger des Absolutismus, als Carl in die inneren polnischen Händel sich vertiefte, unter Beiseitsetzung jeder Rücksicht auf sein eigenes Reich, das unter stets neuen Ausschreibungen und neuen Rekrutirungen verblutete und verarmte.

Unter dem Absolutismus (enwäldet) war durch die davon unzertrennliche Centralisation der Verwaltung die Macht und Selbstständigkeit der Büreaus und der Beamten ausserordentlich gestiegen, während die Möglichkeit der Ueberwachung durch die gewaltsame Unterdrückung jeder Meinungs-Aeusserung erschwert und die öffentliche Klage durch das Aufhören der Reichstage gehindert war. Carls Abwesenheit vermehrte das Uebel, da die Beamten, in Folge der Innehaltung ihrer Gehälter zu Kriegsbedürfnissen, auch noch zu Unredlichkeiten getrieben wurden. Das durch Erpressungen gequälte Volk machte seinem Unwillen durch offne Gewaltsamkeiten Luft.

Nach dem Unglück von Pultawa nahm die Rathskammer oder der Senat, wie er damals auch wohl genannt ward, es auf sich, einen Stände-Ausschuss zu berufen (1710). Die Missstimmung im Lande hatte denjenigen Höhepunkt erreicht, wo Gedanken an Verfassungs-Aenderungen zu keimen pflegen. Die Berufung des Ausschusses hielt den Ausbruch zurück und die Verstimmung löste sich noch einmal in neue Opfer und letzte Anstrengungen für den geschlagenen und fast gefangenen König auf. Gleichwohl liess der König seinen Zorn melden und verbot auf das Strengste die Wiederkehr derartiger Zusammenkünfte, „zumal sie zu nichts Anderem gedient hätten, als die allgemeine Noth blosszulegen."

Auch alle Autorität im Lande wurde durch den eifersuchtsvollen Sinn des fernen Königs untergraben. Was auch der Rath verfügte, der König verwarf es, einzelnen Personen wurden unabhängig vom Rathe ganze Geschäftszweige überwiesen, und doch dabei die Politik, das Unglück der Zeiten auf die Uneinigkeit, das Ueberwollen und die Schlaffheit des Senates zu wälzen. Allein wie konnte Energie entwickelt und wie Erfolge erzielt werden, wo überall der König seine ängstlich gehüteten Hoheitsrechte berührt sah und diese Berührung mit Vorwürfen geahndet wurde!

Im Jahre 1713 schien das Maass des Unglücks zum Rande gefüllt. Graf Stenbock war mit seinem Heere kriegsgefangen; Finnland und Pommern vom Feinde überschwemmt; folgendes die Stimmung im Lande:

> „Täglich wächst das laute Murren in allen Klassen: mehrere Landeshauptleute erklären, ohne Berufung der Stände das Volk vor Ausbrüchen nicht bewahren zu können; bei den hohen Geschlechtern Sehnsucht und Verlangen nach den alten allzuwillig geopferten Freiheiten. Ueberall im Lande Anklage des Absolutismus als die einzige Quelle alles Unglücks und alles Elends." (Bericht des englischen Gesandten.)

So entschloss sich der Rath, trotz des Verbots, die Stände abermals zu berufen. Alle Gemüther geriethen in Aufregung. „Den kommenden Reichstag betrachtet man (schreibt der französische Gesandte Campredon) als das Vorspiel einer grossen Staats-Veränderung, von welcher allein man Abhülfe des grossen Unheils und dem Reiche endlichen Frieden erhofft; obgleich schwer einzusehen, wie dies ohne durchgreifenden Stoss für die Alleinherrschaft geschehen soll."

Schon die ersten Debatten führten auf dieses Feld. Im Laufe des Jahres 1713 war eine neue Steuer auf alles Einkommen ausgeschrieben. Die Stände verwarfen diese Form. Man berief sich, indem man den König als behindert ansah. auf die Analogie der älteren Staatspraxis unter Sigismund, der Regierungsform von 1634, des Additaments von 1660, um das Recht der Stände zu zwischenzeitlichen Anordnungen darzulegen. Viele wollten schon jetzt die Prinzessin Ulrike Eleonore als „nächstberechtigte Thronerbin nach dem Testamente von 1693" zur Reichsvorsteherin ausgerufen wissen. So hatte doch das Reich ein sichtbares Oberhaupt, mit welchem wegen des Friedens unterhandelt werden könne. Dieser Vorschlaff erregte bei den Anhängern der alten Freiheiten nur das Bedenken, dass wenn jetzt schon mit Uebertragung des Besitzes das Thronrecht der Prinzess kraft Erbrechts anerkannt würde, die absolute Regierungsform bei möglichem Ableben des Königs und späterer Vermählung der Prinzessin sich unvermerkt fortsetzen und die Gelegenheit zu Verfassungs-Aenderungen aus der Hand gegeben werde: dies schlug durch und der Vorschlag ward fallen gelassen. Doch hatte der Reichstag, obgleich ohne wesentliche Beschlüsse wieder geschlossen, die wichtige Wirkung, dem überall gefühlten Missbehagen einen bestimmten Ausdruck und den Missvergnügten selbst einen engeren Zusammenhang unter einander verliehen zu haben.

Den König aber trieb es, seine Heimreise zu beschleunigen. Als nun die Nachricht sich verbreitete, dass er auf schwedischem Boden wirklich gelandet, „war die Bestürzung“, nach dem Berichte des englischen Gesandten, „unbeschreiblich. Alle, welche noch Etwas im Vermögen besassen, eilten, es zu verbergen, denn man erwartete, dass Carl mit Gewalt nehmen werde, was und wo er es fände.“

Um diese Zeit war es, dass Baron Görtz anfing, das ausschliessliche Vertrauen des Königs zu besitzen. Niemals hat wohl ein Staatsmann in einer ähnlich eigenthümlichen Stellung sich befunden. Holsteinischer Gesandter bei König Carl ward er dessen vertrauter Rathgeber, ohne sein Unterthan zu werden; und zugleich Gesandter des Königs von Schweden bei den auswärtigen Höfen und Chef des gesammten Finanzwesens im Lande, ohne schwedischer Staatsbürger zu sein. Görtz sollte dem Könige die Mittel zur Fortführung des Krieges verschaffen. Er übernahm diesen misslichen Auftrag und schaffte Geld. Aber er behandelte dabei Schweden wie eine Stadt im Zustande der Belagerung, wo alles Privateigenthum dem öffentlichen Zwecke weicht; alle klingende Münze ward aufgehoben und durch Zeichen ersetzt: Zwangsanleihen aufgenommen und das gesammte Privateigenthum zur Hypothek dafür bestellt; der auswärtige Handel unter strengste Controlle genommen, der innere mit Taxen und Zöllen aller Art belastet. Dazu Ausschreibung neuer direkter Steuern und Aushebung neuer Rekruten, und alles mit unerbittlichster Strenge. So erhielt der König Geld und Soldaten: aber das Land verödete, wer übrig blieb, verarmte, alle Bewegung, aller Gewerbfleiss stand still. Der Nachwelt erscheint unglaublich, was Schweden damals Alles zu ertragen hatte, und dabei kaum ein Hoffnungsstrahl für die Zukunft; denn weder Sieg stand in Aussicht, noch war Frieden von des Königs Sinnesart zu erwarten; man glaubte, er habe sich vorgesetzt, unter den Ruinen des Reiches sich selbst zu begraben.

Die Plane für Verfassungs-Aenderungen zogen sich in dieser Zeit in engste Kreise zurück. Hier befassten sich Mehrere vom Ritterhause, vor Allem der Vertheidiger der ständischen Freiheiten auf den Reichstages von 1680 und 1682, der alte Gyllencreutz, in Gemeinschaft mit den Gebrüdern Freiherren Per und Conrad Ribbing, mit der Entwerfung einer neuen Verfassungs-Urkunde. Vertraut mit dem Plane war auch Sven (Agricola) Leionmarck, vom jüngeren Adel, jetzt Präsident des Hofgerichts zu Åbo, schon 1714 für ständische Rechte eingetreten; aus der Reichskanzlei ein Sekretair Namens Schütz, später unter dem Namen Fredenstjerna geadelt; Jonas Wulfenstjerna, Sekretair des Ritterhauses; Erich Benzelius, damals Bibliothekar, später Erzbischof zu Upsala; Lars Molin, Domprobst zu Upsala und der Justiz-Bürgermeister Hylthén von Stockholm, Männer aus allen Ständen, den bäuerlichen, für derartige Vorbereitungen unbefähigten, allein ausgenommen.

Eine hiervon gesonderte Stellung nahm der General Graf Arved Horn. Durch seine erste Ehe mit der Tochter des königlichen Rathes Grafen Ehrensten verschwägert den Grafen Gyldenstolpe, Wallenstedt und Rehnskjöld, sämmtlich von neuester Erhebung und Häuptern der Cabinetspartei, kam er früh auch in die persönliche Gunst Carls XII, war sein Begleiter im Felde und von hier zu diplomatischen Sendungen verwendet. Durch zweite Ehe mit Inga Törnflycht Schwager des damals allmächtigen Grafen Piper, ward er 1705 in den königlichen Rath befördert; 1707 Gouverneur des jungen Prinzen von Holstein und 1710 an die Spitze der Kanzlei gestellt. Auch in den Augen der Nation wuchs sein Ansehen, so dass sich an die Person des Grafen Horn die allgemeine Aufmerksamkeit zu heften begann. Manche trauten ihm höchsten Ehrgeiz zu, als strebe er durch die Hand Ulrikes zum Throne; Andere sahen in diesen Bemühungen nur die Politik, durch eine frühzeitige Vermählung der Prinzess mit dem Erbprinzen von Hessen das Erb-Thronrecht, das ihr nach dem Buchstaben des Testaments Carls XI. nur so lange zustand, als sie unvermählt (ogift) war, für andere Pläne zu beseitigen. Einige hielten ihn dem Prinzen von Holstein günstig, Andere ihm entgegen. Alles dies, da es einander widersprach, zeigte nur den Staatsmann von äusserster Vorsicht, der, wie jene Zeit es erforderte, kaum seine Freunde wissen, vielweniger, die ihm misstrauten, ahnen liess, wohin er steuere. Seine Amtsstellung als Kanzlei-Präsident, sein Reichthum, seine eigene Abkunft, seine Geschlechtsverbindungen, welche durch eine dritte Ehe mit einem Fräulein Gyllenstjerna neuen Glanz erfuhren. Alles dies wies ihm seinen Platz in der hohen Aristokratie an. Und hierhin gehörte er auch nach seinen wahren politischen Gesinnungen. Die Herstellung des Reichsraths in seiner früheren Macht war sein Hauptziel: der grosse Kanzler Axel Oxenstjerna sein Vorbild und seine spätere mehrjährige Staatsleitung liess noch einmal die Sonne jener früheren glorreichen Zeit über Schweden aufgehen.

Jener erstgenannte Kreis strebte mehr nach Herstellung der reichsständischen Gerechtsame. Aber es zeigte sich, dass ohne aristokratische Spitze, welche unabhängig von den Bewegungen der tieferen Regionen, allein die Bürgschaft der Einheit, der Dauer und der Consequenz innerhalb der Wandelungen des Tages trug, — die ständischen Freiheiten immer mehr einen demokratischen Charakter annahmen, der, als er nach Horns Abtreten (1738) das Uebergewicht erlangte, bei unerhörter Parteiwuth im Innern, einer Schwäche und einer Abhängigkeit vom Auslande verfiel, welche Schweden zum Gegenstande der Verachtung in Europa erniedrigten.

So war die Stimmung der Geister, als Carls XII. Laufbahn am 30. November 1718 in den Laufgräben vor Frederikshall ihr Ende fand. Es ist lange Zeit ein Glaubensartikel in der Geschichtsschreibung gewesen, der König sei als Opfer des Parteihasses durch Mörderhand gefallen. Neuere Forschungen (des dänischen Geschichtsforschers Paludan Müller und des schwedischen Anders Fryxell) haben erwiesen, dass die für jene Behauptung angeführten Beweise auf eben so schwachem Grunde beruhen, als die Beschuldigung, der Tod sei im Interesse der französischen Regierung durch Franzosen erfolgt. So viel ist unbestritten, dass jene Vermuthung mehrere Jahre nach Carls Tode zum ersten Male laut ward und schwedische Schriftsteller haben den Ursprung jener Verdächtigungen bis in das Lager der absolutistischen Partei zu verfolgen gemeint, welche ihrer Verstimmung über die durchgreifende Wandelung in der Verfassung dadurch Luft gemacht habe. Wie dem auch sei, man befindet sich keinenfalls im Unrecht, wenn man mit den neuesten Geschichtsforschern annimmt, dass, bis bestimmtere und unwiderleglichere Beweise für das Gegentheil gebracht werden, Carl XII. den Tod vor Frederikshall so gefunden habe, wie er ihn achtzehn Jahre lang, dem Feinde gegenüber, emsig gesucht oder ihm tollkühn getrotzt hatte.

FÜNFTES BUCH

„Falso libertatis vocabulum obendunt, qui privatim degeneres, n publicum exitiosi, nihil spei, nisi per discordias habent".

Tac. Ann. XI. 17.

Die sogenannte Freiheitszeit oder von Carls XII. Tode bis Gustavs III. Thronbesteigung (1719 bis 1772)

Der Hauptcharakter in der Reform von 1719/20 — schreibt Geijer — nämlich ein durch Stimmen-Mehrheit im Reichsrathe beherrschter König und ein von den Ständen abhängiger Rath — gab Schweden zu gleicher Zeit eine neue Art königlicher Macht, eine neue Art des Reichsraths, eine neue Art von Ständen, nämlich regierende. Es leuchtet ein, dass die Vielzahl der letzteren, der griechische Name wurde Demokratie sein, der Schwerpunkt werden musste, zu welchem in solcher Verfassung die Macht sich hinneigte. Dahin gravitirte sie auch wirklich und je tiefer sie sank, um so mehr zersplitterte sie. Denn Anfangs war diese Demokratie nur eine Vielregierung des Adels; erst allmählich gerieth sie mit der aus den unadligen Elementen auftauchenden Demokratie in Konkurrenz und Kampf. Auf dem Reichstage von 1723 konnte noch die Krone auf eine Verstärkung ihrer Machtvollkommenheit hoffen, wenngleich vergeblich; auf dem Reichstage von 1738 unterlag auch die Aristokratie des Reichsraths den Ständen. Erst von nun an offene Herrschaft der ständischen Parteien, der Hüte bis zum Jahre 1765, dann der Mützen bis 1772, beide unterwechseln dem Beistande des Hofes, so weit der letztere überhaupt noch reichte. Die Stände waren nun die Regierenden, beherrscht zunächst von der Menge im Ritterhause, die ihrerseits dem Commando des Landmarschalls gehorchte. So lange die Stände versammelt waren, verlieh dieses Amt die höchste Gewalt im Reiche. Der Marschallsstab war in der That nichts geringeres, als das dem Könige entwundene Scepter."

Um zu verstehen, wie sich dies so entwickeln konnte, muss man die Elemente ins Auge fassen, welche bei dem Tode Carls XII. sich vorfanden, und die Stimmungen im Lande. Die Abneigung gegen die Alleingewalt der Krone (enwäldet, souveräneté) war durch die Uebertreibung allgemein und in allen Ständen. Die vergleichsweise wenigen Büreaukraten welche unter dem Absolutismus emporgekommen, durch das Vertrauen des Regenten mächtig waren und daher gern die Herrschaft des Cabinets und der Büreaus fortgesetzt hätten, wagten der allgemeinen Stimmung der Nation gegenüber nicht, mit ihren wahren Wünschen hervorzutreten, und schlossen scheinbar sich einer der übrigen Parteien, je nach ihren persönlichen Stellungen oder Empfindungen, an, ohne übrigens aufzuhören, wenigstens noch eine Zeitlang, durch Verwirrung der Parteien für das Uebergewicht des Cabinets oder Hofes zu agitiren. Im Adel unterschieden sich die alten Geschlechter von den neuen, der Hochadel von dem des Patentes.

Jene, wesentlich geführt durch Arved Horn, hofften von der Regierungs–Veränderung eine, wenn auch modifizirte Herstellung der durch die Revolution von 1680 geraubten Macht. Also zunächst Stillstand nicht blos der noch immer thätigen Reduktion, sondern auch, so weit thunlich, Restauration der bereits genommenen grossen Güter, als der festesten Grundlage künftigen Einflusses. Um dies zu erzielen, Wiedereinsetzung sowohl des Reichsraths in seine früheren Rechte nach den alten Eidesformularen, als auch Festhaltung an der Drei-Klassentheilung im Ritterhause und Beschränkung der ständischen Befugnisse auf das Maass von 1634. Es war dies die Partei der strengen Reaktion.

Ihr gegenüber standen im Adel die jüngeren Geschlechter: später vornehmlich um den Namen Gyllenborg geschaart. Diese hatten durch die Reduktion vielfach erst Grundbesitz gewonnen, so wie durch den Sturz des alten, ihnen meist unzugänglichen Reichsrathes ihr Wunsch nach Gleichstellung Befriedigung erhalten hatte. Ihr Streben ging deshalb nur auf eine Restauration bis zum Jahre 1682, nicht darüber hinaus. Als Partei der Errungenschaften kam es ihr darauf an, die letzteren sich zu bewahren; deshalb Streben nach Beseitigung der formell noch bestehenden Drei-Klassentheilung im Ritterhause, um den Mittelpunkt der Beschlüsse hier in die Menge der Geschlechter zu versetzen; thunlichst, Abhängigkeit des Reichsraths von diesen Beschlüssen; übrigens aber Exclusivität der durch die Revolution erreichten adligen Standesvorrechte gegen den übrigen Theil der Nation.

Diese beiden Parteien der Reaktion und der Errungenschaften oder des Angriffs auf Wiederherstellung des Entrissenen und der Vertheidigung des Gewonnenen, waren jedoch nicht überall strenge nach Familien geschieden. Vielfach hatten Söhne aus den alten und vornehmen Geschlechtern sich mit Töchtern aus den aufgekommenen Familien verbunden, wenn daran sich Rückerwerb alter Familiengüter oder sonst Consolidation grossen Vermögens knüpfte, und umgekehrt hatten Töchter aus alten Geschlechtern nicht verschmäht, Männern von neuem Adel die Hand zu reichen, wenn eine hervorragende Stellung im Staate sich damit verband.

Dieser Umstand minderte die Energie der strengen Reaktion und liess der übrigens auch durch andere Verhältnisse unterstützten Partei der neuen Zeit den Sieg.

Der Heerbefehl, zum grösseren Theile Adel von jüngstem Datum, in welchem die beiden Alleinherrscher, Carl XI. und XII., ihre festeste und ergebenste Stütze gesucht, schloss sich, nachdem einmal über die Abolition der Souverainetät entschieden war, naturgemäss den jüngeren Geschlechtern im Ritterhause an, dessen Majorität gerade die Offiziere, wenn sie zugleich Familien-Capita waren oder Reichstagsvollmachten erhielten, bildeten.

Auch das adlige Beamtenthum, fast durchweg neu nobilitirt, hätte nichts weniger gern gesehen, als ein Wiederaufkommen der alten Aristokratie; diese hätte seinen Einfluss entschieden gebrochen, während die Büreaus sowohl bei Fortsetzung des Absolutismus, als beim Uebergewicht des neuen kleinen Adels ihre Rechnung fanden.

Unter solchen Umständen und da auch Hof und Cabinet von Herstellung einer geschlossenen Oligarchie des hohen Adels mehr für sich zu fürchten hatten, als vom Getriebe der zahlreicheren kleinen und unvermögenden Geschlechter, welche man durch Beförderungen im Heere und im Civil oder durch Bestechung zu gewinnen hoffte — war der hohen Aristokratie der Sieg unmöglich gemacht, abgesehen davon, dass auch hier, nach den Vorgängen von 1680, die Elemente nicht mehr waren, wie zu Zeiten des grossen Axel Oxenstjerna.

Nachdem das Waffenhandwerk die letzten Jahrzehnde wieder eine so grosse Rolle in der schwedischen Geschichte gespielt und da nach dem Tode Carls XII. die Armee einen Augenblick Ursache hatte, sich für die Schiedsrichterin über des Reiches Zukunft zu halten, nahm es den Anschein, als könnte der Heerbefehl die Geschicke des Landes dauernd in die Hand nehmen. Dieser Gefahr suchte man durch eine massenhafte Nobilitirung von Büreaubeamten in dem Jahre 1719 zu begegnen, wodurch wenigstens im Ritterhause die Wagschaale zwischen Civil und Militär ins Gleichgewicht gebracht ward.

Von den unadligen Ständen ward der geistliche durch Verleihung besonderer Privilegien für den Adel gewonnen. Den Bauern wehrte man den Zutritt zu dem secreten Ausschusse, dem Hauptsitze der politischen Macht in dieser Zeit, und zog dadurch eine Scheidewand zwischen diesen und den beiden anderen nicht-adligen Ständen, welche an diesem Vorzuge vor den geringer geschätzten Bauern ihrerseits mit Eifersucht festhielten. Diese Zurücksetzung trieb die letzteren zwar wiederholt dem Hofe zu, welcher die Stimmung benutzte; allein bei dem geschlossenen Widerstand der drei anderen Stände, ohne Erfolg, wenn nicht gar neue Demüthigungen folgten.

Dem Hofe gegenüber hatten in dem ersten Jahrzehend nach Carls XII. Tode Reichsrath wie Stände die gleichmässige Waffe in dem Prätendententhume des Enkels Carls XI., von dessen ältesten Tochter, des jungen Herzogs von Holstein, und dieses Prätendententhum diente auch dem Auslande, insbesondere Russland, zu erwünschter Einwirkung auf die inneren Verhältnisse. In Folge dessen die zunehmende Gewohnheit fremdländischen Einflusses, welcher mit dem Wachsen der demokratischen Richtung in der Landes-Regierung und bei der Leichtigkeit, mit welcher der persönlichen Armuth der neuen und zahlreichen Gesetzgeber und Landesherrscher zu Hülfe zu kommen war, zuletzt so entscheidend wurde, dass die Parteien im Lande ihren Namen nach den fremden Höfen erhielten, in deren Solde sie standen. Dann fing auch das Henkerbeil sein blutiges Spiel an und es erfüllte sich Gustav Adolphs prophetisches Wort, da er Skyttes Rathschlägen auswich: „die Demokraten, zur Herrschaft gelangt, sind blutdürstig und unter ihrem ewigen Hader grünt kein Siegeslorbeer.“

Wie dieses Alles im Einzelnen sich entwickelte, soll nun dargestellt werden.

Als der Tod Carls XII. gemeldet ward, befand sich der Sohn der älteren Schwester des Königs, der junge Herzog von Holstein, im Hauptquartier zu Tisledal; der Gemahl der jüngeren, der ehrgeizigen Ulrike Eleonore, der Erbprinz von Hessen, Generalissimus der Armee, war nicht weit entfernt auf dem Gute Torpum. Sofort gab der Letztere seiner Gattin Nachricht nach Stockholm, mit Instruction durch den ihm ergebenen Obristen Freiherrn Bennet, und ordnete die Verhaftung des Ministers Görtz, der, wie er wusste, mit neuen Baarschaften auf dem Wege zum Hauptquartier war. Zum Theil mit diesen Baarschaften ward der Heerbefehl gewonnen und der übrigens unfähige Herzog von Holstein hatte bereits die Partie verloren, noch ehe er in Stockholm anlangte, um seine Thronfolge zu betreiben. Denn hier hatte Ulrike Eleonore sogleich nach Bennets Eintreffen, unterstützt von dem Rathe des Staatssecretairs, späteren Grafen Barch, und des Oberststatthalters, späteren Grafen Taube, den königlichen Rath mit der Nachricht überrumpelt, das Heer habe sich bereits für sie, gegen den Erbprinzen von Hessen, ihren Gemahl, erklärt. Der königliche Rath (nur die Grafen Carl Gyllenstjerna, Stromberg, Horn, Spens, Cronhjelm und Nic. Tessin waren gerade anwesend) huldigten unter der Bedingung, dass der verhassten Souverainetät entsagt werde, und der Heerbefehl benachrichtigt, dass der königliche Rath in Stockholm Ulriken anerkannt habe, folgte, auf General Silfverskjölds Vortritt, ebenfalls unter der Bedingung, dass der Souverainetät entsagt und sogleich die Reichsstände berufen würden.

Der Verzicht auf die Souverainetät ward schon in die Einberufungs-Ordre vom 15. December 1718 mit aufgenommen, dabei über noch des Erbrechts der Prinzess als Rechtsgrundes ihrer Thronbesteigung gedacht. Dies letztere gefiel nicht. Als deshalb die Stände am 21. Januar 1719 zusammenträten, rieth Horn, die Prinzess möge in der Ansprache an den Reichstag das

Erbrecht lieber fallen lassen, schon, um des Herzogs von Holstein Ansprüchen keinen Anhalt zu geben, und sich lieber ausschliesslich auf die freie Wahl der Reichsstände verlassen, der sie ja ganz versichert sei. Und so geschah es.

Das für die freie Hand der Restaurationspartei unbequeme Erbrecht fiel auf diese Weise durch die Erklärung Ulrikens, „jedes Thronerbrecht in Schweden sei gegenwärtig erloschen, sie selbst werde die Regierung, wenn sie ihr übertragen würde, nur nach der Verfassungsform führen, welche die Reichsstände beschliessen sollten." Darauf erfolgte am 23. Januar die einstimmige Wahl Ulrikes Eleonores zur Königin. Der Herzog von Holstein erhielt Reisegeld zur Rückkehr nach seinen Erblanden.

. Zunächst glaubte die neue Regierung der Nation einen eklatanten Act der Genugthuung für die lange Willkür schuldig zu sein, unter welcher das Land geseufzt. Dieser Act geschah durch die Verhaftung und Anklage des Ministers Görtz. Die erstere war noch in Carls XII. Namen geschehen; Görtz wusste nicht, dass der König todt war. Er wandte sich deshalb noch an ihn brieflich und bat, nur von ihm selbst gerichtet zu werden. Dieser Brief kam jetzt in den Rath. Hier dachte man Anfangs, Görtz vor dem Hofgerichte anzuklagen. Doch die Umständlichkeit der gewöhnlichen Prozessformen liess die Einsetzung einer besonderen Cominission, unter dem Vorsitze Per Ribbings, vorziehen.

Aus Görtz's eigenen Schriften, Briefen, Promemorias entnahm man die Hauptanklagepunkte:

Er habe ein allgemeines Misstrauen beim Könige gegen seine schwedischen Unterthanen, insbesondere gegen die Beamten erweckt, zur Einziehung aller klingenden Münze und alles ungeprägten Silbers im Lande die Veranlassung gegeben; zur Reduktion der noch verpfändeten Krongüter, im „Widerspruch mit des Königs ausdrücklicher Zusage von 1700 gerathen; zur Monopolisirung des gesammten Eisenhandels, des Bierbrauens, Branntweinbrennens, selbst des Brotbackens gerathen; gerathen zur Steigerung der ostensibel nur 2 Procent betragenden Einkommensteuer bis auf 16 Procent u. A.

Auf alle diese Anklagen hatte Görtz nur die eine, nach dem damaligen schwedischen Staatsrecht aber auch vollkommen ausreichende Antwort, dass Alles nach dem Verlangen, im Interesse und schliesslich auf Befehl des Königs geschehen sei. Kein schwedisches Gesetz stelle Rathschläge an den König unter Strafe.

Am 15. Januar 1719 war die Anklageschrift fertig. Görtz's Perhorrescirung des Gerichts, als eines ungesetzlichen, ward verworfen, desgleichen sein Ansuchen, sich schriftlich verantworten zu dürfen. Die mündlichen Verhandlungen zogen sich bis zum Schluss des Monats hin. Am 11. Februar ward das Urtheil verkündet: es lautete auf Hinrichtung durchs Beil und Aufflechtung des Körpers aufs Rad. Bezugnahme auf eine positive gesetzliche Vorschrift fehlte im Erkenntniss. Görtz suchte bei den Ständen wenigstens um Aufschub der Execution nach. Vergebens. Das Urtheil ward am 20. Februar vollzogen.

„Das Grausame, Uebereilte und Ungesetzliche in dem Verfahren", äussert Malmström (Sveriges polit. hist.), „hat dem Andenken des Ministers Görtz augenscheinlich zum Vortheil gereicht. Man hat sich gewöhnt, in ihm nur ein unschuldiges Opfer des Hasses seiner persönlichen Gegner zu erblicken, und manche andere Umstände haben im Laufe späterer Zeit diese Auffassung unterstützt.... Allein die Formlosigkeit des Verfahrens darf doch das Urtheil über den Angeklagten selbst nicht ganz irre leiten. War allerdings die Hinrichtung ein politischer Mord und das Verfahren nur ein Spiel mit gerichtlichen Formen, so war doch der ungetheilte und tödtliche Hass der ganzen Nation gegen ihn unumstössliche Thatsache und dieser Hass nur eine Folge seiner bösen Rathschläge und seiner eigenen Thaten. Denn kaum Ein schwedischer Unterthan fand sich im Reiche, der nicht in seiner persönlichen Freiheit und an seinem Eigenthume Kränkungen durch ihn erfahren hatte, und selbst die Noth kann unmöglich alle die Gewaltsamkeiten entschuldigen, deren Urheber oder Vollstrecker er gewesen".... Setzen wir hinzu: das drückende Bewusstsein eigener Sünden, welche das Willkür-Regiment unter Carl XI, hatten aufrichten helfen, und der eigenen Schwäche, welche es Jahre lang getragen, suchte nach einem Sündenbocke. Und in wem konnte man ihn besser finden, als in dem holsteinischen Minister? —

Nun ging es zur Ausarbeitung der neuen Verfassung. Ein Conzept war bereits im Jahre 1716 von dem Freiherrn Per Ribbing und dem alten Gyllencreutz entworfen. Dasselbe fusste, wie für bestimmt angenommen wird, auf den wesentlichen Grundlagen der Verfassungsform von 1634, und wo es um Ergänzungen sich handelte, entlehnte man dieselben aus der englischen Verfassung, wie sie in dem damals verbreiteten Werke Clarendons gezeichnet war. Die nach Beseitigung der Cabinetsgewalt anderweit nothwendige Einheit des Organismus glaubte man nur in der aristokratischen Zuspitzung finden zu können. Aber dieser Entwurf fand keineswegs den Beifall der Vertrauensmänner aus den anderen Ständen, des Domprobsts Molin, des Bürgermeisters Hylthén, noch weniger derer vom Heerbefehl und aus den Büreaus.

Darin waren Alle und auch die Stände selbst einverstanden, dass zunächst die gemeinsame Gefahr des Absolutismus der Krone bis zum Grunde beseitigt werde. Man nahm die förmliche Abschwörung der Souverainetät nicht blos in die neu formulirte Königs-Versicherung und in die neue Regierungsform auf, sondern erfand auch einen besonderen Souverainetäts-Abschwörungs-Eid für sämmtliche Beamte, höhere und niedere, geistliche und weltliche, worin die letzteren verpflichtet wurden,

> „mit Leib und Leben die etwaige Wiederkehr der verabscheuungswerthen Souverainetät zu bekämpfen."

Auch die Stände selbst schwuren bei der Krönung zuerst diesen neuen Eid. Aber in dem Weiteren gingen die Parteien auseinander.

Für die Macht des Reichsrathes kämpfte Horn und sein Anhang. Das war leicht durchzusetzen, dass alle wichtigen Regierungs-Akte, wie im alten Staatsrechte, nur „mit des Rathes Rath" geschehen konnten; und um Zweifeln vorzubeugen, ward nach der Erfahrung von 1680 hinzugefügt, „d.h. nicht ohne, um wie viel weniger gegen des Rathes Rath." Bei der damit geforderten Abstimmung im Reichsrathe erhielt der König nur zwei Stimmen. Der Eid der Reichsräthe ward nach der Formel von Königs Christophs Landrecht hergestellt und damit das Recht der Rathgebung nach freiem Antriebe wiedergegeben.

Die hohen Posten in Civil und Militair besetzt der König „im sitzenden Rathe", jedoch nach eigenem Ermessen. Die Stellen der Präsidenten der Reichskollegien, des Obriststatthalters und des Obrist-Marschalls (Hausministers) werden nur an Mitglieder des Rathes verliehen.

Wo bei niederen Posten ältere Vorschlagsrechte der Collegien, der Stifter, des Heerbefehls existiren, leben dieselben wieder auf. In den Zwischenzeiten von Reichstag zu Reichstag können „mit des Rathes Rath“ keinen Aufschub leidende Verordnungen vorläufig erlassen, Bündnisse und Verträge vorläufig geschlossen werden.

So weit hing die Krone von dem Rathe ab. Nunmehr kamen die Kontrollen über den Rath durch die Stände. In den Entwurf war nach Horns Wunsch der Passus aufgenommen:

> „Der König ernennt die Rathsherren mit der Stände Wissenschaft, und Zustimmung.“

Damit wäre den Ständen ein Veto eingeräumt worden: man hätte sich an die Zusagen Chriatinas und an die Praxis nach 1660 angeschlossen. Allein jetzt genügte dies nicht mehr. Im Ritterhause ward das Verhältniss umgekehrt. „Des Reiches hochmächtige, Stände schlagen dem Könige für jede Vakanz im Reichsrathe drei Candidaten vor, aus denen der König einen ernennt.“ Jetzt hatte nur noch der König ein Veto und die Stände waren der Souverain. Die in der Zwischenzeit der Reichstage erledigten Stellen des Rathes bleiben unbesetzt. Ihre Anzahl wird auf 24 festgestellt. So weit die Bildung des Reichsrathes.

Nunmehr seine Thätigkeit und Verantwortlichkeit. Der Vorschlag der Partei der Jüngeren, den Sitzungen des Rathes ständische Deputirte, nach dem römischen Vorbilde der dem Senate zugeordneten Volkstribunen, mit dem Rechte des Veto für jeden Beschluss, beizuordnen, fiel zwar. Allein der Rath wird verpflichtet, lediglich nach eigenem Antriebe seinen Rath zu ertheilen und „wie er es vor den Ständen demnächst verantworten könne.“ Zu diesem Zwecke werden, so oft die Stände zusammentreten, zunächst des Rathes Protokolle eingefordert und jedes Reichsraths Rathgebung geprüft.

Nachdem auf diese Weise Ernennung und Kontrolle der Reichsräthe in die Hände der Stände gerathen war, konnte Horn nur noch für die Aufrechterhaltung der aristokratischen Einrichtung des Ritterhauses kämpfen. Die Dreiklassen-Eintheilung von 1626 bestand noch unaufgehoben und der bestehende Buchstabe sicherte noch immer den titulirten Geschlechtern das Uebergewicht. Damals war die Zahl der in den Grafenstand erhobenen Familien bis auf 60 gestiegen, die erloschenen freilich eingerechnet; diejenigen des Freiherrenstandes bis auf 130. Aber diesen Familien stand die grosse Schaar von nahezu 1600, meist erst ganz jüngst nobilitirten Häusern der dritten Klasse gegenüber und erhob lauten Einspruch gegen die alte Unterordnung. Die

Mitglieder der zweiten Klasse waren fast ganz verschwunden, da die Nachkommen der Reichsräthe wohl sämmtlich in des Herrenstand aufgestiegen waren. Horn schlug die Ergänzung dieser zweiten Klasse durch den Eintritt sämmtlicher Generale und höheren Civilbeamten vor. Er hoffte dadurch zugleich den Heerbefehl und das Beamtenthum für seinen Plan zu gewinnen. Auch die Familien vom alten Adel sollten aus der überfüllten dritten Klasse in die zweite aufsteigen. Aber vergebens. Auch Beamtenthum und Heerbefehl sahen Nichts so ungern und fürchteten Nichts so sehr, als Herstellung der Adels-Unterschiede und den politischen Vorrang des Herrenstandes, und Horn unterlag. Die Dreiklassenbildung des Ritterhauses wurde aufgehoben und der Schwerpunkt der Beschlüsse fiel in die Masse der Vermögenslosen und politisch Unreifen. Das Einzige, was Horn im Sinne des conservativen Principes zu retten vermochte, war einmal die Wiederaufnahme der Ansässigkeit als Bedingung jeden Stimmrechts aus der Regierungsform von 1634; (aber auch dies nur auf kurze Zeit) und dann die überwiegende Beantheiligung des Herrenstandes an den ständischen Ausschüssen, welche so gebildet werden sollten, dass die Hälfte der Mitglieder, welche dem Ritterhause vorbehalten wurde, ihrerseits zu einem Drittheil aus Grafen, zu einem anderen aus Freiherren und zum letzten aus dem übrigen Adel bestehen sollten. So war zwar hier das Uebergewicht auf den Herrenstand gefallen. Dies war indess nicht von grosser Bedeutung, da übrigens durchgesetzt ward, dass in den Ausschüssen nach Standesstimmen votirt ward, wodurch also der geistliche und Bürgerstand, wenn sie sich verbanden prävalirte.

Die demokratische Richtung, welche der Reichstag von 1719 einschlug, weckte bei den nicht-adligen Beamten und sonstigen sogenannten Standespersonen das Begehren auch ihrer Vertretung auf den Reichstagen. Es waren darunter insbesondere die ehemaligen Frälseman begriffen, welche frühzeitig aus dem Adelsstande ausgeschieden waren, wohlhabend gewordene Kapitalisten aus den Städten, welche Grundeigenthum erworben oder Bergwerks- und industrielle Unternehmen auf dem platten Lande begründet hatten; endlich die in die Büreaus eingetretenen Predigersöhne. Alle diese wollten nicht einsehen, weshalb sie nicht ebenfalls an der grossen Regierungs-Maschine betheiligt werden sollten. Der geistliche Stand wollte ihnen in ähnlicher Weise ein konsultatives Votum bei den unadligen Ständen beigelegt wissen, wie der Kriegsbefehl als solcher (d. h. die Bevollmächtigten der eingetheilten Regimenter) es im Ritterhause erhielt. Aber die Uebrigen waren keineswegs zu einer weiteren Ausdehnung ihrer Berechtigungen geneigt; die Besorgniss, den Bauernstand sich vielleicht mit jenen Elementen in anderer Form verstärken zu sehen, hatte vielmehr die Bestimmung in der Verfassungs-Urkunde zur Folge,

> „dass im Bauernstande kein Bevollmächtigter erscheinen dürfe, welcher vorher einem anderen Stande angehört oder ein öffentliches Amt bekleidet habe.“

So suchte sich das Ritterhaus seine Alleingewalt zu bewahren. Auch die neu verfassten Adels-Privilegien dienten dazu. Der Entwurf ward, ohne dass die übrigen Stände darum wussten, von der Königin am 26. Mai 1719 vollzogen; sie sträubte sich um so weniger, als der Wunsch, ihren Gemahl zum Könige erwählt zu sehen, noch unerfüllt war, und die Erfüllung vorzüglich vom Ritterhause abhing, das zu diesem Zwecke im Laufe des Jahres noch mit 300 neuen Ernennungen bedacht wurde.

Kraft dieser Privilegien sicherte sich der Adel das ausschliessliche Recht auf die Raths- und alle höheren Stellen, bei den niederen Stellen wenigstens im Konkurrenzfalle den Vorrang; der Gerichtsstand vor den Hofgerichten ward hergestellt; das ausschliessliche Recht zum Besitz von frälsejord, vorbehaltlich jedoch des königlichen Dispenses, anerkannt; die gegenwärtigen unadligen Besitzer sollten gegen Ersatz des Kaufschillings und der Verwendungen zur Herausgabe verpflichtet sein. Auch durch Ankauf Seitens der Krone kann der zeitige Umfang des adligen Grundes und Bodens im Reiche nicht vermindert werden; neue Grunderwerbungen des Adels dagegen sollen, wenn sie innerhalb der Grenzen der Vorwerke liegen, zu den Rechten der rå und rörshemman besessen werden, d. h. frei von direkten und unmittelbaren Kronsteuern und Lasten. Der adlige Rossdienst (rusttjenst) wird auf das Maass vom Jahre 1626 hergestellt; wer unter 600 Mark Rente herabsinkt, wird mit einem anderen Hofe zur Reitergestellung zusammengelegt. Die Adelsfahne wird niemals zum Dienst ausserhalb der alten Grenzen Schwedens und Finnlands aufgeboten, Niemand, als ein angesessener schwedischer Edelmann zum Offizier bei ihr zugelassen. Die Ehe mit Unadligen wird untersagt; widrigenfalls die Kinder Adel und Erbrecht in das Grundeigenthum verlieren; eine adlige Jungfrau oder Wittwe muss, bei etwaiger Verheirathung mit einem Unadligen, ihr Grundeigenthum an ihre Familie abtreten. Ausser auf frischer That oder nach ergangenem Urtheil kann kein Edelmann verhaftet, noch einer Haussuchung unterworfen werden. Gegen seine Bauern behält der Edelmann sein früheres Pfändungsrecht und den alten Antheil an den Kron-Geldbussen; gegen die Dienstbauern steht ihm ein mässiges Züchtigungsrecht zu.

So weit der Adel noch jetzt im Naturalbesitz ehemaliger Krongüter sich befindet, — Carl XI. und Carl XII. zogen vielfach, der Kriegsbedürfnisse wegen, baare Renten statt der Natural-Rückgabe vor — bleibt derselbe, wenn sie durch Kauf erworben waren, im ungestörten Besitz, mit alleiniger Anwendung des Reduktions-Beschlusses von 1655; sind sie bereits reduzirt, so kann der Adel sie gegen vollen Preis zurückerwerben.

Der König wird keinen Unadligen anders, als in Folge grosser Verdienste zum Besitz adligen Grundeigenthums dispensiren.

Als die unadligen Stände erfuhren, was geschehen, erhoben sie Einspruch: die Anwendung der Privilegien unterblieb deshalb bis zur anderweiten Revision, welche auf dem Reichstage von 1723 vor sich ging: ohne sonderlichen Nachtheil für den Adel, nachdem der geistliche Stand durch besondere Privilegien gewonnen war.

Das Hauptbestreben der Königin, nach Abschluss des ersten Verfassungswerks, dessen baldige Revision übrigens vorbehalten war, ging dahin, ihrem Gemal die Mitregentschaft zu verschaffen. Dafür waren schon während des Reichstages Bauern und Geistlichkeit gewonnen, jene, weil sie nur von einem starken Königs-Regimente die Niederhaltung oligarchischer Adelsherrschaft erwarteten. Der hohe Adel, an der Spitze Horn, widerstand gerade aus demselben Grunde. Für die Wünsche der Königin waren thätig ausser Fräulein Düben, welches sie ziemlich beherrschte, deren Brüder, die Freiherren Düben (Hof-Musikmeisters Söhne, geadelt 1698, in den Freiherrnstand 1718 erhoben), und die Staatssecretaire Höpken (aus einer hanseatischen Kaufmannsfamilie, seit 1705 im Ritterhause, jetzt, 1719, zum Freiherrn erhoben) und Barck (als Kommissionssecretair ebenfalls 1705 geadelt, seit 1719 Freiherr). Sie riethen, da Horn unbeweglich, die Königin möge sich auf die jüngeren Geschlechter stützen, die ohnehin im Ritterhause entschieden. Aus diesem Grunde geschahen neue Nobilitirungen, erfolgte die Bestätigung der Adels-Privilegien und ausgesuchte Hintansetzungen von Horn in dessen Stellung als Kanzlei-Präsident und Minister der auswärtigen Angelegenheiten. Dies und Ulrikes weitgehender Gebrauch von der in der Verfassung ihr allerdings gelassenen Befugniss, nach „eigenem Ermessen“ höhere Aemter zu besetzen und hohe Titel zu verleihen, ohne auf des Rathes Einwendungen zu achten, vermochten Horn, noch im Laufe des Jahres seine Entlassung als Kanzlei-Präsident zu nehmen und sich auf sein Gut Ekebyholm in Upland zurückzuziehen. Dies war, was die Königin wünschte. An seine Stelle berief sie, auf Höpkens Empfehlung, den Grafen Cronhjelm, ein Mitglied des jungen Adels (der Offizier Polycarpus Krumbügel, deutscher Herkunft, ward 1675 geadelt, 1691 Freiherr und als Königlicher Rath 1712 in den Grafenstand erhoben mit dem Beinamen zu Flosta, von seiner Dotation). Die Eigenmächtigkeiten der Königin gefielen dem letzteren indess eben so wenig, als sie Horn ertragen wollte, der, was er durch seinen freiwilligen Abschied bei Hofe verlor, an Popularität gewann. Als deshalb im Beginn des Jahres 1720 die Reichsstände abermals einberufen wurden, theils um die vorbehaltene Revision der Verfassung vorzunehmen, theils um wegen ihrer Zustimmung zu des Prinzen von Hessen Erhebung auf den Thron gehört zu werden, fand sich das Ritterhaus, alter wie jüngerer Adel, keineswegs so günstig gestimmt, dass der lebhafte Wunsch der Königin nicht mit neuen Opfern für die Macht der Krone hätte erkauft werden müssen.

Es war schon ein bedenkliches Zeichen, dass Arved Horn mit grosser Majorität zum Landmarschall gewählt ward. Aber auch die von Cronhjelm inzwischen gemachten Erfahrungen wurden bei der Revision der Verfassung und den für die Wahl Friedrichs zum Könige zu stellenden Bedingungen zu Rathe gehalten.

Es traf sich übel, dass, als auch Cronhjelm seine Entlassung als Kanzlei-Präsident genommen hatte und die Stände die Königin baten, Horn wieder anzunehmen, die Königin eigensinnig sich weigerte.

Der Königlichen Eidversicherung, welche für die etwaige Wahl Friedrichs zum Könige zunächst in Berathung genommen und neu redigirt wurde, ward der Passus eingereiht:

„Alle hohen Stellen vom Obristen aufwärts, und die in der Civilverwaltung ihnen gleich stehen, besetzt der König im sitzenden Rath nach Mehrheit der Stimmen."

Desgleichen:

„Der König verspricht, in allen Dingen, welche nach der Verfassung mit des Rathes Rath abgemacht werden sollen, nach der Mehrheit der Stimmen zu verfahren, und nur bei Gleichheit der Stimmen oder Ungleichheit um eine Stimme die Entscheidung durch seine eigenen beiden Stimmen zu treffen; Niemandem zu gestatten, in Regierungssachen ihm Rath zu ertheilen ausserhalb der Rathssitzung, bei Verlust des Amtes für den, der solchen Rath ertheilt; keine ausseretatsmässige Anstellung weder im Heere noch in den Collegien vorzunehmen; und keine Adels-Ernennungen, ausgenommen wenige bei der Krönung, sintemal Schweden bereits mehr Edelleute habe, als das Land vertragen könne."

Endlich verspricht der König,

„allezeit demjenigen zuzustimmen, was die Stände beschliessen, da die letztern Macht haben, Gesetze und Verordnungen zu erlassen, wie sie es zum Besten des Landes für nöthig erachten. Die Stände sind endlich ihres Treu und Huldigungs Eides ledig, sofern der König seinen Eid und sein Gelöbniss verletzt, oder überschreitet, was etwa sonst noch die Stände für des Landes Wohlfahrt, der Religion Schutz und ihre eigene Sicherheit zu beschliessen für nöthig erachten möchten."

Diese neue Königs-Versicherung vollzog Friedrich und legte sie wiederholt öffentlich am 22. März 172ü ab, nachdem er darauf hin zum Könige angenommen worden war.

Kaum glaubten die Stände, auf diese Weise des Königs Eigenmächtigkeit in Besetzung höherer Staats- und Militairstellen Schranken gezogen zu haben, als sie die Besorgniss befiel, ob dadurch nicht zugleich die Gefahr der Wiederkehr einer Oligarchie des Reichsrathes odes des Nepotismus der hohen Geschlechter vermehrt worden. Der in der Redaktion der Königs-Versicherung gethane Schritt wurde deshalb bei Revision der Verfassungsurkunde zum Theil wieder rückwärts gethan, indem der betreffende Paragraph nunmehr dahin formulirt ward:

„dem Könige kommt es zu, die höheren Stellen im sitzenden Rathe zu besetzen, wobei dem Reichsrathe freisteht, seine Einwendungen zu erkennen zu geben, jedoch nicht so, dass deshalb eine Abstimmung eintritt, es müsste denn sein, das die Absicht des Königs verstiesse gegen den ausdrücklichen Wortlaut von Schwedens Gesetz, diese Regierungsform oder redlicher Unterthanen Wohlfahrt und anerkanntes Verdienst".

Auch in anderer Beziehung büsste der Reichsrath bei der Revision der Verfassung ein. Seine Mitgliederzahl wurde auf 16 beschränkt einschliesslich des Kanzlei-Präsidenten: die Stellen der Präsidenten der übrigen Reichs-Collegien und der Obrist-Statthalterposten von Stockholm wurden vom Reichsrathe getrennt. Die Reichsräthe sind den Ständen verantwortlich. Nur Angelegenheiten von allgemeiner Wichtigkeit kommen in Pleno zur Berathung: übrigens arbeitet der Rath in zwei Abtheilungen, die eine für Justiz und auswärtige Angelegenheiten, die andere für Krieg und Inneres. Bei bestimmt bezeichneten Sachen genügt der Vortrat oder die Gegenwart von zwei Reichsräthen, (sogenannte Cabinetssachen, wozu insbesondere die Ernennungen zu den niederen Civil- und Militairstellen gerechnet würden), die ressortmässigen Entscheidungen auf Berichte von Unterbehörden, im Falle der König den Anträgen zustimmt; desgleichen die Besetzung der höheren geistlichen Stellen; welche in der revidirten Kirchen-Ordnung Carls XI., von 1686, dem Könige ganz selbstständig zugestanden war.

Weiter ward der König durch die Verfassung von 1720 beschränkt, indem ihm nicht gestattet ward, anders, als mit des Rathes Rath Kriegsvolk aufzubieten oder Geld aufzubringen; der Reichsrath ward sogar ermächtigt, selbstständig die Stände einzuberufen, wenn er es in unvermutheten Fällen zu des Reiches Wohlfahrt oder der Stände Sicherheit für nothwendig erachten möchte. Auf Reisen wird der König stets von zwei Reichsräthen begleitet.

Ihre eigene Souverainetät stärkten und sicherten die Stände auf mannigfache neue Weise. Die diplomatischen Angelegenheiten waren in der Regierungsform von 1719 noch dem Könige allein, mit des Rathes Rath, überlassen worden, weil, wie hinzugesetzt war, „die Stände nicht dauernd versammelt seien, diplomatische Sachen aber keinen Aufschub vertrügen". Die

Erfahrungen Horns und Cronhjelms aber liessen jetzt die Stände die Deklaration abgeben, wie schon aus den obigen Worten der Regierungsform von 1719 folge, dass, „wenn die Stände selbst versammelt seien, selbstredend keine Verhandlung wegen Waffenstillstandes, Bündnisses oder Friedens vorgenommen oder abgeschlossen werden solle, ohne zuvor der Stände Zustimmung dazu einzuholen".

Insoweit hatten schon die 1719 versammelten Stände nach diesem Grundsatze gehandelt, als sie Aufforderungen an die Regierung zur Beschleunigung der Friedens-Abschlüsse ergehen liessen. Jetzt wurden über alle noch schwebenden Fragen der diplomatischen Angelegenheiten die Aeusserungen des secreten Ausschusses eingeholt und die Friedens-Abschlüsse selbst von den Ständen geprüft und bestätigt, „da sie, wie es hiess, zu der Stände Zufriedenheit abgeschlossen seien".

Kraft des Präsentationsrechts der Stände für erledigte Stellen des Reichsraths ward Arved Horn von Neuem zum Kanzlei-Präsidenten empfohlen und darauf in sein früheres Amt wieder eingesetzt, das er von da an ununterbrochen bis zum Jahre 1738 verwaltete.

Noch ward in die neue Verfassungsurkunde aufgenommen, „dass die bewaffnete Macht dem Könige, dem Reiche und den Reichsständen den Eid der Treue zu leisten habe. Kein Obrister darf, ausserhalb der gewöhnlichen Uebungen, Truppen marschiren lassen, anders als auf des Königs und des Rathes Befehl, bei Strafe der Cassation und Verlust von Leib, Ehre und Gut".

Einen Sturm von Seiten der unadligen Stände erregte die nach dem Schluss des vorjährigen Reichstages einseitig erfolgte Bestätigung der neuen Adels-Privilegien, welche so vielfältig in das öffentliche Recht hin übergriffen. In keinem Falle wollte man die Zusage passiren lassen, dass die unadligen Besitzer adliger Hufen gegen Entschädigung wieder ausgetrieben werden sollten. Das Ritterhaus, wollte es nicht die drei niederen Stände der Krone und dem Reichsrath in die Arme treiben, musste sich nachgiebig zeigen. Der Entwurf der im Mai 1719 zwar schon bestätigten Privilegien sollte auf dem nächsten Reichstage wiederholt geprüft werden; bis dahin nur gelten, was unter Gustav Adolph und Christina Rechtens gewesen. Dem Priesterstande wurde die Belassung in dem einmal erworbenen Besitze versprochen; die Bauern durch die Gleichstellung der Adels-

Pachtbauern mit den freien Skatt-Bauern, in Hinsicht auf Vorspann und Einquartierung, einstweilen beschwichtigt. Das Verlangen der Bauern nach einer allgemeinen Revision des Grundsteuer-Katasters wurde dagegen abgelehnt, und nur nachgelassen, dass, wenn ein Einzelner sich überbürdet glaube, er gegen Vorschiessung der Kosten eine neue Vermessung und Taxirung beanspruchen könne.

Den Kronbauern (Erbpächtern der Krone) war schon zu früheren Zeiten gestattet, gegen Erlegung eines Kauf- oder Erbstandsgeldes das freie Eigenthum des Hofes mit Uebernahme nur der Kron-Grundrente (Skatt) zu erwerben. Jetzt ward ihnen (eine Entschädigung für den dauernd versagten Zutritt zu den secreten Ausschüssen) nicht blos der Vorzug vor jedem Dritten bei solchen Ankäufen von Kronhöfen bewilligt, sondern auch, dass der zu erlegende Kaufpreis nicht im Wege des öffentlichen Meistgebots, sondern einfach durch Abschätzung ermittelt werde. Dies war eine nicht unerhebliche Conzession zur allmäligen Verstärkung des reichstagsfähigen Theiles des vierten Standes.

Das Missvergnügen der Bauern über die Ausschliessung von den secreten Ausschüssen benutzte das Cabinet, um den Stand zu einer schriftlichen Eingabe zu vermögen, in welcher auf Verstärkung der allzu sehr beschränkten Macht der Krone gedrungen wurde. Der Ursprung dieses Antrages wurde indess von den übrigen Ständen geargwohnt, und der Stand zu einer förmlichen Zurückziehung genöthigt; die Folge war nur eine schärfere Beobachtung der Schritte des Hofes.

Ausserordentlich gering wurde während des Beisammenseins der Stände das Ansehen und die Stellung des Reichsrathes geachtet. Man fing schon an, in ihm nur einen „ Bevollmächtigten der Stände“ zu erblicken, der er nach dem Präsentationsrecht der letztern und der ihm auferlegten Verantwortlichkeit auch wirklich war, und dessen Vollmacht beim Erscheinen der Machtgeber von selbst und insoweit ruhe, als der Letztere selbst die Geschäfte in die Hand nehme. Eklatant erwies sich dies bei Abschluss und Vollziehung der neuen Verfassungs-Urkunde.

Nachdem der Entwurf aus dem Ausschusse gekommen, betrieb man seine Berathung in den Standes-Plenis mit solcher Eile, dass er z. B. im Ritterhause am 30. April eingebracht, bereits am 2. Mai, also in drei Tagen, angenommen ward. Zum 3.

Mai war die feierliche Krönung Friedrichs I. angesetzt, und die Verfassung musste vorher allseits vollzogen sein. Dies erfolgte auch am 3. Mai vor dem Acte der Krönung, und zwar von dem Könige, dem Rathe und den Ständen, welche sämmtlich sie feierlich beschworen: der Rath aber, in dessen Namen die Urkunde mit ausgefertigt war, ohne sie vorher, nur im Concepte oder der Ausfertigung gesehen zu haben. Irrig wäre es gleichwohl, hier eine Absichtlichkeit gegen den Reichsrath anzunehmen; denn Horn, der Landmarschall, war selbst der grösste Beschleuniger der Sache. Offenbar kam es ihm darauf an, den Reichstag sobald als thunlich zum Ende zu bringen, da sich, je länger, je heftiger radikale Ansichten entwickelten. Die Uebergehung des Reichsraths in dieser ohnehin nur formellen Sache erschien ihm, dagegen gehalten, minder gefährlich. Gleichwohl hielten die übrigen Reichsräthe für nothwendg, auch die Würde ihres äussern Ansehens zu wahren und setzten einen Protest zu Protokoll,

> „dass sie sich vorbehielten, eines Tages die ganze Regierungsform auch ihrerseits noch einer Durchsicht zu unterziehen, und um der Kenntniss der Nachwelt und ihres eignen Gewissens willen diejenigen Bemerkungen und Reservationen dabei niederzulegen, zu welchen sie nach ihrem hohen Amte im Rathe des Königs und im Interesse des Vaterlandes sich veranlasst sehen möchten.“

Dieser Vorbehalt hatte indess keine weitere Folge. Als es am 3. Mai 1720 zur Krönung kam, ward die „Souverainetäts-Verurtheilung“ eidlich von den versammelten Ständen wiederholt; der englische Gesandte (Carteret), welcher dieser Feier beiwohnte, berichtete an seinen Minister (Stanhope), mit welcher Emphase von den Ständen dieser Schwur geleistet und wie das Wort „Souverainetät“ von Allen mit erhöhter Stimme ausgesprochen sei.

Der regelmässige Wiederzusammentritt der Stände stand, nach der nunmehr zu Recht bestehenden Verfassung, erst nach andern drei Jahren in Aussicht: ein weites Spatium für die Thätigkeit der Regierung oder des Königs zur Stärkung seiner allerdings allzu sehr beschränkten Macht, An der Neigung dazu fehlte es dem Königs-Paare nicht; allein die mannigfachen Versuche missglückten an den unzureichenden Fähigkeiten und dem mangelnden Geschicke, welches, bei dem hundertäugigen Argwohn, welcher überall hervorblickte, allerdings ungewöhnlich hätte sein müssen.

Die Aufgabe des Königs ward erschwert durch die Begünstigung, welche inmittelst der junge Herzog von Holstein am Hofe zu Petersburg erfuhr, wo man vollkommen würdigte, welchen Einfluss auf die äussere Politik und die innere Entwickelung Schwedens man mit dieser Protektion sich zu verschaffen vermochte: während das schwedische Königs-Paar durch das beständige Drohbild eines Prätendenten in gereizter Stimmung gehalten wurde.

In einzelnen auffallenden Fällen trat dies zum Nachtheil für des Königs Ansehen zu Tage. So ward z. B. noch vor dem Schlüsse des Reichstages ein Obrist Stobbe angeklagt, dass er einen hochverrätherischen Schriftwechsel mit dem Herzoge von Holstein, dem er, wie man wusste, persönlich ergeben war, unterhalte. Die Anklage erwies sich als unbegründet, und das Gericht erkannte gegen die Ankläger, als böswillige Verleumder, auf Tod. Der König nahm sich lebhaft der Letztern an, der Reichsrath erklärte indess, dass eine Begnadigung ein Regierungs-Act sei, welcher nur mit seinem Beirathe erfolgen könne, die Zustimmung im vorliegenden Falle indess versagen zu müssen. Das Urtheil wurde durch die schliessliche Abstimmung im Rathe an Personen vollstreckt, in welchen die öffentliche Meinung nur verführte Opfer der Ergebenheit für den König erblickte.

Ein anderer Briefverkehr mit Petersburg erregte später, im Herbste desselben Jahres, den Argwohn König Friedrichs. Er liess abermals Briefe vom Herzoge anhalten und befahl ihre Eröffnung im Rathe. Aber der Inhalt erwies sich abermals als völlig indifferent.

Noch ein Fall anderer Art ereignete sich bei der Rückkehr schwedischer Offiziere aus russischer Gefangenschaft. Der König liess sie nach ihren Patenten in ihre Regimenter wieder eintreten, wodurch andere ungefangen gebliebene Offiziere sich zurückgesetzt hielten. Als die Letzteren schriftlich hiergegen einkamen, liess der König auf den Vortrag des Kriegs-Ministers, Generals von Schwerin, diesen Schritt als einen groben Verstoss gegen die Mannszucht behandeln, befahl die Arretirung der Unterzeichner und Kriegsgericht. Allein der Rath erklärte, dieses Verfahren verstosse theils gegen die Adels-Privilegien, theils gegen §. 8. der Eidesversicherung, kraft deren der König sich verpflichtet habe, dergleichen Fragen als Justizsachen „im sitzenden Rathe“ abzumachen. General-Major Schwerin erhielt auf Beschluss im Reichsrathe einen Verweis und die Untersuchung gegen die Offiziere ward zum grössten Verdruss des Königs niedergeschlagen, da man in der Eingabe nichts Gesetzwidriges oder Unziemliches zu entdecken vermöge.

Solcherlei waren die Differenzen zwischen Hof und Rath. Inzwischen liess der Herzog von Holstein sich angelegen sein, im Adel Anhang sich zu verschaffen, indem er zu Gunsten Einzelner, welche in den abgetretenen Ostseeprovinzen Donationsgüter besassen, seine Verwendung beim Hofe von Petersburg auf deren Herausgabe, in Gemässheit der Stipulationen des Nystädter Friedens, bereitwillig zusagte.

So sah der König seine beste Stütze immer wieder in den Bauern, und wenn er, was er häufig that, in den Provinzen umherreiste, versäumte er Nichts, was die Anhänglichkeit in diesem Stande mehren konnte. Unterstützungen aller Art wurden gegeben, die Baarmittel dazu aber durch Anleihen gewonnen, zu deren Sicherung, wie man sich zuflüsterte, selbst die Kronjuwelen in das Ausland gewandert seien. Im Jahre 1722 ging auch eine, wie man meinte, vom Hofe protegirte Flugschrift; unter dem Titel „Gespräch zwischen Einem vom jungen und Einem vom alten Adel „von Hand zu Hand“, bestimmt, die Eifersucht der jüngeren Geschlechter gegen die alte Aristokratie wach zu erhalten.

So lagen die Dinge, als die Reichsstände im Jahre 1723 wieder zusammentraten, reichlich erfüllt mit gegenseitigem Misstrauen. Den Ausbruch veranlassten die Bauern. Die Wahl des Landmarschalls war dieses Mal auf den Freiherrn Lagerberg, vom jüngeren Adel, gefallen. (General-Major Sven Lagerberg, seit 1719 Freiherr, war ein Sohn des Kreisrichters Lars Herrlund, welcher 1687 unter dem Namen Lagerberg geadelt war.) Horn selbst hatte die Candidatur begünstigt, vornehmlich um der durch die obige Flugschrift beabsichtigten Wirkung zu begegnen.

Nun brachten die Bauern eine Denkschrift ein, worin sie die Herstellung der königlichen Befugnisse auf den Fuss der ältern Zeiten, mit Ausschluss allein der seit 1680 eingeführten Alleinherrschaft und Souverainetät, verlangten. Die Stände nahmen die Sache dieses Mal mit ganzem Ernste auf. Schon lange war die Meinung, die Agitation für die Erweiterung der Kronrechte habe in der hessischen Kanzlei des Königs ihren Mittelpunkt, wo sie sich der unmittelbaren Ueberwachung durch die schwedischen Behörden entzog. Es kam jetzt darauf an, diesen Zusammenhang offen zu legen. Man ermittelte, dass die Anleihen des Königs zum Zweck der Gnadenbezeigungen und Unterstützungen allerdings durch die hessische Kanzlei im Auslande negociirt seien. Das königliche Paar musste die Demüthigung erfahren, dass die Vorzeigung der Kronjuwelen verlangt wurde, welche sodann in die Gewölbe des Kammer-Kollegiums abgeführt wurden.

Auch der Verfasser der obengedachten Denkschrift der Bauern wurde in dem Notar Abr. Dahlen entdeckt, dessen Verbindung mit der genannten Kanzlei unzweifelhaft war. Der secrete Ausschuss — hier zum ersten Male — verfügte selbststandig die Verhaftung Dahlens, der wegen versuchter Staats-Umwälzung zum Tode verurtheilt wurde: gegen Andere wurde auf Landes-Verweisung erkannt.

Der Bauernstand seinerseits büsste für seine Willfährigkeiten in anderer Weise. Bei Revision der Adels-Privilegien gab das Ritterhaus blos zu Gunsten des geistlichen und Bürger-Standes das ausschliessliche Recht auf den Besitz von adligem Grundeigenthum auf: Nicht bloss diejenigen Vorwerke und Höfe, welche sich bereits im Besitze von Mitgliedern des zweiten und dritten Standes befanden, sollten denselben unangetastet bleiben, sondern die sogenannten walzenden Grundstücke (strögods, verstreute Güter) auch in Zukunft von unadligen Beamten (sogenannten Standes-Personen), Geistlichen und Bürgern erworben werden dürfen.

Von beiden Vortheilen wurden die Bauern ausgeschlossen. Auch auf einige andere Vorbehalte im Privilegien-Entwurf von 1719 verzichtete das Ritterhaus auf den Wunsch des zweiten und dritten Standes: auf das Vorrecht in Konkurrenzfällen bei Besetzung der niederen Staatsstellen; auf das Recht, neu angekaufte, bisher Skatt-pflichtige Grundstücke in Frälse zu verwandeln; auf die Exclusivität der Heirathen im Adel, doch unter Festhaltung am Retract des Erbguts, wenn ein adliges Fräulein mit einem Nicht-Adligen die Ehe schloss. Ein weiter gehendes Verlangen des Bürgerstandes, es möge grundgesetzlich ausgesprochen werden, dass die Staatsstellen mindestens zur Hälfte aus dem Bürgerstande besetzt werden sollten, ward, selbst unter dem Beifall der Bauern, mit der Hinweisung ablehnend beantwortet, „den wievielten Theil an den öffentlichen Lasten und Abgaben denn der „Bürgerstand“ trüge?“

An dem Hofe nahm man seine Vergeltung auf doppelte Weise. Einmal durch eine ausgesuchte Aufmerksamkeit gegen die Wünsche des Prinzen von Holstein: dies kam ziemlich auf eine persönliche Kränkung des Königspaares hinaus. Das andere Mal durch neue Einschränkungen der Kron-Prärogative.

Die Interessen des Herzogs von Holstein waren sehr geschickt durch den nach Stockholm gesandten Minister von Bassewitz vertreten, welcher, mit ausreichenden Mitteln von Petersburg versehen, offenes und glänzendes Haus hielt, und die Mitglieder des Ritterhauses durch Aufmerksamkeiten, Geschenke, selbst Jahrgelder an sich zu knüpfen suchte.

Von einflussreicheren Personen waren für den Herzog insbesondere die Grafen, General Vellingk als Mittelpunkt, Dükker, Cronhjelm, Carl Gustav Tessin (Nicodemus Sohn), Carl Gyllenborg (Jacobs Sohn), der Freiherr Cederhjelm, der aus russischer Gefangenschaft jüngst zurückgekehrt war, ein Diplomat aus Pipers Schule; Banér und selbst Höpken, bisher der Königin geschicktes Werkzeug, indem er für gerathen hielt, jetzt mit der mächtiger gewordenen Partei zu gehen. Diese Partei, an welche sich die Mehrzahl der „Verfassungstreuen“ — wie sie sich selbst nannten, wenn es darauf ankam, noch weiter die Rechte der Krone zu schmälern, oder den König zu demüthigen — anschloss, beherrschte damals ziemlich die Situation, und Horn, welcher sich von seiner Begünstigung der Lagerbergschen Candidatur zum Landmarschall-Amte zu viel für seine eigne Popularität bei der Partei der Jüngern versprochen hatte, wurde allmälig in den Hintergrund gedrängt. Als nun von Petersburg aus die Forderung kam, die Stände möchten dem Herzoge von Holstein, um seiner Abkunft von Schwedens Königen willen, den offiziellen Titel „Königliche Hoheit“ gewähren, willfahrten die Stände, ungeachtet der Erklärung des Königspaares, dass es hierin die ausdrückliche Aufstellung eines Prätendenten und Thronfolgers erblicken müsste, nicht blos jenem Begehren, sondern bewilligten noch obendrein ein Jahrgeld von 50,000 Thalern. Die Kränkung für den Hof konnte nicht schmerzhafter sein.

Die Einschränkungen der Kron-Prärogative geschahen auf

mehrfache Art: durch Deklarationen und durch neue Gesetze.

Bei Durchsicht der Raths-Protokolle (aus den Jahren 1720 bis 1723) fand man — und dies ward augenscheinlich von den Holsteinisch-Gesinnten im Rathe suppeditirt —, dass bei Beschlüssen, welche gegen des Königs Ansicht ausgefallen waren, der Letztere bei deren Ausfertigung die vollziehende Unterschrift vielfach verweigert hatte. Die Folge war jetzt eine Deklaration der §§. 13, und 14. der Regierungsform durch die Stände, dass es genüge, wenn in solchem Falle sämmtliche betheiligt gewesene Reichsräthe die Ausfertigung „an des Königs Statt" vollzögen.

In Erwägung, dass freilich solche Vollziehung, statt der eignen Unterschrift des Königs, im diplomatischen Verkehre nicht werde für genügend angesehen werden, erging die Anordnung, dass in solchen Fällen nur eine Instruction an die schwedischen Gesandten zu erlassen sei, mit dem Auftrage, den Inhalt persönlich an geeigneter Stelle zur Geltung zu bringen.

Weil zugleich Klage darüber geführt worden sei, dass von diplomatischen Verhandlungen, bei der Menge der mitwissenden Personen am Hofe, im Rathe und im Kanzlei-Kollegium, nichts geheim zu halten, beschlossen die Stände für den diplomatischen Verkehr die Einsetzung einer besonderen „secreten Kommission" aus dem Kanzlei-Präsidenten als Vorsitzenden, dem Vice-Präsidenten des Kanzlei-Kollegiums, oder wen sonst der Kanzlei-Präsident aus seinem Kollegium zuzuziehen für gut finden würde, dem Hofkanzler und dem Staatssecretair für die auswärtigen Angelegenheiten. Es war dies zugleich ein gegen den Reichsrath als solchen geführter Schlag, den Horn diesmal um so weniger abzuwenden bemüht war, da er ein Vertrauensvotum für ihn selbst enthielt und er bei der holsteinisch-gesinnten Majorität ohnehin des Rathes jetzt nicht mehr sicher war.

Dem Könige hatte diese secrete Kommission die jenigen Vorschläge zu machen, welche sie seiner Mitwissenschaft und Mitwirkung zu unterbreiten für nothwendig erachte, die Gesandten aber erhielten Befehl, von allen dem Könige etwa zur eigenhändigen Erbrechnung eingesandten Berichten jederzeit der Kanzlei Abschrift einzureichen. So glaubte man zu hindern, dass der König ferner besondere auswärtige Politik treibe.

Rücksichtlich der Stellenbesetzungen erlangte der Reichsrath jetzt, dass in streitigen Fällen auch hier, wie bei sonstigen wichtigen Sachen es auf seine Abstimmung ankomme.

Am durchgreifendsten beschränkte man endlich des Königs Befugnisse durch die neue Reichstags-Ordnung, welche am 19. October 1723 Gesetzeskraft erhielt. Die Hauptbestimmungen waren folgende:

„Der König beruft mit des Rathes Rath zum Januar jedes dritten Jahres die Reichsstände nach Stockholm.

In dringenden Fällen ist hierzu auch der Rath allein ermächtigt.

Wird hierin etwas versäumt, so haben die Landes-Hauptleute, bei Strafe der Cassation, selbstständig die Ausschreibungen in ihren Amtsbezirken zu erlassen.

In solchem Falle sind alle zwischenzeitlichen Verfügungen und Verordnungen des Königs eo ipso null und nichtig.

Die Stände, zusammengetreten, wählen sich selbst ihre Sprecher: dem Bauernstände ordnen sämmtliche Sprecher einen gesetzeskundigen, nicht-adligen Secretair zu.

Königliche Botschaften an die Stände bedürfen der Mitvollziehung durch den Rath. Die Stände controlliren die zwischenzeitliche Verwaltung, prüfen den Staatshaushalt, stellen das Budget des Heeres fest; wachen über die Beobachtung der Verfassung und die Achtung der ständischen Rechte.

Die Reichsstände arbeiten zunächst in Ausschüssen und Deputationen.

Ein Ausschuss von 48 Personen, zur Hälfte vom Adel, proponirt die neu zu wählenden Reichsräthe.

Der secrete Auschuss besteht „nach Herkommen“ aus 100 Personen, zur Hälfte vom Adel, zur Vorberathung aller wichtigen Staatssachen. Für die diplomatischen Angelegenheiten ward in ihm selbst wiederum eine sogenannte „kleine secrete Deputation“ ausgeschieden: aus sechs Mitgliedern vom Adel und je dreien vom geistlichen und Bürgerstande. Hielt der secrete Ausschuss für abgemessen, zu einzelnen geeignet scheinenden Fragen auch Mitglieder des Bauernstandes zuzuziehen, so hiess der so verstärkte Ausschuss die grosse secrete Deputation“.

Edlich bildete sich durch Praxis noch eine engere Commission zur Vorprüfung der Raths- und Cabinets-Protokolle, und diese erhielt den Namen der „secreten Deputation“ schlechtweg. Sie erstattete ihren Bericht an den secreten Ausschuss und kam dabei die Entfernung von Reichsräthen in Frage, so trat hierüber der secrete Ausschuss mit der secreten Kommission zu gemeinschaftlicher Beschlussnahme zusammen.

Zu Veränderungen in der Verfassung oder in Standesprivilegien ist die Uebereinstimmung sämmtlicher vier Stände erforderlich: bei gewöhnlichen legislatorischen Fragen genügt die Mehrheit von dreien. Stehen hier zwei Stände gegen zwei, so wird die Sache bis zum nächsten Reichstage verschoben; dann aber von Neuem vorgebracht: ist sie ihrer Natur nach unaufschieblich, so entscheidet mit des Rathes Rath der König für die eine von den beiden Ansichten.

Die mit Gesetzeskraft gefassten Beschlüsse des Reichstages vollzieht der König und verkündet sie in seinem Namen; zögert der König, so vollzieht der Reichsrath an seiner Statt. — Die Verfassung war somit vollständig republikanisch: die Königliche Würde bestand nur noch als die unmächtige Präsidentschaft eines unmächtigen, von den Ständen beherrschten Reichsrathes.

Nachdem auf diese Weise das schwedische Verfassungsgebäude in allen einzelnen Theilen hinlänglich gesichert schien, wurde der Gang der ferneren inneren politischen Handel in der Hauptsache nur noch durch den Gang der äusseren Politik bestimmt. Der Schwerpunkt der laufenden Verwaltung fiel aus diesem Grunde immer mehr und mehr in die vorhin genannte secrete Kommission, unter dem Vorsitze des Kanzlei-Präsidenten, der dadurch zum eigentlichen Minister-Präsidenten heranwuchs. So lange der Graf Arved Horn diese Stelle bekleidete, war sein ganzes Augenmerk darauf gerichtet, Frieden unter den nordischen Reichen zu erhalten, weil nach seiner Meinung Schweden von den langen Leiden der verflossenen Kriegsjahre nur in einem ungestörten längeren Frieden genesen könne. Deshalb sein Freundschaftsbündniss mit Russland, am 24. März 1724 auf zehn Jahre geschlossen, durch welches Schweden den ungehinderten Bezug von Getreide aus Liefland zu weiteren 50,000 Rubel Werth über die im Nystädter Frieden bewilligten Quantitäten hinaus garantirt erhielt. Insoweit zeigte sich Horn auch dem Herzoge von Holstein geneigt, als dadurch ein Bruch mit dem Petersburger Hofe vermieden wurde. Während er dahin gestrebt und auch durchgesetzt hatte, in den Reichsrath bei den Neuwahlen auch Mitglieder des alten Adels zu bringen, einen Sparte, Bauer, de la Gardie, nahm er, seiner früheren Politik getreu, in die secrete Kommission, die er durch seinen Vorsitz zu beherrschen hoffte, meist Personen aus der Partei der Jüngern, die Reichsräthe Gustav Gyllenborg und Cederhjelm und die Kanzleiräthe C. G. Tessin und von Kocken: der Hofkanzler Freiherr Düben und der Staatssecretair Freiherr Höpken gehörten ohnehin dieser Partei an. Abermals täuschte er sich über den Erfolg. Die Mehrzahl, dem Herzog von Holstein ergeben, ward russischer, als Horn verantworten wollte, und sein Einfluss war am Schlusse des Jahres 1725 ziemlich schwach. Das Jahr 1726 brachte hierin indess eine Wendung. Die Allianzen zu Wien zwischen Russland, Oestreich und Spanien und zu Herrenhausen (Hannover) zwischen Frankreich, England und den Generalstaaten waren geschlossen. Beide Theile machten Anstrengungen, Schwedens Beitritt zu erlangen. Russland war dem Königspaare durch die ausgesuchte Protektion des Prinzen von Holstein unangenehm, und da Horn von dem fortschreitenden Einflusse Russlands endlich eine förmliche Vormundschaft fürchtete, die er nach seinen aristokratischen Anschauungen auf das tiefste hasste, so stimmte der Hof und Horn hierin zusammen. Oestreich hatte sich unbeliebt gemacht durch die unverbindlichen Formen seines Gesandten (des Baron Freytag). Von Frankreich hoffte der König Unterstützung bei den noch immer nicht aufgegebenen Versuchen auf Erweiterung der Kron-Prärogative; England war für Horn der Muster-Verfassungsstaat. So gelang es, im Reichsrathe die Mehrheit der Stimmen mit Ekeblad, Liewen, Banér, de la Gardie, Sparre und Taube für die Hannoversche Allianz zu gewinnen.

Das war aber nur ein Anfang, so lange die Reichsstände nicht den Schritt bestätigten. Diese traten am l. September. 1726 in Stockholm, zusammen. Zum ersten Male waren die Einwirkungen des Auslandes auf die Wahlen versucht worden. Die Reichstags-Ordnung von 1723 hatte jedem im Ritterhause immatrikulirten Geschlechte das Recht vorbehalten, sich durch ein Mitglied oder in Behinderungsfällen durch ein mit Vollmacht versehenes Mitglied eines anderen Geschlechts vertreten zu lassen. Das Herkommen hatte dem Familien-Caput hierbei den Vortritt gelassen; dieser stellte deshalb von jetzt ab die Vollmacht aus. Und da die Mehrzahl der Capita überhaupt ohne Grundbesitz, oder doch ohne Fideicommiss war, so fielen die Kosten der Repräsentation oft zu schwer, und adlige Personen, welche entweder den in Stockholm stationirten Regimentern oder den Büreaus angehörten, konnten daher unschwer dergleichen Vollmachten erhalten: insbesondere wenn, was von jetzt ab durch das Ausland versucht ward, Preise für die Vollmacht angeboten wurden.

Schon die Wahl Horns zum Landmarschall zeigte, dass die antirussischen Bemühungen die Oberhand behalten hatten. Der in der Nation schlummernde Hass gegen Russland kam diesen Bemühungen zu Hülfe. Auch in dem secreten Ausschuss fiel die Majorität auf die Seite Horns; und am 14. März 1727 erging die Bestätigung der hannoverschen Allianz. Damit erlitt zugleich die sogenannte holsteinsche Partei im Reichsrathe eine starke Niederlage.

Dieser Fall gab Veranlassung zur Erörterung und Entscheidung einer staatsrechtlichen Frage von bedeutender Tragweite.

Man sagte nämlich, ob es nach dem Geiste der jetzigen Verfassung zulässig sei, dass der Reichsrath in seiner Mehrheit oder Minderheit im Widerspruch mit der politischen Auffassung der Reichsstände, als dessen eigentlichen Machtgebers befinden könne: und wenn nicht, was geschehen müsse, wenn der secrete Ausschuss, als das hierfür bestimmte Organ der Stände, einen politischen Widerspruch zwischen sich und dem Reichsrathe oder einzelnen Mitgliedern des Rathes constatire. Das schien Allen klar, dass eine energische und einheitliche Verwaltung, insbesondere in den Zwischenzeiten, zu Reichstag, durch einen in sich gespaltenen und zum Theile von den Absichten der „machtgebenden Stande“ abweichenden Rath unmöglich sei. Aber ein freiwilliges Zurücktreten, weiches der moderne Parlamentarismus in solchen Fällen als ein Postulat des politischen Taktes verlangt, war selbst in England damals noch lange nicht zur Anerkennung gelangt: und in Schweden war die Verantwortlichkeit, welche dem Reichsrathe den Ständen gegenüber auferlegt war, so ganz etwas Neues, dass hierfür sich eine Praxis noch nicht hatte bilden können. Zudem verliehen die Reichsraths-Patente nicht Minister-Portefeuilles im modernen Sinne, sondern ertheilten von Alters her lebenslängliche Belohnungen und Auszeichnungen für grösste Verdienste und höchstes Vertrauen. Der Missbrauch und Bruch dieses Vertrauens war nur einmal früher (im Jahre 1664) an Bengt Skylte durch den Reichsrath selbst mit Ausstossung gestraft. Sonst kannte man nur den Verlust der

Würde durch förmlichen Urtheilsspruch. Das Alles schien nun nicht mehr recht in das moderne schwedische Staatsrecht zu passen. Und doch blieb nichts Anderes übrig. Der secrete Ausschuss, in gewaltiger Vermehrung seiner bisher schon geübten Macht, liess die förmliche Anklage gegen die Minorität der Reichsräthe erheben, constituirte sich selbst zum politischen Forum und sprach über den General Grafen Vellingk wegen geheimen und staatsgefährlichen Einverständnisses mit dem russischen Hofe das Todesurtheil aus, das vom Plenum der Stände in lebenswierige Festungshaft ermässigt wurde. Der hochbetagte Mann starb auf dem Wege zur Festung. Freiherr Cederjhelm kam ähnlicher Verurtheilung durch freiwilligen Austritt zuvor, wobei die Stände sich beruhigten; gegen des altes N. Tessin ward Verlust der Reichsrathswürde erkannt, doch auf des Königs Fürwort gegen Belassung mässiger Pension. (Carl) Gryllenborg machte zur rechten Zeit eine politische Schwenkung in das französisch-englische Lager, und hielt sich im Amte, nicht ungern gesehen vom Könige, der ihn als Gegenpart gegen Horns jetzt gesichertes Uebergewicht nicht entbehren mochte.

Nicht in gleicher Weise, als in Bezug auf die Leitung der äussern Politik war es Horn mit einem Versuche geglückt; das innere Verfassungsgebäude im aristokratischen Sinne zu reformiren. Auf dem Reichstage von 1723 wurde das Bedenlken laut, ob bei der grossen Zahl der zum Erscheinen im Ritterhause berechtigten Familienhäupter nicht zweckmässiger eine Vertretung einzuführen sein möchte; Schon früher (1655) hätte ja der niedre Adel über die grossen Kosten der regelmässigen Reichstagsfahrten geklagt und Landschafts-Wahlen verlangt. Damals sei das Verlangen am Widerspruch des Hochadels gescheitert: dieses Hinderniss falle nun fort.

Die Frage wurde im Ritterhause debattirt; allein es gelang nicht, einen Antrag zu formuliren, zu dem sich das Haus einigte. Auf dem Reichstage von 1726 wurde der Gegenstand deshalb erneuert. Der Gedanke Horns war, wenn es gelnge, Wahlen nach dem Fusse des Grundbesitzes zur Annahme zu bringen, so würde das Uebergewicht im Ritterhause wieder mehr theils den ältern Geschlechtern, theils überhaupt dem Grund-Adel zufallen, während; jetzt die politisch nicht berechenbare Schaar der ganz Vermögenslosen entschied. Das Verhältniss hatte seit 1655 einen entschiedenen Schritt nach vorwärts gemacht. Damals hätte bei

Landschaftswahlen die dritte Klasse, der kleinere Grundadel, die Oligarchie des Herrenstandes überflügelt. Jetzt war die letztere durch die Revolution von 1680 beseitigt, und hinter dem triumphirenden kleinen Grundadel erschien in viel grössserer Anzahl der ganz unangesessene Patent-Adel des Heeres und der Büreaus. Der Versuch Horns, bei der Beseitigung des Dreiklassen-Systems wenigstens die Ansässigkeit (bofasthet) nach der Regierungsform von 1634 als Bedingung für das Stimmrecht im Ritterhause festzuhalten, der im Jahre 1719 geglückt war, war bereits das Jahr darauf (1720) wieder aufgehoben. Nun hatten die Umtriebe, welche dem jüngst verflossenen Reichstage von 1726 vorangingen, gezeigt, wohin das Stimmrecht vermögensloser Leute im Staate führe. Graf Spens trat deshalb auf der Stände-Versammlung von 1726 von Neuem mit dem Vorschlage auf Landschaftswahlen auf. Zweihundert Mitglieder sollte der Adel zum Ritterhause schicken: diese sollten landschaftsweise, auf den Fuss und nach dem Umfange des adligen Grundbesitzes in jedem Län, gewählt werden und Diäten erhalten, welche ausschliesslich von den frälsehemman aufgebracht wurden. Wäre dieser Vorschlag angenommen, so war mit ziemlicher Sicherheit auf eine entschiedene Majorität der angesessenen und älteren Geschlechter zu rechnen und der Bestechungssaat des Auslandes der Boden entzogen. Im Interesse des nicht-begüterten Adels brachte indess Graf Gustav Gyllenborg (Carl Gyllenborgs Bruder) eine Gegendenkschrift ein. Er wies darin auf das Beispiel Englands hin, wo anerkannter Massen aus der Wahlurne nur hervorstiege, wer die meisten Mittel zur Gewinnung und Bestechung der Wähler aufzuwenden, nicht wer die meiste Einsicht in Staatsgeschäfte habe, und obgleich die Analogie nur wenig passte, da es sich in Schweden nicht um Urwahlen, wie in England, sondern um den beschränkten Wählerkreis der angesessenen Edelleute handelte, so wirkte auf die Partei doch der Vergleich wie ein Schreckbild vor der wieder erstehenden Aristokratie des alten Hochadels, und mit dem Argumente, dass der Vorschlag der ganzen Grundlage des neuen Verfassungswerkes in Schweden widerspreche, ward selbst die Abstimmung abgeschnitten. Die beiden Enkel des Apothekers Volimhaus erwiesen sich hier wie überall dem Andenken an ihr eigenes Emporsteigen und der Mittel dazu getreu.

So blieb denn das Ritterhaus Jedem geöffnet, welcher

entweder selbst Haupt einer der 1800 immatriculirten Familien war, oder eine Vollmacht von einem solchen Familien-Caput zu erkaufen wusste, und der Bestechung, welche mit scheinbarer Entrüstung Graf Gyllenborg von dem Wahlacte in den Landschaften fern halten wollte, verlieh er einen um festeren und dazu viel ausgebreiteteren Bestand sowohl in den Landdschaften durch die Käuflichkeit der Vollmachten, als im Ritterhause selbst durch die Käuflichkeit der Stimmen von solchen Reichstags-Mitgliedern, welche kaum die Mittel hatten, mit Anstand zu leben. So entwickelte sich sehr bald in der demokratischen Staats-Einrichtung das ihr allezeit einwohnende Gift, durch welches sie zuerst den Staat gründlich ruinirte, an dem sie dann aber auch selbst zu Grunde ging.

So lange Graf Arved Horn die Leitung der auswärtigen Angelegenheiten in der Hand hatte, ward der Friede mit dem Auslande erhalten. Schweden erholte sich allmählich. Auch der innere Parteikampf war auf Jahre zur Ruhe gebracht.

Mit dem Tode Peters I. von Russland und der Thronveränderung von 1726 nahm die Protection des Herzogs von Holstein am Petersburger Hofe ein Ende und damit auch das bisherige Getreibe der holsteinischen Partei in Schweden. Die Ergänzungen des Reichsraths waren wesentlich im Sinne der Hornschen Staatsverwaltung geschehen; die noch vorhandenen Gegner söhnten sich mit ihm aus und die wiederholte Wahl Horns auch zum Landmarschall auf den Reichstagen von 1731 und 1734 verhinderte gewaltsame Ausbrüche auch auf den grossen Ständeversammlungen.

Leider vermochte König Friedrich seine persönliche Abneigung gegen die ernste Strenge Horns nicht zu überwinden. Dieser Monarch hatte noch immer nicht die Hoffnungen, auf eine Wandelung der Dinge zu Gunsten der Königlichen Gewalt aufgegeben. Obgleich er sich hätte sagen können, dass eine, wenn auch nur allmähliche Besserung des Gegenwärtigen allein von einem dauernden Einvernehmen mit Horn zu erwarten stand, so zog er doch vor, den Einflüsterungen des Grafen Carl Gyllenborg sein Ohr zu leihen, welcher, hierin den Fusstapfen seines Vaters folgend, verstand, des Königs Misstrauen gegen die alte Aristokratie wach zu erhalten und ihn mit Vorspiegelungen von einem erfolgreichen Zusammengehen mit der Demokratie zu täuschen. So wuchs denn unter des Königs eigener Pflege die

Demokratie endlich wirklich zu derjenigen Macht heran, welche nach Horns Zurücktreten über die Geschicke Schwedens allein noch entschied, aber nicht entfernt daran dachte, ihren Sieg etwa mit dem Könige zu theilen, vielmehr zu immer weiteren Demüthigungen, zuletzt zu offenen Beschimpfungen der Krone schritt.

Die äusseren Angelegenheiten gaben die Anlässe zu dieser Wendung. Der polnische Königsthron ward durch den Tod Königs August II. im Jahre 1733 erledigt. Frankreich betrieb die Erhebung von Stanislaus Lesczynsky, dem Schwiegersohn Ludwigs XV., Russland wünschte August von Sachsen. Der Anschluss Schwedens an Frankreich in dieser Frage galt einer Kriegs-Erklärung gegen Russland gleich. Sowohl Horn als der König selbst hielt eine solche Eventualität dem Interesse Schwedens durchaus nachtheilig. Diese Ansicht stützte sich auf die vergleichsweise unzureichenden Streitkräfte, um bei einem Angriffe Russlands auf Finnland, wobei Dänemark voraussichtlich kein müssiger Zuschauer bleiben würde, selbst nur jene Provinz für Schweden zu erhalten.

Dies gab der Parteileidenschaft Carl Gyllenborgs die erwünschte Gelegenheit, den politischen Gegensatz gegen Horn wieder aufzunehmen. Es kam hinzu, dass er jüngst aus der persönlichen Gunst des Königs gefallen war, der seine Unzuverlässigkeit erkannt hatte, und dass, wenn er keinen neuen Anlauf nahm, er seine politische Rolle für ausgespielt halten konnte. So schwenkte er offen in das Französische Lager. Als die Reichsstände im Herbst 1734 zusammentraten, war schon eine grosse Thätigkeit zur Bearbeitung der Gemüther und zur Verdächtigung des Königs und Horns entwickelt. Das Letztere war an sich schwer, da Horn auch darin seinem grossen Vorbilde, Axel Oxenstjerna, glich, dass er unbestechlich war, eine Tugend, welche Carl Gyllenborg von sich und seinem Anhange keineswegs zu rühmen hatte. Aber das Gelingen von Gyllenborgs Umtrieben ward erleichterte durch die Abneigung des jungnobilitirten Beamtenstandes und Heerbefehle, welcher Horn die Begünstigung des Spensschen Antrages wegen der Landschaftswahlen auf dem Reichstage von 1726 nicht vergessen hatte. Dabei spielte Gyllenborg mit Geschick den „Patrioten“; er wusste, dass dies die politisch Unwissenden am meisten besticht und die Leidenschaften am heftigsten aufregt. „Wenn er selbst früher Russland sich ergeben gezeigt, so sei seine Hoffnung darauf gerichtet gewesen, durch Benutzung des holsteinischen Einflusses den Hof von Petersburg zur Herausgabe der durch den Nystädter Frieden erworbenen Ostseeprovinzen zu vermögen. Dieser Weg sei jetzt verschlossene darum, was friedlich nicht mehr möglich, müsse der Krieg verschaffen. Dazu biete jetzt Frankreich die Hand." So ward der secrete Ausschuss in semer Majorität gewonnen. Im Juni 1735 ward ein Alhanz-Tractat mit Frankreich zu Stockholm dekretirt und dann der Reichstag geschlossen. Der Klugheit Horns war es gelungen, dem Wortlaute des Tractates die Clausel einzuschieben: „Sauf les engagements anterieurs." Nun eilte der russische Gesandte, die Fortdauer des 1736 zu Ende gehenden Freundschaftsvertrages vom März 1724 zu beantragen, und da die Clausel im Entwurfe des französischen Tractates dies gestattete, ward die Fortdauer jenes Vertrages in der secreten Commission und dann im Reichsrathe ohne Bedenken genehmigt. Dies geschah im August 1735 und hatte die Folge, dass die mit Frankreich entworfene Stipulation in Versailles verworfen ward. So erhielt Horn abermals den Frieden. Derselbe trug Schweden u. A. die Verdoppelung seiner zollfreien Korneinfuhr aus Liefland ein. Auch mit Dänemark ward das Friedensverhättniss auf neue 15 Jahre gesichert.

Die Wuth in der Gryllenborgschen Partei war ausserordentlich. Horn galt für verkauft an Russland; eben so die ihm anhängenden Mitglieder im Reichsrathe. Gegen die Person des Königs häuften sich die Schmähungen im Lande. In Gyllenborg verkörperte sich die blinde und maasslose Leidenschaft des Parteimannes — höher stand er nicht — gegen die ruhige Ueberlegenheit des wirklichen Staatsmannes in Horn. Leider fiel nach dem durchaus demokratischen Charakter der Staatsverfassung das schliessliche Uebergewicht in die Hände des Parteimannes, der am besten die Leidenschaften aufzuregen wusste.

Auf dem Reichstage, der 1738 zusammentrat, rückte bereits unter Gyllenborgs Fahne die sogenannte „stürmische Jugend" mit dem Geschrei nach Krieg auf den Kampfplatz. Die ruhige Weisheit fand unter diesem Ansturm kein Gehör mehr. Die Wahl O. O. Tessins, Eines von den Jüngeren (der Sohn des berühmten Baumeisters Nicodemus, Enkel eines schlichten Bürgers aus Vorpommern), zum Landmarschall ward gegen die, leider unvorsichtig ausgesprochene Abneigung des Hofes durchgesetzt und die Wahl zum secreten Ausschusse so schnell diesem Siege angeschlossen, dass auch hier die Gyllenborger die Mehrheit erhielten. Nun sah Horn, dass er sich nicht mehr zu halten vermochte. Der vorauszusehenden Anklage kam er durch freiwillige Demission — seiner vorgerückten Jahre wegen — zuvor und zog sich auf sein Gut Ekebyholm zurück. Der König war über den Erfolg der Gyllenborger so entsetzt, dass er im Augenblicke der Aufwallung die Partei Horns, ihrer vermeintlichen Säumniss wegen, mit dem Namen der „Nachtmützen" beehrte. Den Gegensatz hierzu nahm die Partei Gyllenborgs auf und vindizierte sich die ehrenvollere Bezeichnung der Hüte. Auf diese Weise gelangte die Partei der Hüte zur Herrschaft in Schweden.

Der erste Schritt war — wie von dieser Zeit an stets — die Reinigung des Rathes von seinen aus dem Vertrauen des secreten Ausschusses gefallenen Mitgliedern. Das früher nur noch zart ausgedrückte Verhältniss des Reichsrathes, als eines blossen Mandatarius der Stände, ward von jetzt ab als unzweifelhaftes Axiom hingestellt. Es bedurfte nur des Beschlusses des secreten Ausschusses zur Absetzung missliebiger Senatoren. Dieser Beschluss traf jetzt zehn Räthe, darunter die Grafen Bonde, Bjelke, Hård, Barck, Creutz, Taube; meist vom älteren Adel. Doch ward ihnen von den Ständen Pension bewilligt.

Eben so ward von jetzt ab der weiter gehende Schritt gethan und von dem secreten Ausschuss erklärt: wenn die Stände, als die Höchstmächtigen, versammelt seien, gehörten alle Gegenstände, welche die Verfassung sonst dem Rathe zur Abstimmung überlassen, vor die Stände selbst, so weit sie solche vor sich ziehen wollten. Dieser Grundsatz ward zum ersten Male als verfassungsmässig auf die Besetzung des durch Horns Abgang vakant gewordenen Postens des Kanzlei-Präsidenten — des eigentlichen Minister-Präsidenten — angewendet und Carl Gyllenborg dem Könige als solcher bezeichnet.

Auch hinsichtlich der Besetzung der vakanten Steilen im Reichsrathe, welche die Stände auf den Vorschlag des dazu besonders eingesetzten secreten Ausschusses übten, trat eine neue und erhebliche Beschränkung der Kron-Prärogative ein, obwohl man glauben sollte, hier wäre schon nichts mehr einzuschränken gewesen. Verfassungsmässig präsentirten die Stände für jede Vakanz im Reichsrathe dem Könige drei Candidaten, von denen dem Könige zustand, zwei zu verwerfen. In diesem Augenblicke waren 10 Stellen erledigt. Die Krone hätte also erwarten dürfen, dreissig Candidaten präsentirt zu erhalten. Dieser Meinung waren die Hüte aber nicht. Sie präsentirten zuerst nur zu einer Stelle. Die beiden hierbei vom Könige verworfenen Candidaten kamen mit einem neuen Namen auf die Vorschlagsliste zur folgenden Stelle, und so durch alle Stellen hindurch. Das Resultat war, dass dein Könige zu 10 Vakanzen 12 Namen präsentirt waren, von denen er das Recht gehabt hatte, zwei zurückzuweisen. Somit war das Ernennungsrecht zu den Stellen im Reichsrathe und zu allen übrigen sonst im sitzenden Rathe zu besetzenden Staatsposten so gut wie ohne Einschränkung in die Hand der Stände oder richtiger des secreten Ausschusses gegeben. Der Name des Königs war nur noch ein leerer Titel. Die demokratische Republik war eingesetzt. Doch schloss auch hiermit die Bewegung auf der schiefen Ebene noch nicht.

Der Allianzvertrag mit Frankreich war am 10. November 1738 auf zehn Jahre abgeschlossen, ohne Stipulation dauernder Vortheile für Schweden, da Subsidien nur für drei Jahre zugesagt waren. Der Augenblick zur Kriegserklärung gegen Russland blieb einstweilen ausgesetzt. Zunächst sollte auch die Pforte in das Bündniss gezogen werden; zu dem Zwecke ward Sinclair von den Ständen nach Konstantinopel gesandt. Seinen Bemühungen gelang der Abschluss eines Allianzvertrages, der im December 1739 in Stockholm ratifizirt wurde: aber der zunächst dabei gehegten Intention war Russland durch den Abschluss des Friedens mit der Pforte zuvorgekommen. Desshalb und da längere Subsidien-Bewilligung von Frankreich nicht vorgesehen war, entstand grosse Verlegenheit bei den Hüten, obwohl durch die Ermordung-Sinclairs auf seiner Rückreise und die Wegnahme seiner Papiere, welche russischer Veranstaltung zugeschrieben ward, eine hinlänglich genügende äussere Veranlassung zur Kriegserklärung gegeben war.

In dieser Verlegenheit traf es sich günstig, dass in Russland und Oesterreich im Jahre 1740 Thron-Erledigungen eintraten. Frankreichs Intentionen gegen Oesterreich entsprach es, Russland durch Schweden beschäftigt und von der Hülfsleistung Oesterreichs abgezogen zu wissen. So ward in Schweden die Kriegslust geschürt und eine neue Allianz geschlossen. Gleichwohl schien den Hüten eine wirkliche Kriegserklärung bei den im Jahre 1741 zusammengetretenen Ständen noch nicht gesichert. Man schlug deshalb folgendes Verfahren ein. Der secrete

Ausschuss übergiebt, aus Rücksichten besserer Geheimhaltung, der sogenannten „kleinen secreten Deputation“ der Zwölf die Vorbereitungen der Kriegsfrage. Diese Deputation verfasst nun sämmtliche Berichte im Conzept, welche der in Petersburg accreditirte schwedische Gesandte von dort dem Könige und ihm selbst über die Lage der dortigen politischen Verhältnisse einzusenden haben sollte; eben so wird der zur Prüfung der Streitkräfte und Vertheidigungsmittel abgeschickte General Buddenbrook instruirt.

Die secrete Commission legt hierauf die ihr aus Petersburg zugesandten falschen Berichte mit ihrem Gutachten dem secreten Ausschuss vor; der Ausschuss holt die Meinung des Rathes ein, und da auch dieser in der Mehrheit für Krieg ist, erfolgt im August 1741 die Kriegserklärung durch die Stände.

Wie kläglich dieser Krieg ablief, ist hinreichend bekannt. Der König, einmal zum Kriege genöthigt, erbot sich selbst zum Commando. Aber das Misstrauen der Hüte gestattete eine solche Macht-Uebertragung nicht; man glaubte, es genüge, leidenschaftliche Parteimänner, wie Buddenbrook und Graf Lewenhaupt, an die Spitze zu stellen, wenn ihnen auch militairische Befähigung abging. Der Erfolg entsprach den Massregeln, Ueberall schmachvolle Verluste und entehrende Capitulationen. Der Wrangelsche Namen befleckte sich bei Wilmanstrand. Die Empörung in der schwedischen Nation war allgemein. Der Reichsrath musste die Verhaftung Buddenbrooks und Lewenhaupts verfügen und die Stände zum ausserordentlichen Reichstage berufen (August 1742).

Auch der das Jahr vorher erfolgte Tod der Königin Ulrike Eleonore nöthigte zu diesem Schritte. Der Petersburger Hof war durch den Erfolg der Waffen in die Lage versetzt, die gleiche Politik in Schweden in Anwendung zu setzen, wie in Polen, wozu die im Uebrigen gleichartig gewordene Verfassung aufforderte. Russland stellte die Wahl des von ihm ausersehenen Thronfolgers zur Bedingung des Friedens. Die ganze Thätigkeit der 1742/43 versammelten Stände bewegte sich um diese Frage. In ähnlicher Abhängigkeit vom Auslande hatte sich Schweden seit den Zeiten der dänischen Union noch nicht befunden. Zuerst wünschte Russland den Prinzen Carl Peter von Holstein (Enkel Sofia Hedwigs, Carls XI. ältester Tochter, und Neffe Herzogs Carl Friedrichs von Holstein); dann, als dieser für die Thronfolge in Russland selbst bestimmt wurde, den Titularbischof von Lübeck, Prinzen Adolph Friedrich von Holstein-Lübeck, in welchem noch Wasa-Blut vorhanden. Denn Adolph Friedrichs Mutter war eine Prinzessin von Baden-Durlach, welche ihrerseits eine Enkelin von Christina von Pfalz-Zweibrücken, Königs Carl X. Gustavs von Schweden zweiter Schwester war, die an den Markgrafen Friedrich von Baden-Durlach vermählt gewesen. Christina war, wie bekannt, eine Nichte Gustav Adolphs von seiner Schwester Catharina, und also eine Enkelin Carls IX. und Urenkelin von Gustav Wasa.

Die Wahl Adolph Friedrichs von Holstein (geb, 1710) zum Thronfolger durch den Reichstag von 1742/43 rief an verschiedenen Orten im Lande Unwillen hervor und liess selbst die Berechtigung der Stände dazu in Frage stellen. Sämmtliche drei unadlige Stände hätten, selbst in ihrer Vertretung auf dem Reichstags, lieber die Wahl des Prinzen Friedrich von Dänemark gesehen, ungeachtet der üblen Erinnerung an die alte dänische Union. Man fürchtete für die Zukunft mehr von einem russischen Protektorate und ein solches schien dem Nationalgeiste noch weit unerträglicher. Der gemeine Mann hoffte von einer näheren Verbindung mit Dänemark auch wohlfeileres Korn, wohlfeileren Hering und Taback; das waren starke Motive. So brachen in einzelnen Landschaften und an verschiedenen Städten offene Zusammenrottungen aus und ein ansehnlicher Trupp bewaffneter Dalekarlier zog nach Stockholm, um die Aenderung der Thronfolgerwahl selbst durchzusetzen und das gehasste Hutregiment zu stürzen. Diesen Anlauf benutzte auch der Kaufmann Christoph Springer in Stockholm und stürmte mit einem Haufen Städter den Berathungs-Saal des Magistrats, wo gerade Reichstags-Abgeordnete der Stadt Stockholm anwesend waren. „Die Reichsstände hätten“, hiess es, „sich selbst seit einiger Zeit souveraine Macht beigelegt, und der Regierung und dem Reichsrathe die Selbstständigkeit genommen, wenn sie versammelt seien, blos aus dem Grunde, weil der Reichsrath aus ihrer Wahl hervorgegangen. Nun wohl, auch die Abgeordneten seien aus ihrer, der Urwähler, Wahl hervorgegangen, und sie, die Urwähler, wollten jetzt dasselbe Recht der Vollmachtgeber für sich in Anspruch nehmen, worauf die Stände dem Reichsrathe gegenüber sich stützten. Die Stände hätten von ihren Machtgebern keine Vollmacht zur Wahl des Prinzen von Holstein erhalten;

man verlange, dass nach dem Willen des Volkes in dieser Frage gehandelt werde. So fand zum ersten Male die Souverainetät des Volkes als letzte Instanz für alle Fragen des Staate ihre Praklamation: eine blosse Consequenz der von der ständischen Demokratie in letzterer Zeit entwickelten staatsrechtlichen Anschauungen. Die Hüte befanden sich in nicht geringer Verlegenheit. Zunächst wurden diese Kundgebungen im Volke zur Erreichung günstiger Friedens-Bedingungen, insbesondere der Herausgabe des schon verlorenen Finnlands (mit Ausschluss einiger Theile) benutzt; der Aufruhr der Dalekarlier zwar mit gewaffneter Hand niedergeschlagen; dafür aber dem empörten Volksgeiste zur Sühne die Köpfe der Generale Levenhaupt und Buddenbrock geopfert. Die staatsrechtliche Frage über die Befugniss der Urwähler, die Reichstags-Abgeordneten durch Instructionen zu binden (eine Frage, welche unter dem Namen der Principalats-Frage im schwedischen Staatsrechte bekannt geworden ist), wurde indess nicht sogleich und durch förmlichen Beschluss, sondern erst später bei verschiedenen speziellen Anlässen von den Hüten dahin beantwortet, „dass die Reichsstände einmal zusammengetreten, die Nation in aller und jeder Hinsicht darstellten, und dass es Hochverrath sei, an der politischen Unfehlbarkeit der Reichsstände zu zweifeln." Christ. Springer ward vor Gericht gestellt und kam mit Gefängniss davon. Im Reichsrathe hatte bei der Berathung über die staatsrechtliche Frage u. A. Reichsrath Åkerhjelm die Stimme gegen die herrschende Partei erhoben. Er ward deshalb später, auf dem Reichstage von 1746, genöthigt, seine Entlassung zu nehmen. Blutiger verfuhr man auf diesem Reichstage gegen zwei Grafen Bonde, gegen welche der secrete Ausschuss wegen Verdachts beabsichtigter Staatsveränderung zu Gunsten der Krone Anklage erhoben und welche nebst dem königlichen Leibmedikus Dr. Blackwell und einem Kaufmann Drake in Götheborg hingerichtet wurden.

Inzwischen war der Kanzlei-Präsident Graf Carl Gyllenborg mit Tode abgegangen und der Landmarschall des Reichstages von 1746/47, Graf Carl Gustav Tessin, trat in seine Stelle; ebenfalls ein eifriger Hut. Auf diesem Reichstage ward entschieden, „dass in allen Gegenständen der Verwaltung die versammelten Reichsstände die letzte Instanz bildeten." Dreizehnhundert den Reichsständen übergebene Beschwerden von Beamten über Vernachlässigung oder Zurücksetzung in der

Dienstbeförderuug gaben den Anlass dazu und der Ausschuss nahm es sich heraus, die vom Kabinet oder Rathe geschehenen Anstellungen oder Beförderungen in einzelnen Beschwerdefällen und wie feststeht, fast nie anders als gegen Bestechung, zu corrigiren. In diesem Sinne ward auch eine förmliche Instruktion (am 10. Mai 1748 vollzogen) für die „Beschwerde-Deputation" der Reichsstände verfasst. Der Fortgang auf diesem Wege gab die Ueberzeugung von der Unmöglichkeit überhaupt einer Regierung unter solchem Systeme und führte später, auf dem Reichstage von 1756, zu der Bestimmung, „dass bei Beförderungen fortan allein auf Anciennität vom König und Reichsrathe zu rücksichtigen sei", ein Grundsatz, welcher die ausdrücklichen Zusagen der Regierungsform von 1720 über die Beförderung nach „Verdienst und Geschicklichkeit" wieder aufhob und die Demokratie, lediglich aus Eifersucht gegen die Rechte der Krone und des Rathes, mit sich selbst und ihren eigenen Grundanschauungen in Widersprach setzte. — Der König fühlte sich nach so vielen Demüthigungen so angeekelt selbst von den laufenden Verwaltungsgeschäften, dass er, namentlich seit eine Schlagberührung ihn getroffen, vorübergehend seinen Namensstempel dem Reichsrathe zur freien Benutzung überliess.

Die Ueberzeugung von dem heillosen Zustande der Staatsverfassung war bei dem Tode Königs Friedrich I. (1751) un-getheilt im Auslande und allgemein im Inlande, mit Ausnahme der leidenschaftlich erhitzten Parteimänner. Die Hüte, welchen es nicht mehr entging, dass ihrem Sturze nur mit äusserster Wachsamkeit und vermehrter Strenge zu begegnen war, benutzten den Thronwechsel und die persönliche Unfähigkeit des Thronfolgers zu neuen Einschränkungen. In die Eidversicherung, welche König Adolph Friedrich am 25. November 1751 vollzog, ward zu dem schon vom König Friedrich abgegebenen Versprechen, sich in allen Stücken nach den Beschlüssen und Verordnungen der Stände zu richten, noch hinzugefügt:

> „Die Anstellung des Obrist-Marschalls (Hausministers) solle allein noch ohne Abstimmung im sitzenden Rathe vom Könige geschehen; zu allen übrigen hohen Aemtern habe der Rath die Vorschlagsliste zu entwerfen und selbst bei den verfassungsmässig im Cabinet zu besetzenden Stellen solle der Rath mit seinein Bedenken gehört werden; die Ernennung des Kanzlei-

Präsidenten behielten sich die Reichsstände selbst vor."

Des neuen Königs Adolph Friedrich Bestreben, wenigstens das Geringe, was dem Träger der Krone in der Regierung belassen war, zu bewahren, führte sehr bald zu Collisionen mit den Hüten im Reichsrathe. Freiherr Höpken ward nach Tessins Rücktritt Kanzlei-Präsident. Insonderheit gab die Besetzung der Stellen und die von den Ständen angeordnete Erziehung des jungen (1748 geborenen) Kronprinzen Gustav Anlass zu Spannungen, welche die Partei anfing, dem Einflusse der Königin, Louise Ulrike, Friedrichs des Grossen Schwester, zur Last zu schreiben.

In diesem Bemühen wurde die herrschende Partei sehr wirksam durch das neu gegründete Tageblatt „der ehrliche Schwede" unterstützt, das sich die Aufgabe gestellt hatte, die republikanische Souverainetät der Stände nach allen Richtungen zu vertheidigen. Der Wunsch des Königs nach einer Beschränkung dieses, die Monarchie offen leugnenden Blattes rief dessen lebhafte Vertheidigung im Rathe hervor. (März 1755.) Man sah voraus, dass der auf den Herbst bevorstehende Zusammentritt der Reichsstände zu neuen Bitterkeiten führen werde.

General-Major Graf Axel Fersen ward Landmarschall, ein Mann von ausgeprägt republikanischen Gesinnungen. Unter seinem Marschallstabe hatte der Hof nichts für sich zu hoffen. (Die Fersens waren aus Liefland, wohin sie mit den Schwertrittern gekommen, gegen die Mitte des siebzehnten Jahrhunderts in Schweden naturalisirt. Der General-Lieutenant Hans Fersen, dessen Bruder der Feldmarschall Fabian und dessen Vettern, Feldmarschall Otto, Wilhelm und Obrist Hermann Fersen wurden 1674 schwedische Freiherren. Der Sohn des Erstgenannten, der königliche Rath Fried. Heinhold Johann F., wurde 1712 Graf und dessen Sohn war der Landmarschall. Das Geschlecht ist übrigens im Mannstamme im Jahre 1839 mit dem Major Graf Gustav Fersen in Schweden erloschen.) Schon bald nach dem Beginn der Session theilte der Landmarschall dem Reichstage mit, der Kanzlei-Präsident Freiherr Höpken habe ihm eine Beschwerde über die Umstände und die Schwierigkeiten überreicht, welche dem Rathe von Seiten des Königs in der Ausübung der dem Rathe vorbehaltenen verfassungsmässigen Prärogativen bereitet würden: indem der König die Bestätigung der Gutachten und Beschlüsse des Rathes von seiner zuvorigen Prüfung abhängig zu machen versuche. Den Erörterungen hierüber im Reichstage kam der König mit einer Ladung der vier Sprecher in die Rathssitzung zuvor. Hier übergab Er den Letzteren sein Anschreiben an die Stände, in welchem und mit Grund gerade über das Gegentheil Klage geführt ward. „Er habe geglaubt, bei seinem königlichen Amte nächst Gottes Wort und Seinem eigenen Gewissen keine andere Richtschnur zu haben, als die unzweifelhaften Worte der Regierungsform und seiner eigenen Eidversicherung. Ob diese so unklar gefasst seien, dass stets Meinungs-Verschiedenheiten in der Auslegung herrschen müssten, überlasse er zunächst der Erwägung der Stände; wenn aber hierbei allein die Interpretation der Räthe entscheidend sei, so habe Er für sich weniger Rechte, als der geringste seiner Unterthanen. Bei Besetzung der Stellen sei seine alleinige Rücksicht auf Verdienst und Geschicklichkeit, ganz nach dem Geiste und Buchstaben der Verfassung gerichtet gewesen; aber alle seine Bemühungen seien durch die entgegengesetzte Abstimmung der Räthe vereitelt. Nicht einmal sei ihm gelungen, den notorischen Missbrauch des Verkaufs der öffentlichen Aemter im Wege des sogenannten Accords zu beseitigen; Befehle in seinem Namen würden an die Unterbehörden ertheilt, von denen er nicht einmal etwas erfahre, und überdiess Alles noch Vorwürfe im Rathe. "

Der Rath säumte nicht, zu antworten: „Der König selbst bestätige ihre Beschwerden. Wenn der König als sein Recht ansehe, die Meinungen des Rathes nach seinem Gewissen zu prüfen, so wäre schliesslich des Königs Gewissen das alleinige Gesetz des schwedischen Reichs und damit über das Schicksal des freien Volkes entschieden, dessen Freiheit eben darauf beruhe, nur nach Gesetzen regiert zu werden."

Trugschlüsse dieser Art waren den Ständen erwünscht, Nicht lange liess die Entscheidung der Letzteren auf sich warten. Am 28. November 1755 erhielt der König im sitzenden Rathe die Antwort: „Allerdings beruhe die Freiheit des schwedischen Volkes auf dem Gesetze und der Verantwortlichkeit des Rathes. Fände der Beschluss der Mehrheit im Rathe beim Könige Beanstandung, so müsse der Lauf der Regierung dadurch nachtheilige Unterbrechungen erfahren."

Hieran knüpfte sich im Mai 1756 die weitere Adresse an den König:

> „Da die Regierungsform von 1720 Art. 16 in Behinderungsfällen des Königs den Reichsrath substituire und

in der Reichstags-Ordnung vom Jahre 1723 Art. 20 bereits bestimmt sei, dass reichsständische Beschlüsse, welche der König Anstand nähme zu vollziehen, in seinem Namen vom Rathe vollzogen und ausgefertigt werden sollten; den Behinderungsfällen aber auch Weigerungen des Königs gleich zu achten, so wäre es die Meinung aller Stände, dass künftighin ohne Ausnahme in allen Sachen, welche des Königs Handsiegel erforderten, des Königs Name durch einen Handstempel Seitens des Rathes beigesetzt würde, wenn die eigene Vollziehung nicht auf erstes oder wiederholtes Ansuchen des Senates erfolge."

Dieser Vernichtung alles monarchischen Einflusses folgten Demüthigungen für die Königin. Man kündigte an, dass die Kron-Juwelen einer Revision unterworfen werden sollten. Murren im Bauernstande über das Hutregiment, Anschliessen der Bauern an den Hof, Missvergnügen selbst der Bauern-Abgeordneten mit ihrem Sprecher Olof Håkansson hatten diesen Beschluss der Hüte hervorgerufen. Einer solchen Kränkung zuvorzukommen, war die nächste Absicht bei der royalistischen Verschwörung vom Juni 1756. Es ist bekannt, dass Graf Erich Brahe, Freiherr Gustav Jacob Horn, einige Offiziere, Johann Puke und Stälsvärd, so wie mehrere Unteroffiziere, den Tod durch Henkershand dafür erlitten. Viele Andere wurden verbannt oder sonst mit Strafen verfolgt. Ein Graf Hård und Freiherr Wrangel und ein Gyllenspatz (im Ritterhause seit 1660) retteten sich durch die Flucht. (Graf Hård gehörte einem der ältesten Geschlechter an. Bei Errichtung des Ritterhauses ward dasselbe in der Person des Reichs-Jägermeisters Carl Olofson Hård von Segerstad unter No. 17 des alten Adels eingeführt. Der General-Major Carl Gustav Hård von Segerstad ward 1710 Freiherr, später Reichsrath unter Horns Kanzlei-Präsidium und 1731 Graf. Mit dem Sturze des Hornschen Regiments schied auch Graf Hård aus dem Senate 1738. Dessen Sohn war der hier genannte Obrist und Lieutenant bei den Leibtrabanten Graf Hård. Auch Puke rechnete sich zu dem alten adligen Geschlechte der Puke, obgleich er und seine letzten Vorfahren sich des Adels nicht bedient hatten. Sein Sohn, der spätere Contre-Admiral und General-Admiral Johann Puke, erhielt seinen alten Adel erneuert, ward 1809 Freiherr und 1814 Graf.)

Dieser verunglückte Versuch hatte weitere nachtheilige Folgen für die Krone. Durch Ständebeschluss ward dem Könige, aus Rücksichten für die Freiheit und Sicherheit der Stande, welche eben so bedenklich bedroht gewesen, die Ernennung des Obrist-Statthalters von Stockholm, des Obristen der Leibgarde, des Obristen der Artillerie und des Capitain-Lieutenants der königlichen Leibtrabanten entzogen und in die alleinige Hand des Rathes gelegt; desgleichen die Differenz wegen der übrigen Aemterbesetzungen durch den schon oben erwähnten Anciennetäts-Beschluss vom 20. October 1756 beseitigt.

Dagegen gaben die Stände dem Reichsrathe ihre besondere Zufriedenheit mit seinem Verhalten zu erkennen, indem sie die Gehälter der Mitglieder von 6000 Rthlr. auf 12,000 Rthlr. erhöhten. Der Königin ward im Namen der Stände eine ernste Verwarnung durch den Sprecher der Geistlichkeit, Erzbischof Benzelius, im Beisein des Königs und anderer Zeugen vorgelesen und sie genöthigt, eine Schrift zu vollziehen, in welcher sie ihren Abscheu gegen Verschwörungen aller Art und ihre Dankbarkeit für die von der hohen Geistlichkeit ihr gemachten guten Rathschläge zu erkennen gab. Tiefer konnte die Beleidigung des Thrones nicht geübt werden; Thränen in den Augen nahm das Königspaar sie hin.

Die Reichstags-Zeitung brachte zur öffentlichen Kenntnis, dass die von der Königin endlich abgelieferten Juwelen von den Abgeordneten des secreten Ausschusses in Empfang genommen seien. Der Entdecker oder Verräther der Verschwörung, Schedvin, erhielt ausser dem Adelspatente, welches der König zu vollziehen hatte, eine namhafte Geldbelohnung. Eine Verordnung der Stände bestimmte, dass jährlich am Johannistage das Andenken an diese „Rettung der Freiheit des Reichs“ durch eine Danksagung gefeiert werden solle.

Ungeachtet aller dieser Maassregeln ging die Herrschaft der Hüte bergab. Die despotische Gewalt, welche von der Menge des Ritterhauses durch den secreten Ausschuss geübt wurde, reizte, zumal bei der notorischen Abhängigkeit, in welcher sich derselbe von französischem Gelde befand, auf allen Seiten zur Opposition. Der Hof war aufs tiefste beleidigt, den alten Adelsgeschlechtern durch die letzten Hinrichtungen aufs Neue der Handschuh hingeworfen, der Bauernstand und, wenn auch in geringerem Grade, die beiden anderen nicht adligen Stande wurden über die Achsel angesehen.

Es gehörte in neuerer Zeit zu den politischen Mitteln der Hutpartei, durch ein sogenanntes politisches Testament, welches der secrete Ausschuss verfasste und hinterliess, auch die Zwischenzeiten von Reichstag zu Reichstag zu dirigiren. So ward durch das politische Testament des im October 1756 geschlossenen Reichstages die Regierung, d. h. der Kanzlei-Präsident und seine Freunde im Rathe, ermächtigt, „für ausserordentliche Fälle gewisse nicht unbeträchtliche Summen aus der Bank zu entnehmen.“

Die Hüte waren von Frankreich nach Ausbruch des siebenjährigen Krieges für eine Diversion im Rücken Friedrichs des Grossen gewonnen. Zu einem Angriffskriege hätte es der besonderen Beschlussnahme der Stände bedurft und diesen Versuch konnte man bei der allbekannten militairischen Schwäche und bei der Ebbe in den Finanzen nicht wagen. Des Königs Widerstand war durch die Beschlüsse hinsichtlich des Namensstempels und ähnliche unschädlich gemacht. So wählte man diesen Weg; man liess zuerst ein Observations-Corps aufstellen, es zum Angriff auf dasselbe kommen und war so — höchst verfassungstreu — im Kriege. Der Erfolg gab auch dieses Mal um Nichts der Erbärmlichkeit der demokratischen Kriegsführung von 1741/42 nach. Zuletzt mussten die Stände die Königin bitten, ihr Fürwort bei ihrem siegreichen Bruder um einen leidlichen Separatfrieden einzulegen. Die Königin vergass die ihr von der Partei bereiteten Kränkungen und that den Schritt um des ruinirten Landes willen, und mit Erfolg.

Das Missvergnügen mit den Hüten war im Lande von Neuem gewachsen. Auf dem 1761/62 versammelten Reichstage wurde schon das Verlängen nach einer Rechenschaft so bedrohlich, dass der Kanzlei-Präsident Freiherr Höpken gerathen fand, mit einigen seiner Freunde, Carl Gustav Scheffer und Palmstjerna, aus dem Senate freiwillig auszuscheiden. Die Opposition lernte ihre Stärke kennen. Es bildete sich eine Coalition aus Mitgliedern des älteren Adels und den nicht-adligen Ständen, deren allmählich auch wachgewordene Herrschsucht begierig war, die Suprematie des Ritterhauses abzuschütteln, um sich selbst an die Stelle zu setzen. Es war durchaus ungerechtfertigt, dass sich diese Coalition den Namen der Mützen beilegte, sofern darin ein Wiederaufleben der Hornschen aristokratischen Partei angedeutet sein sollte. Sie näherten sich unter dieser Fahne nun dem Hofe, um dessen Mitwirkung bei der Bekämpfung des Hutregimentes sich zu versichern. Hinter ihnen standen der russische und der englische Gesandte mit den erförderlichen Fonds; der letztere, um dem französischen Einfluss das Gegengewicht zu halten. Der Reichstag von 1761/62 brachte diese Coalition noch nicht zur vollen Herrschaft. Sie wurde von dem Landmarschall Axel Fersen auf geschickte Weise durch die Perspective im Zaume gehalten, dass aus dem Sturz der Hüte die Alleingewalt des Hofes folgen werde. Fersens Einfluss bestimmte auch den Hof, seine Vermittelung nicht von der Hand zu lehnen. So begnügte man sich auf diesem Reichstage mit einer neuen Organisation des Ritterhauses. Dieselbe hatte den Zweck, dem Vollmachts-Unwesen entgegenzutreten, welches zum offenen Scandale im Lande geworden war und allein der Menge des armen und neugebackenen Adels (der dritten Klasse) das Heft sicherte. Die Hüte glaubten, durch eine Nachgiebigkeit hierin sich selbst aus dem allgemeinen Misskredite zu bringen. So kam es zum vorläufigen Compromiss.

Die neue Ritterhausordnung (vom Könige am 5. August 1762 vollzogen) bestimmte nun: Des Geschlechtes Haupt repräsentirt, ohne alle Wahl, seine Familie auf den Reichstagen. Unter dem Haupt der Familie (eigentlich Hauptmann, Chef, hufvudman) wird das älteste lebende Mitglied der ältesten Linie verstanden. Ist der Chef der Familie behindert oder erscheint nicht, so hat zuerst das ihm im Successionsrechte am nächsten stehende Mitglied des Geschlechts die Befugniss, die Familie zu vertreten, wenn er binnen vier Wochen nach Eröffnung des Reichstages sich persönlich dazu einfindet u. s. f. Erst wenn Niemand sonst sich vom Geschlechte persönlich einfinden will oder kann, hat der Familien-Chef und Niemand Anders das Recht, auch nicht unadlige Vormünder für einen minorennen Chef, eine Vollmacht auszustellen. Wer selbst Familien-Chef ist, kann aber keine Vollmacht für andere Geschlechter annehmen (um nicht durch Einen mehrere Stimmen üben zu lassen). Die Wahl zu den Ausschüssen geschieht durch 24 Wahhmänner (Elektorer), welche ihrerseits wiedergewählt werden durch 58 sogenannte Bankmänner. Da der Adel im Ritterhause nach dem Grade seiner Titel und dem Alter des Geschlechts seine Sitze auf den Bänken einnahm, so war, unter Voraussetzung, dass Grafen und Freiherren persönlich sich regelmässiger einfanden als der kleine und arme Adel, und jede Bank ihren Bankmann stellte, eine starke Quote, wenn nicht selbst zu Zeiten die Mehrheit der Bankmänner, dem titulirten und dem alten Adel wieder gesichert, Es war dies eine bedeutende Reaktion gegen das Uebermaass der Demokratie und der Corruption im Ritterhause.

Die Folge zeigte sich auf dem Reichstage von 1765. Die Hüte geriethen sowohl bei der Wahl des Landmarschalls als bei der Wahl des secreten Ausschusses in die Minderheit. Rudbeck, von den neuen Mützen, von einem im Jahre 1717 geadelten Geschlechte, erhielt den Marschallstab: mit Mühe brachten die Hüte den Grafen Axel Fersen in den secreten Ausschuss.

Die ersten Schritte des neuen Regiments waren wie immer, Vergeltung. Der Senat wurde purifizirt; die Reichsräthe Rosen, Scheffer (der 1761 wieder zurückberufen war), Hamilton, Seth, Fleming, Rudenskjöld und Ekeblad mussten ausscheiden. An Stelle des Letztgenannten trat Graf Lowenhjelm in das Kanzlei-Präsidium: oder wie es damals schon hiess, er ward Minister-Präsident.

(Das Geschlecht Ekeblad gehörte zum alten Adel; seit 1699 zum Ritterstande. Im Jahre 1711 ward der General-Major Clas Ekeblad Freiherr und 1719 Graf. Diese gräfliche Linie ist im Jahre 1827 mit das Ekeblad erloschen. Graf Löwenhjelm gehörte dem jungen Adel an. Erst seit 1726 überhaupt im Ritterhause: war der Justiz-Kanzler C. G. Löwenhjelm im Jahre 1747 Freiherr und 1762 Graf geworden. Seine Wahl zum Landmarschall war mithin eine Concession des alten Adels an die jüngern Geschlechter.)

Der Prozess gegen den Grafen Erich Brahe vom Jahre 1756 ward einer Revision unterzogen und nachträglich für nichtig erklärt: so dem Hofe eine Genugthuung und dem Geschlechte Brahe eine Ehrenrettung bereitet. Fersens Anklage ward durch die Vermittelung des französischen Gesandten verhindert. Mit England ward ein Allianz- und Handels-Vertrag eingegangen. Der Kaufmann Kjårman, welcher sich im Bürgerstände als ein erbitterter Schmäher auf den König und den Hof erwiesen hatte, ward als Malversant bei der Bank vor Gericht geteilt. Der Beschluss in Dienstbeförderungsachen vom Jahre 1756 ward zurückgenommen. Hierauf beschränkte, sich aber auch der Gewinn des Hofes von dem Parteiwechsel. Was in verfassungsmässiger

Hinsicht geschah, diente theils nur, den Schwerpunkt der Regierung aus dem secreten Ausschuss in das Plenum der Stände zu verlegen, theils die an das Ruder gekommene Partei gegen späteren Umschlag sicher zu stellen.

Nach der bisherigen Reichstagspraxis hatte der secrete Ausschuss für die meisten seiner Berathung unterbreiteten Gegenstände Vollmacht, Namens der Reichsstände endgültig darüber zu beschliessen. Was man dem Plenum der Stände vorbehalten, war in seinen Grenzen so unbestimmt gezeichnet, dass es fast immer vom Ausschuss selbst abhing, ob es dahin abgegeben werden sollte. Diese Vollmacht ward jetzt durch eine neue Instruktion beschränkt und der End-Beschluss in den wichtigen Sachen fast überall dem Plenum zurückgegeben. Es war dies zugleich eine Concession an den Bauernstand, welcher zum secreten Ausschuss nur selten zugezogen wurde, und selbst gegen die übrigen beiden niedern Stände, welche bei der Zusammensetzung des secreten Ausschusses doch auch hier meist sich überflügelt sahen. Die Wirkung dieser Concession erwies sich äusserst nachtheilig. Die Bestechung durch das Ausland, welche sich bis dahin wesentlich auf die Demokratie im Ritterhause und den secreten Ausschuss beschränkt hatte, griff nun in die Demokratie auch der übrigen Stände über, und richtete hier, wo die einzelne Stimme wohlfeiler war, nur um so grösseres Unheil an.

Der andere Beschluss war, dass fortan keine Veränderung, Deklaration oder Zusatz zu den Grundgesetzen auf demselben Reichstage sollte zum Gesetz erhoben werden, auf welchem er eingebracht war, sondern erst auf dem nächstfolgenden, und auch dann nur durch Uebereinstimmung sämmtlicher Standesstimmen. Der Gedanke war an sich gut; wenn auch die Motive lediglich in der Besorgniss eines wiederkehrenden Parteiwechsels und einer an der besiegten Partei zu nehmenden Vergeltung zu suchen waren.

Dass auch die neue Partei voll Misstrauen gegen den Hof und nicht geneigt war, auf eine Erweiterung der Kronrechte einzugehen, zeigte der Beschluss, durch welchen die Stände sich die Ernennung auch des Justiz-Kanzlers vorbehielten, dem sie zur Einprägung der von ihm erwarteten Dienste den Beinamen des Sachwalters des Volkes (folkets-Ombud) beilegten.

Die Niederlage Frankreichs durch den Sieg der „neuen Mützen“, welche dem Gelde Ostermanns, des russischen Gesandten, und Goodrikes, des englischen, anheimfielen, bewog den französischen Gesandten, sich dem isolirten Hofe wieder zu nähern. Schon die auf den Kauf der Vollmachten zum Reichstage von 1765/6, so wie auf die Stimmen während der Session verwendeten enormen, nun verlorenen Summen schmerzten. Man sagt, dass der französischen Krone der Ankauf der Vollmachten für das Ritterhaus damals 36,000 Livres, der Unterhalt des dürftigen Adels während der Session monatlich 12,000 Livres, die Bestechung der niedern Geistlichkeit monatlich 6000 Livres und diejenige des Bürgerstandes monatlich 10,000 Livres gekostet habe. Dass die Bauern nicht umsonst zu haben waren, geht unter Anderm daraus hervor, dass der 11 Mal zum Reichstage gesandte Bauern-Sprecher Olof Håkansson aus Blekingen, welcher sich immer als „eifriger Patriot“ bewährt hatte, bei seinem Tode ein Vermögen hinterliess, welches die schwedischen Schriftsteller auf eine halbe Million in S. M. angeben.

Dem französischen Gesandten schlossen sich die Besseren von den geschlagenen Hüten an, und zeigten sich nicht abgeneigt, zu einer Staatsumwälzung im Interesse der königlichen Gewalt hülfreich zu sein, welche letztere mindestens auf den Fuss von 1720 zurückgeführt werden sollte. Nach einigen verfehlten Versuchen ward dies in folgender Weise ins Werk gesetzt. Der König erschien am 5. Dezember 1768 in der Sitzung des Reichsraths, und erklärte, begleitet von dem Kronprinzen, er könne bei der Fortdauer der Beschränkungen, in welchen der Rath dauernd der Kronrechte gegenüber sich gefalle, die letztere nicht so üben, wie er es für seine Pflicht halte, und ziehe es selbst vor, die Krone niederzulegen, wenn nicht augenblicklich ein ausserordentlicher Reichstag einberufen werde. Der Reichsrath sträubte sich. Allein der König erliess ein Verbot an sämmtliche Kollegien, sich seines Namens ferner zu bedienen, da er die Regierung niederlege. Der Kronprinz, populair in den Büreaus, wirkte auf die Weigerung der Letzteren, den blossen Namensstempel des Königs, welchen der Reichsrath in Anwendung setzen wolle, nach jener eigenen Erklärung des Königs noch zu achten. Die Geschäfte geriethen in Stillstand, der Magistrat folgte den Büreaus, in der Stadt entstanden Aufläufe. Der Reichsrath, von Volkshaufen belagert, musste nachgeben, und ein ausserordentlicher Reichstag ward nach der Stadt Norrköping zum April 1769 ausgeschrieben.

Die Hüte erhielten hier wirklich den Sieg. Axel Fersen wird Landmarschall, der secrete Ausschuss gewinnt die Mehrheit von der Partei der Hüte; Graf Ekeblad wird wiederum Minister-Präsident: der Senat purifizirt. An das Begehren neuer Subsidien von Frankreich knüpft indess der französische Minister-Präsident, Herzog von Choiseul, die Bedingung einer Restauration der Verfassung im Interesse der königlichen Machtvollkommenheit. Hierauf wollen die Leiter der Stände Graf Fersen und Freiherr Pechlin, nach ihren republikanischen Grundsätzen und einmal wieder am Ruder, indess nicht in dem gewünschten Maasse eingehen. Sie wenden sich deshalb, in Sorge für einen völligen Umsturz der Verfassung, den Mützen zu, und der von den Hüten eingebrachte Antrag auf Herstellung der Verfassung von 1720 fällt schon im secreten Ausschusse. Damit war die Absicht und der Zweck des Hofes vereitelt. Der Reichstag wurde aufgelöst (Januar 1770).

Ein Jahr später, am 12. Februar 1771, stieg König Adolph Friedrich in die Gruft.

SECHSTES BUCH
Von der Thronbesteigung Gustavs III. aus dem Hause Holstein-Gottorp bis zum Sturze der Wasas (1772 bis 1810)

Die Nachricht von dem Tode des Königs traf den Thronfolger zu Paris, wo er sich über die Mittel berieth, die Krone in Schweden von ihren demüthigenden Fesseln zu befreien. Der französische Hof war ja seit Jahren schon von der Fehlerhaftigkeit seiner bisherigen Politik durchdrungen. Bereits in der Instruktion an den Gesandten zu Stockholm vom 22. April 1766 heisst es:

> „Frankreich hat darin gefehlt, ausschliesslich die sogenannte patriotische Partei (Gyllenborgs) zu unterstützen. Was ist die Folge gewesen? Der Krieg gegen Russland, auf Frankreichs Wunsch, aber gegen den des Königs von Schweden unternommen, ward der erste Schritt zu des Reiches offenbarem Verfall. Denn seitdem hat man sich in Stockholm mit fast nichts Anderem beschäftigt, als allein zu erforschen und zu bekämpfen, worauf etwa der König sinnen möchte, und in diesen Bestrebungen ist das Wohl und die Kraft des Landes zu Grabe getragen. Und was hat Frankreich mit den bedeutenden, auf die Bestechung und Leitung der Partei verwendeten Geldmitteln schliesslich von Dauer für sich gewonnen? Sollen wir die vertrauteren Beziehungen zu Schweden aufrecht erhalten, so muss durchaus die monarchische Gewalt daselbst verstärkt werden. Des Königs Person muss wieder zu Einfluss gelangen: in den Regierungsgeschäften darf ihm nur ein Reichsrath zur Seite stehen, welcher von der Laune

der Stände unabhängig ist. Den Letzteren bleibt reicher Spielraum in der Berathung der innern Gesetze, in der Prüfung der Bedürfnisse und den Bewilligungen zu deren Deckung.

Jetzt ging die Verabredung dahin, in der Staatsmaschine für das Erste Alles beim Alten zu lassen, um das ängstliche Misstrauen der Demokratie nicht zu erregen; inzwischen Alles zu thun, wodurch die Person des Königs im Lande populair werde; dann, unter Zuhülfenahme der Subsidien, den Heerbefehl zu gewinnen; im gegebenen Augenblicke sich des Reichsraths zu versichern, den Behörden in der Hauptstadt einen neuen Treueid abzunehmen und sodann die versammelten Stände zur Annahme der neuen, bereit zu haltenden Verfassungsurkunde zu nöthigen. Die Aufgabe war gross und schwer. Sie erforderte ausser Zeit beim Könige Gewandtheit, Verstellungskunst, dann aber Entschlossenheit und rasches Handeln. Alle diese Eigenschaften besass theils der junge König — der lange Druck des Hutregiments hatte ihn gelehrt, seine Gedanken zu verbergen — theils entwickelte er sie bei der Ausführung. In dem Grafen Vergennes hatte ihm der Hof von Versailles einen klugen Rathgeber zur Seite gestellt.

Wie der grosse Plan so reifte und glückte, ist genugsam bekannt. Gustav III., in das ihm zugefallene Königreich zurückgekehrt, vollzog ohne Bedenken, ja ohne sie gelesen zu haben, am 15. März 1771 die ihm vorgelegte vorläufige Königsversicherung. Der neu einberufene Reichstag sollte erst über die definitive Form dieser Versicherung beschliessen. Die neuen Mützen durch die Ueberzahl der drei niedern Stände waren in entschiedener Majorität. Auch der secrete Ausschuss ward von ihnen beherrscht. Der neuen Königsversicherung sollte Alles, was bisher und selbst unter der Hutherrschaft an einzelnen Beschränkungen, nur gleichsam vorübergehend beschlossen war, als dauerndes Grundgesetz einverleibt werden. Auf die (Hüte wirkte die neue Ultrademokratie reagirend, und trieb die Aristokraten unter ihnen auf die Seite des Hofes. Selbst ihre liberale Fraktion rieth dem Reichstage zu mässigen Zugeständnissen, schon um nicht eines Tages sich zu grösseren gezwungen zu sehen. Aber an der blinden Herrschwuth der Demokratie scheiterten alle Versuche. Nach der Reinigung des Reichsrathes ward eine ausserordentliche Commission eingesetzt, mit dem Auftrage, die eigentlichen Urheber des Abdankungsversuchs des verstorbenen Königs und der dabei gehegten Motive zu ermitteln; sodann den Zustand der Bankverwaltung zu revidiren. Mit der letztern Maassregel wollten sie den Gegnern an ihr Vermögen, mit der erstern an die Köpfe.

Drohnisse solcher Art schlossen den Bund der Aristokratie mit dem Hofe nur enger. Unbeugsame, wie Graf Axel Fersen u. A., zogen sich auf ihre Güter zurück. Das Feld blieb ausschliesslich den Kleinen. Nun herrschten die Bürgermeister und niedern Pastoren: diese nahmen auf das noch immer zu aristokratisch-hohe Einkommen der Bischöfe ihren Angriff; dahinter standen die Bauern, und hofften, dass später dieses und die gewöhnliche Pfarrdotation, die ihnen übermässig erschien, ihnen zufallen werde. „In allen vier Ständen", heisst es in dem Berichte eines Zeitgenossen, „waren jetzt die niedrigst Situirten zu Oberst in der Macht: kleine Magistrats-Personen und Pfarrer, und selbst im Ritterhause führten, seitdem die Einsichtigeren das Feld geräumt, bis dahin ganz unbekannt gebliebene Namen, Marcks u. A. das grosse Wort: die Köpfe befanden sich sämmtlich im Zustande höchster demokratischer Erhitzung".

In dieser ganzen Zeit verweilte der König auf seinem Lustschlosse zu Haga, zwar genau den Gang der Ereignisse beobachtend, doch dem Anscheine nach nur schönen Wissenschaften und der Kunst zugewendet. So viel politische Gleichgültigkeit glaubten selbst die Stände durch ein ergebenstes Ansuchen missbilligen zu müssen. Inzwischen kam Theuerung und Brodmangel des Sommers 1772 den Plänen des Königs zu Hülfe, unter dem Hader und dem Gezanke der Parteien, hiess es, verhungere das Volk. Die Offiziere wurden von ihm an den alten Glanz der schwedischen Waffen erinnert: an Gustav Adolphs und Carl X. Gustavs Siege, ja selbst an Lund und Narwa. Und dieser Glanz sei nicht blos erloschen, sondern befleckt. Ob denn noch neue Lorbeeren grünen würden, als unter einem entfesselten Könige? Nicht nach Alleinherrschaft (enwälde) oder der verhassten Souverainetät strebe er: nur der Schweden uralte Nationalfreiheiten wünsche er hergestellt, welche die beste Schutzwehr seien gegen die schmachvolle Knechtung durch die Parteien: für seinen schönsten Ruhm werde er halten, der erste Bürger eines befreiten Volkes zu sein. Die neue Form der Verfassung werde er nur versuchsweise geben, und die Nation solle nach sechs Jahren selbst entscheiden, ob sie dauern solle oder nicht.

Im August gingen die Brüder des Königs, die Prinzen Carl und Friedrich, unter schicklichen Vorwänden nach den südlichen Provinzen. Die Verfassungsurkunde war unter Beihülfe der Reichsräthe Grafen Hermanson und Ulrich Scheffer ausgearbeitet. Das Militairische des Planes stammte von der Feder des Obristen Freiherrn Jacob Magnus Sprengtporten, des Hauptes eines royalistischen Clubbs jüngerer Offiziere (Svenska botten). Sprengtporten wollte die Garnison von Sveaborg zu einer Demonstration gegen die Herrschaft der Parteien bewegen und an ihrer Spitze auf Stockholm marschiren. Das Gleiche sollte in Christianstadt durch den Ober-Jägermeister von Schonen, Obristen Johann Toll, geschehen: die königlichen Brüder in der Nahe den Oberbefehl über die dort stationirten Truppen an sich nehmen. Dies wurde zwar voreilig durch den Hauptmann Hellichius, aber doch mit glücklichem Erfolge ins Werk gesetzt. Der Reichsrath, auf die Kunde von den Vorgängen in Christiansstadt, beordert, voll Misstrauen, die Reichsräthe Freiherren Rudbeck und Funck nach dem Süden mit ausgedehnten Vollmachten, übergiebt das Commando in der Hauptstadt dem Grafen Kalling, sämmtlich Männern von ausgesprochen antiroyalistischer Gesinnung. (Der Bergmeister Johann Funck war 1672 geadelt; dann trat das Geschlecht 1723 mit dem Hofgerichts-Präsidenten Gustav Funck in den Freiherrnstand. Kallings Vater, der Assessor Peter Kalling, war 1698 geadelt; er selbst als General 1751 in den Freiherrnstand erhoben, dann jüngst 1771 Graf.) Am 19. August fasste der Senat den Beschluss, vor Allem der Person des Königs sich zu versichern. Für diesen war das das Zeichen zum Handeln. Die Offiziere der Garde waren auf das Schloss entboten; wer sich bedenklich zeigte, musste seinen Degen abgeben; der englische und russische Gesandte, von denen viel zu fürchten, wurden, auf Einladung zum Schlosse, hier einstweilen zurückgehalten; die auf dem Schlosshofe versammelte Garde durch eine treffliche Anrede des Königs begeistert. Während ein Commando abgeht, zur Wache für den gerade versammelten Reichsrath, eilt der König auf das Rathhaus und empfängt hier den neuen Treueid. Diesem Beispiel folgt die Admiralität sogleich, die übrigen Behörden am nächsten Tage. Die auf den Marktplatz zusammengeströmte Volksmenge giebt ihren Beifall durch laute Acclamationen zu erkennen. Zum 21. August, während auf Befehl des Königs die Thore geschlossen bleiben und die von auswärts beorderten Truppen Gegenordre bekommen, werden Reichsräthe und die in der Hauptstadt anwesenden Reichstagsmitglieder zum Plenum ins Ritterhaus geladen, mit der Verwarnung, wer ohne gesetzlichen Grund ausbleibe, werde nach der Strenge der Reichstags-Ordnung als Reichsverräther angesehen werden. Artillerie und Truppen verstellten die Ausgänge, nachdem der König das Haus betreten. Hier vom Thronsessel herab hielt er jene berühmte Rede, in welcher die Leiden und die Schmach des Vaterlandes glühend geschildert, ihre Ursachen aufgedeckt und in die Schuld der Parteien gewälzt werden. Er, der König, trete auf als der Befreier von dieser Schmach und dieser Knechtung, gleich wie sein grosser Ahn, Gustav Wasa, der Befreier aus ähnlicher Erniedrigung gewesen.

Kein Laut des Widerspruchs erhob sich: auch nicht, als der König rief, wer ihn widerlegen könne. Dann ward die neue Verfassungsurkunde verlesen, und das Stillschweigen diente als Annahme. Nicht einmal die offene Selbst-Anklage im Eingange des Gesetzes fand jetzt Bedenken. Sie lautete:

> „Nachdem Uns, des schwedischen Reiches Rath und Stände, eine traurige Erfahrung gelehrt hat, dass unter dem edlen Namen der Freiheit Verschiedene unserer Mitbürger eine Herrschaft geübt haben, um so unleidlicher, als sie eigenmächtig geschaffen, durch Eigennutz und Härte befestigt und durch Einmischung des Auslandes zum allgemeinen Verderben unterstützt worden ist, und welche auch ferner noch über uns die grösste Rechtsunsicherheit, über das Land die gräulichste Verwirrung gebracht hätte, — wenn nicht die Treue (mandom) und Vaterlandsliebe hingebender Mitbürger unter dem Beistande des erlauchten Königs Gustavs III. uns glücklich daraus erlöst und befreit hätten: — so haben wir die wiedergewonnene Freiheit nunmehr dergestalt zu befestigen gesucht, dass sie ähnliche Missbräuche nicht wiederum verfallen kann.“

Der König selbst nannte die neue Regierungsform nur eine Wiederherstellung der Verfassung aus der Zeit vor dem Jahre 1680, und in Wirklichkeit war sie nur eine glückliche Restauration des alten, nur in wenigen Punkten fortgebildeten schwedischen Staatsrechts.

Obenan steht jetzt in der Verfassungsurkunde der Satz: Dem Könige liegt es ob, „und Niemandem sonst", das Reich zu regieren nach den Landesgesetzen, dem Königsbalken und dieser Regierungsform.

Die oberste Würde nach dem Könige hat der Reichsrath, welchen, wie von Alters, der König aus eingeborenem Adel sich wählt. Der Räthe Amt ist, nach dem Beschlusse von 1602, dem Könige zu rathen, nicht aber mitzuregieren. Für ihre Rathschläge aber sind sie nur dem Könige verantwortlich. Die Berathung über Krieg und Frieden und Bündnisse geschieht im sitzenden Rathe, und bei einhelliger Meinung der Entschluss hiernach, bei getheilten Stimmen nach der Wahl des Königs. Die laufenden Geschäfte vertheilt der König nach seinem Ermessen, und hat hierin stets die Entscheidung; nur in Justizsachen wird abgestimmt, wobei dem Könige zwei Stimmen zustehen. Das Begnadigungsrecht übt der König uneingeschränkt.

Zur Reichskanzlei und zu den Gesandtenposten ernennt der König selbstständig: die übrigen höhern Staatsämter werden im sitzenden Rathe, aber ohne Abstimmung, verliehen. Doch mag ein Reichsrath sein Bedenken zu Protokoll geben. Hinsichtlich der übrigen Stellen bleibt es beim Herkommen. Staatsgeschäfte, welche nicht ausdrücklich der Berathung im Reichsrathe vorbehalten sind, werden im Cabinet erledigt. Die bewaffnete Macht schwört dem Könige, dem Reiche und den Ständen. Den Oberbefehl führt aber allein der König. Der Obriststatthalter von Stockholm, der Capitain–Lieutenant des Königs, die Offiziere der Leibtrabanten, der Leibgarde und Leibregimenter, die Kommandanten in den Grenzfestungen haben Vertrauensposten, von denen sie ohne Verfahren enthoben werden können.

Der König allein beruft die Reichsstände, so oft er es für gut befindet. Ohne Zustimmung der Stände kann kein Gesetz erlassen, verändert oder abgeschafft werden, keine neue Steuer. und Auflage ausgeschrieben; keine neuen Standes-Privilegien bewilligt: in Fällen dringender Kriegsnoth ausgenommen, wo vorläufige Anordnungen gestattet sind. Einem Ausschuss der Stände wird der Zustand des Staatshaushalts unterbreitet (statsverket). Kein Angriffskrieg aber geschieht ohne der Reichsstände zuvorige Zustimmung. Alle vier Stände erhalten Zutritt zum secreten Ausschusse, welcher durch Wahl gebildet wird.

Alle seit dem Jahre 1680 eingeführten Grundgesetze sind aufgehoben.

Für die Krone hatte die Verfassung auch so immer noch wunde Stellen, wie den Eid des Heeres und dass der Angriffskrieg von vorheriger Zustimmung der Stände abhängig blieb. In beiden Punkten glaubte man die Erinnerungen an die Zeiten Carls XI. und Carls XII. beschwichtigen zu müssen. Beide Punkte wurden für das Haus Wasa verhängnissvoll. Uebrigens fand im Lande die Staatsveränderung den Beifall, den sie verdiente. Die Führer der geschlagenen Parteien mussten schon, eingeschüchtert, ihren Unmuth verbergen: vorsichtige Naturen behielten ihr Urtheil vor. Der gemässigtere Theil des Adels von der ehemaligen Hutpartei maass sich zum grossen Theil das Verdienst des Gelingens bei, und konnte es. Die von den Ständen abgesetzten Reichsräthe wurden wieder eingesetzt; meist Mitglieder der alten Geschlechter, die Grafen Göran Gyllenstjerna, Ribbing, Bjelke, Carl Sparre, Posse, Schwerin, Liewen (die Liewen waren von altem liefländischen Adel, seit 1654 schwedische Freiherren, damals mit Eksjö zur Lehns-Baronie), Falkenberg, Hjärne, Freiherr Wrangel: Von jüngern Geschlechtern die Grafen Carl und Ulrich Scheffer (Nachkommen von einem 1642 nach Schweden gekommenen deutschen Gelehrten), Graf Hermanson (Sohn des 1744 geadelten Professors zu Upsala), Graf Höpken; Freiherr Christoph Falkengren (von einem seit 1645 im Ritterhause vertretenen, seit 1771 freiherrlichen Geschlecht). Selbst der alte Graf Axel Fersen wurde, bei seinem Ansehen ein politischer Act, in den Rath gerufen.

Ulrich Scheffer erhielt das Kanzlei-Präsidium, Freiherr Liljencrantz (vor seiner Nobilitirung Commerzienrath Westermann) die Finanzen. Prinz Carl ward Herzog von Südermanland, Prinz Friedrich Herzog von Oestergothland. Hillichius als Gustavskjöld geadelt: Sprengtporten General.

Die Zufriedenheit im Lande mit der Staatsveränderung schien eine um so fester begründete, als der König in der ersten Periode nach der Restauration auch sonst den Erwartungen entsprach, welche sich an sein Regierungstalent und seine Vaterlandsliebe geknüpft hatten. Dies nahm leider nach einigen Jahren eine Wendung zum Schlimmeren. In dem Könige selbst fing an, sich die Besorgniss zu regen, mit dem Sturze der demokratischen Wirthschaft könnte die alte Uebermacht der Aristokratie wieder aufleben. Der Gedanke, in Abhängigkeit, von wem immer, zu gerathen, war seiner innern Natur unerträglich. Dies führte auf Wege, welche lebhaft an die Zeiten Carls XI. erinnerten. Doch nahmen die unadligen Stände die ihnen von Neuem dargebotene Hand nicht ohne Misstrauen. Das unstäte Wesen des Königs, seine Prachtliebe und Verschwendung schienen mehr auf eine Politik der Selbstsucht, als patriotischer Hingebung zu deuten. Der Rückgang im Staatshaushalte machte Bürger und Bauern stutzig. Das Bedenken in letzterer Beziehung wuchs zum offenen Missvergnügen durch die 1775 befohlene Einführung des Branntwein-Monopols. Generallieutenant Freiherr Wrangel hatte dasselbe dem Könige als eine ergiebige Finanzquelle empfohlen. Auch im Heerbefehl stellte sich Unmuth ein. Der König, um freiere Hand in Vergebung der Offiziersstellen zu erhalten, hatte die fernere Abschliessung der sogenannten Accorde verboten. Aber nicht stark genug, den Gesuchen um Ausnahmen zu widerstehen, bewirkte er nur, dass fortan in die königliche Chatoulle floss, was der einrückende Offizier bisher zur allgemeinen Pensionskasse hatte zahlen müssen: und die Einkaufs-Summen wurden höher: denn die Verschwendung des Königs verlangte überall nach baaren Mitteln.

So ungünstig war bereits die öffentliche Stimmung gewandelt, als die Reichsstände, dem Versprechen von 1772 gemäss, zum October 1778 einberufen wurden.

Ein sehr wichtiger Punkt für die bevorstehenden Berathungen war die Art, wie die Beschlüsse im ersten Stande gefasst werden sollten. Alle seit 1680 eingeführten Grundgesetze waren aufgehoben: folglich, nach der Meinung des Königs, die Reichstags-Ordnung von 1617 und die Ritterhaus-Ordnung von 1626 wieder aufgelebt. Um Discussionen hierüber abzuschneiden, enthielt schon die Einberufungs-Ordre die ausdrückliche Bezugnahme auf diese beiden Gesetze. Auch ernannte der König wieder den Landmarschall und die Sprecher der drei niedern Stände. Alle vier wurden auf die Reichstags-Ordnung vom 24. Januar 1617 vereidigt. General Graf Saltza, eine der Stützen bei der Veränderung von 1772, hatte am Anfange des Reichstags den Marschallstab: später bei dessen Erkrankung ging derselbe an Graf Magnus Brahe (Erichs Sohn) über.

Mit der Ritterhaus-Ordnung von 1626 war die Abstimmung nach Klassen hergestellt. Hieran knüpften sich die Besorgnisse des Königs. Die Zahl der sonst zur zweiten Klasse gerechneten Mitglieder des Adels, die Ritter im engeren Sinne, war fast bis zur Unmerklichkeit herabgesunken. Die Reichsraths-Familien gehörten überwiegend bereits dem Herrenstande an. Die wenigen, noch übrigen Ritter standen nach alten Erfahrungen in der Regel zu letzterem. Somit fiel wiederum dem Herrenstande (Grafen und Freiherren) die Entscheidung im Ritterhause zu. Auf eine unbedingte Ergebenheit war hier, trotz der Gemeinsamkeit bei der Katastrophe von 1772, nicht zu rechnen. Schon die grosse Zahl in dieser Klasse — sie zählte damals 48 Grafen- und 140 Freiherren-Geschlechter — machte dies unwahrscheinlich. Des Königs Gedanke war deshalb, die zweite Klasse, der Ritter, so zu verstärken, dass in Zukunft in diese der Schwerpunkt zu liegen käme. Zu diesem Zweck erging alsbald nach Eröffnung des Reichstages folgende Botschaft:

„Die Klasse der Ritter wird auf 300 Capita gebracht. Dies geschieht:

a) durch Aufrücken aller Familien aus der dritten Klasse, deren Adel bis auf Gustav Adolph zurückreicht;
b) durch Eintritt aller Familien, welche ein Fideicommiss aus Grundbesitz von mindestens 500 Rthlr. Rente stiften; endlich
c) durch Eintritt Aller, welche der König mit dem Commandeur-Kreuz des Nordstern- und des Schwert-Ordens begnadigt"

Durch diese Proposition ward dem älteren Geschlechts-Adel vor den Neu-Nobilitirten der dritten Klasse geschmeichelt, zugleich die numerische Kraft des unruhigen kleineren und besitzlosen Adels gebrochen; in den Ordens-Commandeurs ein mit dem besonderen Vertrauen des Königs beehrtes Element geschaffen, auf dessen Ergebenheit aus Dankbarkeit zu rechnen war, und mit dem befestigten Grundbesitze der Fideicommisse endlich das aristokratische Element im Hause gekräftigt.

Das Ritterhaus nahm die Proposition des Königs an, mit Ausnahme der Kategorie der Fidei-Commissbesitzer, welche zu sehr an die Wiedereinführung der seit 1680 verschwundenen Grundsätze des deutschen Lehnrechts zu erinnern schien, mit denen der Adel in Schweden in der Mehrheit sich einmal nicht zu befreunden vermochte.

Durch eine zweite, ebenfalls angenommene Proposition des Königs ward das Repräsentationsrecht der einzelnen immatrikulirten Familien auf den Fuss der Ritterhaus-Ordnung von 1762 hergestellt, welche sich als eine Einrichtung, der das Element der Stätigkeit innewohnte, bewährt hatte.

Eine dritte Proposition galt der Wahl der Ausschuss-Mitglieder. Die in der Ritterhaus-Ordnung von 1762 auf 24 festgesetzte Zahl der Wahlmänner (Elektorer) ward auf 23 ermässigt, mit 5 Mitgliedern aus dem Herrenstande, 7 Mitgliedern aus den Rittern und 11 aus der dritten Klasse. So standen also aus den ersten beiden Klassen jetzt 12 vom höhern Adel gegen 11 des niederen, der damit schon für die Wahl zu den Ausschüssen in die Minorität gebracht war; in den Ausschüssen selbst war jede Klasse durch eine gleiche Anzahl Mitglieder vertreten; der junge und niedere Adel der dritten Klasse also völlig in der Minderheit. Auch diese Proposition ging durch.

Endlich musste der Heerbefehl, auf den besonderen Wunsch des Königs, sich dazu verstehen, als solcher von der ferneren Vertretung auf den Reichstagen Abstand zu nehmen, Jeder Offizier erschien fortan im Ritterhause nur insofern er eine Familie, nicht ein Regiment, vertrat. Diese Maassregel geschah im Interesse strengerer Disciplin im Heere, dessen Chef der König war.

Bei aller Klugheit, von welcher diese Reformen Zeugniss geben, täuschte sich der König doch über deren politische Tragweite; zum wenigsten, so weit dabei auf eine persönliche Beeinflussung oder gar auf eine Beherrschung des Ritterhauses durch ihn gerechnet war. Bei dem hohen und alten Adel ward mit seiner Reaktivirung das Bewusstsein von seiner alten und angestammten Bedeutung im Reiche wieder lebendig; der edle Stolz der Unabhängigkeit kehrte wieder. Der niedere Adel des Patentes aber grollte dem Könige wegen seiner Isolirung und augenscheinlichen Zurücksetzung. Auch machte sich in der dritten Klasse die Meinung laut, ohne die alten Lehne fehle es dem in die früheren Rechte wieder eingesetzten Herrenstande an der früheren, damals natürlichen Grundlage.

Ein anderes Bedenken wurde durch ein Mitglied der dritten Klasse (Hummelhjelm) angeregt, das nicht unwichtig war.

Die Regierungsform von 1772 habe zu allen neuen Gesetzen die Zustimmung der Reichsstände garantirt. Ob das auch eine Zustimmung genannt werden könne, wenn der König bei gleichgetheilten Stände-Stimmen, nach der Reichstags-Ordnung von 1617 von dem Rechte der Auswahl Gebrauch mache? Zur Debatte kam es hierüber nicht. Der König löste den Reichstag vorher auf. Er konnte dies, denn Geldbewilligungen waren nicht verlangt, so lange die noch von Frankreich flissenden Subsidien dies entbehrlich machten, und übrigens die bald nach Eröffnung des Reichstage erfolgte Geburt eines Thronerben (1. November 1778) das Band zwischen Thron und Ständen wieder inniger geschlungen hatte. Auch war der herkömmliche Credit bis zum Wiederzusammentritt der Stände bewilligt.

In der nun folgenden Zeit trat die Rücksicht auf das Land und dessen Wohl bei dem Könige sichtlich mehr hinter dem Bestreben nach Befriedigung persönlichen Ehrgeizes und persönlicher Launen zurück. Schon damals urtheilten Manche, König Gustav scheine seine ganze Königsrolle mehr „vor den Augen Europas abspielen“, als zum Heile seines Volkes in Thätigkeit setzen zu wollen. Darum lag ein glänzender Krieg gewiss schon lange im Hintergrunde seines Verlangens. Aus diesem Grunde seine besonders eifrige Beschäftigung mit dem Heerwesen und der Flotte. Der als Kriegs-Minister fungirende Reichsrath Freiherr Carl Sparre unterstützte ihn hierbei lebhaft, während der erfahrene Ulrich Scheffer dagegen arbeitete. Sparre fragte einst den Grafen Scheffer nach den Gründen dieses Widerstrebens und erhielt zur Antwort: Ne voyez vous pas, que vous mettez le rasoir à la main d'un enfant? Es war erklärlich, dass Rathgeber solcher Art dem Könige unbequem wurden. Dagegen hatten es zwei Männer in besonderem Grade verstanden, des Königs innerste Wünsche zu errathen und ihnen Vorschub zu leisten; der Obrist Johann Christoph Toll und der Freiherr Armfelt. Diese beiden besassen deshalb um diese Zeit sein Ohr und sein ganzes Vertrauen. So lange die Königin-Wittwe, Louise Ulrike, lebte, hatte Ulrich Scheffer gleichwohl noch eine feste Stellung; nach deren 1783 erfolgtem Tode fiel diese Rücksicht fort, und Scheffer musste im Kanzlei-Präsidium dem Grafen Creutz Platz machen, in welchem der nunmehrige General, und nach Carl Sparres Beseitigung auch Kriegs-Minister Toll einen nachgiebigeren Chef des Auswärtigen erkannt hatte. In diese Zeit fiel auch die italienische Reise des Königs. Kunstsinn und Zerstreuung sollten die offenkundige Veranlassung dieser bei herrschender Noth im Lande miternommenen Reise sein. Die Umschau nach Allianzen für eine etwaige Kriegs-Unternehmung auf Norwegen erscheint als der politische Zweck. Toll betrieb während der Abwesenheit des Königs die Kriegsrüstungen mit Eifer und scheint nach des Königs Rückkehr auf den Ausbruch eines unter der Hand geschürten Missvergnügens in Norwegen gerechnet zu haben. Deshalb rieth er ohne Verzug zur Berufung der Stände.

Wie überrascht war der König, als er sich nach Zusammentritt der letzteren (1786) von einer Versammlung von Missvergnügten umgeben sah, ganz gegen Tolls und Armfelts Versicherungen. Dass im Volke dergleichen sich regte, hatte ihm schon die periodische Presse sagen können, gegen welche unter Beschränkung der 1774 gegebenen Freiheiten im Jahre 1785 mit strengen Maassnahmen und Verordnungen vorgegangen werden musste; doch ward das auf blosses Coterie-Treiben geschoben.

Gleichwohl war in den nicht-adligen Ständen das Missvergnügen allgemeiner, als der König sich vorstellte.

Der geistliche Stand, schon entfremdet durch die überaus lockern Sitten am Hofe Gustavs III., ward erbittert durch den förmlichen Handel, welchen der Staats-Secretair Elis Schröderheim zur Deckung zunehmender Geldbedürfnisse mit den geistlichen Stellen landesherrlicher Vergebung trieb.

Man sah bei steigender Finanznoth eine neue Säkularisation der geistlichen Dotationen vor der Thür; ja man glaubte bereits den Bischof Nordin mit einer solchen beauftragt.

Im Bürger- und Bauernstande konnte die aufgehobene Freiheit des Branntweinbrennens nicht verschmerzt werden, so dass offene Ausbrüche in Dalekarlien selbst mit Kanonen niedergedonnert werden mussten. Nun kamen die Klagen über die prunkende und kostspielige Vergnügungsreise des Königs hinzu, während die Theuerung im Lande das Volk zum Rindenbrote nöthigte.

Der Heerbefehl, zum ersten Male als solcher von den Reichstags-Berathungen ausgeschlossen, fühlte sich zurückgesetzt und seine üble Laune theilte sich der bewaffneten Macht in weiteren Kreisen mit. Der Adel misstraute dem Könige in Rücksicht auf dessen Achtung vor den ständischen Freiheiten und nahm diesen Punkt unter seine besondere Obhut.

Die sämmtlichen Propositionen des Königs missglückten. Das Verlangen, die Landschaften möchten bei Rekrutirungen statt der Gestellung der Soldaten in natura zu einer baaren Abgabe, unter dem Namen der Passe-volance, sich verstehen, fiel schon beim Bauernstande; das Verlangen, so viel Geld zwischenzeitlich aus der Bank entnehmen zu dürfen, als erforderlich scheine, die verfallenen Bergwerke von Fahlun herzustellen, auch bei den übrigen Ständen. Das fernere Begehren, zwischenzeitlich so viel Geld auf der Bank zur Disposition gestellt zu erhalten, um etwa wiederkehrenden Theuerungen zu begegnen, ward in Anbetracht der unverlassbaren Finanzwirthschaft Gustavs nur in der bestimmten Summe von 100,000 Rthlrn. bewilligt. Am entscheidendsten war der Beschluss über die vom Ritterhause wieder aufgenommene Hummelhjelmsche Frage. Auf Freiherr Carl de Geers Vorschlag ward der König ersucht, sich damit einverstanden zu erklären,

> „dass, wenn es sich um neue Steuern oder Standesprivilegien handele, jederzeit die Einhelligkeit aller vier Stände zum Beschluss erforderlich sei;
>
> dass in allen übrigen §§. 40. 41. 43. und 57. der Regierungsform von 1772 vorgesehenen Fällen der Gesetzgebung die Mehrheit von drei Stände-Stimmen genüge, diese aber vorhanden sein müsse.

Der König, obgleich im Herzen widerstrebend, gab seine Zustimmung und auch die übrigen Stände erklärten sich einverstanden. In solcher Lage gegenseitiger Stimmungen hielt es der König nicht gerathen, mit seinen Kriegsprojekten vor den Reichstag zu treten. Dessen Auflösung erfolgte, ohne dass der König das Geringste für sich gewonnen hatte. Der Beschluss über die Modification der Reichstags-Ordnung von 1617, welcher die Freiheit des Königs nicht unerheblich schmälerte, erregte vor Allem seinen Hass gegen den Adel, und es scheint, dass von diesem Augenblicke an des Königs Gedanke hauptsächlich dahin gerichtet gewesen ist, an dem letzteren seine Vergeltung zu nehmen.

Ein glücklicher Feldzug erschien auch dazu als der geeignetste Weg. Allein wo die Gelegenheit nehmen, da die Verfassung den Angriffskrieg ohne ständische Zustimmung untersagte? Wohl hatte es der Hof von Petersburg an Anlässen zu Feindseligkeiten nicht fehlen lassen. Die Opposition auf den letzten

Reichstagen hatte er erweislich geschürt. Dem Landmarschall Grafen Axel Fersen waren bedeutende Geldsummen, wenn auch vergeblich, angeboten worden. Jetzt spielte in Finnland der missvergnügte Obrist Sprengtporten (Bruder des Generals Jacob Sprengtporten) in russischem Solde eine bedenkliche Rolle; dem Adel ward dort von Petersburg aus insinuirt, Finnland sei doch gegen Russlands wiederkehrende Unternehmungen nicht bei Schweden zu erhalten; inzwischen entgehe man am besten traurigen Verwüstungen in Kriegsläuften, wenn man sich selbst zur Unabhängigkeit erhebe und unter russisches Protektorat stelle. Das Alles wusste der König. Als nun Russland 1788 der Pforte den Krieg erklärte, sah sich Gustav III., als Alliirter der Türkei vom Vertrage von 1739 her, als der Mitangegriffene an. Zudem komme Schweden beim Losschlagen nur einem längst von Russland intendirten Angriffe auf Finnland zuvor; übe daher, zwar scheinbar offensiv, doch in Wirklichkeit nur einen Act der Selbstvertheidigung.

Auf diese Gründe hin erfolgte im Juni 1788 der Anfang der Feindseligkeiten. Ob zu letzter formeller Rechtfertigung der König in russische Uniformen gesteckte schwedische Soldaten an der Grenze Finnlands erste Schüsse thun liess, mag um so mehr unentschieden bleiben, als der Hof von Petersburg in einem offenen Manifeste die ihm untergelegten feindseligen Absichten bestritt. Er erinnerte zugleich die schwedische Nation unter Versicherung freundnachbarlicher Gesinnungen an die Verletzung ihrer Verfassung durch den offensiven Schritt ihres Königs.

Inzwischen entsprachen die Fortschritte der schwedischen Waffen keineswegs den Erwartungen, welche Gustav durch seine Sprache angeregt hatte. Augenscheinlich fehlte es ihm an Kriegs-Erfahrung und bei aller Gefahr an dem nöthigen Ernste; dem Heere an ausreichender Verpflegung und Ausrüstung in allen Beziehungen. Als so im zweiten Monate des Feldzuges fast ohne Belagerungsgeschütz zum Sturm auf Frederiksham geschritten werden sollte, traten Offiziere der finnischen Regimenter, an der Spitze Obrist Hästesko, vor und erklärten den Sturm unthunlich, zugleich den ganzen Krieg sowohl verderblich für das Reich, als, weil ohne Zustimmung der Stände unternommen, für einen Verfassungsbruch. Als der König bestürzt sich an die Soldaten wandte, empfing ihn auch hier ein dumpfes Schweigen. Das Regiment Hästesko legte das Gewehr nieder und andere Regimenter folgten. Am 9. August ward durch Major Liliehorn Namens des Heerbefehls ein Waffenstillstands-Angebot nach Petersburg gebracht und am 12. August zu Anjala, einem Gute des Generals Armfelt, eine Schrift aufgesetzt, in welcher der Heerbefehl seine Schritte unter Berufung auf die beschworene Verfassung und die dem Feldzuge ungünstigen Umstände motivirte und auf Berufung der Reichsstände drang, wenn der Krieg fortgesetzt werden sollte. Selbst der Bruder des Königs, Herzog Carl von Südermanland, unterschrieb, nachdem er vor Beginn der Unternehmung zugleich mit dem Herzoge von Oestergothland den König, wiewohl umsonst, gewarnt hatte.

In dieser peinlichsten Lage erhielt der König die Nachricht von der Kriegserklärung Dänemarks. Nun hatte er den gewünschten Vertheidigungskampf in bester Form. Mit grosser Energie traf er Anstalten, dem neuen Feinde zu begegnen, eilte selbst auf die westliche Grenze und gewann durch Muth und Eifer die in Finnland so gefährlich erschütterte Autorität beim Heere und selbst Popularität im Volke wieder.

Dem letzteren war es leicht, die Missgeschicke in Finnland bloss als das Werk eines bestochenen Adels darzustellen. Der im Unglücke verlassene König ward ein Gegenstand des Mitgefühls, die aus Finnland zurückkehrenden Offiziere dagegen vom Pöbel der Hauptstadt insultirt. Diejenigen vom Heerbefehl, welche schon vor Beginn der Feindseligkeiten aus Gewissensscrupeln den Abschied begehrt hatten, begrüsste man, wo sie sich zeigten, als Feiglinge, die an der Bundesschrift von Anjala Theil genommen, als Verräther. So konnte der König es wagen, die Häupter des Anjala-Bundes verhaften zu lassen und vor das Kriegsgericht zu stellen.

Inzwischen waren die Einberufungen zum Reichstage, wozu auch der Reichsrath gerathen hatte, auf den 26. Januar 1789 erlassen. Der König war entschlossen, die selbst verliehene Verfassung von 1772 umzustossen. An denselben Punkt, durch welchen das Ritterhaus 1786 die königliche Entscheidung über Reichstagsbeschlüsse einzuschränken geglaubt hatte, sollte jetzt der Hebel zur Umwälzung des ganzen Gebäudes und zum Sturze des Ritterhauses angesetzt werden. Nur der unadligen drei Stände Stimmen, deren es dazu bedurfte, musste sich der König versichern. Dies geschah auf, folgende Weise.

Allabendlich seit Eröffnung des Reichstages wurden Vertrauensmänner und die Sprecher der drei niederen Stände zum Könige entboten. Freiherr Ruuth übte hier das Amt des Hofkanzlers, Staatssecretair Elis Schröderheim führte die Feder. Der gemeinsame Köder für Alle war das Versprechen, dass Grundbesitz aller Art, Säterien einbegriffen, fortan für Jedermann erwerblich sein und jeder noch geltende Standes-Unterschied bei Anstellungen und Beförderungen im Staatsdienste aufhören solle. Ausserdem wurden noch für jeden einzelnen Stand besondere Bestechungsmittel in Anwendung gesetzt. Bei der Geistlichkeit that es, wie neuerlich veröffentlichte Gesandtschaftsberichte ergaben, vornehmlich baares Geld. Dem Bürgerstande ward die Ausstellung einer besonderen Versicherungs-Acte mit neuen Privilegien zugesagt, dem Bauernstande die völlige Gleichstellung der Frälse-Bauern mit den Skatte-Bauern in Hinsicht auf Einquartirung und Vorspann, und den Kron-Bauern endlich die Zulässigkeit der Umwandlung ihres Pachtrechts in Eigenthum durch Ablösung ihres Zinses oder Canons in Aussicht gestellt.

Nun ereignete sich folgender Zwischenfall. Der Bürgerstand hatte selbst durch eines seiner Mitglieder den Entwurf zu der verheissenen Versicherungsacte aufsetzen sollen. Dies war geschehen, der Entwurf war durch Andere begutachtet und Schröderheim erhielt den Auftrag der schliesslichen Redaktion und Contrasignatur. Allein dies weigerte der Staatssecretair, da neue Standes-Privilegien nach ausdrücklicher Vorschrift der Verfassung nicht anders, als unter Zustimmung sämmtlicher vier Stände verliehen werden dürften. Hierfür fand der König den Ausweg, die Privilegien einstweilen uncontrasignirt zu vollziehen, sie so, aber versiegelt, den Sprechern einzuhändigen mit dem Vorbehalt, sie nicht eher zu öffnen und als gesetzlich verliehen zu betrachten, bevor nicht mit Hülfe der drei niedern Stände die im Werke begriffene Verfassungsveränderung vollzogen und durchgesetzt sei. Denn nach der letztern, wie sie bereits im Entwurfe mit den Vertrauensmännern vereinbart war, sollte der König nicht mehr weder der Contrasignatur, noch der ständischen Zustimmung bedürfen. Und so geschah es. Die Sprecher und Vertrauensmänner kämpften darauf, die versiegelten Privilegien in der Tasche, mit grosser Unerschrockenheit und mit hingebendem Patriotismus für die Wünsche des Königs.

Als in diesen Abendzirkeln die beabsichtigte Verfassungsreform im Entwurfe fertig gemacht war, weigerte auch der Erzbischof, als Sprecher des zweiten Standes, die von ihm verlangte Vollziehung. Für die Erklärung, dass er darin nur einen Verfassungsbruch erkenne, erhielt er die Erlaubniss, sich für die nächsten Wochen krank zu melden. Bischof Walquist von Linköping übernahm seine Stellvertretung als Vorsitzender, Probst Nordin die Vertheidigung der Reform im zweiten Stande.

In den Umgebungen des Königs bei Hofe blieb nicht verborgen, dass es auf einen Staatsstreich abgesehen sei. Der Vice-Gouverneur des Kronprinzen, Obrist Freiherr Wachtmeister, des Königs General-Adjutant Freiherr Lantinghausen, der Reichsrath Graf Stockenström, der Obrist-Kammerjunker, Landeshauptmann Graf Ekeblad forderten ihren Abschied und erhielten ihn. Diesem Beispiele folgten verschiedene Offiziere von den Haustruppen. Reichsdrost Graf Wachtmeister erklärte dem Könige, falls es auf Zwang gegen das Ritterhaus abgesehen sei, er als Justizminister zu einem amtlichen Einschreiten gegen die Secretaire und den Fiskal des Ritterhauses nicht die Hand bieten könne.

So blieb der König fast nur noch berathen von adelsfeindlichen Beamten, dem Lagmann Ahlman, Rathmann Lidberg, Bischof Walquist, Probst Nordin und den jüngst nobilitirten Revisionssecretair Lästbom, Lagmann Nordin und Liljensparre, dem Polizei-Präsidenten der Hauptstadt. Des Königs Spruch von 1772, „sein grösster Stolz werde sein, der erste Bürger eines freien Volkes zu sein“ , ward vergessen: die Wege Königs Carls XI. wurden wieder gewandelt. Dazu gehörte, dass vor der Vorlegung der beabsichtigten Verfassungsreform die Häupter des Adels unschädlich gemacht werden mussten. Am 21. Februar wollte der König die vier Stände versammeln und zur Annahme seiner Propositionen nöthigen. Am 20. Februar, in der Nacht, wurden folgende Personen durch Militair verhaftet: Graf Axel Fersen, General Graf Friedr. Horn, Freiherr Stjerneld, Freiherr Carl de Geer damals der reichste Mann in Schweden), die Freiherren Rutger und Gustav Mac-Lean, die Herren von Frietzky, von Gerdten, Billberg, von Engeström, Liljestråle, Obrist Almfelt, Lieutenant Almfelt, Ritterhaus-Secretair Bungencrona, und Ritterhaus-Fiskal Ihre. Kammerherr Freiherr Reuterholm meldete sich krank und entging dadurch der Verhaftung: Graf Brahe, General-Major Freiherr Pechlin, Obrist Schwartzer und Lagmann Spaldencreutz erhielten Stuben-Arrest gegen Ehrenwort. Die

Verhafteten wurden zum Theil nach der Hauptwache gebracht, zum Theil nach Fredrikshof; der Klub der Patrioten ward aufgehoben, die Thore der Stadt wurden geschlossen, der Abgang der Postkutschen verboten, der Druck der Ritterhaus-Protokolle inhibirt. Der Herzog von Südermanland erhielt das Commando in Stockholm, Armfelt hatte den Auftrag, in den Dalarne freiwillige Truppen für den König zu werben. Es geschah dies unter der Vorspiegelung, der schwedische Adel habe sich von Russland zu einem grossen Landesverrath bestechen lassen. Durch Aehnliches und Aergeres wurde auch der Pöbel der Hauptstadt aufgestachelt.

Nach solchen Vorsichtsmaassregeln trat der König am 21. Februar in die zum Reichssaale entbotene Versammlung sämmtlicher vier Stände, und liess durch Schröderheim folgende Acte als Gesetzes-Vorlage laut verlesen:

§. 1. Wir etc. Stände des Königreichs etc. erkennen an, der Erbkönig hat volle Macht, sein Reich zu regieren, Krieg anzufangen, Frieden zu schliessen und Bündnisse einzugehen, nach eignem Ermessen alle Aemter zu besetzen, Gesetze und Recht auszulegen und zu handhaben, und alle sonstigen Angelegenheiten des Reichs so zu besorgen, wie es ihm am nützlichsten erscheint.

§. 2. Wir Alle betrachten uns als gleich freie, dem Gesetze unterworfene treue Unterthanen des gekrönten Königs, der uns nach Schwedens geschriebenem Gesetze regiert. Und da wir Alle gleich freie Unterthanen sind, so müssen wir auch Alle einen gleichen Rechtsschutz geniessen. Des Königs höchster Gerichtshof wird deshalb mit adligen und unadligen Mitgliedern besetzt. Die Zahl der dazu zu berufenden Reichsräthe ist dagegen lediglich des Königs Gutbefinden überlassen. Uebrigens wird des Königs Majestät Hohe wie Niedre schützen gegen alles Unrecht, Niemanden an seinem Leben, seiner Ehre und seinem Vermögen kränken, er sei denn gesetzlich überfuhrt und von dem zubehörigen Richter vorurtheilt.

§. 3. Ein in sich gleich freies Volk muss auch gleiches Recht besitzen. Deshalb sind auch alle Stände in Zukunft befugt, Grundbesitz in ihrem Vaterlande zu erwerben. Dabei bleiben aber die hergebrachten an den Säterim oder rå und rörs- und insockne-hemman haftenden Freiheiten unangetastet, wie denn überhaupt an der verschiedenen Rechtsnatur des Grundbesitzes als solcher nichts geändert wird.

Dem Bauernstande wird durch eine besondere Verordnung vom heutigen Tage allgemein gestattet, das Eigenthum der Kronhöfe gegen Uebernahme von Skatt zu erwerben.

§. 4. Der Ritterschaft und dem Adel bleiben die sogenannten hohen Reichs- und Hofwürden vorbehalten. Alle übrigen Aemter und Stellen werden ausschliesslich nach Verdienst und Geschicklichkeit vergeben.

§. 5. Da zur wahren Freiheit einer Nation gehört, die Mittel zur Deckung der öffentlichen Bedürfnisse aus freiem Entschlusse herzugeben, so hat das schwedische Volk ein unbestrittenes Recht, hierüber sich jedesmal mit dem Könige zu vereinbaren.

§.6. Auf den Reichstagen wird in Zukunft, wie es vor dem Jahre 1680 üblich war, nur über solche Gegenstände berathen, welche vom Könige proponirt werden.

§. 7. Im Uebrigen werden die Privilegien des Adels und der Geistlichkeit vom Jahre 1723, so wie die wohlerworbenen Rechte und Freiheiten der Städte, so weit diese Acte nicht entgegensteht, von Neuem bestätigt.

§. 9. Die Regierungsform von 1772 bleibt insoweit bestehen, als sie nicht durch diese Acte für abgeändert zu erachten ist. —

In den nicht-adligen Ständen hielt es nicht schwer, auf die Frage des Königs, ob diese sogenannte „Vereinigungs- und Sicherheits-Acte" angenommen werde, ein allgemeines Ja zu erhalten. Abermals gab man hier, wie hundert Jahre früher, für das trügerische Geschenk der allgemeinen Gleichheit die alten politischen Freiheiten der Nation dahin. Nur der Adel nahm es, wie vor hundert Jahren, auf sich, für diese, uneingeschüchtert, einzustehen. Denn auch an Drohungsmitteln hatte es der König nicht fehlen lassen. Als er auf dem Thronsessel Platz genommen, tönten bestellte laute militairische Gommandoworte von draussen in den Saal. Der König, wie missbilligend, entsandte den Capitain-Lieutenant Grafen Clas Lewenhaupt und liess sich für einen Augenblick Ruhe erbitten.

Ausser dass der Adel bei der Frage über die Annahme der Acte durch lautes wiederholtes Nein geantwortet hatte, trat jetzt Graf Adolph Hamilton, die Verfassungsurkunde von 1772 in der Hand, mit dem Verlangen auf, dass die Proposition, vor förmlicher Beantwortung durch die Stände, in die gesonderten. Standes-Plena zur Berathung gelange. General Freiherr Duwall, Graf Dücker und Freiherr Adlerbeth unterstützten dies Verlangen.

Der König entgegnete, er wolle dem Adel die weitere Berathung nicht verwehren, aber die Annahme des Gesetzes sei bereits nach dem Beschluss von 1786 durch das Ja der drei andern Stände geschehen. Der solchergestalt mit Berufung auf die Verfassungs-Urkunde von 1772 erhobene Widerspruch des Adels hatte indess doch die Wirkung, dass die Sprecher der drei niedern Stände ihre förmliche Unterschrift zu der Annahme-Erklärung zurückhielten. Erst besonderer Auftrag ihrer Standes-Plena, konnte sie dazu bewegen.

Bevor das Ritterhaus zu seiner gesonderten Berathung schritt, hatte Graf Lewenhaupt den Marschallstab an den, dem Hofe besonders ergebenen Obrist Per Liliehorn abgegeben. Auch dies blieb ohne Einfluss. Auf Grund des §. 42. der Verfassungsurkunde bat das Ritterhaus zunächst um Mittheilung des danach zu erfordernden Gutachtens des Reichsraths über die Proposition. Diesem Begehren wich der König mit der Bemerkung aus, der Reichsrath sei bei der öffentlichen Verlesung der Acte ja gegenwärtig gewesen und sein Schweigen müsse deshalb als Zustimmung gedeutet werden.

Das fernere Verlangen des Ritterhauses, die verffassungswidrig verhafteten Mitglieder des Adels auf freien Fuss zu stellen, hatte nur die Folge, dass Einige, minder gefährlich erachtete, der Haft entlassen wurden.

Dagegen war inzwischen das von Armfelt geworbene Frei-Corps der Dalkarle eingenickt und wurde nach Drottningholm quartiert. Der König liess geflissentlich drohende Aeusserungen hören: „Er werde nicht Anstand nehmen, bei fernerem Widerstand das Ritterhaus dem Pöbel preiszugeben; auf tausend Köpfe in seinem Reiche weniger käme ihm nichts an.“ Dann reiste er nach Drottningholm ab, um selbst das Frei-Corps nach der Stadt zu führen. P. Liliehorn hatte Weisung, dem Ritterhause dies zu erkennen zu geben. Aber dieses Drohstück des Königs missglückte. Ein lautes Murren unter den von Drottningholm commandirten Truppen gebot dem Könige Halt zu machen. Mit der Wendung: „Nun habe er sich überzeugt, dass sie im Marschiren genügend geübt seien“ ward Kehrt nach Drottningholm commandirt.

Den Zustand und die Stimmung in der Hauptstadt um diese Zeit schildert Adlerbeth in seinen „historischen Anzeichnungen“ in folgender Weise:

„Am Hofe der Prinzessin Albertine und in fast allen vornehmen Häusern offenbarte sich ein unverholener Abscheu gegen den König. Man glaubte es als einen unerhörten Vorgang in der Geschichte bezeichnen zu können, dass ein König das Geschenk einer Verfassung, welches er selbst mit dem Beistande des Adels dem Volke erst kürzlich gemacht, nun ihm wieder zu entreissen suche. Noch mehr aber fast als der Zweck seien die Mittel empörend: eine falsche Anklage gegen einen ganzen Stand, seine Verurtheilung ohne seine vorausgegangene Rechtfertigung, die gesetz- und privilegienwidrige Verhaftung seiner hervorragendsten Mitglieder, ohne sie mit dem ihnen zur Last gelegten Vergehen bekannt zu machen oder sie vor den Richter zu stellen, endlich der Versuch, den Stand durch Ueberrumpelung um seine politischen Freiheiten zu bringen. Der Landmarschall war durch sein Verhalten so verachtet, dass ihm der Eintritt in die Cirkel der guten Gesellschaft versagt, und dass er kaum auf der Strasse gegrüsst ward. Dem besseren Theile auch der Bürgerschaft und überhaupt den Angesehenem unter den nicht-adligen Ständen öffneten sich die Augen. Sie erkannten, dass der künstlich vom Cabinet erzeugte Zwiespalt unter den Ständen nothwendig zum Absolutismus des Königs führe. Graf Axel Fersen wurde, noch während er in Haft sass, von der neu gegründeten Ostindischen Compagnie zu ihrem Chef gewählt.

Die niedern Schichten des gemeinen Volkes wussten von dem, was vorging, nur so viel, dass es sich um eine Demüthigung der Grossen handele; sie lasen allein die ihnen von oben in die Hände gespielten Schmähschriften und sangen auf die Person des Königs und auf das Dalekarlische Frei-Corps Loblieder, welche den Winter hindurch von Strassenjungen auf den Gassen ausgeboten wurden. Ein schwerer Druck lagerte auf der ganzen Hauptstadt. Die Geselligkeit war gestört, die Vergnügungen hatten ihren Reiz verloren, die Logen in den Theatern blieben leer. Zur Cour vom 23. Februar hatten alle Hofdamen bis auf 3 sich entschuldigen lassen. Selbst das Lever des Königs wurde so schwach nur besucht, dass der Landmarschall täglich einen Theil seiner 50 Attestanten dorthin zu beordern Befehl erhielt, nur um die Räume zu füllen; die übliche Abend-Cour bei Hofe musste ganz ausgesetzt werden."

Am 31. März erging endlich das Gutachten des Ritterhauses:

> „Ritterschaft und Adel wünschten bei der 1772 beschworenen Verfassung zu verbleiben. Die darin vorgesehene Bestimmung, dass der König nicht Angriffskriege ohne zuvorige Zustimmung der Reichsstände beginnen könne, entspreche der eigenthümlichen Lage des Landes durchaus, und sei ausserdem durch trübe Erfahrungen der Vergangenheit diktirt worden. Auch vor 1680 habe keinem schwedischen Könige eine 90 weit gehende Befugniss zugestanden.
>
> Unmöglich könne es ferner des Königs eigne Absicht sein, sich (§. 1.) die Befugniss zu vindiziren, das Gesetz zu deuten, wie Er es am „nützlichsten" finde. Denn Recht und Nützlichkeit seien oft sehr auseinandergehende Begriffe.
>
> Durch die Zusage im §. 2. der Proposition erscheine die persönliche Sicherheit nicht hinreichend garantirt, insofern die Clausel vermisst werde, dass auch Niemand anders, als nach den Worten des Gesetzes verhaftet, ein Staatsdiener aber seines Amtes nicht anders dürfe entsetzt werden, als auf Grund förmlichen Spruches.
>
> Obgleich die nähere Einrichtung des nach §. 2. in Aussicht genommenen höchsten Gerichtshofes noch nicht bekannt sei, so streite doch schon der ganze Plan gegen wesentliche Grundbestimmungen der Verfassung von 1772 in Hinsicht auf die Revision in Rechtssachen, und gegen die Adels-Privilegien die beabsichtigte Art der Besetzung der Stellen.
>
> Da das alte Recht der Nation, neue Steuern zu bewilligen, nach gegenwärtigem Zustande der bürgerlichen Verfassung nicht mehr anders, als durch die versammelten Reichsstände geübt werden könne, so sei in

dieser Beziehung der §. 5. unklar und bedenklich. Das den Reichsständen §. 42. der Regierungsform von 1772 ausdrücklich garantirte Recht, aus eignem Antriebe vor dem Throne zur Sprache zu bringen, was sie dem Lande für heilsam erachteten, sei nicht minder, als die Steuerbewilligung unentbehrlich für ein freies Volk. Ein Missbrauch stehe hiervon nicht zu besorgen, da dem Könige unbenommen sei, abzulehnen, wenn seine Meinung eine abweichende sei.

Die im §.9. der Proposition gegebene Zusage, dass die Verfassung von 1772 in Kraft bleibe, soweit sie nicht durch das neue Gesetz abgeändert werde, sei vollends inhaltlos geworden, nachdem §. 1. des neuen Gesetzes dem Könige die Befugniss vindizirt sei, alle Regierungsgeschäfte so zu erledigen, wie es ihm am nützlichsten scheine.

Wenn für die Meinung, dass des Königs Proposition schon durch die Zustimmung von drei Ständen zum Gesetz erhoben sei, die Beschlüsse von 1786 angeführt würden, so könnte Adel und Ritterchaft nur darauf aufmerksam machen, dass jene Beschlussnahme von 1786 auf Grundgesetze so wenig Anwendung finde, als auf Standesprivilegien und Steuerbewilligungen. Dies gehe unzweifelhaft schon daraus hervor, dass in jenem Beschlusse die Gegenstände nach Paragraphen der Regierungsform (§. 40. u. f.) ausdrücklich namhaft gemacht seien, in welchen drei Stände-Stimmen zur Gesetzes-Annahme genügen sollten, diese Paragraphen aber nur von ökonomischen und sonst nach der Natur wechselnden Gesetzgebungsgegenständen handelten."...

Da der König einmal entschlossen war, Gewalt vor Recht gehen zu lassen, so liess sich erwarten, dass das Gutachten des Ritterhauses ohne Wirkung blieb. Zum 3. April liess er die Sprecher der drei niedern Stände und den Landmarschall auf das Schloss entbieten, und befahl dem Letztern, mit seiner Namens-Unterschrift zu zeichnen, was bereits legal zum Gesetze erhoben sei. „Er sei, drohte der König, nicht blos Marschall seines Standes, sondern Vorsitzender des gesammten Reichstages und werde durch dessen Beschlüsse zur Folgeleistung genöthigt."

Zu mehrerer Beruhigung des Gewissens des eingeschüchterten Grafen Lewenhaupt hatte übrigens der König ein besonderes Protokoll durch den Staatssecretair Schröderheim aufsetzen und von dem Landmarschall eingehen lassen, worin der Ritterschaft und dem Adel die Standes-Privilegien von Neuem garantirt waren. Dieses Protokoll blieb aber geheim. Erst in einem Prozesse, welcher gegen den Sohn des Landmarschalls von einem frälse Skatte-Bauern auf Grund der dem Bauernstande neuerlich ertheilten Zusagen angestrengt war, ward das genannte Protokoll zum Schutze der Adelsrechte vor dem Richter produzirt.

Die Sicherheits-Acte war nach ihrer Vollziehung zur Publikation reif. Doch hielt sie bis zum Schluss des Reichstages der König in Gewahrsam. Damit aber auch das Gutachten des Ritterhauses, welches der Reichstagspraxis gemäss den übrigen Ständen mitgetheilt werden musste, nicht weiter zur Erörterung käme, erging eine königliche Botschaft an die drei Sprecher: „Mit Rücksicht auf den allerseits gewünschten Schluss der Session keinerlei neue Gegenstände mehr in den Plenis zur Debatte zuzulassen.“:

Am 7. April brachte Freiherr Wachtmeister zur Kenntniss des Ritterhauses, dass der Landmarschall, sicherem Vernehmen nach, die Acte auf Befehl des Königs vollzogen habe. Sogleich ward von der Versammlung einhellig ein Protest dagegen zu Protokoll verfasst.

Es erübrigte auf diesem Reichstage noch die Bewilligung der vom Könige begehrten Beihülfe zur Fortsetzung des Krieges und die ständische Garantie für die neu kontrahirten Schulden. Beides fand in der Form, wie es verlangt wurde, seine Schwierigkeiten. Die nicht adligen Stände hatten die vom secreten Ausschusse proponirten Beihülfen bewilligt „bis zu dem nächsten Reichstage, d, h. nunmehr bis ins Unbestimmte. Dazu wollte das Ritterhaus sich nicht verstehen, und da die Unterhandlungen auch hierüber ohne Aussicht auf Verständigung blieben, entschloss sich der König zu einem neuen Gewaltact. Er erschien persönlich am 27. April im Plenum des Ritterhauses — nachdem übrigens der Plan, auch die noch nicht arretirten Führer des Adels zuvor in Haft zu nehmen (die Grafen Hannlton, Ribbing, Claes Lewenhaupt den Jüngeren, die Freiherren Duvall, Wachtmeister und Bjelke, den Kanzleirath von Engeström und Professor von Schultzenheim) an der Weigerung des Bürger-Militairs, die Hand dazu zu leihen, gescheitert war. — Abends vorher hatte der Polizei-Director der Hauptstadt, Liljensparre, Handwerksgesellen und anderes loses Volk in den Herbergen und Krügen versammeln, mit starken Getränken die Nacht über bewirthen und dabei vernehmen lassen, der König befinde sich in Gefahr vor dem Adel, den er seines Widerstandes wegen im Ritterhause persönlich aufsuchen müsse. Nun sei es Sache seiner „treuen Unterthanen“ , ihn in dieser Gefahr nicht unbeschützt zu lassen. Ein lauter Tumult meldete am nächsten Vormittage dem zum Plenum versammelten Adel die Ankunft des Königs, der nicht begleitet von Wache in den Saal trat, nur gefolgt von einem Schwarm des mit Knitteln bewaffneten berauschten Pöbels, welcher bis in die Vorräume des Sitzungssaales drang und Lust zeigte, auch in den letzteren mit einzudringen. Nur weil der König es befahl, zog sich dieser trunkene Haufen bis auf die Strasse zurück, wo der Polizeimeister selbst zwar Wache hielt, jedoch nicht verhinderte, dass die zum Ritterhause noch eilenden Edelleute öffentlich beschimpft wurden.

Nach wohlstudirter Rede stellte der König die frage:

> ob Ritterschaft und Adel dem Gutachten des secreten Ausschusses wegen der Steuer-Bewilligung „bis zum nächsten Reichstage“ beistimme.

Hierauf ertönten vereinzelte Ja, viele „Nein“. Der König schien nur die ersteren zu hören, dankte dem Adel für seine Bereitwilligkeit und befahl dem Ritterhaussecretair das Protokoll zu fertigen. Als hierauf laute Proteste sich erhoben, Viele zum Worte sich meldeten, erwiderte der König: „die Sache ist abgemacht; ich erkläre Jeden für einen Reichsverräther, der noch den von mir verkündeten Beschluss umzustossen versucht.“

Da bei Vorlesung des Protokolls gleichwohl die Proteste allgemein sich erneuten, liess der König mit der Aeusserung „es scheine ein Missverständniss obzuwalten“, die Bemerkung in das Protokoll mit aufnehmen, „vorbehaltlich des Rechts der Ritterschaft und des Adels und ohne Präjudiz für zukünftige Zeiten.“ Abschrift des Protokolls musste der Graf Mörner (ungeachtet seines Widerspruchs) den übrigen Ständen mittheilen. So schloss auch dieser Act mit einer Gewaltsamkeit.

Nachdem der Reichstag aufgelöst war, hatte der König freie Hand zu den Veränderungen, welche beabsichtigt waren.

Insbesondere wurde bald die eigentliche Bedeutung des so dunkel gehaltenen §. 2. der Sicherheits-Acte klar. Die Reichsräthe Grafen Bjelke, Hjärne, Falkenberg, Bunge und Freiherr Ramel hatten schon früher ihr Abschiedsgesuch eingereicht. Zu einem gleichen Ansuchen wurden jetzt die Grafen Hermanson und Rosen vermocht. Die Grafen Beckfriis, Oxenstjerna und Düben und die Freiherren Fr. und C. Sparre, Liljencrantz und Ridderstolpe erhielten ihre Entlassung ohne Form. Von der ganzen Rathskammer blieben nur der Reichsdrost Graf Hans Axel Wachtmeister, der Reichsmarschall Graf Bonde und der General-Gouverneur für Pommern auf ihren Posten. Am 17. Mai wurde die Sicherheits-Acte von den Kanzeln der Hauptstadt zugleich mit den, den nicht adligen Ständen gewährten Privilegien, als Gesetz verkündet.

Sodann geschah die Bildung des an die Stelle des Reichsraths tretenden Revisions-Gerichts durch Einberufung des Drost als Vorsitzenden, des Reichsmarschalls, der bisherigen Reichsräthe Graf Düben und Fr. Sparre, des General-Auditeurs Malmerfelt, des Revisions-Secretairs Baron von Köhler, des Hofgerichtsraths Evelius, der Lagmänner und Kreisrichter Rogberg, Hoffgardt, Anger, des Bürgermeisters Ulner und des Hofgerichts-Assessors Juslén. Selbst zu Zeiten Carls XI. war der Rath des Königs nicht in dem Grade verwandelt. Dann folgte die Umgestaltung der Garde; das alte Leibgarde-Regiment, bisher fast nur mit Offizieren vom Adel besetzt, ward von drei Bataillonen auf zwei vermindert; dagegen wurden zwei neue Bataillone zur Schlosswache bestimmt (eins Infanterie, das andere Jäger) und fast nur mit unadligen Offizieren besetzt, unter dem Commando des Baron Armfelt.

Es kann hier nicht umgangen werden, auch des Inhalts der den nicht adligen Ständen gewährten Privilegien (nach der Vollziehung vom 23. Februar) ausführlicher zu gedenken.

Des Bürgerstandes Privilegien umfassen folgende Zusagen:

1. Die älteren den Städten und dem Bürgerstande ertheilten Rechte und Freiheiten werden bestätigt.
2. Neue Monopolien in Gewerben, welche bereits im Lande betrieben werden, sollen an Einzelne nicht ferner ertheilt werden.
3. Die Städte behalten hinsichtlich der Besetzung ihrer

Magisträte ihr bisheriges Präsentations- und Wahlrecht und die freie Verwaltung ihrer Kassen.

4. Alles Kämmereigut (Stadsjord) bleibt als solches unangetastet.
5. Die Aufnahme neuer Bürger (till burskap) oder Handwerksmeister bleibt von der Bedürfnissfrage abhängig.
6. An den politischen Wahlrechten (sowohl zu Stadt-Aemtern als zum Reichstage) nehmen nur Vollbürger (rätta borgare), nicht Schutzverwandte (kontingent borgare) Theil.
7. Alle diese und ähnliche Zusagen erhalten die Kraft von Privilegien.

Des Bauernstandes Privilegien enthalten folgende Zusagen:

1. Kein angesessener Kron- oder Steuerbauer soll ohne Mittheilung des gesetzlichen Grundes oder Anlasses verhaftet werden, es sei denn, dass er auf frischer That oder der Flucht ergriffen werde.
2. Das Eigenthumsrecht des Steuerbauern an seinen Hemman wird anerkannt und die einmal geschehene Katastrirung zur Steuer (Skatt-läggning) oder zum Zehnten (tionde söttning) bleibt auf ewige Zeiten unverändert.
3. Der Bauernstand wird als vierter Reichsstand ausdrücklich anerkannt und übt sein Wahlrecht zu den Reichstagen nur unter dem Vorsitze eines Ofrälse.
4. Seine eigenen Produkte kann der Bauernstand überall im Reiche absetzen.
5. Neue Cultivirungen unbebauten Bodens bleiben auf ewige Zeiten von der Grundrente (skatt) frei.
6. Kirchspiels-Handwerker dürfen sich wie bisher auf dem platten Lande niederlassen.
7. So viel von seinen Kindern und Leuten der Bauer zur Bewirthschaftung seines Hofes gebraucht, bleiben von jeder Zwangswerbung frei.

Endlich bestimmte die Grundrenten-Kaufs-Verordnung: (Skatte köps förording) von demselben Tage unter Aufhebung früherer Verordnungen:

1. Jeder Steuerbauer (skatteman) hat Eigenthums- und Nutzungsrecht an seinem Grund und Boden, gleich dem

Frälse-Eigner.

2. Bei reinen Verkäufen von Kron-Hemman ohne ausdrücklichen Retrakt (utom börd) kann eine Zurückforderung zur Krone später nicht eintreten.
3. Auch bei dreijährigem Rückstande der Grundrente (skatt) soll der Hof noch nicht verfallen sein, sondern der Rückstand nur auf sonst gewöhnliche Weise eingetrieben werden.
4. Die Besitzer (åboar) der Skatte-Frälse-Hemman gemessen an ihren Höfen gleiches Besitzrecht, wie die Skatte-Kronbauern.
5. Auch die Skatte-Kronbauern sollen von ihren Höfen nicht vertrieben werden und haben beim Verkauf der Grundrente den Vortritt.
6. Bergmannshöfe dürfen nur von Bergleuten besessen werden.

Nach Beendigung des Reichstages ward das Urtheil des Kriegs-Gerichts, welches wegen der Vorgänge in Finnland gegen Hästesko und Andre auf Tod lautete, an Hästesko vollzogen: die Uebrigen wurden zur Verbannung begnadigt. Die Hinrichtung Hästeskos missfiel der öffentlichen Meinung: Der König, sagte man, sei selbst im Verfassungsbruche gewesen und hätte Gnade üben sollen.

Ueber die tiefer liegenden Motive bei der Sicherheits-Acte hat Freiherr Adlerbeth einige Aeusserungen des Königs aufgezeichnet:

> „Hätte die Armee," sagte der König zu ihm im Laufe des Jahres 1790, „ihre Schuldigkeit gethan, so wären die Ereignisse des Reichstages von 1789 ungeschehen geblieben. Uebrigens war an dem Zwiespalt mit den übrigen Ständen, welchen man mir zur Last legt, der Adel selbst Schuld. Einmal ist dies ein altes Uebel und dann hätte sein eigenes Interesse ihn, nach früheren üblen Erfahrungen, auf ein enges Bündniss mit der Krone hinweisen müssen. Allein, da der Adel mir opponirte, befand ich mich in der Lage eines Schiffbrüchigen, welcher nach der ersten, besten Planke greift. Schweden ist durch seine Verfassung ein un-

glückliches Land, und ich prophezeihe, dass es zu Revolutionen kommen wird, wenn man die National-Repräsentation nicht ändert. Ich habe den Weg dazu bahnen wollen. Mein erstes Concept zur Sicherheits-Acte enthielt den Vorschlag, die verschiedenen Stände sollten fortan nur durch je 28 Bevollmächtigte vertreten werden. Dann hätten die Stände gewissermaassen nur eine erweiterte Rathskammer (wie in ältester Zeit) unter des Königs eigenem Vorsitz gebildet. Allein die Vertrauens-Männer der drei nicht-adligen Stände wollten hierauf in keinem Falle eingehen. Bleibe ich leben, und finde ich Musse, so werde ich dennoch diesen Plan zur Ausführung bringen. Aber dazu gehörte freilich, dass ich zuvor völlig freie Hand erhielt."

Und ein andres Mal:

„Mein Verhalten gegen den Adel am 17. Febr. 1789 ist mir von den unadligen Ständen aufgedrungen worden, die ich einmal als Werkzeuge für meine sonstigen Plane nicht entbehren konnte. Meine vornehmlichste Absicht bei der Sicherheits-Acte war, mich des Reichsraths zu entledigen. Hierzu bestimmten mich hauptsächlich zwei Schritte des Letztern, die ich ihm nicht verzeihen konnte. Zuerst, im September 1788, nach dem Unglück in Finnland, seine Aufforderung an mich, ich möge den Reichstag berufen, vom Grafen Hjärne noch dazu in wenig respectvollen Ausdrücken verfasst, und nicht einmal mittelst eines besondern Couriers, sondern einfach durch die ordinäre Post mir in's Lager geschickt. Dieser Schritt hätte die Herren vom Rathe leichtlich damals um ihre Köpfe bringen können. Sie waren nicht berufen, mir Weisungen zu ertheilen, und Aufforderungen an mich ergehen zu lassen, sondern mir Rath zu ertheilen, wenn ich ihn begehrte. So hatte sich wenigstens die Praxis seit 1772 gebildet. Ich wollte indess das Reich nicht an allen Enden zugleich in Brand stecken.

Zum Andern empörte mich die Art ihrer Beglückwünschung auf meine Mittheilung, dass ich die englisch-preussische Mediation in der dänischen Fehde angenommen hätte; Ich wäre auch allein, antwortete der Reichsrath, verantwortlich für die Aenderung, welche dadurch in der schwedischen auswärtigen Politik herbeigeführt würde.

Wie die Rechtsgültigkeit der Sicherheits-Acte im Heerbefehl angesehen wurde, dafür gab der General Graf Meyerfelt ein Beispiel, welches Aufsehen machte. Im März 1791 zum Feldmarschall befördert, sollte er den neu-formulirten Eid ablegen, welcher die Sicherheits-Acte als Grundgesetz benannte. Meyerfelt weigerte sich. Auf Bitten seiner Familie, den Zorn des Königs nicht zu reizen, unterzeichnete er zwar endlich das Formular; gab aber gleichzeitig seinen Abschied ein. Den durch dieses Beispiel offen gelegten Weg wollte der König benutzen, um sich noch einiger anderer, unbequemer Generale zu entledigen, des Grafen Horn und Freiherrn Wrede. Dies wurde indess hintertrieben.

Der Reichsrathstitel war mit der allgemeinen Raths-Verabschiedung vom Mai 1789 verschwunden. Nur Graf Wachtmeister als Reichsdrost, und Graf Bonde als Reichs-Marschall führten ihn fort. Als der Letztere im Sommer 1791 starb, bewog der König auch den Grafen Wachtmeister, den verhassten Titel abzulegen.

Die Abschaffung des gesammten Reichsraths war übrigens ein neuer Verfassungsbruch: Die Sicherheits-Acte enthielt nur den Passus: „die Zahl der zur Rathskammer zu ziehenden Reichsräthe bleibe in des Königs Ermessen gestellt.“ Darin lag, dass der Reichsrath an sich fortbestehen solle. Aber die zweideutige Fassung war eben absichtlich vom Könige gewählt worden, um ganz freie Hand zu bekommen.

Des Letzteren Gedanken waren in dieser Zeit hauptsächlich gegen die französische Revolution gerichtet, von deren Grundsätzen er anfing, auch für seinen Thron zu fürchten: den schwedischen periodischen Blättern wurde die Veröffentlichung von Mittheilungen über den Gang der Revolution untersagt; Ende 1791 ward dieses Verbot auf alle in Schweden erscheinende Druckschriften ausgedehnt.

Für grosse Unternehmungen versagte indess der Finanzzustand des Reiches den Dienst. Lagmann Håkansson, welcher das Finanzportefeuille hatte, war schon um der, weit über den Credit von 1789 hinaus creirten Schulden willen, in den König gedrungen, die Stände zu berufen. Nichts hätte dem Könige überraschender kommen können. Im ersten Aerger rief er: „Wozu noch ferner die Canaille?“ Aber Håkansson verharrte bei seiner Erklärung: andernfalls müsse er sein Amt niederlegen. Armfelt gelang es endlich, des Königs Widerstreben mit dem Argumente zu überwinden, auf diesem Wege lasse sich zugleich der noch übrige Rest der Kronbeschränkung, welcher in dem Steuerbewilligungsrecht der Stände liege, beseitigen. So wurde der Reichstag berufen.

Alle Anstalten, um eine willfährige Versammlung zu erhalten, wurden getroffen. Schon von der Wahl des abgelegenen Ortes Gefle und der beschwerlichen Winterreise erwartete man das Fortbleiben des Adels vom Süden. Den Officieren, welche als Familien-Capita im Ritterhause zu fungiren hatten, wurde der Urlaub verweigert. Das Gleiche geschah mit den Mitgliedern der Collegien. Der aristokratische Landeshauptmann von Gefle-Län, Graf Cronstedt erhielt eine Mission nach Pommern. An seine Stelle ward für die Zeit des Reichstages, der als ergeben erprobte Lagmann Nordin von Fahlun berufen. Abtheilungen von der Garde wurden mit scharfen Patronen nach Gefle detachirt; Kanonen angefahren. Die Umgebung des Königs erging sich in Aeusserungen wie: wenn der Adel sich dieses Mal nicht fügsam zeigt, ist er zum letzten Male Reichsstand gewesen.

In den nichtadligen Ständen konnte der König ziemlich auf Zustimmung rechnen, obgleich die Wahlen in der Hauptstadt, deren Privilegien der König durch die eigenmächtige Einsetzung des Bürgermeisters Ulner empfindlich verletzt hatte, durchweg oppositionell ausgefallen waren. Aber in Gefle wirkten baare Bestechungen und eine den Mitgliedern der niederen Stände stets offen gehaltene Tafel mit reichlicher Bewirthung. Zugleich wurde strenge Vorsorge getroffen, die Mitglieder des Adels von jeder unbewachten Verbindung mit den unadligen Ständen abzuhalten. So konnte der Adel eines neuen Gewaltstreichs wohl gewärtig sein. Zu ihrer persönlichen Sicherheit versahen sich die Mitglieder mit Waffen.

Nicht wenig war der secrete Ausschuss überrascht, die Reichsschuld bis auf 9 Millionen über den von den Ständen bewilligten Credit angewachsen zu sehen. Gleichwohl schlug er Mittel zur Deckung vor. Im Pleno des ersten Standes stiessen seine Vorschläge jedoch auf Bedenklichkeiten. Der König, anscheinend gereizt über den dadurch herbeigeführten Aufschub liess sich gern von Armfelt und Håkansson bestimmen, von dem Verhalten des ersten Standes den Anlass für den beabsichtigten Staatsstreich zu entnehmen. Die drei nichtadligen Stände sollten, so war der Plan, mit einer im Entwurf ihnen in die Hände gespielten Danksagung für die Verleihung der Sicherheits-Acte, für die gänzliche Abschaffung des Reichsraths, für die Einberufung Nicht-Adliger in das Höchste Tribunal und für die gesegnete Führung der Regierungsgeschäfte durch den König allein, hervortreten, und die Aufnahme dieser Danksagung als eines von der Mehrheit der drei Stände acceptirten förmlichen Reichstagsbeschlusses in den Reichstags-Abschied begehren. Dies wollte der König zusagen, sodann abreisen, und den Reichsdrosten zum förmlichen Abschluss des Reichstags-Abschiedes zurücklassen, mit der Weisung, Niemanden vom Adel sich entfernen zu lassen, bevor er den Abschied mit unterzeichnet.

Als die Ritterschaft dies in Erfahrung brachte, liess sie ihren Marschall (Freiherrn Ruuth) wissen, wenn er etwa sich herbeiliess, einen Act Namens des Standes zu vollziehen, der im Stande selbst gar nicht zum Beschluss gekommen, der Adel entschlossen sei, der so gegen ihn geübten Gewalt ebenfalls mit Gewalt zu begegnen. Håkanson, oder wer sonst dem Könige zu Gesetzwidrigkeiten rathe, möge sich hüten.

Diese Drohung blieb nicht ohne Wirkung. Der Reichsdrost, und der um sein Leben besorgt gewordene Håkanson beschworen den König fussfällig, den Plan der Gewaltsamkeit um so mehr aufzugeben, als die fortgesetzten Debatten im ersten Stande schliesslich mit der Uebernahme der einmal vom Könige creirten Schulden geendet hätten. So geschah es auch. Als die Deputirten der drei niederen Stände mit der verabredeten Adresse erschienen, antwortete der König, die Aufnahme derselben in den Reichstags-Abschied scheine ihm bei näherer Erwägung nicht thunlich. Es werde genügen, wenn ein Bei-Abschied für die drei niederen Stände darüber ausgefertigt werde. Der König, für seine Person froh, der drückenden Schulden ledig geworden zu sein, löste unverweilt den Reichstag auf.

Zu weiteren Unternehmungen kam es nicht. Die blutige That Anckarströms trat dazwischen (16. März 1792). Dass diese That nicht aus einer Standes-Verabredung hervorgegangen, ist bis zur Evidenz erwiesen.

Ein vor dem letzten Russischen Feldzuge bereits aufgesetztes Testament übertrug die Vormundschaft über den jungen Thronfolger, Gustav Adolph, und eine ziemlich unumschränkte Regentschaft dem Herzoge Carl von Südermanland. Als der Letztere am 29. März aus dem Sterbezimmer Gustavs III. trat, und den Treu-Eid dem Thronfolger schwur, folgten diesem Beispiele die Anwesenden vom Adel, ungeachtet in die Eides-Formel die Anerkennung der Sicherheits-Akte aufgenommen war. Theils hielt man den Augenblick zu einem Proteste nicht geeignet, theils einen solchergestalt geleisteten Eid den Standes-Rechten des Ritterhauses nicht präjudizirlich.

Ein Kodizill zum Testament machte es dem Regenten zur Pflicht, während der Dauer der Vormundschaft weder Reichsräthe zu ernennen — der König erkannte damit von Neuem die fortdauernde Existenz der Reichsraths-Institution an — noch die Reichsstände zu berufen „damit dadurch nicht in dieser Zeit politischer Aufregung der Ehrgeiz der vornehmen Geschlechter geweckt; das Reich in Unselbstständigkeit und die Krone in Abhängigkeit versetzt werde."

Die Regentschaft dauerte, ohne dass Verfassungs-Aenderungen vorgingen, bis zum Jahre 1796. In Gustav IV. Adolph erfüllte sich, dreizehn Jahre später, das Verhängniss, welches seit 1789 drohend über dem Hause Holstein-Gottorp schwebte.

E. M. Arndt sagt: „der unverbesserliche persönliche Starrsinn Königs Gustavs IV. Adolph und des russischen Kaisers listige Habsucht richtete das Haus Wasa zu Grunde. Ohne den Verlust Finnlands würde dies Geschlecht noch heute in Schweden regieren." Man kann hinzusetzen „und ohne die Sicherheits-Acte." Sie war das verderbliche Nessus-Gewand, welches Gustav III. seinem unglücklichen Sohne hinterliess. Die Acte, welche ihn sicher machen sollte, machte ihn eben bis zur Thorheit eigensinnig. Indem sie den König von der Verpflichtung entband, verfassungsmässigen Rath zu pflegen, machte sie ihn überhaupt vernünftigem Rathe unzugänglich. Jeder Rath, dem Könige ertheilt, ward zulezt in seinen Augen eine Verfassungswidrigkeit.

Die Sicherheits-Acte, als der ungesetzliche Anfang eines erneuten absoluten Regiments schloss in gleicher Weise den Keim seines Endes in sich, wie die Hinwegräumung aller verfassungsmässigen Schranken im Jahre 1680, den späteren Sturz des Königthums als Keim in sich getragen hatte.

„König Gustav IV. Adolph hatte von Hause aus Anlagen und Tugenden, (schreibt Adlerbeth), aber er gab durch sein Beispiel zugleich den Beweis, dass dieselben für einen Regenten nicht nutzenbringend, ja schädlich sein können, wenn es bei ihrer Ausführung an Einsicht und Vorsicht gebricht. So artete seine Gottesfurcht in Schwärmerei und Gespenstersucht, sein Gerechtigkeitsgefühl in kalte Gefühllosigkeit, sein Ordnungssinn in kleinliche Werthlegung auf Formen aus, die er zuletzt für die Hauptsache hielt. Als Baron Taube und General Toll wieder zu besonderm Vertrauen gelangten, erhielt der Eigenwille des Königs eine ganz besondere Unterstützung. Der Reichstag von Norrköping (1800) gab die erste merkbare Veranlassung."

Das Ritterhaus hatte auf diesem Krönungs-Reichstage einen Act des besonderen Entgegenkommens geübt, indem dasselbe die Einwendungen fallen liess, welche bisher der Zurecht-Beständigkeit der Sicherheits-Acte entgegengesetzt waren. Dieses Vertrauens-Votum, bei Ableistung des Huldigungs-Eides, ward nicht mit gleichem Vertrauen erwidert.

Die Staatskasse befand sich im Zustande starken Deficits. Der secrete Ausschuss, dem der König selbst präsidirte, überzeugte sich von der Nothwendigkeit einer Bewilligung zu der vom Könige bezeichneten Höhe. Als das Plenum des Ritterhauses indess die sachliche Debatte hierüber aufnehmen wollte, liess der König dieselbe abschneiden. Er verlange nur Zustimmung oder Ablehnung, aber keine Erörterungen. Keine Gegenvorstellung fruchtete. Leider standen auch hierin die drei Sprecher der nicht-adligen Stände — immer noch geleitet von der alten Eifersucht gegen den Adel — auf des Königs Seite.

Die nächste Folge war, dass Mehrere, wie die Freiherrn das Cederström und Hans Hjärta, ferner Schultzenheim, Per Tham, Johann Nethelwood, J. Fr. Adelheim ihrem Sitze im Ritterhause durch Verzicht auf ihren Adel entsagten, den sie unter den obwaltenden Umständen nicht mehr mit Ehren zu führen vermöchten. Andere, wie General Graf Schwerin, die Gebrüder Axel und Göran (Georg) Adlersparre, Freiherr Nils Silfverskjöld, Freiherr Joh. Adelsvärd, Anders Skjöldebrand, Göran Gripenwald enthoben sich der ferneren Theilnahme wenigstens an diesem Reichstage, indem sie im Pleno zugleich das Verfahren des Landmarschalls ungesetzlich und verfassungs-verletzend nannten. Gegen diese liess der König die Anklage vor dem Hofgerichte von Jönköping auf Majestätsbeleidigung erheben. Allein theils die Perhorrescirung des Gerichtshofes, theils sonst eine glänzende Verteidigung hatte die Folge, dass der eigentliche Gegenstand der Anklage fallen gelassen, und auf geringe Geldbussen (5 bis 50 Thlr.) nur dafür erkannt wurde, dass die Angeklagten die Zuständigkeit des Gerichts bestritten hatten. Hiergegen legten die Angeklagten Rekurs an des Königs höchsten Gerichtsstuhl ein. Allein auch hier ward der Einwand der Incompetenz verworfen. Zugleich erliess aber der König, zufrieden mit der Entscheidung seines Tribunals, wie man sagte auf Tolls Anrathen, eine von des Hofkanzlers Zibet Hand verfasste Verordnung — unzweifelhaft verfassungswidrig — dass, wer in Zukunft seines Adels sich begebe, um sich dadurch seiner Standespflichten zu entziehen, mit Landesverweisung gestraft werden solle.

Dieser Conflict zwischen des Königs übertriebenen Vorstellungen von seinen Prärogativen, und dem in dem Ritterhause wieder neu erwachenden freiheitlichen Geiste, steigerte das Missbehagen auf beiden Seiten sichtlich. „Seit dem Reichstage von Norrköping“ sehreibt Arndt, waren in Schweden nicht allein solche, welche vom Könige klein dachten, sondern auch, welche anfingen, ihn zu hassen, und selbst Gleichgültiges und Unvermeidliches ihm aufzubürden. Man sprach nur von seiner Steifheit, die man Pedanterie, von seiner Kälte, die man Dummheit, von seiner Gleichgültigkeit, die man Verachtung nannte.“ Noch mehr verlor der König durch die Reise nach Russland. Kaisers Paul launenhafter Despotismus, getragen von blindem Gehorsam, das schien in Gustavs Augen ein Musterbild zur Nachahmung. Vielfach wurden Russische Formen in Schweden eingeführt: ein Korporalsgeist bis in das kleinste militairische Detail. Vom Hofe wichen die Heiterkeit und der Frohsinn; kaum wagte Jemand in seiner Nähe ein Gespräch zu beginnen.

Die Reise nach Baden verderbte den König vollends. Sein Hochmuth ward hier durch die Schmeichelei französischer Emigranten genährt, er sei von der Vorsehung zu Europas Befreiung ausersehen. Sein Kopf war so beschränkt, dass er seine Beschränktheit nicht fühlte, und seine, durch Jung's Schriften genährte Schwärmerei sagte ihm, dass zur Grösse nichts weiter nöthig sei, als Gottes unmittelbarer Wille.

Nach seiner Rückkehr von dort schien er auch die Liebe

zu dem schwedischen Volke verloren zu haben. Er fand die Schweden halstarrig, widerwillig und schwerfällig, und bevorzugte die deutsche Nation in augenfälliger Weise. Handelte es sich um Jemandes Bestrafung, war er stets auf Seite der strengsten Meinung; bei Belohnungen meinte er stets, es sei nur die Schuldigkeit gethan.

Majestätsbeleidigungen wurden mit grösster Aufmerksamkeit und Strenge verfolgt, ebenso unliebsame Aeusserungen über die Regierung. Alles was Freiheitsgefühl bekundete oder aussprach, erregte sein Missbehagen. Es lässt sich denken, in welcher Art bei solchen Auffassungen alles Druck- und Zeitungs-wesen behandelt ward. Periodische Schriften konnten schon seit 1798 nicht mehr ohne Concession herausgegeben werden. Im Jahre 1804 wurden sämmtliche französische und dänische Zeitungen in Schweden verboten. Der König selbst las Nichts, als die Bibel und das Exerzier-Reglement. Sobald eine Buchdruckerei einging, empfand er lebhafte Freude.

Des Königs Hochmuth und übertriebene Ansprüche trennten ihn allmälig von allen seinen Bundesgenossen. Im Befehl über seine Truppen verlangte er Unmögliches: aber, was schlimmer war, im Augenblicke der Gefahr gebrach ihm selbst der persönliche Muth. Dies zeigte sich bei der Beschiessung von Stralsund. Hatte er vorher schon die Liebe verloren, so büsste er von da ab die Achtung ein. Nach seiner Rückkunft, in Schweden war er sich und andern zur Last. In den Cabinetsberathungen, welche wesentlich die Möglichkeit und die Mittel zur Fortsetzung des Krieges betrafen, begegnete er den Vorstellungen der höchsten Beamten mit Flüchen und Faustschlägen auf den Tisch. Als Präsident Lagerheim darüber seinen Abschied verlangte, ward er ihm verweigert. Eingezogen und fast unsichtbar verlebte er die Zwischenzeiten in Haga, um so unzugänglicher, als wohlgemeinte Warnungen für Opposition erklärt, und Mittheilungen über umlaufende unliebsame Gerüchte mit dem Befehle der Beweisführung beantwortet wurden. So ward Chevalier Rodais, welcher auf des Grafen Stedingk Befehl im März 1809 dem Könige meldete, man spreche von dem Aufbruche der Westarmee nach der Hauptstadt, für die in der Form der Meldung erblickte Dienstwidrigkeit in Arrest geschickt. Er sass hier so lange, bis einige Tage später die officielle Nachricht eintraf, und endlich (wie Adlerbeth schliesst) einige beherzte Männer der Gewalt des

Königs ein schnelles Ende bereiteten.

Selbst in der royalistischen Partei war immer mehr die Ueberzeugung gereift, nur ein Wechsel an oberster Stelle könne das Land retten. Zwischen dem Grafen de la Gardie und General Freiherrn Armfelt war es hierüber im Februar 1809 schon zu Verständigungen gekommen, denen sich höchste Beamte, wie Graf Ugglas, Freiherr Lagerbring u. A. anschlossen. Der König sollte zu einer freiwilligen Abdikation vermocht und über den Kronprinzen eine Regentschaft unter Herzog Carl eingesetzt werden. Graf de la Gardie war fest überzeugt, dass der König hierauf eingehen werde, da er selbst gesprächsweise seine Unlust an fernerer Führung des Regimentes geäussert habe. Von Armfelts persönlicher Gunst bei Kaiser Alexander versprach man sich eine Einstellung der Feindseligkeiten in Finnland, sobald nur Armfelt die Nachricht von der persönlichen Abdankung des Königs nach Petersburg gebracht haben werde.

Diese Erwägungen wurden von den schnelleren Entschliessungen des Heerbefehls der West und Ostarmee unter der Führung von Adlersparre und Adlercreutz überflügelt. Die näheren Umstände, welche schliesslich zur Verhaftung des Königs führten, und wie er noch vorher den vergeblichen Versuch gemacht hatte, Geldmittel aus der ständischen Bank sich zu verschaffen, dürfen, als bekannt vorausgesetzt werden. Nach Gripsholm abgeführt, schrieb er dort am 29. März 1809 seine Abdankung, unter Vorbehalt jedoch der Rechte seines Sohnes, nieder. —

Am l. Mai traten die Reichsstände, vom Herzog Reichs-verweser eingerufen, zu Stockholm zusammen. Die ersten Tage verliefen in blossen Danksagungen an die Retter des Vaterlandes. Am 9. erstattete Freiherr Lagerbjelke, als Kanzlei-Präsident, den Bericht über die Lage des Landes unter dem Beifall der Versammlung. Am folgenden Tage stellte Freiherr Mannerheim den Antrag: den König zugleich mit seiner Descendenz des Thrones verlustig zu erklären; das letztere, um nicht für die gegenwärtige, „durch die Noth erzeugte Handlungsweise“ später einer bedenklichen Vergeltung ausgesetzt zu sein. Der Antrag ward ohne Debatte durch Mehrheit zum Beschluss erhoben, des Königs Vorbehalt verworfen. Am 29. Mai wurde die förmliche

Absetzungs-Urkunde dem Könige in Gripsholm überreicht.

Dieselbe lautet wörtlich:

„Wir Unterschriebene, des schwedischen Reiches Drost, Marschall und Stände, Grafen, Freiherrn u. s. w., thun kund:

Nachdem Wir von dem hochgeborenen Fürsten und Herrn Carl, Herzoge von Südermanland, zu einer allgemeinen Reichs-Versammlung berufen worden, haben Wir theils durch Unsre eigne und Unsrer aller Mitbürger traurige Erfahrung, theils durch die näheren und unverwerflichen Aufklärungen, die uns hier gemacht worden, mit dem lebhaftesten Kummer die Lage erkannt, in welche das Reich sowohl in seinem Innern, als auch in seinen Verhältnissen zu fremden Mächten in Folge mannigfacher Missgriffe in der Landes-Regierung versetzt worden ist. Wir haben gefunden, dass an die Stelle der friedlichen Beziehungen, in welchen das Reich mit den auswärtigen Mächten und Höfen sich befand, durch Massnahmen Seiner Majestät, Gustav's IV., Unsres bisherigen Königs und Herrn, ein mehrjähriger Krieg getreten, der das Interesse des eignen Vaterlandes im Grunde nicht berührt, der von Hause aus sehr wohl und ohne Schwierigkeiten hätte vermieden und späterhin bei mehr als einer Gelegenheit ohne Opfer hätte beendigt werden können, und der in seinem Fortgange zu den betrübendsten Folgen geführt hat; dass der vor wenigen Jahren noch blühende Zustand des Reiches dadurch im Allgemeinen wie im Besonderen in empfindlichsten Nothstand gewandelt, der Ackerbau der arbeitenden Hände beraubt, der Handel gelähmt, Gewerbe und Industrie zum Verschmachten und der Bergbau in die vollständigste Ohnmacht gebracht worden; — dass die Hülfsquellen des Staates verschleudert, der öffentliche Haushalt um viele Millionen in Schulden gestürzt, drückende Lasten aller Art den Landes-Einwohnern auferlegt, und eine ungerechtfertigte Besteuerung weit über das allgemeine Vermögen inaus ausgeschrieben worden; — dass ausser dem betrachtlichen Theile der eingetheilten (indelta) und geworbenen Kriegsmacht, welcher in dem letztverflossenen Feldzuge verloren gegangen, auch die aufwachsende Jugend des Landes, ohne die im Gesetze ausdrücklich vorgesehene Veranlassung, zum Kriegsdienste ausgehoben, theils den gewöhnlichen Wechselfällen des Krieges, zum grösseren Theile aber der elenden Verpflegung und sonstigen Mangelhaftigkeiten aller Art zum Opfer gefallen ist; — dass zuerst Schwedens deutsche Besitzungen, bald darauf aber ein köstliches Drittheil des Reiches, das Grossfürstenthum Finnland, in einem ungleichen Kampfe gegen weit überlegene Feinde verloren worden, welchen letzteren Verlust namentlich Wir mit schmerzlichster Theilnahme für unsere finnischen Mitbrüder beklagen; — dass ungeachtet aller dieser entscheidenden Niederlagen und der unverkennbaren Symptome einer völligen Auflösung des Reiches; der König sich dennoch stets hartnäckig geweigert hat, zu irgend welchen Friedens-Unterhandlungen die Hand zu bieten, ja geradezu erklärt hat, mit jener Macht, welche doch auf die Geschicke des ganzen europäischen Festlandes gegenwärtig den bedeutendsten Einfluss übt, überhaupt niemals in ein Einvernehmen treten zu wollen; — dass während des jüngst verflossenen Frühjahrs das Reich in einem fast völlig wehrlosen Zustande unzähligen Gefahren preisgegeben worden; — und endlich, dass gegen die ständische Bank, dieses geheiligte Gemeingut des schwedischen Volkes, von Seiner Majestät ein gesetzwidriger Angriff versucht worden ist. In Erwägung aller dieser betrübten Umstände und in Erinnerung an unsere heilige Pflicht, das Vaterland zu erretten und ihm zum Frieden zu verhelfen, seine Unabhängigkeit zu bewahren und für die allgemeine und Privat-Sicherheit einzutreten, haben Wir einhellig dafür erkannt: dass das bisherige Band zwischen König und Unterthan von dem Ersteren unheilbar zerrissen und von Ihm Eid und Gelübde gebrochen worden sei.

Wir haben aber ferner erwogen, da das allgemeine Wohl das höchste Gesetz bleiben muss, dass die Regierung Schwedens, bei der bedenklichen Lage des

Landes, der Hand eines kräftigen Königs dringend bedarf und ferner erwogen, dass nach dem Gange der natürlichen Dinge die leibliche Nachkommenschaft leicht bewogen werden könnte, wegen desjenigen, was jetzt zur nothwendigen Rettung des Staates theils schon geschehen ist, theils noch geschehen wird, Vergeltung zu nehmen und dadurch neue Gefahren für das Land herauf zu beschwören.

Aus allen diesen höchst wichtigen Ursachen und Gründen, wozu die von Sr. Majestät freiwillig und ungezwungen für seine Person abgegebene, heute im Reichssaale verlesene Entsagungs-Acte hinzutritt, — deren Mitwirkung zu unserem Beschlusse Wir übrigens nicht als rechtlich erforderlich erachten — haben Wir Uns zu folgendem unabänderlichen Beschlusse einhellig vereinbart:

> Unserem bisherigen Könige und Herrn, Gustav IV. Adolph, der Schweden, Gothen und Wenden König, alle Unterthanentreue und Gehorsam, wie hiermit geschieht, aufzukündigen, und sowohl Ihn selbst, als Seine Leibeserben, so geborene als ungeborene, der Krone und Regierung Schwedens nun und auf ewige Zeiten verlustig zu erklären.“

Der König bescheinigte den Ueberbringern den Empfang der Urkunde, indem er noch hinzufügte, er habe sie mit den schmerzlichsten Empfindungen aber mit ruhigem Gewissen entgegengenommen.

Die Legitimisten waren überrascht worden. Doch gaben sie noch nicht ihre Hoffnungen auf. Noch stand der besondere Act der Wahl eines Thronfolgers bevor. Im Heerbefehl rechnete man auf General Armfelt, Obrist Skjöldebrand und den sehr populären General Vegesack; ausserdem auf den Einfluss des früheren Gesandten Grafen Jacob de la Gardie, des früheren Finanz Ministers Grafen Ruuth, der Grafen Brahe, Fersen u. A. Auch auf die Stimmung im Volke zählte man. Diese war zwar gegen die Person Gustavs, nicht aber gegen das Haus Wasa. Man wollte die Königin mit dem Kronprinzen aus Gripsholm befreien und Dalekarlien gewinnen, wo die Majore Eckman und Andersson, geborne Dalekarlier, die Gemüther bearbeitet hatten. Der dort stationirte Rittmeister Freiherr Düben hatte seinen militärischen Beistand zugesagt. Von dort sollte eine Proklamation an die Nation zu Gunsten des Kronprinzen ergehen: Vegesack den Oberbefehl über die bewaffnete Macht übernehmen. Adlercreutz hoffte man durch Verleihung des Obercommandos in Finnland zu entfernen, Adlersparre, dessen im Grunde monarchische Gesinnung bekannt war, für den Plan zu gewinnen.

Dieses missglückte Alles. Zunächst schon der Befreiungs-Versuch an einem Zwiespalt unter den in Gripsholm wachehaltenden Offizieren. Sodann gelang es Adlersparre, den alten General Vegesack unter Vorhaltung, dass er den Bürgerkrieg entzünden werde, und dass dem Lande mit einem kräftigen leitenden Arme, nicht mit der Vormundschaft eines Greises gedient sei, von seiner Theilnahme abzubringen. So scheiterte die ganze Hoffnung.

Inzwischen hatten auch im Reichstage die Leiter der Umwälzung auf die unverzögerte Ausarbeitung einer neuen Verfassungs-Urkunde gedrungen. Dass in dieser eine hinlänglich starke monarchische Gewalt constituirt werde, darin waren die Generale Adlersparre und Adlercreutz mit der legitimistischen Partei einverstanden. Eine andere Fraktion, mit den Freiherren Mannerheim und Platen an der Spitze, dachte wohl auf eine Wiederholung der sogenannten Freiheitszeit in verjüngter Form.

Der Constitutions-Ausschuss war aus Elementen von beiden Theilen zusammengesetzt. Den ehemaligen Freiherrn Hans Järta wählte man zum Secretär. Kein Protokoll über die im Schooss des Ausschusses eröffneten Debatten ward — späterer möglichen Consequenzen wegen — niedergeschrieben. Am 2. Juni ward der fertige Entwurf mit der Denkschrift den Ständen vorgelegt.

„Der Ausschuss," heisst es darin, „schlägt

a) keine radikalen Veränderungen in den alten Grundformen des Verfassungsgebäudes vor. Er war der Meinung, solche Grundformen dürften nicht auf leichtsinnige Weise gewandelt werden, am wenigsten in den ersten Augenblicken der Aufregung nach einer wiedergewonnenen Freiheit, und unter den dabei stets tiefer gehenden Spaltungen der Partei-Auffassung, Er ist vielmehr des Glaubens, und findet die Bestätigung in dem Beispiele von Europas freiestem Staate, dass es für die allgemeinen Rechte der Nation, sowie für die persönliche Sicherheit des Einzelnen keine stärkeren Garantien gäbe, als die thunlichste Festhaltung an jenen Formen, zumal wenn sie ihren Glanz von der heiligenden Weihe der Jahrhunderte und ihre Stärke von dem ihnen innewohnenden alten Nationalgeiste entlehnten. Dieser Nationalgeist ruhe aber auf der freien Meinungs-Aeusserung über die Angelegenheiten der Nation, auf der ungehinderten Mittheilung dieser Meinung zu Jedermanns Kenntniss, und auf der Ueberzeugung von der unverletzten Achtung der bestehenden Gesetze, eine Ueberzeugung, welche wiederum allein in der Gewissheit eines regelmässig wiederkehrenden Zusammentritts der Stände wurzele."

b) Der Ausschuss habe versucht, eine exekutive Gewalt (styrande makt) zu schaffen, wirksam zwar nur innerhalb bestimmter Schranken, aber mit hinreichender Einheit im Entschluss und mit Kraft in der Ausführung;
eine legislative (lagstiftande), bedächtig in der Action, aber stark und fest in der Kraft des Widerstandes; endlich
eine richterliche (domare), selbstständig unter dem Schutz der Gesetze, aber nicht selbstherrschend über ihnen u.s. f.

Die Legitimisten misstrauten. Einerseits fürchteten sie von dem Entwurf doch eine zu starke Beschränkung der monarchischen Gewalt; zum andern scheuten sie vor der staatsrechtlichen Consequenz einer „verfassungsgebenden" Versammlung. Die erste Besorgniss erwies sich bei näherer Einsicht in den Entwurf als unbegründet. Allein das zweite Bedenken bestimmte sogleich bei Einbringung des Entwurfes (am 2. Juni), den legitimistischen Freiherrn Liljecrantz zu der Motion: über den Entwurf möge, der Dringlichkeit wegen, sogleich en bloc abgestimmt werden. Falle er hierbei, so bliebe es dem Herzog Reichsverweser, welcher zum Könige auszurufen sei, unbenommen, nach der Verfassung von 1772, welche zu Recht bestehe, unter ausdrücklicher Beseitigung nur der Sicherheitsacte, so lange fort zu regieren, bis er mit den Ständen ein neues Werk vereinbart habe. — Der Antragsteller rechnete nämlich auf die Ablehnung des Entwurfs bei einer Abstimmung en bloc.

Hierin täuschte er sich jedoch. Die Mehrheit des Hauses

bekannte sich zu dem Satze, dass nachdem der Thron einmal erledigt sei, nur den Reichsständen zustehe, die neue Verfassung zu bestimmen. Der Herzog sei von den Ständen nur ersucht, die Regierungsgeschäfte einstweilen zu führen, und wenn ihm dabei die Annahme des königlichen Titels gestattet worden, so sei dabei der ausdrückliche Zusatz gestellt, dass die Stände sich die Festsetzung der künftigen Schranken der königlichen Gewalt vorbehielten, unter diesem Vorbehalte habe der Herzog sich zur Annahme des Königstitels verstanden. Eine etwaige Weigerung der, der Form nach allerdings nothwendigen Vollziehung der von den Ständen demnächst festgestellten Verfassung würde seine Abdikation involviren.

Vergleicht man die Verfassung von 1809 näher mit derjenigen von 1772 und den früheren, so bestätigt sich, was der Constitutions-Ausschuss darüber gesagt hatte. Eine eigentliche Unterbrechung des herkömmlichen Staatsrechts ward dadurch nicht bewirkt.

Auch die Royalisten konnten mit dem Inhalte zufrieden sein. Der König erhielt, was er 1772 nicht besass, das Recht, Krieg zu beginnen, ohne zuvor die Stände gehört zu haben; er ist in keinem Falle in seinen Entschliessungen mehr an die Stimmen-Einhelligkeit des Reichsraths, jetzigen Staatsraths, gebunden; er ernennt die Mitglieder des letztern ganz nach freiem Ermessen; endlich darf er ausgezeichnete Ausländer in hohe militairische Posten installiren, und hat eine gewisse Anzahl hoher Staats-Aemter lediglich nach Vertrauen zu besetzen, mit der Befugniss, nach vorgängigem Vortrage im Staatsrath, davon wieder zu entheben. Auch der Kreis der blossen Cabinetssachen ward erweitert.

Die neuen Garantien für die Freiheiten der Nation bestanden aber wesentlich in Folgendem:

Periodizität des Reichstages: (anfänglich fünfjährig, seit 1844 dreijährig)

Ueberweisung der höchsten richterlichen Instanz an ein aus zwölf Mitgliedern — darunter sechs vom Adel — bestehendes Tribunal;

Verantwortlichkeit der Mitglieder des Staatsrathes für ihre Rathschläge, mit der Befugniss, diese Verantwortlichkeit durch einen sogleich zu Protokoll zu gebenden Widerspruch abzuwenden;

Befugniss der Reichsstände, die Protokolle des Staatsraths einzusehen, und im geeigneten Falle Anklage gegen die Mitglieder wegen Verfassungs-Verletzung und Landes-Verraths zu erheben;

Bildung eines besonderen Reichsgerichtshofes (rikets rätt) aus den höchsten Beamten des Staates zur Aburtelung dieser Anklagen;

Aufnahme der Press-Verordnung unter die Grund-Gesetze;

Creirung eines reichsständischen Sachwalters (Justiciae ombudsman) zur Ueberwachung der Gesetze in den Zeiten von Reichstag zu Reichstag mit der Befugniss, den Sitzungen aller Behörden beizuwohnen und deren Acten einzufordern;

Einsetzung einer permanenten ständischen Commission unter dem Vorsitz des eben genannten Justiz-Sachwalters, zur Ueberwachung des Rechts der Pressfreiheit;

Regelmässige Controlle des Staatshaushalts durch die Reichsstände;

Befugniss der Reichsstände durch eine auf jedem Reichstag zu wählende Jury (Nämnd) die Haltung des Obersten Tribunals zu prüfen, und auf Antrag dieser Jury, des sogenannten Opinions-Nämnd, bis auf eine Zahl von höchstens 3 Personen in jedem einzelnen Falle, die Entfernung derjenigen Mitglieder des Tribunals zu fordern, welche auch ohne bestimmt namhaft zu machender Vergehen, das öffentliche Vertrauen verscherzt haben;

Endlich die Befugniss der Stände, aus gleicher Veranlassung den König auch um Entlassung bestimmter Mitglieder des Staats-Raths (der Minister) anzugehen. —

Der Entwurf fand bei den drei ersten Ständen keinen Widerspruch, und war von deren Plenis schon am 5. Juni acceptirt, bei den Bürgern mit dem Zusatz, sie erwarteten, dass die Ausstellungen, zu denen sie sich im Einzelnen bewogen gesehen, in der nächsten Session zur Debatte gestellt würden.

Mehr Umstände machten die Bauern. Sie seien aus dem letzten Kriege her, von Steuern erdrückt, von Lasten erschöpft und hätten zunächst wohl auf eine Erleichterung hierin gerechnet: Dem stände nun aber der §. 114 des Verfassungs-Entwurfs entgegen, welcher die Privilegien aller Stände von Neuem bestätige. Damit wäre aber insbesondere auch die Steuerbevorzugung der Ritterschaft hinsichtlich ihrer Säterien und manche Vorrechte auch der beiden andern Stände anerkannt, so dass der Bauernstand bei Aufrechthaltung dieses Paragraphen auf eine Erleichterung seiner Lasten schwerlich hoffen könne.

Der Widerspruch der Bauern erregte Missvergnügen. Schon am ersten Tage, als der Verfassungs-Entwurf in das Ritterhaus gebracht wurde (2. Juni) hatte hier aus freiem Antriebe, Freiherr Silfverskjöld die Motion gestellt, das Haus möge, als ein besonderes Zeichen seines Patriotismus auf seine noch übrigen Vorrechte verzichten. Bei näherer Einsicht in die Privilegien ergab sich nun, dass darunter Vorrechte, welche als eine Benachtheiligung der übrigen Mitstände empfunden werden könnten, eigentlich gar nicht mehr begriffen seien, das ausschliessliche Besitzrecht der vergleichsweise nicht bedeutenden Anzahl der Säterien (grundsteuerfreien Rittersitze) allein ausgenommen. Sogleich fasste das Ritterhaus folgenden Beschluss:

Ritterschaft und Adel verzichten

a) auf das exclusive Besitzrecht hinsichtlich der Säterien, unter allgemeinem Vorbehalt, dass die letzteren, auch nach geschehener Veräusserung, nicht dismembrirt werden dürften;
b) auf die bisherige Freiheit vom Mantals-penning (directe Kopfsteuer);
c) auf die Vergünstigung, bei Executionen gegen ihre Zinsbauern wegen der Zinsrückstände, das Pfandobject sich selbst zuschlagen zu dürfen;
d) Ritterschaft und Adel übernehmen endlich, in Anbetracht der gegenwärtigen bedenklichen Lage des Landes, eine extraordinäre Bewilligung vom Grund-Eigenthum, die Säterien nicht ausgenommen.

Nach solchen entgegenkommenden Vorgängen im Ritterhause hatte das weitergehende Begehren des Bauernstandes etwas Anstössiges. Den Bauern selbst war gar nicht verborgen, dass die ohne Entschädigung etwa vorzunehmende Auflegung der ordinären Grundrente (Grundsteuer) auf die Säterien die Entziehung eines Theils des Grundcapitalwerthes in sich schloss. Dass sie hierin selbst nicht eben einen Act der Gerechtigkeit erblickten, zeigte sich später, als Graf de la Gardie noch einigen Monaten diese Frage wieder aufnahm, dann aber so formulirte: aller Boden ohne Unterschied solle von Neuem vermessen, bonitirt und dem entsprechend neu mit Grundrente belegt werden. In dieser Form fand der Vorschlag durchaus nicht mehr den Beifall der Bauern. Sie wussten sehr gut, dass auch sie seit Langem in den Besitz so manches Stückes gewöhnlichen Frälse-Landes gekommen, und zeigten sich gar nicht geneigt, auch hierauf das Geschenk einer erhöhten Grundrente anzunehmen. Verdächtig wurde das ganze Verhalten des Bauernstandes auch durch die Forderung, die Stolgebühren müssten herabgesetzt, der Zehnte als Kirchen- und Pfarr-Revenue aufgehoben, zur Staatskasse gezogen, und um soviel die Abgabe der Bauern ermässigt werden; die besondern Zunft- und Handelsrechte der Städte sollten auch fortfallen. So wandten sich die Bauern mit ihren Forderungen gegen die Interessen aller drei andern Stände, und hatten schliesslich diese alle gegen sich.

Der, den Bauern gegebenen Versicherung gemass, ward die Debatte über die Fortdauer oder Aenderung des §. 114. der inzwischen vollzogenen und publizirten Verfassungs-Urkunde bei erneutem Zusammentritt der Reichsstände wieder aufgenommen. Graf Jacob de la Gardie stellte im Ritterhause, unterstützt von Graf Ruuth, Adelsvärd, Freiherrn Staël, Mac Lean u.A., am 14. Januar 1810 den Antrag:

„Ritterschaft und Adel verzichten auf alle ihnen noch zustehenden sogenannten Privilegien unter folgenden Bedingungen: dass

a) sämmtliche übrigen Stände auf die ihnen verbrieften Standes-Rechte ebenfalls Verzicht leisten; dass
b) aller Grund und Boden ohne Ausnahme von Neuem veranschlagt und mit Grundrente belegt werde; und
c) dass, nach dem Wegfall so der bestehenden Standesunterschiede auch die Repräsentation auf den Reichstagen neu und auf der Grundlage der völligen Rechtsgleichheit Aller gereget werde.“

Von der Bedingung ad b. ist schon bemerkt, dass sie den Beifall der Bauern nun nicht mehr fand.

Ueber den Verzicht auf alle Standesrechte (ad a.) trat sofort im Ritterhause lebhafte Debatte ein. Malmerfelt übernahm es, die Parallele zwischen den verschiedenen Standes-Privilegien zu ziehen, und zu artikuliren, worin denn noch jetzt der beneidete Vorzug des Adels liegen könne. Nachdem Jedermann bereits seit 1789 besitzfähig für gewöhnliches Frälse-Gut, durch den Verzicht des Ritterhauses vom 2. Juni 1809 aber auch für Säterien geworden, bliebe nur folgendes übrig:

a) der kostbarere eximirte Gerichtstand vor dem Hofgerichte;
b) die exekutivischen Erleichterungen in der Beitreibung rückständiger Zinsen von den Pachtbauern;
c) das Sterbegeläute, Siegel- und Wappenrecht.
d) endlich die besondere Standschaft nach Geburt und nicht nach Wahl; aber dafür auch mit der Verpflichtung, sich auf eigne Kosten auf den Reichstagen zu erhalten, wogegen die Abgeordneten der drei übrigen Stände Reisekosten und Tagegelder erhielten.

Das wäre die ganze Herrlichkeit. Er, für seine Person und nach seiner Erfahrung (Malmerfelts Vater, aus dem Bauernstande hervorgegangen, war erst geadelt worden) bestritt durchaus, dass die Bauern in ihrer Allgemeinheit dem Adel diese seine Standes-Rechte beneideten. Es könnte das Begehren des Standes in der verflossenen Session somit nur auf fremdartige Einflüsterungen, falsche Vorstellungen von allgemeiner Gleichheit, Nivellirung u. dgl. zurückgeführt werden. Dahin gehende Concessionen zu machen, dazu fehle aber jede Veranlassung, und solchen Forderungen müsse auch jedes politische Verdienst abgesprochen werden. Dies war der Ausdruck zugleich der weitaus überwiegenden Mehrheit im Hause. Gleichwohl ward der Geschäftsordnung gemäss der Antrag des Grafen de la Gardie in seiner Ungetheiltheit dem Constitutions-Ausschuss überwiesen.

Dieser berichtete am 7. März: da der Antrag, Ritterschaft und Adel möchten auf ihre Standesrechte verzichten, und dadurch den von den Bauern gewünschten Wegfall des §. 114. ermöglichen, an Bedingungen geknüpft sei, welche, wie der Verzicht der übrigen Stände auch auf ihre Standes-Privilegien, oder wie die Zustimmung zu einer allgemeinen Grundsteuer-Regulirung, ein Entgegenkommen in diesen Beziehungen zunächst von der andern Seite voraussetze, so sei über die Motion nicht eher im Ritterhause Beschluss zu fassen, bevor nicht wegen jener Voraussetzungen eine Erklärung der anderen Stände, insbesondere des Bauernstandes selbst vorliege. Nun sei aber bei den übrigen Ständen die Frage über jene Bedingungen noch nicht einmal zur Debatte gestellt. Der Ausschuss nehme daher wohl mit Grund an, dieselbe sei nach nochmaliger Erwägung dort überhaupt fallen gelassen.

Nur der Punkt ad c. der Motion gab Veranlassung zu einem besondern, aber erst später erstatteten Berichte, auf welchen unten zurückzukommen sein wird. —

Die neue Reichstags-Ordnung, von den Ständen am 11. Dec. 1809 acceptirt, erhielt die Königliche Sanktion am 10. Febr. 1810. Wichtig darin sind folgende Grundbestimmungen:

Bedingungen des Wahlrechts und der Wählbarkeit in den drei niederen Ständen sind das 25. Lebensjahr, Bekenntniss zur evangelischen Kirche, dreijährige Mitgliedschaft in einem Magistratskollegium oder eben so langer Gewerbebetrieb bei den Bürgern, Besitz eines im bestimmten Härad belegenen Bauernhofes, (Hemmans) bei den Bauern. Die Bevollmächtigung gilt immer nur für den bevorstehenden Reichstag. Das Erscheinen des Adels regelt die besondere Ritterhaus-Ordnung.

Propositionen des Königs über neue oder abzuändernde Grund- oder allgemeine Gesetze, oder über Bewilligungen, werden mit dem darüber zuvor einzuholenden Gutachten des Staats-Raths und des höchsten Tribunals versehen den Stände-Plenis zugestellt.

Bei Grundgesetzen ist die Zustimmung aller vier Stände erforderlich. Doch kann der definitive Beschluss über die Annahme immer erst auf dem nächstfolgenden Reichstage geschehen. Glaubt der Constitutions-Ausschuss aber die Ablehnung schon sogleich empfehlen zu können, so kann durch Mehrheit von drei Stimmen schon in derselben Session erklärt werden, ob die Proposition für abgelehnt zu erachten oder bis auf den nächsten Reichstag hinauszuschieben sei.

In allen gewöhnlichen Fragen der Legislation entscheidet die Mehrheit von drei Ständestimmen. Stehen zwei gegen zwei, so verbleibt die Sache in ihrem bisherigen Zustande, es sei denn, dass nothwendiger Weise ein Beschluss gefasst werden musste. In diesem Falle wird, wenn der nochmalige Versuch der Einigung in Pleno Plenorum missglückt, der Constitutions-Ausschuss von 24 bis auf eine Gesammtzahl von 120 Stimmen verstärkt, und der so verstärkte Ausschuss bringt dann die Sache Namens der Stände zur Erledigung. Aehnliches geschieht bei auseinandergehenden Stimmen in Bewilligungsfragen.

Jedem Reichstag wird der Staatshaushalt vorgelegt, der sich in den ordinären und extraordinären theilt. Nur was zur

Deckung des Bedarfs über den ordinären Etat hinaus erforderlich ist, unterliegt dem Bewilligungsrechte der Stände. Der Etats-Ausschuss prüft, wie viel nothwendiger Weise zu bewilligen ist, der Bewilligungs-Ausschuss aber, wie das Deficit aufgebracht werden soll.

Stehen auf die Vorschläge sowohl des Etats als des Bewilligungs-Ausschusses demnächst die Stände-Stimmen gleich getheilt, so wird der Gegenstand durch Verstärkung des betreffenden Ausschusses in gleicher Weise zur Erledigung gebracht, wie in gewöhnlichen Fragen der Legislation. —

Die Subrepertition der ständischen Bewilligungen geschieht nicht auf den Fuss der bestehenden Steuern durch Zuschläge. Die Ungleichartigkeit der festen Staatsabgaben gestattet diese Prozedur nicht. Der ordinäre Etat enthält an Staatsabgaben nur

1. die Grundbuchs-Rente (auf dem Continente Grundsteuer genannt), nach den alten Katastern unveränderlich, und mit den Erträgen der Gegenwart ausser Verhältniss; und den Bergwerkszehnten.
2. Die Personal-Kopfsteuern.
3 Einige feste gewerbliche Abgaben von Hütten -und Ham mer-Anlagen und vom Handel.

Die Vertheilung der ständischen Bewilligungen geschieht deshalb durch jedesmalige besondre Schätzung nach dem Einkommen.

Zu diesem Zwecke stellen im November jedes Jahres die Steuer-Schreiber (skatt-skrivare), in den Städten die Kämmerer, auf dem platten Lande die Härads-Schreiber, Klassensteuerlisten auf, unter Eintragung bloss der Haushaltungen und der Vermögensverhältnisse, kirchspielsweise geordnet.

Eine Einschätzungskommission, aus Mitgliedern der vier Stände, von den Einwohnern des Härads frei gewählt, nehmen das Steuer-Schätzungs-Werk vor. Die Härads-Einschätzungskommissionen committiren sodann aus ihrer Mitte je ein Mitglied zu einer Provinzial-Reklamations-Commission, an welche die Beschwerden wegen Ueberbürdung gelangen.

Die Einschätzung geschieht in den Grenzen des nach einem andern Maassstabe bereits gefundenen Contingents, welches auf das Härad von der geschehenen Bewilligung fällt.

Die Elementar-Erhebung geschieht kirchspielsweise in der

Wohnung des Geistlichen, welcher auch die Personenstands-Notizen für die Steuer-Rollen liefert. Zum Erhebungstage erscheint der Kronvoigt (der Verwaltungs-Vorstand der Voigtei) und führt den erhobenen Betrag zur Landes-Rentei d. h. zur Provinzial-Steuerkasse ab. —

Die für jede Session wiederkehrend gewählten stehenden Landtags-Commissionen in den modernen Verfassungen des Continents (im englischen Parlamente sind dieselben seit 1832 ganz ausser Uebung gekommen) sind, nach der Art und Weise, wie sie gebildet werden, meistens nur der Ausdruck der bereits im Hause dominirenden politischen Partei. Es kann deshalb hier in den meisten Fällen schon mit einiger Sicherheit vorausgesagt werden, was die Commission beantragen werde. Nicht so geschieht es hinsichtlich der Bildung der Ausschüsse in der schwedischen Reichstags-Verfassung.

Das Ritterhaus z. B. ist in 50 gleich stark besetzte Bänke getheilt, auf welchen der Adel nach den Abstufungen seines Ranges — übrigens ungesondert — Platz nimmt. Jede Bank wählt aus sich einen sogenannten Bankmann. Diese 50 so gewählte Bankmänner bestimmen wiederum 25 Wahlmänner und diese bezeichnen die zu jedem Ausschuss zu deputirenden Abgeordneten des Ritterhauses namentlich.

Der Priesterstand wählt seine Wahlmänner nach Stiftern, der Bürgerstand nach Städten, die Bauern nach Läns. So kommt aus jedem geographischen Bezirk ein Vertreter in das Wahlmanns-Collegium. Der Einfluss der politischen Partei-Stellung ist dadurch für die erst vorbereitende Berathung der Hauptsache nach paralisirt.

In den Ausschüssen hat allemal dasjenige Mitglied des ersten Standes den Vorsitz, welches in diesem Stande den höchsten Platz einnimmt. Dies ist der einzige Vorzug von Bedeutung, der innerhalb der Reichsversammlung dem Herrenstande von seinen alten politischen Vorrechten verblieben.

Der Landmarschall und die Sprecher der drei niederen Stände haben Zutritt zu den Ausschüssen, aber kein Stimmrecht darin. Die Abstimmung geschieht hier (seit 1823) nach Köpfen, nicht mehr nach Curien. Mitglieder des Staatsraths, des höchsten Tribunals, der Justiz-Kanzler und der Stände-Sachwalter können nicht Mitglieder der Ausschüsse sein. —

Unter die neuen Grundgesetze des Reichs ward auch die

Verordnung über die Pressfreiheit aufgenommen. Der Gedankenausdruck erhielt durch dieselbe den ausgedehntesten Spielraum. Eine permanente ständische Commission überwacht von Reichstag zu Reichstag die Beobachtung dieses wichtigen Gesetzes. Ueber die Vergehen der Presse urtheilt eine Jury, — das einzige Geschwornen-Gericht übrigens in der schwedischen Gerichts-Verfassung. —

Diese Gerichts-Verfassung ist in ihren älteren Formen verblieben; Städte und plattes Land sind in dieser Beziehung getrennt. In den Städten bildet das Stadt-Kämmerei-Gericht unter dem Vorsitze eines Rathmannes die erste Instanz, das Rathstubengericht unter dem Vorsitze des Bürgermeisters die zweite.

Auf dem platten Lande ist für jedes Härad die erste Instanz das Härads-Gericht (härads-rätt), gebildet unter dem Vorsitz des Domare d. h. des gelehrten Richters, von sieben vereidigten Beisitzern aus den grundgesessenen Härad-Einwohnern, den sogenannten Nämndemän. Die zweite Instanz, das Lagmansrätt unter dem Vorsitz des Lagmann, besteht aus 12 grundgesessenen Beisitzern (tolfmän), committirt dazu aus und von den Nämndeman der verschiedenen Härads-Gerichte. Das Härads-Gericht tritt jährlich mindestens dreimal, das Lagmans-Gericht mindestens einmal zusammen. Die dritte Instanz bilden für Stadt und Land die Hofgerichte zu Stockholm, zu Jönköping und Christianstadt. Die oberste Revisions-Instanz mit dem Aufsichtsrechte über die gesammte Rechtspflege übt des Königs Höchstes Tribunal (konungens högsta domstol) zu Stockholm unter dem Vorsitze des Justizkanzlers.

Die Administration ist ebenfalls in ihrer älteren Organisation beibehalten. Den 24 Läns präsidiren die Landeshauptleute, denen je ein Landsecretär für das Expeditionswesen beigeordnet, und ein Landes-Comtoir (Rentei) für die Steuer-Erhebung untergeordnet ist. Den 117 Voigteien des Reichs stehen Kronvoigte vor, denen Härads-Schreiber zum Expeditionswesen beigeordnet sind. Unter den Kronvoigten fungirt für die 268 Härade je ein Läns-Mann, und unter diesen für jedes der 2360 Kirchspiele der Fjerde-(Viertels-) Män, — Läns- und Fjerdemän nur aus den angesessenen Wirthen gewählt, ohne alle eigentliche Besoldung. Der Landeshauptmann bezieht die seinige aus dem ein für allemal dafür ausgeworfenen Gute (boställe), welches er bewirthschaftet. Einen lediglich bureaukratischen Charakter tragen hiernach allein die Kronvoigte.

Der Versuch, in Criminal-Sachen das alte Verhältniss der Beisitzer (Nämnde oder Zwölfmänner) durch Geschworne zu ersetzen, ist bisher stets an dem Einwande gescheitert, in den Geschworenen könne man nur entweder einen Apell vom geschriebenen Rechte an die öffentliche Meinung oder einen Vorgriff des dem Könige zustehenden Begnadigungs-Rechtes erblicken. Das erstere sei mit Rücksicht auf die Unsicherheit und Unklarheit aller sogenannten Volksmeinung dem Rechte gegenüber zu vermeiden, das andere widerstreite einer der Grundbedingungen der Monarchie und des Königthums.

Durch ein Gesetz vom 10. Februar 1810 wird die in der Regierungsform bereits vorgesehene Verantwortlichkeit der Räthe der Krone näher geregelt. An die Spitze ward der alte staatsrechtliche Satz gestellt:

> „Die Staatsräthe sind verpflichtet, dem Könige nach bestem Wissen und Gewissen zu rathen, in Uebereinstimmung mit des Reiches Grundgesetzen; des Königs Machtvollkommenheiten und der Reichsstände Rechte und Freiheiten zu wahren, und aus eignem Antriebe darauf hinzuwirken, dass solches geschehe, jedoch dem Könige auch nur zu rathen, ohne Berechtigung, ihn zu regieren."

Die Fälle der zur Anklage vor dem Staatsgerichtshof geeigneten Minister-Vergehen sind in dem Gesetze speciell namhaft gemacht:

> Versuch einer Umwälzung in Abwesenheit oder Behinderungsfällen des Königs; versäumte oder hintertriebene Einberufung der Reichsstände, Angriff auf den von den Ständen versiegelten Reserve-Deckungsfonds, bevor der Reichstag berufen; absichtlicher Verstoss gegen das Selbst-Besteuerungs-Recht der Stände und gegen die Pressfreiheit: Absichtliche Verheimlichung einer in Bezug auf Krieg, Frieden und Bündnisse wichtigen Nachricht, Seitens des Ministers der auswärtigen Angelegenheiten.

Das Verfahren beruht auf folgenden, bereits in der Verfassungs-Urkunde vom 6. Juni 1809 ausgesprochenen Bestimmungen.

Ueber alle, im Staatsrathe zum Vortrage kommenden Regierungs-Geschäfte — diplomatische und rein militärische sind davon ausgeschlossen — wird Protokoll geführt. Die anwesenden Mitglieder des Staatsraths müssen unweigerlich ihre Meinung zu Protokoll geben. Dem Könige allein steht jedoch die Entscheidung zu.

Bei Eröffnung jedes Reichstages hat der ständische Constitutions-Ausschuss die Protokolle einzufordern.

Ergiebt sich daraus nach seiner Meinung ein den klaren Worten der Verfassung oder des Gesetzes widerstreitendes Verhalten eines oder des andern Mitgliedes des Staatsrathes, so hat der Constitutions-Ausschuss dasselbe oder dieselben durch den ständischen Justiz-Sachwalter vor dem Reichsgerichtshofe zu belangen.

Die in der Verfassung vorgeschriebene Contrasignatur der einzelnen Regierungs-Acte hat für sich selbst übrigens nur die Bedeutung, dass deren Uebereinstimmung mit dem Protokolle dadurch verbürgt wird.

Staatsraths-Protokolle, welche in dieser Weise von dem zunächst folgenden Reichstage nicht angefochten sind, können später nie mehr zum Gegenstande einer Anklage gemacht werden.

Der Staatsgerichtshof bildet sich für Fälle dieser Art, aus dem Hofgerichts-Präsidenten von Stockholm, als Vorsitzendem, den Präsidenten der übrigen obersten Reichs-Collegien (Ministerien und Central-Verwaltungen), dem Oberbefehlshaber der Truppen von Stockholm, dem Oberbefehlshaber des der Hauptstadt zunächst stationirten Flottengeschwaders, den vier ältesten Justizräthen, d. h. Mitgliedern des Tribunals, den beiden ältesten Räthen des Stockholmer Hofgerichts, und je dem ältesten Rathe der Reichs-Collegien. Die Zahl der Mitglieder des Staatsgerichtshofes muss mindestens zwölf betragen.

Gegen den Ausspruch dieses Gerichts, der streng an die bestehenden Strafgesetze sich anschliessen muss, und bei offenen Thüren verkündet wird, findet kein Rechtsmittel Statt. Dagegen steht dem Könige das Begnadigungsrecht zu, nur darf der Begnadigte nicht im Staatsdienste wieder angestellt werden.

Minister-Anklage als herkömmliches Grundrecht kannte man bis dahin nur in England. Die Praxis hatte hier das alte verbriefte Privilegium der Lords, nur von ihres Gleichen gerichtet zu werden, auf alle Räthe der Krone ausgedehnt. So ward das

Oberhaus das Forum für Minister Anklagen. Die Begründung der letztern und die Verurtheilung geschieht aber nach den gewöhnlichen Criminalgesetzen, in denen Hochverrath (treason) speciell vorgesehen, und mit bestimmter Strafe bedroht ist.

In der nordamerikanischen Verfassung ward die Anklage der obersten Staatsbeamten (den Präsidenten der Republik nicht ausgeschlossen), zuerst als ein specielles Recht des Repräsentanten-Hauses förmlich codifizirt. Die Verurtheilung, welche der Senat auszusprechen hat, geschieht aber hier nicht auf Grund des gewöhnlichen Strafcodex, und kann überhaupt in diesem Verfahren nicht über Amts-Entsetzung hinausgehen. Das Verfahren charakterisirt sich hier also ganz abweichend von der englischen Anschauung, lediglich als eine politische Garantie der Volkssouverainetät. Das schwedische Gesetz schloss sich augenscheinlich näher dem englischen Gedanken an.

Später hat es freilich nicht an Versuchen gefehlt, dasselbe auch zur Handhabe für politische Partei-Leidenschaft zu benutzen. Allein die in solcher Weise zu wiederholten Malen gegen die Mitglieder des Staatsraths erhobenen Anklagen haben bisher noch stets mit Freisprechung geendigt.

Ein wichtiger Punkt in der Verfassung hat in späteren Zeiten wiederholte Angriffe von einer anderen Seite her erfahren müssen, das oben genannte Opinions-Nämnd, oder die Befugniss der Stände, durch eine Jury Mitglieder des Obersten Tribunals, blos wegen Mangel des öffentlichen Vertrauens, zur Ausstossung zu designiren. Schon auf dem Reichstage von 1812 wurde in einer Königlichen Proposition geltend gemacht, nach der Natur der Sache und dem Geiste der ganzen Verfassung müsse die richterliche Gewalt von jedem fremdartigen Einflüsse, woher auch immer er kommen möge, frei sein. Diese Freiheit sei bei der Besorgniss vor einem ständischen Misstrauens-Votum, welches den Richter um sein Amt brachte, nicht völlig vorhanden. Die Existenz des Opinions-Nämnd biete zudem, vollends in politisch aufgeregten Zeiten, eine immerhin bedenkliche Gelegenheit zur Einmischung blos persönlicher Motive. Endlich widerstreite es der Rechtsgleichheit innerhalb des Richterstandes selbst, wenn der Schutz der allgemein sonst für den letztern erlassenen Gesetze den Mitgliedern des höchsten Gerichtshofes entzogen werde.

In einer späteren Botschaft vom Jahre 1841 ward ferner

hervorgehoben, die Erfahrung habe ergeben, dass befähigte Richter nur schwer zu bestimmen seien, den Schutz gegen willkürliche Amtsentfernung, welchen sie in ihren übrigen Aemtern genössen, um der unsicheren Ehre willen, Mitglieder des höchsten Gerichts zu sein, aufzugeben, und dem an sie dieserhalb ergehenden Rufe zu folgen,

Endlich ward geltend gemacht, nach der Regierungsform (Art. 88) gehöre zu den Funktionen des höchsten Tribunals die Auslegung zweifelhaft gefasster Gesetze, auf Anfragen von Behörden. Wenn nun ein ständischer Ausschuss auf jedem Reichstage ermächtigt sei, den vierten Theil der Mitglieder des Gerichts auszustossen, so fiele die Interpretation der bestehenden Gesetze schliesslich in die Hand dieses doch immer wechselnden Ausschusses.

Allen diesen Argumenten setzten die Stände indess stets den Einwand entgegen, dass, wenn gerade bei der dem höchsten Gerichte im Art. 88 der Regierungsform beigelegten Befugniss der Gesetzes-Interpretation die Mitglieder desselben die Gewissheit hätten, niemals von ihren Aemtern entfernt werden zu können, der Gerichtshof sich leicht zu einer, jeden Controlle entzogenen, selbständigen, und jeder Einwirkung unzugänglichen, gesetzesauslegenden Macht, zu einer Art von Staat im Staate, entwickeln könne, leicht verderblich für das Recht des Einzelnen, gefährlich für die Sicherheit des Ganzen. Die Gefahren verkenne und unterschätze man nicht, welchen die einzelnen Mitglieder des höchsten Tribunals für ihre Amtsstellung ausgesetzt seien; allein bei der Wahl zwischen diesem Uebelstande und der oben angedeuteten Gefahr für das Ganze müsse doch die letztere Rücksicht überwiegen.

Der wichtigste Gegenstand, welcher im Uebrigen die Reichsstände von 1809/10 beschäftigte, war die Wahl eines Thronfolgers.

Es darf angenommen werden, dass die Leiter der Conspiration, welche zur Festnehmung Gustavs IV. Adolph führte, dies im Voraus erwogen hatten. Alsbald fiel der Vorschlag auf den Prinzen Christian August von Schleswig-Holstein, aus der Linie Sonderburg-Augustenburg. Derselbe war seit einigen Jahren dänischer Statthalter in Norwegen, und in dieser Stellung zu grosser Popularität gelangt. In der Führung von Truppen hatte er Talent gezeigt. Dem Russischen Hofe war er nahe verwandt.

Dies letztere war von Wichtigkeit, weil die Gefahr eines dauernden Verlustes von Finnland noch obschwebte. In jedem Falle war bei Russland auf eine Unterstützung zu rechnen, wenn für das verlorene Finnland etwa in Norwegen ein Ersatz gesucht werden sollte. —

Den König für die Kandidatur des Prinzen von Holstein zu gewinnen, hielt nicht schwer, auch bei den Reichsständen fand sich kein eigentlicher Widerspruch. Nur die legitimistische Fraktion glaubte sich verwahren oder wenigstens eine Thür offen halten zu müssen. Als es am 14. Juli 1809 zur Abstimmung kam, reservirten de la Gardie, Ruuth u. A. sich in sofern, als sie erklärten, zwar der Person des vorgeschlagenen Kandidaten nicht entgegen zu sein, indess erscheine ihnen der Zeitpunkt der Wahl noch nicht gekommen.

Die Thronfolge-Ordnung ward in förmlicher Weise als Grundgesetz redigirt, und darin nur die, dem früheren schwedischen Staatsrechte fremde Beschränkung aufgenommen, dass es dem Thronfolger nicht gestattet sei, eines Privat-Mannes Tochter, sei es innerhalb oder ausserhalb des Reiches zum Gemahl zu wählen. Mit dieser Beschränkung ward die Successions-Ordnung am 18. Dec. 1809 von den Reichsständen angenommen und vom Könige sanktionirt.

Zur grossen Betrübniss des schwedischen Volkes raffte den jüngst auserkorenen Thronfolger ein plötzlicher Tod (am 28. Mai 1810) dahin. Die Nation vermochte sich des Verdachts nicht zu erwehren, dass hier eine unnatürliche Ursache zum Grunde liege. Die schwedischen Schriftsteller scheinen darin übereinzustimmen, dass, wenn dieser Verdacht überhaupt gegründet sein sollte, er in keinem Falle einer einheimischen Partei zur Last falle. Das wesentlichste Interesse an der Vereitelung der Succession habe immer nur der dänische Hof gehabt, einmal wegen der grossen und auch nahe liegenden Besorgniss vor dem nachfolgenden Verluste Norwegens; dann wegen der Hoffnung, im Falle eines kinderlosen Abganges Carls XIII. noch einmal eine scandinavische Union unter der Führung Dänemarks herstellen zu können. Soviel ist Thatsache, dass gleichzeitig mit dem Tode des Kronprinzen in Schonen Aufwiegeleien aller Art gegen Schweden und zur Wiedervereinigung mit Dänemark auftauchten, deren Ursprung kaum irgendwo anders, als in Kopenhagen gesucht werden konnte.

Ebenso sind alle schwedischen Schriftsteller darin einverstanden, dass der schauderhaften Ermordung des ehrwürdigen Reichsmarschalls Grafen Axel Fersen durch den Pöbel von Stockholm, bei Gelegenheit des feierlichen Leichenzuges des verstorbenen Prinzen unter den Augen der Polizei und der königlichen Truppen auf offner Strasse und an hellem Tage (28. Juni), nichts Andres als eine künstliche Aufhetzung der Massen zum Grunde gelegen; und dass diese wiederum keinen andern Zweck gehabt habe, als die Partei der Legitimisten oder Gustavianer für die bevorstehende Eventualität einer neuen Thronfolgerwahl zu schrecken und zu entmuthigen. Von wo im letzten Punkte die Faden auch dieser Agitation ausliefen, ist bisher ebenso vom Schleier des Geheimnisses bedeckt geblieben, als die Anlässe zum Tode Christian Augusts.

Nach dem Hinscheiden des Letzteren gingen die Blicke der Patrioten nach zwei Richtungen auseinander. Nach Russland und nach Frankreich. Diejenigen, welche der ersteren Richtung zusteuerten, und darunter General Adlercreutz, stellten sogleich die Kandidatur des Bruders des verstorbenen Prinzen Christian auf, wobei ein Theil der früheren Motive sich wiederholte. Allein die Fernsicht auf eine allzu warme und enge Russische Protektion, welche, wie Adlercreutz sich gelegentlich ausgedrückt hatte, im Falle der Gefahr „durch einen Wald von Kosakenpiken sich geltend machen werde", war Andern, insbesondere dem General Adlersparre, in der Seele widerwärtig. Dass Schweden nicht stark genug sei, um unter den gegebenen Zeitläuften seine Unabhängigkeit ohne Anlehnung an eine der Grossmächte würde bewahren können, war ihm vollkommen klar. Allein ihm schien Frankreich diese schützende Macht. Frankreich habe alles Interesse, Schweden gegen seinen östlichen Nachbar zu unterstützen, und zugleich wenig Macht und Gelegenheit, ihm zu schaden. Unter den Marschällen aus Napoleons Schule war Bernadotte, Prinz von Ponte-Corvo, sowohl durch Feldherrntalent, als durch Leutseligkeit gekannt und empfohlen. Viele Schweden hatten unmittelbare Beweise seiner Gesinnung erfahren. Dazu kamen die grossen Vortheile, welche man sich von seinem persönlichen Reichthum für die zerrütteten schwedischen Finanzen versprach. Gleich hohe Erwartungen knüpften sich an keinen sonstigen Kandidaten. So ward endlich König Carl für diese Kandidatur gewonnen, und als die zum ausserordentlichen Reichstage nach

Örebro einberufenen Reichsstände am 21. August 1810 die Wahl des Prinzen von Ponte-Corvo mit Einhelligkeit trafen, konnte Adlersparre seine Genugthuung mit den Worten ausdrücken: „Diese Wahl wird ihren Eindruck auf Russland, Dänemark, die Gustavianer, auf die in Schonen und auf den Pöbel der Hauptstadt nicht verfehlen.“

Am 26. September 1810 ward die neue Successions-Ordnung von den Reichsständen acceptirt und durch die Sanktion Carls XIII. unter die Grundgesetze des Reiches aufgenommen. — Der König adoptirte den neuen Thronfolger und mit dem Letzteren stieg, nach dem Ableben Carls XIII. (1818), das Haus Bernadotte auf den königlichen Thron von Schweden. —

Schon oben war bemerkt, dass die Motion des Grafen de la Gardie wegen Beseitigung der ständischen Privilegien, zu der Erörterung Veranlassung gegeben hatte, inwieweit nicht überhaupt bei der Bildung der National-Repräsentation von allen bisherigen Stände-Unterschieden abzusehen, und ob nicht lieber National-Vertreter ganz im Sinne moderner Auffassungen zu finden sein möchten. Der Bericht des Constitutions-Ausschusses vom 24. März 1810 liess sich ausführlich hierüber aus. Er berührte auch die ausserhalb des Ausschusses mannigfach gehörten Argumente.

Der Bericht, gezeichnet von den Mitgliedern des Ritterhauses das Fleming, Silfverstolpe, Silfversparre, Mörner, Rosenstein und Nordin, verfolgte folgenden Gedankengang:

Allerdings sei der oberste Gesichtspunkt bei der Bildung einer National-Repräsentation einen möglichst wahren Ausdruck für die Gesammt-Wünsche der Nation und ihre Anschauungen zu gewinnen. Allein dem Ausschuss habe nicht entgehen können, dass die jetzige Einrichtung schon durch ihr blosses Bestehen grosse Vorzüge vor allen Neuerungen mit sich führe, nämlich das Ansehen im Volke, welches ihr hohes Alter ihr verleihe, die langjährige Praxis, welche in den meisten als mangelhaft empfundenen Punkten zur Entdeckung geeigneter und hinlänglicher Abhülfen geführt habe; endlich die genaue und allgemeine Vertrautheit mit ihren Einzelnheiten, welche eine Sicherheit der Behandlung aller vorkommenden Fälle verbürge, die von einem ganz neuen, auf theoretischen Unterlagen aufzurichtenden, im Erfolge Ungewissen Experimente nicht zu erwarten sei.

Der Ausschuss habe sich ferner gefragt, ob und wo denn überhaupt solche, dem vermeintlichen Bedürfnisse des Zeitgeistes in allen Punkten entsprechenden, alle Fälle voraussehenden, und auch allen Anfechtungen Trotz bietenden Grundlagen für eine National-Repräsentation zu finden seien?

Und wenn dies Jemand wirklich zu bejahen vermeinen sollte, ob er zugleich auch die Bürgschaft dafür übernehmen wolle, dass das neue Experiment an die Stelle alter Gewohnheiten gesetzt, auch in diesem Lande nicht fehl schlagen werde.

Bis jetzt (1810) kenne man nur ein Land, wo die National–Repräsentation, unter völligem Bruche mit der Vergangenheit, auf neuen, bloss theoretischen Grundlagen der Gleicheit aufgebaut worden; und obgleich Frankreich hierbei, wie in andern Dingen, berufen scheine, die Kosten der ersten Versuche für Europa zu übernehmen, so vermöge man doch weder schon jetzt einen Vortheil von der Uebertragung jenes Versuchs auf ganz andere territoriale Verhältnisse und einen ganz verschiedenen Volksstamm abzusehen, noch auch in den häufigen schnellfolgenden Wandlungen, welche die Verfassungsformen in Frankreich seit der Neuerung erfahren, irgend eine Bürgschaft oder Empfehlung für derartige Experimente zu erblicken.

Auf der andern Seite sei bekannt genug, dass gerade in demjenigen Lande, in welchem die repräsentative Regierungsform die längste Dauer und die glücklichsten Erfolge für das allgemeine Gedeihen nachweise, die National-Vertretung auf den Grundlagen völliger Ungleichartigkeit, theils der Geburt, theils des Amtes, theils der Wahl sich aufgebaut habe, ein stattliches Gebäude, welches, ohne alles Zuthun der Theorien, eine Achtung und ein Ansehen, wie nirgend sonst sich erorben und bewahrt habe, vornehmlich dadurch, dass es aus alten volksthümlichen Einrichtungen hervorgegangen, seine Grundlagen nicht verleugnet, und die fortschreitenden Anforderungen des sich fortentwickelnden Volkslebens nur durch vorsichtig und reiflich erwogene und den Umständen mit Sorgfalt angepasste Reformen zu befriedigen gestrebt habe.

Die Hauptvorwürfe, welche der Zusammensetzung der schwedischen National-Vertretung gemacht würden, beruhten einmal darin, dass nach dem Entwicklungsgange, welchen die moderne bürgerliche Gesellschaft genommen, nicht alle, im gewöhnlichen Leben noch unterscheidbare besondre Gesellschaftsklassen darin sich wieder fänden, so die vermögende und gebildete Klasse der nicht-adligen Hüttenbesitzer, so die Mitglieder der gelehrten, nicht-geistlichen Corporationen; zum andern darin, dass die Berathungen und Beschlussnahmen nach vier verschiedenen Curien getrennt geschähen, wodurch die ständischen Sonder-Interessen eine zu starke Nahrung erhielten und nicht selten das allgemeine Interesse dagegen in den Hintergrund gedrängt werde.

Wenn der Ausschuss anerkennen müsse, dass hinsichtlich des ersten Einwandes wohl einige Ergänzungen der Repräsentation zulässig und selbst wünschenswerth erschienen, so wolle er hinsichtlich des andern hervorheben, welche Vortheile es mit sich führe, dass gerade die Wahl der Reichstags-Abgeordneten nach verschiedenen Ständen gesondert vor sich gehe. Zunächst diene dies, wie die Erfahrung seit Langem in Schweden erwiesen, dazu, eine grössere Kenntniss der Gesetze und öffentlichen Einrichtungen durch alle Klassen der bürgerlichen Gesellschaft gleichmässig zu verbreiten; die Beziehungen zwischen den Wählern und den Abgeordneten selbst weit inniger und den gegenseitigen Austausch weit vertrauensvoller zugestalten, als dies bei denjenigen Formen möglich sei, welche der moderne theoretische Geist anderswo (insbesondere in Frankreich) für die Volks-Wahlen erfunden habe. In Schweden brächte jeder Abgeordnete die eignen Erfahrungen über den Druck und die Last in die Versammlung mit, mit welchen öffentlichen Abgaben oder sonst unbequemen Einrichtungen auf den Schultern der verschiedenen Stände ruheten, so wie von den Bedürfnissen, welche jeden Stand insbesondere in Bewegung setzten Endlich werde, und dies gelte namentlich von dem in Schweden so zahlreichen und so sehr zu berücksichtigenden Bauernstande, in ihm gerade durch die Sonderung, das Gefühl der Selbstständigkeit, Unabhängigkeit und selbst einer gewissen politischen Ebenbürtigkeit mit den höheren Ständen geweckt und erhalten, ein Standesbewusstsein, welches den schwedischen Bauer bekanntermaassen so vortheilhaft vor seines Gleichen in den übrigen Staaten Europas auszeichne.

Was endlich die Berathung und die Beschlussnahme nach vier getrennten Curien betreffe, so sei in der neuesten Verfassungs-Urkunde bereits ein wesentlicher Fortschritt angebahnt durch die Bildung von Nämnds (Ausschüssen) für den Fall, dass in gewöhnlichen, zur Erledigung nothwendig bestimmter Gesetzesfragen, zwei Stände gegen zwei ständen: und diese Auskunft sei weiterer Entwickelung fällig. Wollte man statt dessen eine radikale Vereinfachung der ganzen Berathungsweise, so würde dies immer nur darauf hinauslaufen, die vier bestehenden Stände in zwei Körper zu verschmelzen, etwa so, dass Ritterschaft und Geistlichkeit zu einer Art Oberhaus, Bürger und Bauern zu einem Hause der Communen vereinigt würden. Allein, wenn man bei diesem Vorschlage hauptsächlich die Gegensätze und Standes-Eifersucht im Auge habe, welche bisher oftmals die bürgerliche Staatsordnung erschüttert hätten, — heisse es da nicht, das Uebel vermehren, statt es mindern, wenn man die doch einmal im Leben vorhandenen und natürlichen Gliederungen und die darin liegenden Gegensätze durch die Verbindung der sogenannten priviligirten Stände (Adel und Geistlichkeit) in einen gemeinsamen Körper nur noch schärfer herauskehre, und beides, den Angriff und die Vertheidigung, dadurch nur noch mehr concentrire? Oder gäbe das Beispiel anderer moderner Staaten etwa die Erfahrung an die Hand, dass bei einer solchen künstlichen Zweitheilung des gesetzgebenden Körpers der Zwiespalt zwischen der Bewegungs-Partei eines Abgeordnetenhauses und den conservativen Elementen einer ersten Kammer leichter sich ausgleichen lasse, oder nicht vielmehr, dass er sich tiefer und klaffender durch die ganze bürgerliche Gesellschaft fortpflanze und je nach dem Siege der einen oder der andern Partei zur Anarchie oder zum Despotismus führe?“

Dies ungefähr waren die Gründe, welche auch den versammelten Reichsständen durchgreifend genug erschienen, um nicht von Alters hergebrachte Gewohnheiten gegen ein zweifelhaftes Neue auf das Spiel zu setzen.

Gleichwohl haben Anträge auf Umbildung der National-Repräsentation im Sinne einer radikalen Aenderung auf allen nachfolgenden Reichstagen und bis in die neueste Zeit sich wiederholt. Bisher sind sie aber noch stets demselben Schicksale der Ablehnung verfallen. Der politische Sinn, welcher diese Ablehnungen wiederkehrend diktirt hat, kann kaum treffender wiedergegeben werden, als mit den Worten, welche der Bischof Thegnér bei einer feierlichen Gelegenheit des Jahres 1823 in nachstehender Weise aussprach:

> „Wir erbittern uns, sprach er, künstlich gegen unser Constitution. Man sucht die Abgeschmacktheit von vier gesonderten Ständen und deren Repräsentation darzuthun. Vom Standpunkte der reinen Theorie aus würde auch ich sie nicht zu vertheidigen verstellen. Allein diese Einrichtung ist keine theoretische, sondern das überlieferte und praktische Werk von Jahrhunderten. Die ganze Geschichte Schwedens ruht auf diesen vier gesonderten Säulen, wie ehedem der Himmel unserer Altvordern von vier gesonderten Figuren getragen vorgestellt ward. Nehmt diese vier Stützen hinweg, gebt uns eine neu ausgesonnene Constitution, vielleicht die spanische, die gewiss, wie ich einräume, der modernen Theorie besser zusagt, so wird die Folge sein, dass der natürliche Saft, welcher jetzt noch in dem lebendigen Baume unseres Staats-Organismus rinnet, allmälig versickert und dass in wenigen Jahren auch unser öffentlicher Zustand dahin gebracht sein wird, wohin wir Spanien gebracht sehen. Allein, was heute noch, und was hoffentlich. auch in späteren Zeiten, für eine jede Staats-Ordnung und Staats-Verfassung das wichtigste ist, dass ist nicht ihre vermeintlich theoretische — denn wer möchte die Theorie feststellen? — sondern ihre concrete und ihre praktische Wahrheit, und überall, wo man die Fackel der Ueberlieferung auslöscht, hört auch das edlere Culturleben des Volkes auf, und der bloss abstract moderne Geist wird sie durch den blendenden Schimmer seines Gases schwerlich ersetzen.“

Made in the USA
Monee, IL
04 November 2026

67387334R10203